Johannes Bobrowski

W0352476

Johannes Bobrowski

GESAMMELTE WERKE

IN SECHS BÄNDEN

Vierter Band

Johannes Bobrowski

DIE ERZÄHLUNGEN
VERMISCHTE PROSA
UND
SELBSTZEUGNISSE

Herausgegeben von Eberhard Haufe

Deutsche Verlags-Anstalt
Stuttgart

Die Deutsche Bibliothek – CIP-Einheitsaufnahme

Bobrowski, Johannes:
Gesammelte Werke : in sechs Bänden /
Johannes Bobrowski. – [Ausg.] in 6 Bd. –
Stuttgart : Deutsche Verlags-Anstalt
Bd. 4. Die Erzählungen, vermischte Prosa und
Selbstzeugnisse / hrsg. von Eberhard Haufe. – 1999
ISBN 3-421-06357-5
ISBN 3-421-05170-4

© 1999 Deutsche Verlags-Anstalt GmbH, Stuttgart
Alle Rechte vorbehalten
Typographische Gestaltung: Hans-Joachim Schauß
Schutzumschlag und Einband (unter Verwendung einer
Fotografie von Johannes Bobrowski; Foto: Roger Melis, Berlin):
Susanne Gerhards, Düsseldorf
Druck und Bindearbeit: Jütte Druck, Leipzig
Printed in Germany
ISBN 3-421-06357-5 (geb.)
ISBN 3-421-05 170-4 (Studienausgabe brosch.)

INHALTSÜBERSICHT

I

DIE ERZÄHLUNGEN IN DER CHRONOLOGISCHEN FOLGE

ES WAR EIGENTLICH AUS

Morgens, im September morgens, wenn ich zum Bahnhof ging, über den Platz mit den taunassen Taxis, die im ersten Schlaf waren, wenn der dünne Nebel über die Grünflächen zog und um die Gebüsche und der alt gewordene Orpheus in schlenkernd weiten Hosen heranschlich, seinen Platz an der Bedürfnisanstalt wieder zu beziehen, Inschriften zu lesen, etwas dazuzuschreiben, hoffnungslos, wenn der Junge auf dem Weg zur Schule von der Straßenbahn kam, jeden Morgen, beweglich und gespannt, aber schon mit dem Gesicht, den Augen eines Säufers, die kleine Falte an der Nasenwurzel, heiter und über der Stirn gleich den Haarschopf, naß und aufgedreht wie das Krönlein eines Wasserelfs,

dann blieb ich immer stehn vor der Bahnhofstür, drehte mich nocheinmal um, über den Platz zu sehen, bis dorthin, wo sich die Asphaltstraße anhob auf die Wölbung der Brücke zu und die Kuppelkirche dahinter,

ehe ich mit dem Fuß gegen den schwingenden Türflügel stieß und auf den Schalter zueilte.

Das seh ich nicht mehr. Ich bin fortgezogen, in ein anderes Stadtviertel. Auch nicht mehr die Kellerkneipen, die gleich in den Seitenstraßen anfingen, eine nach der anderen, sieben oder acht, Kutscherkeller für den Morgenkaffee, für Kümmel oder Korn, zwei kurze erst und dann die drei doppelstöckigen. Das alles nicht mehr. Denn ich habe ein anderes Leben begonnen, in einem Beruf, der das nicht zuläßt, der mich zu Schneideranzügen verpflichtet, zu morgens Haferflocken, zu Tee, Zigarren und einer Flasche Rotwein am Abend. Man sagt das so, aber es ist wirklich wahr. Und es stimmte wohl gar nicht, wenn ich sagte, ich sehne mich zurück nach jener Zeit mit dem Bahnhof, dem Nebel und den

Taxis, dem Jungen und der dritten Kneipe, wo der Wirt Erich hieß und wo man mich für einen Kunstschützen gehalten hat.

Das war Otto Klemmer, Bauklempner, Brückenstraße 10. Kennst du meinen Hund? Ein Eisbär, sag ich dir. Und dann kam der Hund herein und war ein alter Spitz, auseinandergegangen mit den Jahren und ausgeschickt, seinen Herrn zu suchen und nach Hause zu bringen. Der also hatte mich in Kopenhagen gesehen, in Wilhelmshafen und noch woanders.

Und jetzt machst du nichts mehr? Aber wenn du wieder eine Nummer aufbaust, auf mich kannst du rechnen, ich komme, Untermann oder so.

Und der Wirt hatte gedacht, ich müßte bei der Zeitung sein.

Und dann war da Helene aufgetaucht, eines Abends, mit langem Haar, in Hosen und zwei Jungen als Gefolge, Kunststudenten, und hatte mit dem Kater des Wirts Freundschaft geschlossen und viel Schnaps getrunken und geredet, in lauter halben Sätzen, und die Jungen hatten zugehört und auf der Toilette ihr Geld nachgezählt, wie weit es noch reicht, und sie waren immer wiedergekommen, die drei. Und wenn Erich die Spieluhr auf dem Ofen aufgezogen hatte und alles still wurde und sich auf den Tisch stützte, da hatten wir uns dann zugelächelt, gerührt, so eine Schnapsrührung, und wie in der Schule hinter dem Rücken des Lehrers.

Und dann waren wir manchmal noch hinübergewechselt in eine andere Kneipe, ein ganzer Haufen Leute, und die beiden Jungen immer dabei. Und Helene hatte gesungen, mit einer äußerst schäbigen Stimme, und nicht einmal den Mund verzogen bei unserem Gelächter.

Und jetzt weiß ich gar nicht, wann das alles aufhörte. Es ist einfach vergangen. Erst blieben die Bildhauer weg, die irgendwo in der Nähe ein historisches Gebäude ausgeflickt hatten. Dann kam Otto Klemmer nicht mehr. Der Wirt mußte ins Krankenhaus. Sein Neffe, ein Fleischer, führte das Lokal weiter und machte es besser als Erich, das heißt: der Umsatz stieg, und es war eigentlich aus.

Helene – ja, ich hörte einmal, sie soll noch immer dort umgehn, nur mit anderen Jungen, jetzt mit dreien. Ich möchte das alles nicht wiedersehen. Nur vielleicht den Platz vor dem Bahnhof. Und jetzt fällt mir ein, daß da immer ein Hund war, ziemlich groß und schwarz, ich hatte das ganz vergessen, und jeden Morgen, wenn ich vorbeikam, tat er so, als wollte er nächstens bellen, so einen kurzen, heiseren Ansatz dazu, aber dann sah er mich nur ernst und böse an und ich faßte ihm im Vorbeigehen an die Schnauze und er wedelte ein bißchen mit der Rute, zwei- oder dreimal.

Der Wirt soll gestorben sein. Helene – da weiß ich wirklich nichts. Und wollte ich mich jetzt noch erkundigen, es wäre alles zu spät.

BEGEBENHEIT

Also Haustaufe, hatte Dewischeit gesagt, und eingeladen wird auch nicht. So war der Herr Pfarrer geholt worden, die Hebamme war gekommen, Dewischeit und der alte Saborowski hatten Pate gestanden. Hier stell die Schüssel her, hatte der Pfarrer gesagt, dann war alles schnell fertig gewesen, Lene Dewischeits Junge hatte einen Namen.

Ist ihm nicht gut genug, bloß Hefefladen. Saborowski kam eine Träne, er stierte auf den schreienden Säugling, den Lene hinaustrug. So vergehn die Begebenheiten, aber Begebenheit ist das wohl nicht. Bißchen Holzhacken und Aufstapeln, und dann Brennspiritus, ganze Flasche, ist besser, ja.

Immerhin, es gab Kaffee. Sie setzten sich um den Tisch, unter die Petroleumlampe, die an bronzierten Ketten von der Decke hing. Frau, renn nicht immer raus, greifen Sie zu, Herr Pfarrer, sagte Dewischeit, als der Kuchen da war. Ihm selber war nicht nach Essen. Die Hebamme rückte sich auf dem Stuhl zurecht, faßte Mutter Dewischeit ins Auge. Wollen Sie ein Kissen, fragte Trude Dewischeit, die klein und grau dasaß, nah an der Tür, den Kopf mit dem dünnen Scheitel erhoben, den Arm um Lene gelegt, die auf der Vorderkante ihres Stuhls kauerte, ein weißblondes Häufchen Kümmernis. Aber die Wildermuth war nicht zu halten, jetzt saß sie richtig, einen Schluck noch und den traurigen Fladen in die Hand. Dewischeit machte eine hoffnungslose Bewegung, legte die Hände auf den Tisch, nahm sie wieder auf die Knie, da fuhr die Hebamme mit heller Stimme los: Der Herr Kindesvater wird wohl nicht kommen, wie?

Konnte der Pfarrer nicht was sagen! Hat das Kind doch eingesegnet, weiß doch, wie das ist. Aber die Wildermuth redete, von Ehre und Gewissen, endlich hatte sie ihr Kuchenstück in Mundhöhe.

Nun, Lenchen, mein Kind, sagte der Pfarrer, fingerte sich einen Krümel aus dem Bart, das werden manchmal die besten Menschen. Er fing an, von Kalweits Ernst zu erzählen, der gedient hatte, bei der bespannten Artillerie, jetzt war er Kämmerer und damals auch bloß so ein armes Wurm. Aber ein gutes Kind, fragen Sie meine Frau, Herr Dewischeit, noch jetzt, jedes Jahr Pfingsten, bringt er die Birken vor die Kirche gefahren.

Er drehte sich zum Saborowski, der vor sich hin schniefelte und eben den Finger hob, weil es da oben juckte, ganz oben in der Nase. Erschrocken bog der Alte den Kopf zur Seite, der Finger blieb stehn, Herrjeh! sagte er, und Dewischeit hatte es auch schon gehört, ein Fuhrwerk bog auf den Hof, es kamen also welche und uneingeladen.

Womöglich wurde es doch noch eine Begebenheit. Saborowski war nicht für grundlose Erwartungen, aber ans Fenster gehen konnte man schon. Wilhelm Dewischeit hatte sich beim Aufstehen am Tisch festhalten müssen, doch jetzt hatte er es eilig, vor die Tür zu kommen. Na, Emil, sagte er und: Guten Tag, Manthey, und Emil Aschmoneit, der schon die Pferde versorgte, brummte zurück: Na, wie heißt er nu?

Der lange Manthey half erst Frau Aschmoneit vom Wagen, drehte sich dann langsam zu Dewischeit, richtete sich auf und sagte: Gratuliere. Und jetzt fiel Frau Aschmoneit erst einmal Mutter Dewischeit, die mit der abgebundenen Schürze in der Hand an der Tür stand, um den Hals, laut weinend, wie es sich gehört.

Begebenheit. Gäste waren gekommen. Der Täufling schlief, Lene hantierte am Herd, Frau Dewischeit rannte zwischen Stube und Küche hin und her. Das Kind sehen? Ja, nachher. Aber Manthey war nicht so leicht zu beruhigen wie Aschmoneits beide. Endlich fiel ihm etwas ein wegen der Schweine, und damit glückte es, Mutter Dewischeit auf den Hof zu locken.

Wie ist mit Pulver, fragte er heiser.

Ich hab nicht, sagte Trude Dewischeit.

Du hast.

Nein.

Du hast.

Und nein, sagte Frau Dewischeit.

Dem Bartschat hast auch gegeben.

Bloß so bißchen.

Bißchen ist am Arsch gejuckt.

Ich muß jetzt rein, sagte Mutter Dewischeit, und Manthey marschierte hinterher, rot vor Wut, und schrie beim Eintritt in die Stube los: Na siehst, Wilhelm, wirst alt – Opa! Mach man so weiter.

Wer macht? Dewischeit beherrschte sich. Was hatte der Kerl da draußen gehabt? Wegen Schweine, so sah er nicht aus. Und der Aschmoneit war auch so komisch, immer wieder zog er die Uhr und verglich sie mit dem Regulator über dem Sofa. Schönes Stück, sagte er.

Auf dem Perpendikel ist der Kaiser Wilhelm, sagte Dewischeit, und das stimmte auch. Bloß mit dem Aschmoneit stimmte es nicht. Jetzt stand der auch noch auf und ging zur Tür. Und Saborowski hinten nach. Da ist doch was? Wilhelm wurde unruhig.

Herr Dewischeit! Nun wollte auch der Pfarrer noch etwas. Ja, Herr Pfarrer, sagte Wilhelm. Hier bin ich, hätte er am liebsten gesagt.

Ich werde jetzt gehen, sagte der Pfarrer, reichte der Wildermuth, mit der er die ganze Zeit zu reden gehabt hatte, wegen ihrem Sohn, dem Schornsteinfeger, der ein Motorrad hatte, die Hand. Herr Dewischeit, kommen Sie doch mal raus! Als wenn ich nicht so gekommen wäre! Wilhelm folgte dem Pfarrer, der für lange Verabschiedungen keine Zeit hatte, in die Küche. Am Tisch blieb er stehen. Dewischeit zählte das Geld vor, da lag es, eine Hand legte sich schnell darauf, eine Stimme, zerlassener Talg, sagte: Das ist ja vielleicht wohl nicht nötig. Die Hand steckte die Scheine weg. Auf Wiedersehen, sagte Trude Dewischeit.

Adieu, antwortete der Pfarrer, zu deutsch: Gott befohlen. Und

Seinen Segen für Mutter und Kind. Dann war er weg. Und der Aschmoneit?

Wilhelm ging langsam zum Stall, da sah er ihn.

Emil Aschmoneit stand am Zaun. Brennt der Scheiß noch immer nicht! hörte er ihn sagen, und im gleichen Moment wußte er Bescheid. Hat Feuer gelegt. Wegen der Versicherung. Und dann kommt das zu uns. Feiern.

Brennt nicht, sagte Wilhelm und trat auf Aschmoneit zu.

Was weißt du, sagte Aschmoneit.

Nuscht, sagte Wilhelm.

Aber ausgestanden war die Geschichte noch nicht, jetzt brannte es. Das Heufach über dem Stall wahrscheinlich.

Emil, es brennt, sagte Dewischeit. Lene kam mit dem Wassereimer über den Hof. Bei Ihnen brennt, Herr Aschmoneit, sehen Sie nicht? Und Wilhelm Dewischeit ging schon zum Wagen, um die Pferde einzuspannen.

Aschmoneit stand am Zaun und sah zu seinem Hof hinüber. Dann drehte er sich um, wollte wieder ins Haus. Du mußt doch fahren, sagte Dewischeit. Alle standen auf dem Hof.

Der Aschmoneit wird also jetzt losfahren. Langsam, denn es wird schon dunkel. Langsam, damit die Pferde keinen Schaden nehmen. Langsam, damit die Scheune, die in Windrichtung steht, Feuer fangen kann. Wenn er fünfhundert Meter vor dem Gehöft sein wird, wird nichts mehr zu retten sein. Dann kann er auf die Pferde einschlagen und zu schreien anfangen. Daß es auch jeder sieht und hört.

Der Saborowski ist zum Brenneisen gegangen. Wegen Spiritus. Vorschuß für Holzaufstapeln. Weil es doch eine Begebenheit hätte werden können. Und der Manthey hat sein Pulver gekriegt. Altsitzerpulver nennt sich das. Die können einen Hof zugrunde richten, die Altenteiler. Was machst du, wenn die noch zehn Jahre leben wollen? Jeden Tag fünfzehn Eier, drei Pfund Butter, und Gespann immer gerade, wenn die Pferde gebraucht werden. Aber es steht ja im Kontrakt, sonst, mein Lieberchen, machen wir Prozeßchen, gehn wir aufs Amtsgericht.

Und jetzt ist auch die Wildermuth weg.

Ein Tag wie im Kalender, sagt Dewischeit.

Mutter Dewischeit sitzt in der Küche und denkt, daß es nun das letzte Mal gewesen ist mit dem Pulver, ganz gewiß, ... bestehen, wenn ich zum Himmel werd eingehen.

Lene gießt den letzten Eimer Wasser ins Faß. Dewischeit kommt in die Küche. Na ja, sagt er.

Nebenbei das Kind ist aufgewacht. Er geht hinein, da liegt es gewickelt und gerollt und schreit. Schrei du man, sagt er, wird dir schon vergehen, und setzt sich. Morgen kommt der Herr Meyer. Sein Kind besehen.

Wie sieht denn so ein Kind schon aus?

Besser wie der Meyer allemal.

VON NACHGELASSENEN POESIEN

Wie in dem Alkgebirg*,
Wenn dort die Schäf'rin lauft
Als über eben Feld
Und an der Spitz verschnauft,
Da sich ihr zartes Füß-
Gen hängt am Felsen an
Und sie um hundert Küss'
Nicht fürder eilen kann.

Wie da ich komm gerannt
Und ihr entgegen schon,
Ob sehr mit Spitz' und Kant'
Mir die Gebirge drohn,
Fall allda auf die Knie,
Stäub dann mich erstlich ab,
Indes erblick ich sie,
Mein Leben wie mein Grab.

Da fehlt der Anfang. Und der Schluß. Und oben der Reim. Und ich leg die Feder hin. Hernach kommt der Herr Adersbach und will sein tägliches Gedicht vorlesen. Da sitz ich, M., der ernsthafte Mensch, Secretarius, und die meinigen sind nachgelassene Poesien, aber dann bin ich tot, abgeschieden, mit einem Choral vom Professor Thilo begraben, nicht ganz hinten in der Reihe, noch unter der Dommauer.

Daß ich das Alkgebirge hereingebracht, das heidnische, wo die

* Alkgebirge = Galtgarben, Erhebung im Samland, 110 m ü. d. M.

Dorfleute von Germau und von Thierenberg und vielleicht heimlich der Kurfürst auch Eidechsen verbrennen, mein Gott, der Kurfürst ist kindisch; der Herr Simon Dach gebraucht solche Namen auch, Phöbus ist bei ihm daheime, soll er sein, also das Alkgebirge. Und ich schneid jetzt Federn.

Namen, hab ich gesagt.

Und ich wüßt es womöglich besser.

Als der Müller von Kaymen kam, mit seinem Anhang, nach Lauth, Bauern, auf das Feld damals, wo der Herzog sein sollte, Albertus, der vormalige Hochmeister, mit ihren Insinuationen, wie das heißt, da sind die Thierenberger auch hingezogen und drei von Germau, der Großvater dabei. Und so lauf ich herum jetzt, ernsthafter Mensch, aber immer noch Enkel eines Erschlagenen, und der Adersbach fragt Jahr für Jahr, wann es wieder so weit ist mit den Eidechsen. Ich müßt es doch wissen, aber ich weiß es nicht.

Damals, wenn die Germauer auf den Berg gingen, im Junius, die Männer nur, die Frauen unterdessen machten die Feuer aus in den Häusern und hielten die Kinder zusammen und erzählten von den Galgen an der Küste, sagten wir uns das Lied vor von den Galgen und dem Bernstein und denen, die ihn fischen und es nicht dürfen. Jetzt, ich bin acht Jahre, zwei Lustren heißt das, nicht aus der Stadt gekommen, der Enkel des Erschlagenen, Secretarius, unbeweibt, der Federn spitzt und dem Adersbach zuhört für tagsüber eine Stube, die er nicht heizen muß, und ein Geld, das nachgelassene Poesien bezahlt.

Wenn der Herr Adersbach nicht kommt, werde ich gehn. Ich laß einen Zettel hier. Er wird keinen finden, der ihm zuhört wie ich.

Unser hochfürstlicher Nimrod ist wieder umhergezogen, mit Trompeten und großem Glanz, von Neuhausen bis an den Katzbach. So der Adersbach gestern. Da ist also das schwerbäuchige Männlein in seiner Kutsche herumgeschaukelt und hat betrübt hinausgeschaut auf einen armen, totgeschlagenen Bären, den sie von irgendwoher bis in die Roßgärten gejagt haben. Da hat er,

Georg Wilhelm, Brandenburgischer Kurfürst, auch seinen Teil an den wilden Zeiten, vor denen er in unseren Winkel geflüchtet ist. Wo die Pest umgeht und die heidnischen Lieder. Aber nicht der endlose Krieg. Nur die Pest und die Lieder.

Von denen ich nichts weiß.

Du auch nicht, Katharina.

Nächstens komm ich aufs Schloß. Wieder einmal. Unter der Tür, dein großer Mund sagt: Der Herr Secretarius. Und dein Gesicht ist ganz weiß. Wird man so bei einem schlagflüssigen Grafen? Rote Haare und ein weißes Gesicht. Nicht mehr jung, einen hohen Kragen um den faltigen Hals, und noch immer so hochgewachsen und gerad und leicht auf den Füßen. Wenn ich gehe, winkst du zweimal und nimmst dazu kein Tuch, fast wie damals, das wird dir der Himmel lohnen.

Der mein Gedicht sieht, ohne Anfang und Schluß. So müßte er gehn, der Anfang: langsam, ein Tanz, Helios inmitten und dann doch Katharina nur, über dem Berg, mit weißem Gesicht, eine Flamme, starr, die sich nicht verzehrt.

M., Secretarius, Enkel eines Erschlagenen, den die Hofjunker den Preußen nennen, den der Herr kurfürstliche Rat Adersbach nach Eidechsen zu fragen pflegt und ob im Nadrauischen wieder die Talissonen umgehn, die Regenmacher, denn das Jahr ist trocken, M. geht eine enge Straße entlang, an Giebeln vorüber, am Pauperhaus, auf den Blauen Turm zu, wie jeden Tag. Die Tiere haben Höhlen, er hat einen Keller, eine Ecke darin wenigstens, die alte Frau stellt den Schnaps hin, «Sveiki» und weiter nichts. Das ist litauisch. Und dann wieder hinüber in die andere Ecke, auf die Bank, die Beine tuns nicht mehr, aber Gewittermachen, das geht mit offenen Beinen auch, Bernstein und eine Kröte und den Singsang darüber, den Leib bewegen, nach vorn und wieder zurück und wieder nach vorn, das geht noch.

Die Litauer sind gekommen. Lustige Leute, die viel reden. Und die ganze Stube füllen. Treidler, die morgen wieder stromauf ziehn. Gehabt euch wohl. Ich hab einen Anfang für mein Gedicht.

Die ich in Treuen mein,
Ein Bildnis auf der Höh,
Daß auch der Sonnen Schein
Vor ihr in Schatten geh,
In Fluß sink niederwärts
Und doch nicht würde Nacht:
So wär mein Geist, mein Herz
Und Sinn vor sie gebracht.

M., ein langer Mensch, geht über den Platz, langsam, immer sechs Schritte und dann eine Pause, betrunken, mit heißem Kopf, der den über die Dächer hüpfenden Wind nicht spürt. Die Domtür, Eiche und Eisenbänder, der Steinboden, jenes Geräusch vom Chor herüber, das er schon kennt: die Wasserratten wechseln von einem Flußarm zum anderen quer durch die Kirche. Die im Sumpf steht, auf Pfählen. Deren drei Schiffe die halbe Breite der Insel einnehmen. Es ist wie ein Schlurfen, manchmal schon wie ein Trappsen von nassen Füßen, wenn sie die Steinplatten vor dem Altar erreichen, unter denen die Grüfte sind. Ein Geräusch, das er kennt, ohne das der Raum tot wäre, so tot wie am Tag oder wenn die Kerzen angezündet sind. Die Wasserratten also. Denen man schon mit Exorzismen gekommen ist. Der Pfarrer Moerlin war das, der die Kirche ohnehin aus dem Sumpf hatte tragen wollen, noch als die Wittenberger sich mit ihm abgefunden hatten, dem Sumpf, wo es warm ist und kalt zugleich. Was soll das? Sechs Schritte, dann die Pause, mit heißem Kopf, zuviel von diesem honigversetzten Schnaps, den die Litauer bereiten, mit einem Zusatz von Johanniskrautblüten, weil es mit der Frömmigkeit kein Ende haben kann. Dies ist also die Wand, die Rückwand nach Westen. Ganz oben, unterm Gewölbe, hängt die Orgel, für die der Schönberger soviel Geld bekommen hat damals, ein tönend Gefäß, wie der Herr Stobbe aus Graudenz sagt, aber des Herren Magd, unter der Wölbung, für einen friedlichen Gesang aus Alberti Arien oder Stobäi Festliedern und so hoch gebaut wie für Jerusalem oder die Schwalben. Und die Wand darunter, gekalkt, über die Malerei hinweg. Hier sind keine Bilder mehr, hier ist die Mauer geöffnet worden. Und wieder geschlossen. Kalk. Sag was, Johannes. Wer redet sonst mit dir als die alten Weiber?

Also, Herr Bischof, Hochwürdigster.

Sei still, ich hör meine Ratten.

Jetzt hörst du mich. M. heiß ich. Ratssekretär. Was tust du, Herr Bischof?

Ich hör meine Ratten.

Immer dieselben?

Ja, Ratten.

Sie haben dich dann herausgeholt, damals, die vom Schloß. Die Arme hattest du dir abgefressen. Ein toter Mann ohne Arme, aber noch mit Kopf. Eingemauert, lebendigen Leibes.

Ich bin auch nicht hier.

Nein, du liegst vorn im Chor, eine weiße Steinplatte über dir mit vollen Namen und Würden, nicht weit vom Hochmeister des Ordens, der nicht wollte, daß du die Kirche hier befestigst.

Eine gute Erklärung. Wird das so erzählt? Mach dir keine Gedanken, eingemauert sind viele.

Das ist also ein Gespräch, nachts, an der Westwand innen, in einer Kirche, im Sumpf, nachtüber lebendig von wandernden Ratten. Die Tür, im Dunkel, Eiche und Eisenbänder. Im Holz die Inschrift unter den Händen: Sante Catarine sta uns bi un lat uns nit vorderven Make uns van alle sunde fri wann wir beginnen to sterven.

Wieder der Platz. Sechs Schritte, die Pause, der Kopf heiß, eingemauert sind viele, die nächsten sechs Schritte, die Pause, am Wassertor ist Licht, jetzt wecken sie die Litauer, die die Kähne stromauf bringen. Gestern hatte sich ein Hund unter die Fleischbänke verkrochen. Hier muß das gewesen sein. Als ihn die Gesellen hervorzogen, hat er gezittert, ein alter Hund, mager, die Weynoth hats erzählt, die mit den Taternaugen, wird auch schon schwach auf den Beinen. Was tut man? Sechs Schritte. Dann die Treppe hinauf. Sie wird einen wecken, bald, und einem die Milch vor die Nase setzen. Dann wieder das Amt, Oberratsstube heißt das. Und der Adersbach. Daß ein kleines Fenster so groß sein kann. Aber immer erst, bevor man sich zurücklegt und die Augen zumacht.

Und der Schluß noch. Mein Grab, so war das. Eingemauert in eine Wand oder verscharrt auf dem Feld Lauth. Über meines redet noch einer herunter. Danach der Choral vom Professor Poeseos.

Mein Grab, was red ich nicht!
Mein Grab bleib offen stehn,
Du kommst, ein weiß Gesicht,
Und wirst hinuntersehn,
Ein Haar wie Feur, mein Grab
Und Leben, steh mir bei,
Wie sich's mit mir begab:
Hör, es ist kein Geschrei.

Immer erst, bevor man sich zurücklegt. Kein Geschrei. Katharina, ein weißes Gesicht. Taubenflügel, über eine zerbrochene Mauer herab. Wo es dunkel ist. Wer zu schreien hätte. Der Kurfürst, der Kurfürst, der Kurfürst, der Adersbach, der Adersbach, der Adersbach. Nachgelassene Poesien. Wer zu schreien hätte. Nachgelassene Poesien. Keiner. Das mit dem Alkgebirge, das hat der Dach auch.

VALÉRY ODER DIE BOHNEN

Das ist also ein Tuch, ein Leder, so fein ausgegerbt, daß es das Licht durchscheinen läßt, und so dicht und haltbar, daß es sich über Lebendiges und Totes zu spannen vermag, ohne zu reißen: über ein zerbrochenes Skelett wie über die Bohnenstaude, die gut unter ihm wachsen und sich bewegen und womöglich blühen kann, wenn sie nur noch Erde im Topf findet, genug daß die Wurzeln bedeckt sind, und ein bißchen Luft, die durch die Poren des Leders kommt.

Dieses Tuch, gelblich-weiß, über Haken und Kanten gezogen, ergibt dort einen scharfen Umriß, hier – über dem Bohnenbusch – einige unregelmäßige Rundungen, bauscht sich nirgendwo, glatt und dabei ganz leicht liegt es auf und läßt sich tragen von den lautlosen, vorsichtigen Bewegungen lebendiger Blätter, Stiele, roter und weißer Blüten.

Ich hab ein Porträt zeichnen wollen, und es ist mir nicht gelungen. Einen älteren Herrn, zart und dabei fest im Fleisch, das sich zurückzieht mit verdünnten Adern unter eine vergoldete Uniform, ein Mitglied der Académie mit einem kleinen Degen und einem schönen Hut auf dem Arm. Es ist nicht gelungen, ich hab zuviel an die Bohnen gewandt, an die Staude, die ein martialisches Gewächs ist – noch unter einem feinen gelblichen Ledertuch, das das Tageslicht durchscheinen läßt.

BRIEF AUS AMERIKA

Brenn mich, brenn mich, brenn mich, singt die alte Frau und dreht sich dabei, hübsch langsam und bedächtig, und jetzt schleudert sie die Holzpantinen von den Füßen, da fliegen sie im Bogen bis an den Zaun, und sie dreht sich nun noch schneller unter dem Apfelbäumchen. Brenn mich, liebe Sonne, singt sie dazu. Sie hat die Ärmel ihrer Bluse hinaufgeschoben und schwenkt die bloßen Arme, und von den Ästen des Bäumchens fallen kleine, dünne Schatten herab, es ist heller Mittag, und die alte Frau dreht sich mit kleinen Schritten. Brenn mich, brenn mich, brenn mich.

Im Haus auf dem Tisch liegt ein Brief. Aus Amerika. Da steht zu lesen:

Meine liebe Mutter. Teile dir mit, daß wir nicht zu dir reisen werden. Es sind nur ein paar Tage, sag ich zu meiner Frau, dann sind wir dort, und es sind ein paar Tage, sage ich, Alice, dann sind wir wieder zurück. Und es heißt: ehre Vater und Mutter, und wenn der Vater auch gestorben ist, das Grab ist da, und die Mutter ist alt, sage ich, und wenn wir jetzt nicht fahren, fahren wir niemals. Und meine Frau sagt: hör mir zu, John, sie sagt John zu mir, dort ist es schön, das hast du mir erzählt, aber das war früher. Der Mensch ist jung oder alt, sagt sie, und der junge Mensch weiß nicht, wie es sein wird, wenn er alt ist, und der alte Mensch weiß nicht, wie es in der Jugend war. Du bist hier etwas geworden, und du bist nicht mehr dort. Das sagt meine Frau. Sie hat recht. Du weißt, ihr Vater hat uns das Geschäft überschrieben, es geht gut. Du kannst deine Mutter herkommen lassen, sagt sie. Aber du hast ja geschrieben, Mutter, daß du nicht kommen kannst, weil einer schon dort bleiben muß, weil alle von uns weg sind.

Der Brief ist noch länger. Er kommt aus Amerika. Und wo er zuende ist, steht: dein Sohn Jons.

Es ist heller Mittag, und es ist schön. Das Haus ist weiß. An der Seite steht ein Stall. Auch der Stall ist weiß. Und hier ist der Garten. Ein Stückchen den Berg hinunter steht schon das nächste Gehöft, und dann kommt das Dorf, am Fluß entlang, und die Chaussee biegt heran und geht vorbei und noch einmal auf den Fluß zu und wieder zurück und in den Wald. Es ist schön. Und es ist heller Mittag. Unter dem Apfelbäumchen dreht sich die alte Frau. Sie schwenkt die bloßen Arme. Liebe Sonne, brenn mich, brenn mich.

In der Stube ist es kühl. Von der Decke baumelt ein Beifußbusch und summt von Fliegen. Die alte Frau nimmt den Brief vom Tisch, faltet ihn zusammen und trägt ihn in die Küche auf den Herd. Sie geht wieder zurück in die Stube. Zwischen den beiden Fenstern hängt der Spiegel, da steckt in der unteren Ecke links, zwischen Rahmen und Glas, ein Bild. Eine Photographie aus Amerika. Die alte Frau nimmt das Bild heraus, sie setzt sich an den Tisch und schreibt auf die Rückseite: Das ist mein Sohn Jons. Und das ist meine Tochter Alice. Und darunter schreibt sie: Erdmuthe Gauptate geborene Attalle. Sie zupft sich die Blusenärmel herunter und streicht sie glatt. Ein schöner weißer Stoff mit kleinen blauen Punkten. Aus Amerika. Sie steht auf, und während sie zum Herd geht, schwenkt sie das Bild ein bißchen durch die Luft.

Als der Annus von Tauroggen gekommen ist, damals, und hiergeblieben ist, damals: es ist wegen der Arme, hat er gesagt, solche weißen Arme gab es nicht, da oben, wo er herkam, und hier nicht, wo er dann blieb. Und dreißig Jahre hat er davon geredet. Der Annus.

Der Mensch ist jung oder alt. Was braucht der alte Mensch denn schon? Das Tageslicht wird dunkler, die Schatten werden heller, die Nacht ist nicht mehr zum Schlafen, die Wege verkürzen sich. Nur noch zwei, drei Wege, zuletzt einer.

Sie legt das Bild auf den Herd, neben den zusammengefalteten Brief. Dann holt sie die Streichhölzer aus dem Schaff und legt sie dazu. Werden wir die Milch aufkochen, sagt sie und geht hinaus, Holz holen.

LIPMANNS LEIB

Die Lipmann macht die Tür auf. Sie steckt den Vierkantbolzen in das Rohrstück, das an einem Bügel in der Krampe hängt, dreht ihn zwanzigmal herum, da geht das Schloß auf, sie hängt es aus, legt dann die Hand auf die eiserne Lasche und zieht, und die Kneipentür gibt nach und öffnet sich. Die strohgeflochtene Abdichtung ist schadhaft, aber die Luft von gestern hat sie brav im Haus gehalten, jetzt strömt es warm und stickig aus dem offenen Raum, Schnaps, Sauerteig, Gurkenlake, was weiß ich.

Rosa Lipmann fummelt ein Talglicht aus der Schürze. Ohne sich umzuwenden geht sie ins Haus, die Tür schließt sich. Jetzt sieht man, das mittlere Brett ist ungeschickt abgehobelt, ein heller Fleck im grauen Holz, in Brusthöhe ungefähr. Da hat etwas gestanden, ein Gruß in fremden Zeichen und mit Teerfarbe. Hat der Leib hingemalt, damals als er zurück war aus dem Krieg und jeder sehen konnte, daß er nicht bei Trost geblieben war. Er lief umher, verlor die Hose und fand sie wieder, trug sie dann überall hin und zeigte sie vor, so sehr freute er sich.

Er war noch ganz jung damals, gerade ein Jährchen verheiratet gewesen, da hatten ihn Soldaten mitgenommen, als Ortskundigen, und der Zarenoffizier hatte ihn prügeln lassen, wegen falscher Auskünfte angeblich. Hätten sie ihn nur liegen gelassen, ich hätte ihn schon geholt, sagte die Rosa immer, er wär schon wieder in Ordnung gekommen. Aber sie hatten ihn zerschlagen und mitgenommen nach Georgenburg und dort aufbewahrt.

Aus Georgenburg, wo er als junger Mensch hergekommen war, mit dem Wagen, da kam er dann zurück, zu Fuß, Lappen und Stroh um die Beine, ununterbrochen redend mit dem Weg unter den Füßen und mit dem Strom, der zur Linken davonzog, gleichmäßig, lautlos, breit.

Das Gerede mit dem Strom hatte Leib beibehalten, das mit der Straße nicht. Er streicht das Ufer ab, bis zum Rombinus, wo es sich plötzlich erhebt und dann steil abfällt, als wollte es den Strom verschütten, wo die Erde schwarz wird, und zu den Sandgruben dort vor dem Wald. Was er findet, Steine, Vogelfedern, Glas, trägt er in den Strom, freut sich, wenn die Federn davonfahren mit langsamem Drehen und auf einmal Fahrt bekommen und wenn die Steine schnell auf den hellen Grund fallen und die Glasstücke heraufleuchten, bis der Treibsand sie zudeckt.

Stückchen Glas
Stückchen Glies
Onkel Wlas
hat ein Füß

singt er dazu, und zu den Federn sagt er: Fahr man los, ist schon besser für dich.

Rosa kommt in die Tür, blickt durch den Spalt den Weg hinunter. Der Leib wird irgendwo untergekommen sein, in einer Scheune, er findet schon immer was. Schwach ist er, blaß, mit ewig kalten Händen, aber er wird nicht krank. Er geht umher, redet ein bißchen, kümmert sich um Torf und Reisig, besorgt Seifenstein gegen Schnaps, tränkt die Pferde, wenn die Bauernwagen vor dem Krug halten, aber die Rosa nimmt ihm lieber den Eimer ab, er sagt nichts, er geht davon und ist ganz froh drüber. Er wird schon wiederkommen, denkt Rosa und schließt die Tür und sagt laut in die Stube hinein: Was ist das für ein Dorf.

Das Dorf, ja, was ist das schon. Die sieben Gehöfte über der Steigung des Ufers, wie auf einem Wall. Der ausgefahrene Sandweg kommt an den Steckenzäunen entlang und macht einen kleinen Bogen auf die Fähre zu. Da stehen die Holzbuden, die dem Zoll gehören. Ein Stückchen stromabwärts die beiden Dückdalben und die Anlegestelle für das Dampfboot. Kirschbäume, niedrig, mit geplatzter Rinde. Die vier Stangen um einen vorjährigen Strohhaufen, das zerbrochene Dach schief zwischen sich. Wo die Krähen ihre Versammlungen halten. Das Dorf. Und der Tümpel unten im Sand, von der letzten Überschwemmung, noch immer nicht ausgetrocknet. Das Dorf. Nirgends is so bunt wie inne Welt, sagen die alten Frauen. Was ist das für ein Dorf, sagt Rosa Lipmann.

Sie stammt aus der Wilnaer Gegend, wo die Lipmanns auch her sind, die berühmte Familie, der große Raw von Kowno gehört dazu. Dort um Wilna herum ist es anders. Sand und Holzhäuser auch, aber die Stadt dann mit den Toren, Bahnhof und Fabriken und die Pferdedroschken auf Gummirädern, und ihre Leute haben ein Restaurant. Nur Onkel Neum, der Vorsänger, hat nichts.

Was ist das schon, die sieben oder acht Gehöfte auf dem Uferwall. Von wo man über den Strom sieht, kilometerweit, bis dorthin, wo der Himmel hinabreicht auf die Ebene. Oder man blickt zurück, der Straße nach, die durch die Wiesen gegen den Wald verläuft. Das Dorf also. Und die Leute, die auf die Straße kommen, gegen Mittag, wenn das Dampfboot anlegt. Die Leute, Podszuweit und der versoffene Potschka und Milbredt und Papendick. Und der Lehrer Sikorski vom Kirchdorf mit seinen lauten Reden und dem ewigen Gesinge vom deutschen Rhein. Der in Naturalien eintreibt, was die unlustigen Schulbesucher an Weisheit versäumen. Die Leute.

Zehn Uhr zeigt der Regulator in Rosa Lipmanns Krug. Der alte Wlas kommt, der einbeinige Veteran, der Kalmück. Er setzt sich hin. Rosa bringt ihm ein Stück Zeitung. Er reißt eine kleine Ecke ab, dreht ein Tütchen, krümelt Schwarzen Krausen hinein. Später dann ein Schnaps. Alles ohne ein Wort. Rosa spült die Gläser. Zu reden gibt es noch genug, nachher, wenn der Viehhändler Köhn kommt, der heute wie jeden Dienstag mit dem Dampfboot zur Stadt fährt. Und der Leib ist noch nicht aufgetaucht. Auch der Kalmück hat ihn nicht gesehen. Gestern abend zum letzten Mal, wtschera wetscherom.

So ist der Abend am Strom: als würde es gar keine andere Tageszeit geben. Man geht und merkt nicht, daß man stehen bleibt. Man spürt den losen Sand unter den Füßen und steht doch wie auf einem Stein. Man hält die Hand ans Ohr und hört, was es nicht gibt. Von den Sandgruben leuchtet es grünlich, das Ufer färbt sich schwarz, und wenn es dunkelt, wird der Strom ganz weiß. Und zieht davon, auf den finsteren Berg zu, wo die litauischen Geister und die Soldaten Napoleons wohnen und ihre Schätze behüten, jeder die seinen.

Dorther, vom Rombinus, kommt der Leib gegangen, den Wind halb im Rücken. Der Wind hat einen Namen, er heißt Antanas und erzählt immer dasselbe: In Grauden wird der Wald geschlagen, in Kraupischken ist die Post blau, in Livland wird die Milch süßgemacht. So wird es Nacht, bis der Leib vor das Dorf kommt.

Da hört er die Männer, die über den Abhang stolpern. Das ist der Potschka. Und das der Herr Köhn. Und der Lehrer vom Nachbardorf. Und noch drei, vier andere. Und der Herr Köhn redet laut, und der Sikorski will ihn belehren, über den schönen deutschen Rhein oder soetwas. Aber belehrt man denn einen reichen Viehhändler? Ein Geschrei, wie es jeder kennt, und was noch zu erzählen ist, läßt sich schnell sagen.

Da ist ja der verrückte Jud, sagt Potschka. Na sieh mal einer an, meint Sikorski. Komm doch mal her, sagt Köhn.

Juden sind ziemlich reinliche Leute, sagt Sikorski und schwankt ein bißchen. Aber der da ist dreckig, sagt Köhn. Sie sind aber sauber, beharrt Sikorski. Wie der Hund, wenn er aus dem Modder kriecht, sagt Köhn.

Du hast wohl dein Tauchbad noch nicht, du siebensinniges Aas, schreit Sikorski los und wendet sich nun wieder belehrend an den Viehhändler: Die machen nämlich sowas. Komm mal her, sagt Köhn.

Sie zerren ihn auf die Anlegestelle, über den Steg auf das Floß. Er wehrt sich gar nicht, er lacht ein bißchen. Jetzt wird er getaucht, sechsmal, siebenmal. Dreckiger Jud, sagt Potschka. Bißchen länger, sagt Köhn, der Dreck ist von Weihnachten.

Sikorski schwankt über die Bohlen zum Ufer zurück. Wir hatten da in der Kompanie einen Itzig, schreit er, der schrieb Bücher. Ach was, sagt Köhn und geht ihm nach. Und der Papendick steht auf dem Floß und weiß nicht, wo der Jud geblieben ist. Der ist ja weg, sagt er, und Potschka hat ihn auch nicht. Der ist ja weg, sagt Papendick etwas lauter. Köhn dreht sich um. Wer? fragt er zurück. Der Lipmann ihrer, sagt Potschka. Na ja, du Doofkopp, sagt Köhn, spring doch nach.

Die Männer stehen noch immer da. Haut bloß ab, sagt Köhn. Sikorski rennt das Ufer hinauf. Um das Dorf herum, denkt er, in einer Stunde bin ich zu Hause.

Vom schönen Rhein hat er genug. Der Strom hier ist anders. Ganz weiß. Man geht da entlang und weiß nicht, daß man stehen bleibt. Man spürt den losen Sand unter den Füßen und steht doch wie auf einem Stein. Man hält die Hand ans Ohr und hört, was es nicht gibt. Über die Wiesen hinauf kriecht der Nebel.

Der Regulator in Rosa Lipmanns Schnapsbude geht auf Mittag. Wlas sitzt am Tisch. Zwei Schnäpse sind es geworden, einen hat Rosa gestiftet. Die Kneipe ist leer. Drei, vier Leute, die auf das Dampfboot warten. Rosa sieht durch das Fenster. An der Anlegestelle steht der Viehhändler Köhn. Is nich rangekommen.

Nun wird der Dampfer sichtbar. Köhns Kutscher reicht eine Tasche vom Wagen, setzt sich zurecht, er kann zurückfahren.

Kinder, säuft, der Dampfboot pfeift, ruft Rosa und öffnet die Tür.

Sudiev. Nur der Wlas bleibt noch.

Rosa steht auf dem Weg, sie wischt sich die Hände an der Schürze ab. Ihr fällt ein, es ist Mittag und der Leib ist noch immer nicht gekommen. Sie winkt dem Dampfer zu, der sein Schaufelrad in Gang bringt, und geht ins Haus zurück. Einen Schnaps, Onkel Wlas?

IDYLLE FÜR ALTE MÄNNER

Klapschies hat Hunger. Warum eigentlich? Er hat nichts zu tun, er ist alt, der älteste Mann auf dem Gut. Er hat seine Versorgung, die nicht weit reicht, aber doch zum Sattessen, und auf der Hungerharke beim Heuaust oder beim Deckgeschäft – Pferde nicht mehr, jetzt nur noch Rinder – hat er auch Beschäftigung; es gibt, beim Vieh, manches zu beachten, Tageszeit und Wochentag, auch darf kein Gewitter in der Gegend sein; der Zaundraht vom Roßgarten ist da zuverlässiger als ein Barometer. Aber das ist ja nicht alles, und es gerät ihm, was er unter die Finger kriegt. Klapschies weiß das. Wenn er davon redet, hört man ihm schon zu.

Jeden Morgen um fünf steht Klapschies auf. Sonst kann ich ja nicht fünfmal essen. Dem Menschen sind Grenzen gesetzt.

Und jetzt hat Klapschies Hunger. Das ist ein Gefühl. Man könnte es direkt beschreiben: wie das so hochkommt. Bloß die Frau ist nicht da. In die Beeren gegangen. Blaubeeren. Gegen Abend ein Schälchen voll, Milch und Zucker drüber.

Man kann sich ja was aus der Kammer holen. Aber der Mann nimmt seine Nahrung aus der Hand des Weibes, das ist so, und Klapschies geht jetzt also umher mit seinem Gefühl. Und Gefühle treiben, raus oder rein, wenn es duster ist, rein – das heißt in die Stube, wenn es hell ist, raus – das heißt an der Schmiede vorbei, die Straße entlang, unten am Mühlenberg abbiegen, zum Vorwerk.

Ganz hübscher Weg. Drüben Sand und nach Laswehlen zu Lehm, und hier nicht zu sandig und nicht zu lehmig. Nach dem Regen bleibt das Wasser eine knappe Stunde stehen, und hinterher ist der Weg wieder fest und trocken. Wie der Alwast auf der Chaussee, vielleicht noch besser, wenigstens nicht so schwarz. Und auf der einen Seite Holunderbüsche und auf der anderen der Graben, hübscher Weg. Für Fuhrwerk und zum Radfahren. Wie auf der Chaussee. Vorigen Herbst haben sie angewalzt, hat schön gestunken.

So kann man vor sich hinreden, schrittweise, und auch mal stehen bleiben, nach den Futterrüben sehen, dahinter ist dann nichts mehr, nur Roggen. Aber da Klapschies schon beim Alwast ist, schon das zweite Mal, fallen ihm die Semmel ein und ob die Frau nicht vergessen wird, welche mitzubringen. Alwast, so heißt nämlich der Bäcker in Laswehlen, für den gesagt, der es nicht wissen kann. Klapschies weiß es, und daß er darauf kommt durch den schwarzen Chausseebelag, der auch so heißt, aber eigentlich doch nur so ähnlich, das bekommt dem Hunger besser als dem Klapschies. Er wird ein bißchen zulegen müssen, der Klapschies. Was meinst du, wie die Pferde gehen, wenn der Hafer lockt!

Das Vorwerk heißt Gärtnerei, aber es ist keine, außer daß es dort reichlich Blumen gibt. Sieht gut aus und bringt nichts ein. Macht Frau von Parbandt, die Frieda, Ferdinand von Parbandts Frau, und der Ferdinand ist Kämmerer auf dem Vorwerk, das Gärtnerei heißt und keine ist. Nur eben ziemlich viel Blumen, und es bringt nichts ein. Sieht aber gut aus, findet auch Klapschies. Und Frieda ist im Garten, wenn auch diesmal mehr in der Petersilie als in Parmaveilchen, Königskerzen, Akelei, Reseda.

Klapschies hält sich gar nicht erst am Zaun auf. Na Frieda, und: All wieder bei die Blumen? Mehr nicht, auch das nur so gerade über den Zaun geschmissen, und gleich aufs Tor zu und über die Schulter zurück: Ist der Alte zu Hause?

Frieda richtet sich auf. Sie stützt sich links, zieht das rechte Knie vor und dann so weiter, der Reihe nach, und wenn sie steht, reibt sie die Hände an einem Wisch Unkraut ab, streicht die Schürze glatt, bückt sich noch einmal und hebt das Kopftuch auf. Der Herr von Parbandt ist zu Hause, sagt sie, hat zu schreiben. Nimmt die Hacke, setzt sich in Bewegung.

Von Parbandt. Eine Geschichte, lange her. Da hat ein Fräulein von Parbandt auf dem Erntefest die Hosen verloren und nicht gewußt wo und nichts gesagt. Da ist der Ferdinand her, immer besser gewesen als andere Leute, aber doch wieder nicht so ganz besser. Aufgewachsen im Rotensteiner Waisenhaus oder wie man das nennen will, wo sonst nur die außerehelichen Nachkommen des Rotensteiner Grafen – die anerkannten, erinnerlichen – untergebracht waren, belehrt wurden von einem Hauslehrer, bekocht von der früheren Schloßmamsell, benäht und beflickt von zwei alten Frauen, alles unter den Augen des Pfarrers Leidigkeit und seiner Schwester. Der Graf ist tot, das Institut gibt es nicht mehr, aber den Herrn von Parbandt gibt es noch, und daß er zu schreiben hat, wird Klapschies nichts ausmachen, Schreiben ist mehr was für Lehrer, – erwachsener Mensch, der Parbandt. Klapschies geht also ins Haus, immerhin läßt er die Klumpen draußen an der Tür, knöpft aber die Jacke auf, ehe er sich auf die Fensterbank setzt, legt die Mütze neben sich. Tag, Ferdinand.

Parbandt bleibt sitzen. Er hebt den Kopf, blinzelt ein bißchen gegen das Fenster, reckt, wie üblich, den Unterkiefer vor, und da Klapschies nichts sagt, so dasitzt wie üblich, fällt ihm wieder ein, daß er zu schreiben hat. Die Abrechnung für das erste Heu nach Ragnit, ans Militär, bares Geld sozusagen. Aber der Klapschies sitzt nun da, also schiebt er die Zettel zusammen, hebt den breiten Zimmermannsstift und fährt mit ihm in das ausgetrocknete Tintenfaß, hebt den Stift aus dem Fäßchen, da hängt die Fliege.

Weißt du, ich hab Hunger. Klapschies ist es ernst damit. Der Satz kommt beinahe gefährlich heraus.

Ich werde ihr sagen. Damit erhebt sich von Parbandt. Auch Klapschies erhebt sich. Und hört, während er aufsteht, wie Frieda in der Küche herummault: Was werd ich schon machen – paar Eier. Aber das ist nicht das Richtige, also marschiert Klapschies auf die Küchentür los und trägt dort seine Ansicht über die Ernährung des Menschen, insbesondere des Mannes, durch Eier vor, in dem Sinne etwa, daß Eier würgen. Also etwas anderes. Gepökeltes und der Frieda ihr eigenes Bier, das ist besser, geht auch schneller, und draußen unter dem Ahorn.

Der runde Tisch, an dem die Männer sitzen, ist einer der vielen runden Tische in der Gegend, die alle von ein und demselben Baum stammen. Vor drei Jahren wurde die Eiche hinter dem Gutsspeicher umgelegt und dann einfach eine Scheibe nach der anderen heruntergesägt, jede eine Tischplatte. Solche deutschen Eichen, gesund und dauerhaft wie die Pest! Der Pfarrer hatte darüber gepredigt, die Gemeinde solle sich hinführen lassen vor dieses Wunder an Treue und Beständigkeit, sich eine geistliche Scheibe heruntersägen, wenn nun schon die richtigen verteilt waren und der Baum alle.

Sobald der erste Hunger bejagt ist, wird man auch von diesem und jenem reden. Wie kann schon gehen, gut! sagt Klapschies. Parbandt fragt immer soetwas, ein Melancholiker gewissermaßen. Geht ganz ohne Grund auf den Friedhof und manchmal abends der Frieda ans Gemüt: mit genauen Angaben, wie er sich sein Grab denkt. Bißchen Hecke, vierzig Zentimeter hoch, Buchs, und der Hügel eingefaßt, am Kopfende ein Bäumchen, Rotahorn meinetwegen. Keine besonders ausgefallenen Wünsche, aber man muß an sich halten, wenn er davon anfängt. Stirb man erst, sagt Frieda, das andre wird sich schon finden. Geht schnell weg, macht sich was zu schaffen.

Aber jetzt muß Klapschies nach Hause, die Frau wird gekommen sein. Blaubeeren. Ein Schälchen. Und die Semmel auch, die sie mitgebracht haben wird, vom Alwast.

Der hat sich ein Auto zugelegt, erzählt Ferdinand und bleibt am Tor stehen, den alten Studebaker vom Gutsbesitzer Käswurm. Verrückter Kerl, der Alwast. Und wozu bloß! Klapschies hat auch davon gehört. Alter Mensch ist wie ein Schatten, springt er übern Zaun, ist er auf der anderen Seite.

So schließt ein Gespräch unter Männern. Sie kennen das Leben von frühmorgens bis spätabends und haben die Welt gesehen von Ragnit bis Darkehmen, dazwischen Truppenübungsplatz Arys, Anno 17 Flandern, Wytschaete-Bogen, Anno 28 Insterburg, Reit- und Fahrturnier.

Der Besuch also fing mit Hunger an und endet nun mit Appetit auf Blaubeeren und Laswehler Semmel und ist eine Pause im unendlichen Selbstgespräch des Menschen: über die Gefühle: wenn die Welt hell ist und der Mensch zufrieden, ohne zu wissen womit.

Meinswegen, sagt also Klapschies, jeder Hund scheißt auf seine Manier, und meint die Unvernunft vom Alwast, aber dann schließlich doch mehr die Laswehler Semmel, die Frau wird schon mitgebracht haben. Und mit diesen Gedanken kommt er ins Dorf und bis an die Schmiede. Da steht Allisat und schreit hinein, und der lange Hermann Siebert kommt heraus und sagt: Halt bloß dein Maul. Der Allisat weiß also etwas, Klapschies bekommt es gleich zu erfahren: Der Geist der Wahrheit hat seine Sterke verkauft.

Kühe tragen keine Hufeisen, bis jetzt noch nicht, und die paar Kuhketten, nicht viel für einen Schmied. Hermann winkt ab und geht wieder rein. Enttäuschend für Allisat, der ausgebaut wohnt, also weitab vom Dorf, und den es einiges kostet, auf dem Laufenden zu bleiben: Zeit und Schuhzeug, aber Schnaps und Bier auch, manche Mark also, von der die Frau nichts weiß, wie man sich leicht einbildet als Mann.

Wer spricht sich denn auch schon aus auf der Straße und vor der Tür, als Mann. Bequem hinsetzen, dann kommen die Gedanken, aber auch nicht gleich. Die Sterke also.

Kenn ich, hat Klapschies gesagt. Das wird seine zwei Bier wert sein, was der weiß, überlegt Allisat im Gehen, und vor Findeisens Rotem Krug – Kolonialwaren, Gastwirtschaft, Hotel, Festsäle, Gartenetablissement – sagt er: Na was meinst? Ich geb einen aus.

Am hellichten Vormittag, sagt Klapschies vorwurfsvoll und geht sogleich und vor Allisat hinein. Also die Sterke vom Geist der Wahrheit. Kenn ich, sagt Klapschies zum zweiten Mal und laut, denn nun sitzen sie, in der gelben Stube neben dem Schankraum, wo das Lochbillard steht. An der Wand darüber hängt Prinz Heinrich in Admiralsuniform, Blau und Gold, und an den Rahmen unten hat Findeisen ein Pappschild mit der Aufschrift Benutzung 10 Pfg. geheftet.

Daß die Sterke nichts taugt, aber auch gar nichts, ist das erste, was Allisat erfährt, und daß solch Krummvieh vor den Kopf geschlagen gehört und nicht erst lang gefüttert. Hat es früher gar nicht gegeben. Und weil Allisat zweifelnd sein Bier auf dem Tisch hin und her schiebt, noch einmal fest und redlich: Sowas nicht.

Nun handelt es sich allerdings nicht um irgendeine Sterke. Sei du man ganz still, sagt Allisat, und eben jetzt vernimmt man aus dem Schankraum eine hohe Greisenstimme, nicht kräftig, aber durchdringend, und nun tritt ein dürres Männchen, weißer Spitzbart, weißer Mittelscheitel, mit kurzen Schritten ins Zimmer.

Allisat steht gleich auf. Guten Tag, Herr Pfarrer, haben Sie die Sterke verkauft? Ja, sagt der Pfarrer, ich hab mein Rindvieh losgeschlagen. Mit Gottes Hilfe, sagt Allisat und weiß auch, was die Sterke gebracht hat, für den Pfarrer wie für den Händler Fröhlich, denn das Tier ist ja bereits weiterverkauft, alles in einer halben Stunde.

O komm du Geist der Wahrheit und kehre bei uns ein. Das Lieblingslied des Pfarrers, er läßt es jeden Sonntag singen, die Kinder müssen es lernen, daher also hat er seinen Namen, und jetzt ist er selber da, am hellichten Tag in Findeisens gelber Gaststube, da hört sich doch manches auf und auf jeden Fall das Gerede, mit dem der Klapschies einen frommen Menschen wie den Allisat in Verwirrung bringen wollte.

Auf solche Weise kehrt der Geist der Wahrheit ein, auch für Klapschies: Klapschies erhebt sich ebenfalls und sagt ebenfalls: Guten Tag, Herr Pfarrer. Aber der Teufel hat ihn doch noch immer in den Pfoten, denn Klapschies sagt auch: Haben Sie ihn wenigstens gut beschissen?

Alte Leute sind ohne Respekt, andern gegenüber, sie kennen das Leben, und Klapschies hat da noch seine Meriten, und wenn schon nicht mehr bei den Pferden, dann doch immer noch beim Milchvieh, und mit einer solchen Sterke, wie sie der Geist der Wahrheit da verkauft hat, hat Klapschies nie etwas zu tun gehabt, da scheiden sich jedenfalls die Geister.

Aber was werde ich mich streiten. Klapschies kratzt sich am Hals und nimmt wieder Platz. Und der Geist der Wahrheit sagt jetzt und ganz in seinem gewöhnlichen Ton: Ich darf die Herren doch zu einem Gläschen einladen.

Am hellichten Tag Schnaps. Er hat den Fröhlich also tatsächlich beschissen, gar nicht anders zu erklären, auch nicht für Findeisen, der selber die Gläser hereinträgt, auf dem runden Tablett. Und was noch gefehlt hat: jetzt kommt auch der Fröhlich, und sieht durchaus nicht beschissen aus, läßt gleich die nächste Lage auffahren, feiner Mann, der Fröhlich. Aber der Satan sitzt dem Klapschies im Genick, er muß sich erneut kratzen. Immerhin kann er sich noch eben verkneifen, was er schon auf der Zunge hatte, denn Allisat blickt ihm in die Augen wie eine Kornblume ohne Wasser. Da sagt Klapschies nur Prost und kippt den Schnaps hinunter, unaufgefordert, etwas muß er schon tun, und es stört ihn nicht, daß der Herr Fröhlich ein bißchen erstaunt tut. Immer noch der flotte Artillerist, sagt Fröhlich, immer vorne weg.

Der Koppscheller soll bloß ruhig sein, denkt Klapschies und merkt mit einmal, in den Ohren zuerst, aber dann auch gleich bis in den Magen hinunter, daß es längst Mittagszeit sein muß. Es fällt ihm alles auf einmal ein: die Laswehler Semmel und daß die Frau zu Hause sein wird und dann noch die Blaubeeren. Er sagt Donnerwetter, zieht sich am Tisch hoch, daß die Gläser durcheinander fallen, merkt dabei, daß es mit den Beinen nicht stimmt, mit allen beiden nicht, jedenfalls nicht mit den Kniekehlen, aber weil der Pfarrer sagt: Na aber, Herr Klapschies! und der Fröhlich von Feuerstellung und Zielwasser redet, drückt er die Knie durch, kommt einigermaßen vom Tisch weg, bis an die Tür, da holt er weit mit dem linken Arm aus und langt auch richtig die Mütze vom Haken, und weil ihm nichts einfällt, geht er ohne ein Wort hinaus.

Hat die Schlorren voll, sagt Allisat hinterher, aber weil das nicht so gut ist, wie man es von Allisat erwarten kann, sagt der Pfarrer: Lassen Sie man, Herr Allisat. Und Fröhlich ruft auch nur kurz zum Findeisen hinaus: Hast den gesehen, Ede?

Jetzt aber nach Hause. Und wo ist die Würde, Klapschies? Gute fünfzig Meter gegangen und noch immer wacklige Knie. Wird auch gar nicht besser. Oben ja, aber nicht in den Beinen. Vorsicht, Klapschies.

Das ist der Zuspruch eines Mannes und hilft. Als Klapschies beim Amtsvorsteher vorbeikommt, der jetzt wie jeden Tag in seiner Veranda sitzt, beim Kaffee, also zivil, und der ihn anzureden wünscht, fühlt er, der Klapschies, sich durchaus obenauf. Sei du bloß still, du verfluchtiger Krängelfoot, sagt er und hat damit Bezug auf des Amtsvorstehers kurzes Bein genommen, und weil er eigentlich an der Veranda vorüber ist, bleibt er stehen, dreht sich um und schreit zurück: Dir holt noch mal der Spiwok!

Da soll dieser Herr nur bei seinem Kaffee sitzen und nachdenken, warum Leute wie der Klapschies so ungehobelt sind. Hundert Jahre kann man dasitzen, man versteht sie nicht.

Und dann ist Klapschies zu Hause. Macht die Tür auf, sieht die Frau in der Küche stehn, hört ihre Begrüßung, die lautet: Na, kommst schon?

Auch das also noch. Jetzt, wo man zu Hause ist, wo der Mann seine Würde an den Türhaken hängen kann, weil er sie gar nicht braucht, wo ihm außerdem nicht gut ist, wo ihn auch der Hunger, eben vor der Tür noch, erneut überfallen hat, mit aller angestauten Gewalt.

Klapschies schmeißt die Mütze auf den Tisch. Er läßt sich auf den Stuhl fallen und sagt bitter: Das ist mir vielleicht ein Empfang. Der Mann kommt krank nach Hause --

Ein niederträchtiger Husten läßt ihn nicht weiterreden. Klapschies legt den Kopf auf die Tischplatte, bemerkt noch, daß die Wachsdecke ein Loch hat, zeigt mit dem Daumen darauf und schläft schmerzlich bewegt ein.

Große Dinge, Hunger auf Semmel und Blaubeeren, Handel mit schlechtem Vieh, das Leben, das die Leute miteinander treiben. Man redet viel, wenn der Tag lang ist, es hat alles Platz, die Jahre, Morgen, Abend, Sommer, Winter. Wenn der Tod kommt, nimmt er die Mütze ab und sagt: Nun dreh dich man nicht zur Wand. Und der Tischler Thetmeyer kommt hinterher und nimmt Maß.

Da ist es schon besser, man hat seinen Sarg auf dem Dachboden, wie es sich gehört, und die Wäsche parat im Schrank und die Raute im Topf auf dem Fenster.

LITAUISCHE GESCHICHTE

Das ist Škuodas. Eine Ortschaft mit Steinhäusern, vor dem Wald. Die Bartuva kommt herein mit Wiesen um sich herum. Und das ist der See, in den sie ihr helles Wasser bringt. Dort steht die Holzbrücke, noch eben vor der Mündung, denn die Straße läuft dicht am Seeufer hin, gleich hinter dem Schilf.

Hier wird der Bettler gestanden haben, ein alter Mann, Morkus gerufen, jeden Abend, um ein paar erbettelte Groschen ins Wasser zu werfen. Der See sollte sich über die Ufer heben. Er soll sich anstrengen, und er soll etwas dafür haben, Groschen für Groschen, er soll über das Ufer treten, das ist nicht leicht, und bis in die Straßen kommen und vor das große Haus, wo der Zarengeneral wohnt, leise bis an die Treppe und dann mit großem Schwall herum um das Haus, über die Zäune. Da sitzt der General oben auf der Terrasse, schwarz und rot um das Gesicht, der Teufel, und hat es nicht gleich gemerkt, und jetzt kann er nicht fort, überall ist das Wasser, und nichts wird ihn hinwegtragen über das Brausen und Schäumen, ersaufen wird er mit seinem Haus, denn er ist aus Eisen.

Jeden Abend, bis du tot warst, Morkus.

Er ist auf den Friedhof gegangen und hat sich zwischen den Gräbern ausgestreckt. Das Wasser ist nicht gekommen. Die Groschen haben nicht gereicht.

Der Eiserne ist irgendwann umgekommen, in seinem Bett, weil ihm der Himmel die Blattern angehängt hat. Dann ist er verrostet, irgendwo in der Erde, unter einem krummen Mauerwerk und einer kupfernen Platte. Und nach ihm ist es auch bald aus gewesen mit dem Zaren.

In dem Jahr hat es Feuer gegeben in Škuodas, und wer sich zu fürchten hatte, hat sich gefürchtet und ist davongelaufen. Dann hat man den Wald geschlagen, bis über die Hänge hinauf, und Häuser gebaut bis an die Wassermühle. Das ist Škuodas am Bartuvaflüßchen. Dort weiß man noch von Morkus und seinen Groschen, erbettelt auf den litauischen Straßen und in den See geworfen, Abend für Abend.

UNORDNUNG BEI KLAPAT

Da kommt man nach Hause, da ist einfach Weihnachten. Ist wohl gar nichts passiert? Frohes Fest oder gesegnetes und in die Kirche, da kann sein, was will.

Klapat, sagt die Frau, du redst und redst. Wir sind doch immer gegangen, Karfreitag, Weihnachten, Totensonntag.

Hör mir auf mit Totensonntag, sagt Klapat. Dafür ist der Bruder vielleicht gefallen, sechzehn, daß der da auf die Kanzel kriecht und krakeelt, die Gedenktafel muß raus. Haben wir doch gelernt: Niemand hat größere Liebe denn die, daß er sein Leben lässet für seine Freunde. Und deshalb, sagt er, soll die Tafel raus aus der Kirche. Weil das draufsteht. Weil das nicht gesagt ist auf deinen Vater und auf meinen Bruder, und wenn der Junge, aber er hat doch geschrieben, daß er lebt, wenn der aber auch – da hat man also gar nichts, bloß die Frechheiten von dem Kerl.

Klapat, sagt die Frau und bindet die Schürze ab, du ißt jetzt erst, du ärgerst dich immer. Der Karl-Heinz denkt, daß wir den Baum geschmückt haben und daß wir in die Kirche gehn, nachher.

Haben wir ja auch, den Baum, sagt Klapat. Wie die alten Germanen.

Essen ist immer gut, also sagt Klapat: Gehen wir meinetwegen auch in die Kirche, ich zieh Uniform an, und wenn er wieder mit soetwas anfängt, gehn wir raus.

Noch ein bißchen, sagt die Frau und säbelt am Gebratenen herum. Schöne Erfindung, so tote Sau, muß man sagen. Sagt auch Klapat und hält den Teller hin. Und jetzt fällt ihm ein, daß sie den ganzen Vormittag im Büro von Weihnachten geredet haben. Der Prellwitz immer von Weltesche und sowas. Soll man also den Baum an die Decke hängen und unten drunter einen Apfel, am Bindfaden, das ist dann die Erde.

Gar nicht so zum Lachen, sagt Klapat verweisend, weil Lina einfach Quatsch sagt und abwinkt.

Aber wer hängt schon den Baum an die Decke, dann lieber gar keinen. Klapat legt Messer und Gabel hin, kreuzweis über den Teller, und fängt an zu erzählen. Was Horstigall gesagt hat.

Also die hatten zu Hause so einen drehbaren Fuß, wo sie den Baum immer reinsteckten. Der spielte Weihnachtslieder. Im Drehen.

Ist ja zum Lachen, sagt die Frau.

Nein gar nicht, sagt Klapat, überhaupt nicht. So ein Kasten, verstehst du, Blech und außen bemalt. Und der Schlüssel wurde versteckt jahrüber, damit ihn keiner aufzog. Bloß Weihnachten. Und red mir nicht immer zwischen, und eine Weihnachten, na ja, da haben sie ihn wohl überdreht oder sowas, jedenfalls: erst dreht er sich ganz richtig und sie sitzen da und singen mit und sein Vater, sagt er, kaut schon an Steinpflaster und Katharinchen, da geht es aber los, da dreht sich der Kasten immer schneller, da fliegen schon die Kugeln, klatsch, gegen die Wand, klatschklatsch, der Kater reißt aus, die Kinder hinterher, schöne Bescherung. Klapat lacht, daß ihm die Augen tränen. Na was denkst du, fröhliche Weihnachten.

Und nun fällt ihm ein, was der Neumann gesagt hat: Letzte Weihnachten war schön, waren die Jungens zu Hause, er hat drei Stück beim Militär, einer ist Feldwebel, da haben sie gesoffen, war sehr gemütlich.

Möchtest du das machen, Klapat, sagt Lina vorwurfsvoll. Aber na ja, die Frau vom Neumann ist tot, dieses Jahr kommt keiner auf Urlaub, der alte Mann sitzt da. Soll er in die Kirche gehn. Aber Neumann ist ja wohl Dissident, wie man früher sagte, die glauben an kein höheres Wesen, bloß an solche, die einen befördern können, so ein Beamtenglauben.

Und nun sitzen Klapats also in der Kirche, Klapat in SA-Uniform, Lina im Schwarzseidenen. Lina denkt, wie wird ihm bloß gehen, dem Kind?

Der Herr Eschenbach spielt oben seine Orgel, erst schnell und dann langsam, und klingelt immer ein bißchen dazwischen.

Hat den Zimbelstern eingeschaltet, sagt Klapat, hört sich gut an. Und dann reckt Klapat den Hals, weil Hochwürden die Kanzelstiege hinaufklettert.

Und was sagt er da, der Herr Dompfarrer? Erst einmal, daß die Gemeinde Stille Nacht zu Hause singen soll, nicht in der Kirche.

Der will bloß jedem querkommen. Aber mir nicht. Heute nicht. Hier sitz ich, Klapat, in Uniform, Beamter, Frontkämpfer, EK II, und mein Sohn ist im Felde. Soll er bloß wieder anfangen von Soldaten und Krieg, soll er bloß wieder anfangen, der Mensch, wird schon sehen, was dann ist.

Na was denn, Klapat?

Dann steh ich auf und geh raus. Und die Lina mit.

Aber Hochwürden redet nicht von Krieg, sondern von Frieden, je länger Klapat hinhört, desto verdächtiger hört sich das an. Wieso Frieden, wo wir jetzt Krieg haben? Aber soll er denn von Krieg reden? Also doch von Frieden? Soll er oder soll er nicht? Auf jeden Fall aber: Was er da oben redet, ist ja wohl nicht das, was man sich anhören kann, jetzt im Krieg und in Uniform: Daß die Friedfertigen die Friedenmacher sind und nicht solche, die mit dem Frieden fertig geworden sind.

Und Stille Nacht auch nicht. Weltesche will man ja schon nicht verlangen. Aber wenigstens Stille Nacht.

Dies ist das Buch von der Geburt Jesu Christi, so fängt das Neue Testament an, sagt Hochwürden, und gleich danach heißt es: Die Geburt Christi war aber also getan. Getan, meine Freunde, also: Gott tut etwas, mit dieser Geburt, an seiner Welt.

Das nächste weiß Klapat nun wieder. Aber dieses Getan und daß das ganze Testament von Anfang an über Weihnachten redet, – na ich weiß nicht, da kommt ja wohl noch mehr, Heilige Drei Könige, Karfreitag, Ostern, Erster Mai, nein der nicht, Himmelfahrt, Pfingsten. Und Reformationsfest und Bußtag. Haben außerdem alles die alten Germanen erfunden, sagt Prellwitz.

Ist ja vielleicht wahr, mußte ja erst mal geboren sein, das Christkind, aber so meint er das wohl nicht, jedenfalls nicht so einfach: geboren und dann weiter wie bekannt.

Und Lina sitzt da, lange Haare, kurzer Sinn, aber dafür gleich immer am Wasser gebaut. Soll sie. Besser jetzt, als nachher unterm Baum, man ist auch nur ein Mensch.

Das ganze Testament. Nein, Klapat ist nicht fertig damit. Direkten Grund zum Aufstehen hat es nicht gegeben, höchstens vorhin wegen dem Frieden, jetzt im Krieg, aber man geht doch wohl Weihnachten in die Kirche, weil Weihnachten ist: etwas Altes also, das man kennt, an das man nur erinnert zu werden braucht, um gleich vor Augen zu haben: wie es früher zu Hause war und wie wir immer den Baum klauen gingen, in der Schonung, und ein Jahr hatte der Förster Kiuppel alle Bäume gezeichnet, und dann kam er auf Besuch, Zweitfeiertag, aber gesagt hat er nichts, bloß uns draußen an die Ohren genommen, uns Jungens. Und dann Kriegsweihnachten, siebzehn, da haben wir geheiratet. Und jetzt: Das ist das Buch von der Geburt. Da wird etwas getan: Frieden, wo jetzt Krieg ist. Paßt alles nicht, hinten und vorne nicht, denkt Klapat.

Da liegt er im Bett, nachts, und es ist alles vorbei.

Nein, aufgestanden sind sie nicht. Erst nachher, wie es sich gehört, als die Kirche aus war. Dann haben sie gesungen, zu Hause, die beiden Klapats, und sind sich alt vorgekommen. Und er hat die Geige vorgeholt, soviel kann er noch. Und einen Brief haben sie geschrieben an den Jungen. Und Klapat hat noch einmal angefangen von Horstigalls Drehfuß, der Lieder spielte, aber er hat bald aufgehört, nur ein bißchen Radio und um zwölf die Glocken.

Kein Wort mehr davon. Aber sind denn solche Feste dazu da, daß man durcheinander kommt? Daß man daliegt und nicht schläft? Das weiß ich nicht.

MÄUSEFEST

Moise Trumpeter sitzt auf dem Stühlchen in der Ladenecke. Der Laden ist klein, und er ist leer. Wahrscheinlich weil die Sonne, die immer hereinkommt, Platz braucht und der Mond auch. Der kommt auch immer herein, wenn er vorbeigeht. Der Mond also auch. Er ist hereingekommen, der Mond, zur Tür herein, die Ladenklingel hat sich nur einmal und ganz leise nur gerührt, aber vielleicht gar nicht, weil der Mond hereinkam, sondern weil die Mäuschen so laufen und herumtanzen auf den dünnen Dielenbrettern. Der Mond ist also gekommen, und Moise hat Guten Abend, Mond! gesagt, und nun sehen sie beide den Mäuschen zu.

Das ist aber auch jeden Tag anders mit den Mäusen, mal tanzen sie so und mal so, und alles mit vier Beinen, einem spitzen Kopf und einem dünnen Schwänzchen.

Aber lieber Mond, sagt Moise, das ist längst nicht alles, da haben sie noch so ein Körperchen, und was da alles drin ist! Aber das kannst du vielleicht nicht verstehen, und außerdem ist es gar nicht jeden Tag anders, sondern immer ganz genau dasselbe, und das, denk ich, ist gerade so sehr verwunderlich. Es wird schon eher so sein, daß du jeden Tag anders bist, obwohl du doch immer durch die gleiche Tür kommst und es immer dunkel ist, bevor du hier Platz genommen hast. Aber nun sei mal still und paß gut auf.

Siehst du, es ist immer dasselbe.

Moise hat eine Brotrinde vor seine Füße fallen lassen, da huschen die Mäuschen näher, ein Streckchen um das andere, einige richten sich sogar auf und schnuppern ein bißchen in die Luft. Siehst du, so ist es. Immer dasselbe.

Da sitzen die beiden Alten und freuen sich und hören zuerst

gar nicht, daß die Ladentür aufgegangen ist. Nur die Mäuse haben es gleich gehört und sind fort, ganz fort und so schnell, daß man nicht sagen kann, wohin sie gelaufen sind.

In der Tür steht ein Soldat, ein Deutscher. Moise hat gute Augen, er sieht: ein junger Mensch, so ein Schuljunge, der eigentlich gar nicht weiß, was er hier wollte, jetzt, wo er in der Tür steht. Mal sehen, wie das Judenvolk haust, wird er sich draußen gedacht haben. Aber jetzt sitzt da der alte Jude auf seinem Stühlchen, und der Laden ist hell vom Mondlicht. Wenn Se mechten hereintreten, Herr Leitnantleben, sagt Moise.

Der Junge schließt die Tür. Er wundert sich gar nicht, daß der Jude Deutsch kann, er steht so da, und als Moise sich erhebt und sagt: Kommen Se man, andern Stuhl hab ich nicht, sagt er: Danke, ich kann stehen, aber er macht ein paar Schritte, bis in die Mitte des Ladens, und dann noch drei Schritte auf den Stuhl zu. Und da Moise noch einmal zum Sitzen auffordert, setzt er sich auch.

Jetzt sind Se mal ganz still, sagt Moise und lehnt sich an die Wand.

Die Brotrinde liegt noch immer da, und, siehst du, da kommen auch die Mäuse wieder. Wie vorher, gar nicht ein bißchen langsamer, genau wie vorher, ein Stückchen, noch ein Stückchen, mit Aufrichten und Schnuppern und einem ganz winzigen Schnaufer, den nur Moise hört und vielleicht der Mond auch. Ganz genau wie vorher.

Und nun haben sie die Rinde wiedergefunden. Ein Mäusefest, in kleinem Rahmen, versteht sich, nichts Besonderes, aber auch nicht ganz alltäglich.

Da sitzt man und sieht zu. Der Krieg ist schon ein paar Tage alt. Das Land heißt Polen. Es ist ganz flach und sandig. Die Straßen sind schlecht, und es gibt viele Kinder hier. Was soll man da noch reden? Die Deutschen sind gekommen, unzählig viele, einer sitzt hier im Judenladen, ein ganz junger, ein Milchbart. Er hat eine Mutter in Deutschland und einen Vater, auch noch in Deutschland, und zwei kleine Schwestern. Nun kommt man also in der Welt herum, wird er denken, jetzt ist man in Polen, und später vielleicht fährt man nach England, und dieses Polen hier ist ganz polnisch.

Der alte Jude lehnt an der Wand. Die Mäuse sind noch immer um ihre Rinde versammelt. Wenn sie noch kleiner geworden ist, wird eine ältere Mäusemutter sie mit nach Hause nehmen, und die andern Mäuschen werden hinterherlaufen.

Weißt du, sagt der Mond zu Moise, ich muß noch ein bißchen weiter.

Und Moise weiß schon, daß es dem Mond unbehaglich ist, weil dieser Deutsche da herumsitzt. Was will er denn bloß? Also sagt Moise nur: Bleib du noch ein Weilchen.

Aber dafür erhebt sich der Soldat jetzt. Die Mäuse laufen davon, man weiß gar nicht, wohin sie alle so schnell verschwinden können. Er überlegt, ob er Aufwiedersehn sagen soll, bleibt also einen Augenblick noch im Laden stehen und geht dann einfach hinaus.

Moise sagt nichts, er wartet, daß der Mond zu sprechen anfängt. Die Mäuse sind fort, verschwunden. Mäuse können das.

Das war ein Deutscher, sagt der Mond, du weißt doch, was mit diesen Deutschen ist. Und weil Moise noch immer so wie vorher an der Wand lehnt und gar nichts sagt, fährt er dringlicher fort: Weglaufen willst du nicht, verstecken willst du dich nicht, ach Moise. Das war ein Deutscher, das hast du doch gesehen. Sag mir bloß nicht, der Junge ist keiner, oder jedenfalls kein schlimmer. Das macht jetzt keinen Unterschied mehr. Wenn sie über Polen gekommen sind, wie wird es mit deinen Leuten gehn?

Ich hab gehört, sagt Moise.

Es ist jetzt ganz weiß im Laden. Das Licht füllt den Raum bis an die Tür in der Rückwand. Wo Moise lehnt, ganz weiß, daß man denkt, er werde immer mehr eins mit der Wand. Mit jedem Wort, das er sagt.

Ich weiß, sagt Moise, da hast du ganz recht, ich werd Ärger kriegen mit meinem Gott.

IN FINGALS HAUS

Er heißt Fingal. Herr Fingal. Er ist bekannt. Nächstens, schon morgen, denke ich, in ein paar Stunden also, hat er einen seiner vielen Namenstage. Soviele Vornamen, soviele Namenstage. Sieben. Da geht er vorüber und trägt in der Hand einen leichten Hut und wendet sich zweimal um, geht weiter, sagt zu einem Spatzen: Gnädige Frau.

Fingals Behausung liegt vor der Stadt. Wo es ganz grün ist an einem grünen Bahndamm. Hier muß man sein, wenn es regnet. Wenn das Grün so vollständig und fest und schwer wird, daß man hinter das ganze Grün treten kann, auf die halbe Höhe des Berges hinaufgehn und sich umschauen und hinabblicken. Nichts mehr erkennt man dann, höchstens dieses Monstrum von einem Haus dort unten, dem der Regen den Kalkanstrich abwäscht.

Die beiden dicken Männer gehn auf dem Sandweg, der von der Stadt her geradeaus auf Fingals Haus zuführt. Sie gehen nebeneinander, der eine bleibt zurück, dann der andere, da reden sie als dicke Männer, auf einem Sandweg nachts: von Badeanzügen, von einer roten Lampe auf einem ordentlich gerichteten Steinhaufen, die aber niemand mitnehmen soll, von irgendeinem Redakteur und überhaupt solchen Aussichten im Sport.

Manchmal reichen sie sich über den Weg die Hand und nehmen einander die Flasche ab. Und jetzt eben beginnt die Flasche Kreise zu beschreiben. Dort hinten ist Fingals Haus.

Noch ein Stückchen Weg. Auf dem man einmal gegen einen Rest Autoreifen stößt, die Wegseite wechselt, die Taschen auskehrt wegen eines Zigarettenblättchens, das es nicht gibt. Der Nachtwind führt Staub mit, keine Wolken, solche dünnen Vorhänge nur wie gegen die Mücken. Und kein Licht in Fingals Haus. Die Büsche ganz still. Dahinter ist die Tür ohne Klinke.

Fingal, das muß man jetzt sagen, hat viele Bekannte. Die besuchen ihn. Auch zu den vielen Namenstagen, zu Benedikt und Veit, Hilarius, Arno, Bruno, Valentin und Cyprianus.

Wie schön ist ein Haus, jetzt in der Nacht. Der Wind läßt das bißchen Staub am Straßenrand fallen, ehe er sich mit einem runden Schwung auf das Dach setzt, sich nach rechts hinüberbeugt, vor sich auf das Zwiebelbeet blickt und dann abspringt vom First, eine Hand auf dem Schornstein.

Um das Haus herum sitzen die Grillen, diese Höhlenvögelchen, die ihre Flügel verschenkt haben. Mit denen die Betrunkenen sich immer erzählen. Da hört ihr: sie fallen sich gegenseitig ins Wort. Die Tür also geht auf, wenn man sie anfaßt. Das Fenster daneben steht offen. Damit hinein und hinaus geht, wer Fingals Eule wachhalten will. Sie sitzt in dem großen Raum, wo Fingals Bett steht, und nun erhebt sie sich und fliegt mit lautlosen Flügeln auf eine offene Stubentür zu, und hindurch, bis zu der kleinen gewundenen Treppe. Dort läßt sie sich nieder.

Und jetzt werden wir sie alle wecken.

Bitte kein Licht, sagt der andere dicke Mann.

Aus Fingals Bett steigt jemand, aus der Bettstelle hinter dem Wasserbecken noch jemand, aus dem Schlafsack wickelt sich ein Dichter, aus der Tür dahinter kommt jemand Bärtiges, aus der vielleicht letzten Tür tritt ein Mädchen mit einer Mappe voll Papier.

Fingal selbst erhebt sich aus einem Haufen Holzwolle. Da staunen alle: Fingal ist da. Wo warst du denn, Fingal?

Ich hatte mich verspätet, sagt Fingal.

Wir kommen aus der Stadt Oberweite, sagen die beiden Dicken.

Setzt euch, sagt das Mädchen, ihr seid müde, ich zeige euch meine Bilder.

Kein Licht, sagt der andere dicke Mann.

Wie gern sieht man Bilder an, wenn es dunkel ist, helle Bilder, dunkle Bilder, wie es gerade kommt.

Dieses hier ist ein rotes, sagt der Bärtige.

Dann mach Licht, sagt Fingal.

Da stehen die sieben Leute. Die Namenstagsgäste.

Fingal, wir gratulieren dir und schenken dir weiße Flügel.

Da danke ich euch sehr. Fingal verneigt sich, er sagt: Jetzt führe ich euch durch das Haus.

Da springt aber der eine dicke Mann ganz schnell auf und stellt sich mit ausgebreiteten Armen vor die Tür. Wir gehen durch das Haus, sagt er, bleiben aber hier im Zimmer, und du, Fingal, sagst ein Gedicht auf.

Da ist Fingal erst verlegen und tut die Hand an die Schläfe. Doch dann spricht er, ohne zu stocken:

Der Grashalm hinterm Mäuseohr,
das Stuhlbein aus dem Kuckucksmoor,
wer weiß denn, wen er hat und trägt,
wer kommt und wer sich zu ihm legt.

Da meint der Dichter, der aus dem Schlafsack:

Wenn du's nicht sagst – ein andrer nicht!

Und Fingal antwortet und dreht sich dabei fort:

Flieg, Zeit, und flieg vor Ungewicht.

EPITAPH FÜR PINNAU

Vor Kants Haus steht kein Baum. Ist die Straße eigentlich so eng? Wie kommt es, daß man an dem zweigeschossigen kahlen Kasten nie vorbeikommt, ohne mit Ärmel und Schulter die Fassadenwand zu streifen? Und wieder etwas von dem hellen Verputz mitzunehmen? Eines Tages, das kann man jetzt schon sagen, werden die heute noch verdeckten Mauerziegel hervorschauen: ein helles Rot, dem dann die Farbe Grün fehlen wird, denn vor Kants Haus steht kein Baum. Hinter dem Haus und um den einen Giebel herum liegt ein Gärtchen. Das ist zu wenig. Aber an das Haus geklebt, dort, gibt es einen Verschlag für die Hühner. So haben wir wenigstens diese sonderbar räsonierenden Vogelstimmen, die sich unterhalten oder nicht – man weiß das nie, man hört zu, und wenn der Kupferschmied unten am Schloßberg ein bißchen herumhämmert und die Glocke vom Schloßturm die falsche Stunde, oder die richtige, herunterscheppert, fehlt nur noch das Geklapper eilig aufgesetzter Stöcke – Stöcke mit Eisenblechspitzen und Silberknöpfen, schwarze oder dunkelbraune Stöcke –, daß man alles zusammen hat: einen Concentus, der hinreicht, die englische Stadt London zu beschreiben, wie sie daliegt an dem Fluß Themse, oder eine Feuersbrunst in Stockholm, die vor Swedenborgs Haus mit einer Verbeugung stehenbleibt.

Aber jetzt nähern sich die ungeduldigen Stöcke und werden zu laut. Es ist eine Plage mit den Stöcken. Für den, der sich den Concentus hat anhören wollen. Freßt man schon, meine Hühnerchen, sagt die alte Frau und geht zurück in die Küche. Dort steht Kant im braunen Fräckchen und schüttet aus einem gelben Büchschen Pfeffer über das schöne Essen. Und die Stöcke sind vor der Haustür angelangt. Setzen sich, jeder mit einem kleinen Knall, auf die Steinplatte vor der Schwelle, jeder ein Schlußpunkt hinter einem schnellen Anmarsch – vom Junkergarten, vom Steindamm, vom Lizentgraben. Pünktlichkeit, meine Herren.

Nun also die Stöcke gehoben und hinein ins Haus. Der kräftige Scheffner sagt laut zu den Wänden hinauf: Gesegnete Tageszeit, und Lampe, der Diener, sagt: Bitte schön, der Herr Kriegsrat, und nimmt ihm den Umhang ab. Und Professor Schulz schiebt sich heran, hängt ihm seinen Mantel über die Schulter und stülpt ihm seinen Hut auf, und Lampe sagt erschrocken: Aber ja, Herr Oberhofprediger, aber ja. Den hätte ich zuerst nehmen müssen, fällt ihm ein, während der elegante Motherby ihm schon ungeduldig das Stöckchen ins Kreuz stößt, nur leicht natürlich: Wir sind doch geladen, Mensch! und den Mantel übers Treppengeländer wirft, wo übrigens Hofbuchhändler Kanters Sachen schon liegen. Das dreht sich umher in der Diele, und Borowski und Wasianski auch, der eine lang und dünn, der andere kurz und rund, Scheffner in der Mitte am breitesten, Schulz nach unten hinab immer massiver, Docken, Rhomben, Kegel, die Schneiderpuppe Motherby anmutig dazwischen. Dann also die Treppe hinauf. Kanter steht dort schon in der offenen Tür, hat schnell die Tafel überblickt – alles gerichtet –, sieht also beruhigt über die Treppe hinunter, entdeckt eben noch Hamanns Frackschöße in der Küchentür, und jetzt sind auch die Schöße verschwunden und die Tür ist zu, und Lampe drängt sich durch die Herrschaften auf der Treppe und sagt, oben angekommen, gefaßt und stramm: Der Herr Professor sind inne Küche, kommt aber gleich. Und unten öffnet sich nun wieder die Tür und die alte Frau, die Köchin, schreit hinauf: Ja, kommt gleich, und du, Herr Lampe, komm runter.

Lampe tritt also ab. Die Herren ziehen die hübschen Chronometer hervor, alle zugleich, es schlägt nämlich zwölf vom Schloßturm, und weil es nun still ist, hört man nicht nur die Glockenschläge, sondern dazwischen auch das Rasseln und Schnaufen des Schlagwerks.

In der Küche unten, wo es ein bißchen dampft, stehen Kant und Hamann. Pinnau, sagten Sie?

Aber kenn ich doch auch, gute Menschen, sagt die Köchin.

Nein, wir meinen den Sohn, sagt Kant.

Hübscher Mensch mit schwarze Haare, sagt die Frau.

Buchhalter Pinnau, sagt Hamann, er ist tot, heute morgen, ich hör einen Schuß, im Nebenraum, und lauf dazu, und Pinnau liegt da, ins Gesicht geschossen, und ist gleich tot gewesen.

Was hat Pinnau gehabt, fragt Kant, er war doch nun beim Lizent?

Er hat gedacht -- Hamann setzt den Hut wieder auf, den er von einer Hand in die andere gegeben hat, immer im Wechsel mit Stock und Umhang. Er hat geschrieben, Poesien -- er hat gewollt, was nicht möglich ist, sagt er. Und Kant erwidert schnell und tonlos: Sie doch auch?

Oben die Herren gehn umher auf den weißen Dielen, ans Fenster, wieder ins Zimmer hinein, um den Tisch herum. Wo bleibt denn der Hausherr? Und nun kommt Lampe mit der Terrine und hinterher, klein und leicht, so als hätte ihn die Treppe heraufgetragen, Kant und neben ihm - überlanger Schoßrock, Mantel auf dem Arm, Hut auf dem Haupt, wie mit zerzausten Flügeln ein in den Flußwind geratener Rabe, und mit schwarzem Stock - Packhofverwalter Hamann.

Er hat nicht bei mir gehört, sagt Kant, hat er überhaupt?

Damit tritt er ins Zimmer, ein bißchen verwundert, weil er Hamann hinter sich antworten hört: Ja, bei mir.

Schulz sieht Borowski, den Neuroßgärtschen Pfarrer, bedeutungsvoll an, und beide schütteln den Kopf, und das heißt: Hamann? Der ist ja wohl weder Lizentiat noch Magister, aber das Kopfschütteln paßt hübsch zu dem Drehtanz der Kegel und Rhomben, Docken und was weiß ich, der nun wieder beginnt.

Kanter mit ausgebreiteten Armen, die er nach rückwärts zusammenführt, als wollte er die Luft hinter sich, sozusagen die Welt, wenigstens die Stadt, oder besser: die drei Städte, die sie ja doch noch kürzlich gewesen ist, mitsamt ihren sieben Hügeln umarmen, sie umschließen, sie darbringen dem Großen, Weisen, was sag ich: der Weltweisheit selbst. Dazu drei, vier Schrittchen. Und Scheffner! Eine kurze, feurige Verbeugung: So ist das, wenn man sich den Ehrenkranz eines amorosen Poeten selber von der schönen Stirn reißt, vor Bewunderung. So sieht das aus! Und Schulz, der, als Mathematikus, am sichersten weiß, was der illustre Kollege bedeutet: einen Stern. Erster Größe, versteht sich. Und die andern dazu und umher, Kreise und Ellipsenbahnen, wieder mal ein Tänzchen, reizend, denn die zwölf Glockenschläge sind vorüber, und die Stadtpfeifer, vom Turm herab, blasen ihren munteren Mittagschoral über die Dächer und in die Häuser hinein, als hätten sie bei Arm und Reich die Suppen zu kühlen.

Kant hält seine freundlichste Kürze bereit, dreht sich selber ein bißchen dabei, und so kommt alles schnell zu seinem Platz am Tisch. Ein kleiner Seufzer des schwergesäßigen Schulz. Aber die erste Frage geht wieder hinüber zu Hamann. Kant sagt: Wie meinten Sie vorhin?

Wir sprachen von Pinnau, antwortet Hamann und setzt sich Kant gegenüber.

Meine Herren – das ist nun wieder Kant –, Buchhalter Pinnau vom hiesigen Lizent hat sich heute morgen erschossen. Cavalirement, wie er gelebt. Herr Hamann sagt Ihnen das Nähere.

Wasianski erschrocken: Pinnau? Und nun weiß man also: Pinnau, braver, also armer Leute Sohn, von oft bewiesenem Fleiß, der das Baden im Pregelstrom angefangen hat, noch einiges und Poesien auch, – aber was wird schon aus ihm, woher kommt er denn? kein Feld für ihn hier; vielleicht hätte sich Kanter (aber das sagt niemand, denn Kanter ist ja anwesend) seiner annehmen können oder Korff oder Hippel; so etwas ist ja immer möglich; aber er war doch wohl nun untergekommen; Pinnau also hat sich ein Pistol ins Gesicht gehalten, er lag mitten in der leeren Schreiberstube, noch unter einer schwärzlichen Wolke, die sich nicht niederlegen mochte über ihn.

Warum erschießt sich ein Mensch wie Pinnau, sagt Scheffner, und für Motherby ist das eine Frage, er weiß es nicht.

Wer weiß das schon? Es ging ihm ganz gut, Buchhalter am Lizent, er wollte heiraten, sechs Bäume von Stockmars Garten waren ihm zugesprochen. Keine dienstlichen Gründe, nicht wahr, Herr Hamann?

Ein lebhaftes Gespräch. Das die Docken, Kegel, Rhomben, selbst die Pyramide Schulz in geradezu ausgelassene Bewegung bringt. Obwohl doch alles auf seinen Stühlen bleibt. Man müßte schwerhörig sein: dann könnte man es ganz genießen wie auf einer Redoute.

Kant hebt das kahle Gesichtchen gegen den ungezogenen Hamann, der wieder einmal das linke Bein mit dem schmutzigen Schuh auf den leeren Sessel neben sich gelegt hat, und ruft hinüber: Sie wissen es? Und Hamann sagt: Ja, und Schulz soll endlich den gezückten Segen herabsausen lassen.

Also sagt Kant: Meine Herren, beginnen wir mit dem Essen. Bitte, Herr Oberhofprediger! und Schulz: -- versammelst uns täglich um deine Gabe, versammle uns, Herr, um deinen Thron.

EIN HERZ FÜR DEN HUND

Irgendsoeinscheißerirgendsoeiner.

Neumann sitzt im Bürosessel. Rechts steht der Kaffee, kalt, links das Telefon. In der Mitte auf dem Tisch liegt der Wochenkalender.

Irgendsoeiner. Zuchtfreund. Kennt man, die Leute. Steht draußen im Vorzimmer und redet auf Fräulein Kunze los. Und die Kunze lehnt mit den Oberschenkeln am Schreibmaschinentisch und legt träumerisch eine Hand auf den Aktenschrank. Ein bißchen lang, die Kunze. Jetzt dreht sie den Kopf auf dem dünnen Hals und sieht nach, ob die Hand da oben richtig liegt. Liegt richtig, sagt Neumann, sie wird sie doch wohl nicht vergessen, da oben.

Unterdessen hat dieser Zuchtfreund ein Papierbündel aus der Jacke gezogen, na also, schwenkt es ein paarmal hin und her, ehe er es auf den Tisch knallt und sich erneut in die Innentaschen des Jacketts vertieft, und da hat er gefunden, was er suchte, er hält einen braunen Umschlag in der Hand, und jetzt sagt Fräulein Kunze etwas, und der Scheißer, der Herr, entblößt das Gebiß und sieht sich nach einem Stuhl um.

Neumann kann das alles sehen. Durch die Spiegelscheibe neben der Tür. Von draußen ist die Scheibe ein Spiegel, anderthalb Meter hoch, fünfundvierzig Zentimeter breit, aber hier von innen kann man hindurchsehen wie durch richtiges Glas, das gibt es. Und jetzt kommt also die Kunze auf die Tür zu. Neumann lehnt sich zurück und legt die Arme um den Bauch.

Fräulein Kunze, sagt er freundlich, lassen Sie den Herrn eintreten. Dabei ist die Kunze noch nichteinmal im Zimmer, hat nur gerade die Tür aufgemacht.

Kunze ist eine gute Beobachterin, würde also erzählen, was der Mann anhat, im Spiegel ist das womöglich nicht so deutlich, also: was der Mann anhat, vermutliches Alter und dann die Symptome, die auf die Tierliebe des Betreffenden hindeuten: Kein Hut, Haare an den Hosenbeinen, angeknabberte Schuhe, die Hose mit Aufschlag. Erspart man sich besser. Also den Herrn bitte. Da kommt er. Filbert, sagt er mit einer Armbewegung, die jede Art von Verneigung ersetzen kann, mein Name ist Filbert. Am 26. Februar 1942 entdeckte ich mein Herz für den Deutschen Boxer. Ihre Zeitschrift DER HUND hat, trotz mehrfacher Hinweise meinerseits –

Also Sie setzen sich erstmal, sagt Neumann. Neumann mein Name.

Da liegt das Papierbündel, und oben drauf legt der Herr Filbert den braunen Umschlag. Hier habe ich niedergeschrieben –

Ja, sagt Neumann, zirka hundert Seiten. Im Umschlag sind die Fotos. Fräulein Kunze wird Ihnen eine Empfangsbestätigung ausstellen.

Mit Stempel bitte, sagt Filbert.

Ohne Stempel, sagt Neumann. Kopfbogen.

Das Tier hat sich in hervorragender Weise, sagt Filbert.

Na sicher, unterbricht Neumann. Erst einmal, Sie sagten, Sie entdeckten Ihr Herz. Wie ging das vor sich, erzählen Sie.

Ich kam zu Meier, ich hatte ihn getroffen, wie man sich so trifft, wenn man sich zwanzig Jahre nicht gesehen hat, auf der Straße natürlich, ich sage Meier, Menschenskind, und er sagt Filbert. Wir sind Klassenkameraden. Und drei Tage später hat er Geburtstag. Ich komme also hin mit Kognak und Blume, und da steht die Boxerhündin Ada von der Karolinenhöhe.

Woher wußten Sie den Namen?

Hatte mir Meier natürlich gesagt.

Jaja natürlich, sagt Neumann, und wie war das mit Ihrem Herzen? Interessiert mich.

Also mein Herz, sagt Filbert. Lassen Sie mich nachdenken. Er führt die Hand zur Brust, schiebt sie ein bißchen umher, läßt sie über dem Magen liegen und macht ein Gesicht, als lausche er angestrengt in sich hinein.

Mehr links, sagt Neumann. Wie war das nun?

Mein Herz, sagt Filbert, zitterte wie eine Blume im Wind. Sie wissen, im Herbst –

Ja, ich weiß, sagt Neumann. Aber vorhin sagten Sie Februar. Zweiundvierzig. Sie waren reklamiert, nichtwahr.

Ich hatte damals. Also ich war unabkömmlich. Im Warthegau –

Ach so, sagt Neumann. Aber mit Hunden hatten Sie bis dahin nicht –

Direkt nicht. Einige Mannschaftsdienstgrade waren als Hundeführer ausgebildet. Geprüft. Aber, wie Sie sagten, ich hatte damit –

Und in Berlin, fragt Neumann.

Im Hauptamt, sagt Filbert und unterbricht sich. Na hören Sie, ich denke, Sie wollten wissen –

Ja eben, sagt Neumann, Ihr Herz. Sie entdeckten es also.

Er nimmt den braunen Umschlag, klappt ihn auf, nimmt ein Bild heraus. Filbert hat sich aufgerichtet, eine Hand auf der Brust, die andere auf dem Knie, und versucht nocheinmal, sich zu konzentrieren. Also das war so, sagt er.

Und Neumann hat das Bild vor sich: Ein Uniformierter mit einem Schäferhund, das Haar schräg in die Stirn, flauer Blick, die Hände zusammengelegt auf dem Geschlecht. Schönes Tier, der Hund, bekanntes Foto damals.

Sie haben den falschen Umschlag mitgebracht, sagt Neumann und legt das Bild zurück auf den Tisch. Sie entdeckten Ihr Herz, Herr Filbert, so war es doch? Zweiundvierzig, im Februar, für den Hund.

ICH WILL FORTGEHN

Erzählung für sieben Stimmen

1. Stimme: Ich will fortgehn. Weil ich noch immer nicht weiß, was das ist: Fortgehn. Auch wenn ich am Kap Gris Nez gewesen bin, wo alles aus Nebel zu sein schien. Der Himmel irgendwo und irgendwie hoch und irgendwie breit und tief. Das Meer, das sich zurückgezogen hatte über Bahnen aus Schlick, finster und böse und nur um wiederzukommen. Das bockbeinige Kap einfach verärgert und nur langweilig, wie es aussah. Und an der Wolga war ich. Auf einem lehmigen Ufer, wo eine Stadt anfing mit Blechdächern und regenzerwaschenen Häuserwänden und Holzzäunen. Und über all dem, hin und her, kroch eine alte, doch immer noch rüstige Unordnung herum, daß die Stadt schließlich sogar schön wurde, unter ihren Händen und Füßen, ihren blauen Fingernägeln und schwarzen Zehnägeln, und mit dem Grün der Gebüsche, das sich um ihre Beine drehte. Und da war der Strom, lehmgelb, langsam und sehr stark, und hatte eine Stimme, in der die Stimmbänder festgezogen waren und schnarrten. Und Stroh schwamm vorüber. Aber das Fortgehn lernte ich dort nicht. Und ich will fortgehn, jetzt. Ohne es gelernt zu haben.

2. Stimme: Ja, wie lernt man denn das?

3. Stimme: Hier habe ich einen Stock, der ist vielleicht ein bißchen alt. Ein dünner Stock, ein Rohr von gelber Farbe, einem müdepolierten, wie toten Gelbton. Eine mehrere Zentimeter lange Elfenbeinspitze ist ihm angesetzt, die von einem flachen Nagelkopf gegen die Straßensteine geschützt wird. Die Krücke, aus Elfenbein, ist auffällig lang, mindestens fünfundzwanzig Zentimeter. Ein langer Stiel, der den Stock verlängert, der abgebogene Griff allerdings nur kurz, am Ende gerade und glatt abgeschnitten. In die so entstandene ovale Fläche ist ein Name eingeschnitzt, in schönen Buchstaben und nicht der meine. Und wo Krücke und Stock miteinander verbunden sind, Elfenbein und Rohr aufeinander treffen, ist eine Schnitzerei, aus Elfenbein, angebracht, ein vielfach geschlungenes, mehrmals verdrehtes Bändchen, fingerbreit, wo es glatt aufliegt, und dann wieder krausgezogen und dann eben verdreht, dünn wie eine Schnur. Mit einem doppelten Ring übrigens, aus Elfenbein, durch den die beiden Enden des Bandes gezogen scheinen, die schließlich in troddelähnliche Fransen auslaufen.

2. Stimme: Der junge Mensch da erzählt ein bißchen umständlich. Wie geht das weiter?

3. Stimme: Mit diesem Stock, der vielleicht ein bißchen alt ist, schreibe ich Zeichen in die Luft.

2. Stimme: Mit diesem Stöckchen, das er aufschwingen läßt, schreibt also Ferdinand Zeichen in die Luft, kurze Striche, senkrechte und waagrechte, und jetzt zwei Bogen. Es fällt ihm vielleicht nichts anderes ein: sieben Kreuze und hintennach ein Herz.

4. Stimme: Ich heiße Hermine, in meinem Zimmer ist ein Goldfisch, wenn ich ihn aus dem Bassin hebe, sagt Tante Alma: Tue Fernando sofort in sein Wässerchen zurück. Sie kreuzt die Arme vor der Brust und fährt fort: Deine infernalische Rachsucht richtet sich auf die sündelose Kreatur, weil ihr Blick dem meinen ähnelt.

2. Stimme: Hermine steht am Fenster, mit hängenden Armen. Lauter Schleifen: im Haar, an den Ärmeln, der Taille, dem Rock, lauter weiße Schleifen. Setz dich ans Klavier, Musik vertreibt die Teufel.

4. Stimme: Ich bin Hermine. Ich sage: Ja, Tante.

2. Stimme: Das Stück, das Hermine spielt, mit vorsichtigen Bewegungen, die die Ordnung der Schleifen nicht stören, ist ein schönes, eine Paraphrase über Lang lang ists her. Als ob lauter Wassertropfen in eine flache gläserne Schale fallen, einer nach dem andern und manche gleichzeitig, einige mehr nach der Mitte der Schale, andere mehr zum Rand, und einige sind grünlich gefärbt und die meisten bläulich, nur ganz wenige haben einen rötlichen Schimmer. Lang ists her. So lange, wie eine Nacht sein kann oder ein halber Tag, gestern oder vor einem Jahr.

4. Stimme: Ich bin Hermine, ich trete auf eine Tür zu. Ich will dich behalten.

2. Stimme: Ein fremder Satz. Gesprochen von einer Mädchenstimme, in einem Zimmer, das ganz weiß ist. Drüben, vor dem offenen Fenster, gegen das Licht, draußen, steht Ferdinand.

3. Stimme: Du hast dich geirrt. Ich bin Ferdinand. Ich halte meinen Hut vor der Brust.

2. Stimme: Es ist eine Bewegung im Zimmer. Eine Tür wird geschlossen. Die Gardine weht im Fenster. Ferdinand hebt den Hut vor sein Gesicht. Gestern oder vor einem Jahr. Stille. Und nun ist die Stille vorüber, Hermine öffnet die Augen und erschrickt vor dem Licht, das mit Schritten auf sie zugeht, Falter um sich her, mit erstarrten weißen Flügeln. Wer trägt sie? Der Ton, der sich in halber Höhe des Zimmers sammelt, in einen Akkord übergeht? Ein Sausen, das immer stärker wird. Tante Alma erhebt sich und sagt mit einer blätterdünnen Stimme: Geh, Kind.

4. Stimme: Ich bin Hermine, ich weiß nichts mehr.

1. Stimme: Und ich will fortgehn. Weil ich nicht weiß, was das ist: Fortgehn. Ich kenne einen Friedhof. Hinter dem abgebrannten Gehöft. Wo die Nachtfeuer leben. Dort, vor den Windlichtern her, im Wiesenland, geht ein Fluß. Breit und flach kommt er ins Waldland. Noch vor dem Dorf, bei den Büschen, wo sich der Tränkbach verbirgt, ist er dunkel und schmal. Er drängt seine Wasser gegen das hohe Ufer und ruft hinauf. Aber der Wald tritt vor an den Abhang und blickt auf den Fluß und steht und redet nicht. Hier vor dem Dorf, in der kleinen Biegung, ist der Fluß tief. Hier fliegen die Schwalben nicht. Wassergewächse heben runde Blätter herauf. Der Sandweg kommt aus den Weidengebüschen. Und der kleine Hügel erhebt sich mit Holzkreuzen und kaum behauenen Steinen, der Sandhügel, nahe am Ufersturz. Durch Beerenkraut und weißes Moos, zum Holztor hinauf, führt die Anfahrt. Hier wächst hohes Gras. Jasmin und Lebensbaum beieinander. Ein paar Schritte zurück die Wacholderwand. Und der Fichtenwald eine Mauer, vor der die Kiefern umhergehn. Der Wind, vom Wasser her, steigt über den Hang und zieht einen Bogen über den Sträuchern. Und dann die Anfahrt hinab und dem Sandweg nach. Wer hier steht, sieht den Fluß von weither kommen. Er sieht das andere Ufer, den Streifen Weiß, das Grün, wo die Ebene anhebt und fortgeht, bis dorthin, wo der Himmel über sie herabfällt.

2. Stimme: Das ist wohl nicht so weit?

1. Stimme: Wer hier steht, weiß: Jahr für Jahr erhebt sich der Fluß, er zerbricht das Eis, er fährt daher mit schäumenden Wirbeln und schleift entwurzelte Bäume und abgerissene Zäune vorüber. Einmal kam ein heiserer Hahn auf einem Koben gefahren, in dem ein ertrunkenes Schwein lag. Losgerissene Kähne führt der Fluß heran und lärmt in der Dunkelheit und geht mit großen Füßen über das niedere Ufer. Und in der einen Nacht dann ist die Ebene ein Meer geworden. Dann sieht man noch den kahlen Baum, der einen Steinwurf weit allein in den Wiesen steht, den Krähenbaum. Auf dem runden Hügel, wo das Beerenkraut über den Sand kommt und durch die Zäune, standen wir, wenn wieder ein Sarg vergraben war. Hier haben wir als Kinder den Mann gesehen, alt, in schwarzen Kleidern, mit einem hohen Hut. Wir hatten Blumen gepflanzt, und als wir uns aufrichteten, stand er zwischen den Gräbern und nahm den Hut vom Kopf. Er sah uns wohl nicht und daß wir in einem Bogen um ihn herum davonliefen. Er ist niemand sonst zu Gesicht gekommen, soviel auch von ihm geredet wurde. Niemand hat von ihm gewußt, in unserem Dorf nicht und nicht in den Nachbardörfern. Damals sind ein paar Männer auf die Suche gegangen und bald zurückgekehrt. Aber wir vergaßen ihn nicht. Er hatte einen schwarzen Hut. Er stand hinter uns, wenn wir auf dem Friedhof waren, er erschreckte uns nicht. Und ich will fortgehn. Und lerne es immer nicht. Der mit dem hohen Hut, ist der fortgegangen? Wie geht einer fort, der nicht gekommen ist? Ich lerne es nicht. Auch wenn ich in Zarasai gewesen bin, in einer Ansiedlung vor einem See, mit blaugestrichenen Holzhäusern, wo es heiß war. Um das kochende Moor, vor den Tollkirschen lagen die Schlangen, schwer, mit schwarzen Leibern, und wir dachten an die Kiebitze, an die schlenkernden Flüge über den Wiesen, die fast eingehüllt waren in lauter Geschrei. Und am Schwarzen Meer war ich. In der Stadt wird es auch nachts nicht dunkel. Obwohl die Stadt alt ist und ein bißchen finster, aber nach dem Rand zu, der Meerseite, tut sie sich auf, einige Straßen verbreitern sich, andere fächern sich auf in ein paar Sandwege, einige enden in einer kleinen Wiese. Ich höre einen alten Mann reden:

5. *Stimme:* Er ist sechzehn. Er hat einen kurzen Hals, findest du nicht?

2. *Stimme:* So redet der Mann, wie über ein Pferd.

5. *Stimme:* Ob wir gelaufen sind vor den Ägyptern des Pharao oder ob wir laufen vor den Kosaken des Zaren, macht das einen Unterschied?

2. *Stimme:* Der Mann redet so, aber er muß doch wissen, daß es einen Unterschied macht, wenn man den Stuhl Abrahams mit sich führt, nur für einen, den man nicht nennt und der in einer Wolke wandelt und aus dem Feuer spricht. Er sollte sagen: Er ist sechzehn, er hat mir zu graue Augen, findest du nicht? Aber er sagt:

5. *Stimme:* Über das Wasser sehen macht blind. Die Straßen hier sind nicht lang, wo soll er hingehn?

2. *Stimme:* Ja, wohin? Da kommt immer ein Stück Grün, Bäume, und dann ein Haus, das ist weiß und groß, mit zuviel Fenstern.

5. *Stimme:* Du meinst, er soll dort nicht hineinsehn. Wir kamen aus der Wüste, heißt es, wir hatten die Augen voll Sand, wir sahen nichts.

6. *Stimme:* Damals.

5. *Stimme:* Aber wir gingen doch näher, wenn wir nichts erkennen konnten.

6. *Stimme:* Damals.

5. Stimme: Du meinst, ich soll ihn zurückrufen, die Winkel sol-

len ihn schützen, die Schatten der Moldovanka. Du denkst, ich werde wissen, wann wieder die Kosaken über uns kommen.

2. Stimme: Der Mann redet von seinem Sohn, der ist sechzehn. Soll er ihn rufen? Jetzt am Tag oder lieber erst in der Finsternis, wenn die Stimme trägt? Er sagt:

5. Stimme: Werde ich rufen, hier, wo mir die Luft ausgeht? Wir sind lange gelaufen, hinter der Wolke her. Bis sie sich niederlegte. Wo wir nicht sind.

2. Stimme: Der alte Mann – ja, aber glaubt es der, den er rufen sollte, der Sechzehnjährige, glaubt er das?

5. Stimme: Ich weiß, der bleibt nicht stehn. Und jetzt ist das Meer überall.

6. Stimme: Nicht das Meer, Emanuil.

5. Stimme: Nicht das Meer.

1. Stimme: Das habe ich gehört. Ich erinnerte mich nicht mehr so genau. Aber ich weiß auch jetzt nicht, wie es mit dem Fortgehen ist. Ich will fortgehn und habe es nicht gelernt. Und nun höre ich wieder jemand reden, er sagt:

7. Stimme: Eine Kastanie hat hunderte Hände.

2. Stimme: Es gibt dort viele Kastanien, sie stehen über dem Ufer, und gehen auch ein Stückchen in die Stadt hinein, auf diesen Sandwegen, bis dorthin, wo sich die Wege zu einer Straße zusammentun.

7. Stimme: Wieviele Hände, denkst du?

2. Stimme: Wer weiß das schon, mit wieviel Händen man den Wind aufhält. Auch jetzt, wo er müde ist, im August.

7. Stimme: Mit hunderten, denkst du? Im Oktober, wenn sich die Kastanie schüttelt, wenn sie ihre Hände von sich wirft, ist es nicht der Wind, sondern das Wasser. Da wehrt sie sich einen Sommer gegen dieses Wasser, das durch den Grund zieht und Salz mit sich führt, kilometerweit noch vom Meer und weitab von den Flüssen, wehrt sich bis zum Oktober.

2. Stimme: Und dann nicht mehr. Wird sie es einmal lernen: umzugehn mit dem Salz?

1. Stimme: Ich höre nicht mehr, was da gesprochen wird, vor der Stadt, die Kastanien rauschen so. Aber jetzt, wie aus der Ferne:

7. Stimme: ... Djakow kommt. Das Gespräch ist kurz: Für dieses Pferd kannst du fünfzehntausend bekommen, für jenes zwanzig. Wenn es aufsteht, dann ist es ein Pferd.

1. Stimme: Ich will fortgehn. Weil ich noch immer nicht weiß, was das ist: Fortgehn. Aber ich lerne es nicht. Der Himmel ist irgendwo und irgendwie hoch und irgendwie breit und tief. Und das Meer zieht sich zurück, über Bahnen aus Schlick. Der Wald tritt über den Fluß hinauf, doch er redet nicht. Um das Moor liegen die Schlangen. Die Unordnung geht umher, es wird dunkel. Aber wie geht man von sich selber fort? Wenn ich dort gewesen bin und dort und dort und immer nur, wo ich jetzt bin, bei mir? Da könnte ich noch hinzusetzen: Und bei meinen Leuten. Aber das brauche ich nicht. Es ist ohnehin das gleiche. Und es ist auch, denke ich, schon gesagt.

D. B. H.

«Wird das große Tutti kommen
Und das letzt Alleluja,
Wirst du mit den andern Frommen
Steigen aus dem E ins H.»

Ein viel zu hohes Turmdach, eine fadendünn auslaufende Spitze, da kommt der Blick nicht hinauf, hält sich auch gar nicht am blanken Blech, rutscht ab, hinunter, auf das Ziegeldach los, über die Traufe weg, durch die Luft ein Stückchen, fängt sich am Dachreiter, den St. Olai ja auch hat. Und dann gibt es dort in Helsingör das Schloß, gegen den Sund gebaut, und über dem Wasser das Licht.

Hier steht man hinter dem Prospekt, mitten in seiner Orgel. Und nimmt eine Pfeife von der Windlade. Das Zinn spürt man bis unter die Haut. Doch so, als sei auch das Zinn durchlässig, wie die Haut, gar keine sonderbare Vorstellung: man könnte eine Zinnpfeife in sich tragen, aus ihr hinaussingen, das Knistern im Metall mehr spüren als hören, es wäre nicht fremd.

Hier hält man sie in der Hand, ein Rohr, am oberen Ende zu einem Trichter verbreitert, und hebt sie auf, in das Licht.

Es versammelt sich um ihren trüben Glanz. Der zu antworten beginnt. Dem Licht.

Als schwebte sie über dem Sund. Triebe über Helsingör heran, unter glattem Himmel, auf das Flachland zu, und käme immer tiefer, und vielleicht wieder über das Wasser, das sich aufs Meer hinaus geöffnet hat, und dann zur Travemündung herein, und müßte sich wieder in die Luft erheben, vor der Hügelkette am Stülper Huck.

Sie steht über den Hügeln, mit dem Licht um sich. Und jetzt hinab, auf die Ebene zu, langsam fliegend, beginnt sie zu tönen, und hält, hinter der Wakenitz, in der Luft, noch immer tönend. Der Wind nimmt ein bißchen davon mit, die Wakenitz hinauf, ins Ratzeburgische fort.

Herr Organiste, ruft Pagendarm unten im Mittelschiff.

Schrei nicht, Langer, jetzt sind die Lauten doch fort, der Daniel Erich nach Güstrow, der Leiding nach Braunschweig, die Räume stehn leer bis an die Decke, keiner mehr angefüllt mit ihren zentnerschweren Reden.

Das ist über das aufgebaute Register hingesagt. Die Pfeife wird wieder eingesetzt, die Schalmei aus dem Oberpositiv.

Du, Jakob, wirst die Räume nicht füllen, mit deinen Lungen nicht.

Auch das leise. Und die Tür geöffnet. Und beim Hinausgehn aus dem Orgelgehäus, unter dem runden Türbogen: Da reichen deine Augen weiter, diese arabischen, unter der vorgerückten Stirn und dem Borstenhaar.

Und die Treppe hinab, auf dem C angesungen: Komm. Und weiter auf dem C, über dem aufsteigenden Baß: Komm. Und den Atemzug jetzt, und weiter: Vom Libanon. Und den Halbton zum H und wieder aufs C: Gegangen.

Herr Organiste, sagt Pagendarm.

Und kommt, wie immer, vom Libanon, einen Hang herab, auf dem Stein, die Herde um seine Knie, gerade daß noch Raum für den nächsten Schritt bleibt: Vom Libanon gegangen.

Nun, Cantore?

Auch das leise.

Pagendarm mit den letzten Schritten: Der angekündigte Bruhns aus Schleswig. Er ist da.

Bei seinem Onkel?

Man habe sich erst den Hohenpriestern zu zeigen, hat er gesagt, steht geschrieben.

Also uns?

Der Frager wartet einen Augenblick, doch Pagendarm tritt nur zur Seite, so geht er voraus, auf das Seitenportal zu.

Das ist nun der Bruhns, sechzehn Jahre alt, Nikolaus Bruhns, des Violinen- und Violenspiels kundig, ein bißchen langhaarig. Steht unter dem niedrigen Portal, tut keinen Schritt herein, steht. Keine Verbeugung.

Ja, jetzt. Langsam wieder aufrichten. Nikolaus Bruhns.

Also, was ist?

Der Herr Organist wolle verstatten.

Ja?

Der Onkel Ratsmusikant hat nach Schleswig berichtet, an den Vater, der Herr Organist werde.

Er wird. Geht vorbei, hinaus, die Stufe hinunter. Dreht sich um. Komm.

Bruhns also. Ist auch vom Libanon. Sind alle diese jungen Leute dorther? Doch wohl nicht, der Leiding nicht. Und der Daniel Erich auch nicht, der will den Libanon hinauf, ist vielleicht angekommen: auf seinem Libanon Güstrow.

Durch die offene Straße heran fegt das Licht. Darauf also zugehen, auf dieses Licht, das wie das schwedische ist, damals, das hinter mir her war, auf der Flucht hier herunter ins Nebelland. Hinter der Eider, den Seen, dem Travebogen, hinter dem Huck.

Geht er da auch um, der Nebel, bei euch?

Er sagt Ja, der Bruhns. Wenn er aus Helsingör käme, sagte er auch Ja. Und spräche die Wahrheit. Aber er kommt nicht aus Helsingör. Von dort kommt niemand.

Erzähl von euch da oben. Wie es ist, wenn der Nebel zerreißt, wenn das Licht über der Schlei aufzieht. Nicht wahr, eine Säule Licht? Über dem Nebel. Und das Wasser schwarz.

Der Herr Organist wolle verstatten.

Ja, er verstattet. Also die Orgel schlagen. Willst du. Morgen, mein junger Herr Bruhns. Der Jakob gibt dich beim Herrn Ratsmusikanten ab. Sag ihm: Morgen früh.

Dann also auf das Werkmeisterhaus zu. Die überdachte Treppe hinauf. Den Gruß für Anna Margarethe an die Tür getrommelt. Die Stube oben im Anbau. Das Papier. Und mit der langen Feder über den ganzen Bogen geschrieben: Herr, ich lasse dich nicht, du segnest mich denn à 7. Basso con 2 Violini: Tenore con tre Viole de gambe. Di D. B. H.

Und die Abschreiber, gewöhnlich, setzen dafür: A Dieterico Buxtehude. Das ist wohl mehr?

Und soll ich jetzt sagen: Es ist alles vorüber, es zählt nicht?
Gut: Es ist alles vorüber, es zählt nicht.
Du findest es auf, und es ist vorüber.
Du findest es auf, und es zählt nicht.
Da ist es gesagt.
Und wird zurückgenommen.
Was ist das: Gesagt?

Er wird mir den ersten Violino streichen, der Bruhns, er grunzt einen Kinderbaß. Oder die Viola, wo der Pagendarm sein langes Segnest absingt: Du segnest mich denn. Der Jakob Pagendarm seinen Jakobstext. Ich werd sehen, wie er herabkommt, der Violino, über den Tenore herab, vom Libanon.

Da reden Tenore und Basso: Wie heißest du? Und der Violino fährt immer herein, oder schwebt, und Jakob, zuletzt, antwortet: Jakob. Und der Baß zurück: Du sollst nicht Jakob heißen. Und Jakob: Ich lasse dich nicht. Und der Segen mit der Viola darüber, über der Menschenstimme. Der die Violinen folgen. Es ist jetzt ein Ende mit dem Alternieren, das Alleluja tutti.

Bis an das Fenster tritt das Licht her, streckt die Hände herein, flach auf das Fensterbrett. Und hebt sie auf, wendet sich ab, geht fort. Steigt ein wenig.

Weit zurück, über der Bucht, das Geleucht. Nicht das Licht selber, ich weiß: der Widerschein. Oder das Echowerk: draußen über der Bucht. Wie in Helsingör: es erlischt. Erst noch Flöte und Terz, Gedackt und Krummhorn eine Weile, dann Gemshorn allein, am Ende nur: über dem Sund der Wind.

Daß ich ihn hören kann, immer lauter. Aber nicht hingehn, hintreten an das Ufer. Mit diesen Augen, die so müde nicht sind, wie ich vorgebe. Die dem Gang der Planeten folgen. Ihre Tänze unterscheiden. Die ich herabhole auf ein Papier.

Einer von euch Libanesen wird hingehn. Für mich. Wird sehen: Olais Turm, den Uferbogen mit den Bollwerken, die vier Türme vom Schloß. Wird eintreten durch eine Tür, sehen: die dreigegliederte Orgel, steil im weiten Gewölbe, leicht über der vergoldeten, bilderbehängten Empore, singend in Sordinostimmen.

Sehen das Licht: es kommt herüber vom Gatt, breit vorbei an Högenäs, erhebt sich und zieht herein in den Sund.

Bruhns, du wirst das tun.

Und frag mir vorher alles ab. Ich werde dir alles sagen.

Zwei Jahre lang, das ist genug. Du wirst alles zu hören kriegen. Du wirst über den Orgeln liegen wie über Weibern, dich aufrichten über den Orgeln wie über Weibern.

Herr Organiste.

Der ist also zurück, der Pagendarm. Hat den Bruhns abgeliefert, dem Onkel. Bis morgen denn, Bruhns.

Und wenn du gehst, Bruhns, den Pagendarm laß hier, der weiß mir zu antworten.

Und wiederkehren wirst du nicht. Ich werde dich nicht fragen können. Warum auch? E war der erste Ton, zu Erden man mich führet.

Aber was ich gesehen habe und nicht mehr sehen werde: sieh du es für mich.

Noch eh ich steig vom E ins H.

JUNGER HERR AM FENSTER

Welt ade, ich bin dein müde.

Das soll man hier gar nicht sagen.

Der Satz ist bald zweihundert Jahre alt, aufgeschrieben in Leipzig, im Haus des Tobias Michael wahrscheinlich. Der Mann, der Schreiber, ist hinausgejagt worden, nicht viel später, vor die Stadt, Ratsverwandte und Schuljugend hinter ihm her. Dann allerdings schwingt er wieder den Taktstock, richtiger: er schwenkt die Arme, in Italien und sonstwo, die letzten zehn Jahre in Wolfenbüttel.

Welt ade. Das soll man hier nicht sagen, hier nicht und jetzt nicht, wo jeder Satz zu einer Lüge wird, noch ehe er zuendegebracht ist.

Warum sollte ich überhaupt reden, mit euch, die ihr mir die Sätze nachzählt, mit verteilten Rollen, anstatt zu singen, zu fünf Stimmen oder zu sechs? Nur weil ich nicht leben kann ohne euch, ohne eure Hände und eure Stimmen? Ohne das Blut daran, ohne den Rost?

Dort kommt der Giebel hervor. Das ist der linke Speicher. Er kommt aus dem Nebel hervor. Weil der Nebel zerreißt, aber nicht vor diesem Landwind, der hinaufwill an die Bucht. Und gut über dem Nebel hinweglaufen könnte, oben drüber über dem Nebel, der den Mittagsqualm der Stadt gefressen hat und nun noch den Dunst der Kartoffelfeuer schlucken will, den der Wind mitbringt.

Das ist der linke Speicher. Dies ist das Zimmer, von dessen Fenster man auf den Giebel sieht, an den schrägen Dächern vorbei. Hier werde ich nicht bleiben. Aber solange ich hier sein werde, wird dies mein Fenster sein. Dort ist der Giebel.

Ich bin die enge Treppe hinaufgerannt. Auf die Bucht zu sehen. Vom Giebel aus. Oder die Glocke hinter den Teichen zu hören. Wenn das Geläut bis zum Speicher herüberkommt, schlägt das Wetter um. Hinaufgerannt. Stehn geblieben. Da fällt das Licht in einem schrägen Streifen von der Luke hinunter auf die Bretter. Und seitwärts, wo der Schatten den Streifen Licht abschneidet, hängt der Mann. Der Erhängte. Der sich erhängt hat. Nun fragt mich doch, wie der Senator bekleidet war!

Der Vater war schwarz bekleidet. Weiße Hemdbrust, weiße Manschetten, Uhrkette mit den Berlocken. Ohne Schuhe.

Das habe ich alles gesagt. Den Damen. Die durch das Haus liefen und die nun beschäftigt sind, nichts mehr zu verstehen. Daß er in Socken hinaufgeschlichen ist. Daß er vorher nichts erwähnt hat. Daß er aber das Hauptbuch geschlossen hat, mit vollem Namenszug. Daß er kein Testament hinterläßt. Nur diese Witwe da, die geborene Trosiener, und Häuser und Anwesen und die begabte Tochter, die mit ihren acht Jahren einen Entwurf schnipselt, aus schwarzem Papier, für die Ausstattung des Begräbnisplatzes. Blümchenrand und ein ernster Baum, abgebrochene Säule mit Laubkranz.

Dort ist der Giebel hervorgekommen. Den man von diesem Fenster aus sieht. Es ist mein Fenster, solange ich noch hier bin.

Wenn ich hinuntersehe auf den Hof, wo sich die Fuhrleute vor die Speichertüren, unter die Seilwinden manövrieren, wo Buchhalter Bendix steht, dunkel angezogen, und den Kopf schüttelt, wie immer, den Namen Pitt fallen läßt, mit dem Zusatz Junior, als einen teuren Tip, den er verschenken kann: die neue Koalition also meint, englisch und europäischen Gewichts durchaus, also auch hierorts von Belang, gerichtet gegen diesen Herrn Parvenü, der sich eben in Mailand noch eine Krone aufgestülpt hat, wenn ich hinuntersehe, als wollte ich hier mehr vorstellen als diesen jungen Herrn Arthur, der ich bin, jetzt wo es sich herumskandalt durch die Stadt: die geborene Trosiener sei so schuldlos nicht an dem Vorfall, dem Suicid, da wisse man gar nicht, was er mehr sei: tragisch oder peinlich. Ihr ewiges Gerede hat man doch noch im

Ohr, das vom conflict, den Konventionen und diesen Passionen, diesen Trosienerschen, die also mit den Konventionen im Streit lägen – das war wohl der Ausdruck, wenn ich hinuntersehe und mich nicht fortrühre vom Fenster, das geschlossen bleibt, nicht einmal die Gardine rühre ich an, wenn ich hinuntersehe, als wartete ich: daß da jemand käme, über den Hof ginge, die rechte Hand hebt den Rock etwas an, die Person dreht sich ein bißchen, im Haar das weiße Seidenband, an dem man die geborene Trosiener noch im Dunkeln erkennt, nun durch ein schwarzes ersetzt, worauf warte ich noch? Daß sich der Giebel vorneigt, langsam, über den Hof, seinen Schatten wirft, ihn ausschickt, schnell, die Person da unten einzufangen, mit einem Griff, da bleibt sie stehen, mitten in einer lebhaften runden Bewegung, läßt den Rock über die Schuhe fallen, der Zeigefinger liegt an der Unterlippe, ein ratloses Gesicht, gewiß, aber sehr gefällig noch immer, auch als ein Schattenbild jetzt, zitternd, wie in Adeles Fingern, als ob die Schere eben am Werk wäre, am Kleid und am Haarbändchen, – warum höre ich nicht, wie das Holz kracht, die Balken sich knirschend ineinanderschieben, Zapfen springen, Schwellen und Ständer sich verdrehn und Riegel und Streben die Bundsäulen herausdrücken und seitwärts die Sturmbänder? Neigt sich der Giebel nicht vor? Warte ich darauf? Warte ich, daß er stürzt, hinstürzt über das Bildchen da unten?

Ich sehe den Giebel. Kein Nebel jetzt. Über die Schrägdächer hinaus der Giebel. Es hat sich nichts bewegt, niemand ist über den Hof gegangen, niemand mit angehobenem Rock.

Und ihr werdet gehen müssen, nicht über den Hof, meine Damen, aber die Freitreppe hinunter, ihr seid ins Gerede gekommen, ich werde euch hinausbringen, exmittieren, expedieren, da wartet die Kutsche, es wird mir leicht sein. Die geborene Trosiener und das kluge Kind, das seine Silhouette mitnehmen wird.

Dann seid ihr fort. Dann kommt das Gerede noch einmal, aus den hohen Häusern in der Jopengasse, und ist ein Gejohle und hinter mir her, der ich hier nicht bleiben kann, keine Erwartungen erfüllen, dieser junge Herr nicht sein, das

Hauptbuch nicht wieder öffnen, unter den alten den neuen Namen zu setzen.

Nur fortgehn, euch nachgehn, euch meine Sätze zum Zählen überlassen, hören auf euer Geschwätz mit verteilten Rollen, nicht erwarten, daß ihr sie singt. Nur weil ich ohne eure Stimmen nicht leben kann? Weil ich ohne eure Hände nicht leben kann? Eher ohne diesen Giebel, der nicht gestürzt ist?

Über den der Nebel wieder herkommen wird.

DAS KÄUZCHEN

Im Sommer, abends, fliegt das Käuzchen die Straße entlang. Dann stehn wir auf und gehn ans Fenster. Wir sind hier doch in der Stadt, eine Fabrik ist in der Nähe, nicht weit die S-Bahn, aber drüben der Friedhof und dann der Schulhof, der abends still ist, und die Häuser haben kleine Gärten, in dieser Straße.

Über der Laterne, in dem Ahornbaum vor dem Haus bleibt es eine Weile sitzen, und ruft nicht mehr, aber wir können es sehn, es ist immer der gleiche Ast, auf dem es sitzt. Dann fliegt das Käuzchen weiter und schreit auch wieder im Flug. Und wir kommen uns vor, als seien wir jetzt aufgewacht. Als hätten wir den ganzen Tag, wo wir unterwegs waren, geredet, geschrieben, telephoniert haben, umhergefahren und -gelaufen sind, diesen ganzen Tag verschlafen. Und jetzt hören wir: die Grillen sind vor den Fenstern, wir unterscheiden Stimmlagen, Tempi, vielleicht Rhythmen. Wir sind aufgewacht, im Dunkeln.

Der Kater springt auf das Fensterbrett und redet uns an mit seiner hellen Jungensstimme. Wir sagen ihm: Geh zu den Kindern. Da geht er und legt sich auf Ulrikes Bett, ans Fußende.

Wir leben hier, jeden Tag, wir haben unsere Kinder, und unsere Arbeiten, jeden Tag, und das ist alles ernst, wir müssen uns ausruhen, weil wir ermüdet sind, aber wie sind wir denn hier – ein Vogel ruft, und wir meinen aufzuwachen. Du hast die litauischen Lieder vor, plötzlich, mitten am Tag, das Essen ist auf dem Feuer, nachher kommen die Kinder aus der Schule, und ich hier schreib etwas auf, im Büro, um mit dir zu reden. Oder besinge noch immer dunkel, wie Graß sagt, das Flüßchen Szeszupe. Sag doch, wie leben wir hier? Nimmt man das Vaterland an den Schuhsohlen mit?

Wir haben auch hier, hinter dem Bahndamm, den Wiedehopf gehört und Specht und Kuckuck, das ist es nicht. Und dann gibt es den Fluß hier. Aber wenn du träumst: wie reden da die Leute, wie sehen die Wege aus, aus welchem Haus kommst du, in welches gehst du hinein?

Die Traumhäuser sind aus Holz, aber nicht alle, und das ist es auch nicht. Und die Wege?

Ein eingefahrener Sandweg. Ohne Gräben. Wie breit ist er, kann man das sagen? Er geht über in die Wiese. Oder die Wiese hört auf. Oder geht über in einen Weg. Wie ist das genau? Es gibt keine Grenze. Der Weg ist nicht zuende. Und die Wiese fängt nicht an. Das ist nicht ausdrückbar. Und ist der Ort, wo wir leben.

ROTER STEIN

Ach du liebes mein Gottchen, ruft Marie, als ob ihr da etwas unter die Füße gerät.

Den laß bloß sein, der muß jetzt schlafen, sagt Krönert. Und dreht sich um im Kuhstall und sagt: Wo er die ganze Nacht auf mich aufgepaßt hat.

Und Schipporeit steht in der Tür, ganz im Frieden der Versoffenen, und singt: Daß des bösen Feindes List mein nicht mächtig worden ist.

Ein Morgengespräch, Schipporeit erzählt weiter.

Du liebes Bißchen, ruft Marie, nun hör bloß. Krönert sagt: Laß ihn jetzt schlafen, Mensch, der findet ja überhaupt keine Ruhe, erst die ganze Nacht auf mich aufpassen, und jetzt noch nicht mal still.

Ich komm an Nausseden vorbei, alles ruhig, ich bieg auf die Chaussee, mit eins sind zwei Mann auf der Straße, einer vorne an die Pferde ran, der andre bei mir. Was werd ich reden, ich hab die Wagenrunge liegen, ich dresch sie ihm auf den Kopf. Wollte schon aufspringen, nun fällt er runter, du mußt dir denken: finster wie im Arsch, rechts und links Wald. Jetzt pfeif ich – Schipporeit pfeift, diesen durchdringenden Zigeunerpfiff mit dem Schleifer vorn und hinten –, da gehen die Pferde los, weiß ich, wo der Kerl geblieben ist. Und an Wieberneits Scheune, wie ich da vorbeikomme, sitzt die alte Warszus, einen Grabstein umgefaßt. Ich sag: Na du, jetzt – die Nacht? Sie schreit: Ich ruh mich bloß aus. Sitzt da, hält den Stein fest.

Ach den, sagt Marie, den roten.

Und da kommt das Gewitter, sagt Schipporeit, ich seh, es kommt über die Jura, nicht gerade rüber, es geht nach der Brücke zu und macht sich ganz dünn, und kommt fein über die Brücke, Nase hoch, wie sich das gehört, nun ist es auf unserer Seite, macht sich wieder dick. Aber hält noch immer schön den Regen ein.

Nun ist genug, sagt Krönert, all frühmorgens das viele Gerede.

Aber Krönertchen, den roten Stein, weißt du?

Na ja, sagt Krönert, hat ihn schon wieder angeschleppt. Kriecht das rum, die Nacht, mit dem Stein.

Ich fahr nachher vorbei und bring ihn zurück, sagt Schipporeit. Das mach man, sagt Marie.

Und was wird mit den Kühen, fragt Krönert.

Was wird mit den Kühen?

Vor Lina Warszus' Haus liegt der Stein, rot, ein roter Stein, ein Kreuz, aber doch mehr ein Block, weil die Arme nur eben angedeutet sind und das Kopfstück auch. Nur zwei Finger breit treten sie vor, es ist zu wenig weggehauen, rechts und links und oben und unten. Dieses rote Kreuz, dieser Stein für die sieben Kinder, an der Bräune gestorben in einer Woche, im selben Jahr der Vater ertrunken, Skaliks, so hieß die Familie, keiner mehr da. Einmal ist das Hochwasser gekommen und hat herumgewühlt, bis es unter dem Stein war. Aber nichts mehr da.

Das Loch hat der Krönert zugeschaufelt, mit Sand. Es geht ihn ja nichts an. Und den Stein hat sich die alte Warszus schon zum vierten Mal geholt.

Schipporeit also sagt Prr, die Pferde bleiben stehen. Da liegt der Stein vor der Tür. Wo ist die Lina?

Komm raus, sagt Schipporeit.

Hermannchen, sagt Lina Warszus, das alte Weib, sitzt in ihrer Stube, vor ihrem Steintopf voll Sprit. Hermannchen!

Aber das hört Hermann Schipporeit nicht, draußen auf seinem Wagen. Hermannchen!

Also absteigen, auf die Tür zu, der Stein ist schwer, links anheben, aufrichten, da steht er, der Klotz. Wie die Gustabalde, sagt Schipporeit, da kommt Lina Warszus aus dem Haus.

Laß den hier, Hermannchen, sagt Lina Warszus.

Ach wo, sagt Schipporeit.

Und was wird mit den Kühen?

In Mahnkes Stall liegen die Kühe, zehn Stück Rindvieh, das Wasser tritt ihnen aus dem Fell. Oben, den Rücken lang, weich wie Butter. Die milchblauen Augen, lieber Himmel, hart und schwarz wie Pech. In Mahnkes Stall, beim Wieberneit, wo noch?

Hermannchen, aber du weißt doch, sagt Lina Warszus.

Alte Hexe, sagt Schipporeit, der Stein gehört auf den Friedhof.

Und was wird mit den Kühen?

Das ist solch ein Tag. Grau und trübgelb. Wie morsches Eis. Wenn es zerbricht, werden die Schollen weiß, weil das Wasser nun hervortritt, und ganz schwarz ist. Solch ein Tag. Und alles naß vom Gewitter, das von der Brücke heil bis an das Dorf gekommen ist, aber dann doch auseinanderplatzte, hierhin, dorthin, ein paar Schläge in den Fluß, dann war es ein schwerer Regen, bis gegen fünf.

Da hat der Himmel mit Wasser geschmissen und gar nicht aufgehört, und hat sich doch nicht blankgewaschen, sich nicht und den Tag nicht, nichteinmal den Waldrand am Dorf, nichteinmal Staschulls Garten, nichteinmal die Brombeeren am Fluß.

Ich will das gar nicht sehen, sagt Schipporeit.

Na komm schon rein, ich zeig dir.

In der Stube sagt Schipporeit: Könntest ruhig die Fensterladen aufmachen. Aber die alte Frau zieht ihn an den Sprittopf. Der ist voll bis bald an den Rand, und darüber sind Bänder gespannt, über Kreuz, in die die Schlangen eingebunden sind, gleich unter den Köpfen, sie stehen über den Topfrand hinaus. Kreuzottern, man sieht die Zacken.

Noch vier Tage, sagt Lina Warszus.

Soviel weiß Schipporeit auch: Dann sind die Schlangen ganz hell geworden. Sechs Wochen haben sie im Sprit gehangen und all ihr Gift ausgeschwitzt. Dann werden sie vergraben. Und der Sprit wird ausgesprengt, in den Ställen, und ein paar Kühe krepieren, und ein paar stehen wieder auf, und die Seuche ist vorbei. Irgendwann kommt sie wieder. Das also wird mit den Kühen. Und was ist mit dem Stein?

Da wird der Sprit hinüber getragen. Sogar noch eine Weile drüber gehalten.

Aber der Stein ist doch ein Kreuz?

Ja, gerade noch ein Kreuz, wenn auch kein sehr deutliches. Da hat man sich nicht viel Mühe gegeben, an diesem Stein. Und die Farbe, wo gibt es hier rote Steine?

Auch die Gustabalde ist rot. Sie steht am Weg nach Sommerau, ein dicker, vorn abgeflachter Stein, in den ein paar Rillen eingeschlagen sind, Nase und Mund, der Nabel und über den ganzen Leib eine Kreislinie. Ein Heidenstein. Der ist von ganz früher, weiß der Schipporeit.

Und dieser Stein, dieses Kreuz?

Na wir wissen doch, wo er her ist. Vom Friedhof.

Und ich bring ihn wieder hin, sagt Hermann Schipporeit. Ihr mit euerm Dreck!

Noch vier Tage, sagt Lina Warszus.

Da fährt dann der Schipporeit los mit dem Fuhrwerk, nach Hause, da sind die Kühe krank. Na meinetwegen, noch die vier Tage.

Gibst du nun, oder gibst du nicht, sagt Wieberneit.

Noch kleine vier Tage, sagt Lina Warszus.

Ich laß mir doch das Vieh nicht krepieren, sagt Wieberneit.

Wenigstens noch drei Tagchens, sagt Lina Warszus. Mußt schon warten.

Wo werd ich, sagt Wieberneit ruhig und ist über dem Topf und reißt die Bänder ab.

Wieberneit!

Alte Hexe, schreit Wieberneit und schüttelt die Frau ab und stößt sie gegen den Ofen. Da bleibt sie liegen.

Wieberneit, nicht! Noch die drei Tagchens.

Lina Warszus richtet sich auf. Der verfluchte Hund. Und bleibt hocken, wo sie gelegen hat. Und der Wieberneit ist hinaus, mit dem Topf. Wer weiß, der Stein liegt ja noch vor der Tür.

Aber das soll nicht werden,das soll nicht, soll doch krepieren, was will. Der Hund, der verfluchte.

Da sitzt das alte Weib bis gegen Abend. Die Haare über der Stirn, in die Augen hinein. Singt vor sich hin, redet, plappert halblautes Zeug. Und jetzt rollt sie sich zur Seite, kommt auf die Knie, stützt sich mit den Armen, steht auf. Und weiß: Die gehen jetzt in den Stall, die Wieberneitschen, erst bis an die Rückwand, bleiben stehen, kehren sich zueinander, jetzt drehen sie sich ganz um, und machen den Weg zurück, der Hund mit dem Topf, der verfluchte, sprengen mit dem Kiefernwedel, von links nach rechts hinüber, von rechts nach links, immer schön langsam, nocheinmal, nocheinmal.

Aber die Wörterchen, liebe Zeit, die wissen sie doch nicht, das geht doch nicht ohne die Wörterchen.

Wer weiß, die haben vielleicht Aukthuns Oma geholt, aber was kann die! Ein paar Sprüche für die Rose, oder Warzen, diese Wörterchen aber nicht.

Die Lina Warszus hier vor sich hin sagt, die Wörterchen. In ihrer Stube. Wo es finster ist.

Sie macht die Schritte, bis zur anderen Wand und wieder zurück, schwenkt die Arme, redet. Jetzt ist es zuende. Sie bindet das Kopftuch fest und tritt aus dem Haus. Und steht auf dem Stein. Und kommt wieder zurück, und setzt sich in den Stuhl.

Ich mach das nicht mehr, ich mach das nicht mehr. Und schüttelt den Kopf, gar nicht schnell, gar nicht eifrig, schüttelt den Kopf und kommt darüber ins Singen. Wer sind die vor Gottes Throne, was ist das für eine Schar? Jeder träget eine Krone, glänzet gleich den Sternen klar. Ich mach das nicht mehr. Die Sünde, die Sünde. Die mich einklagt beim himmlischen Vater.

Der Stein liegt noch vor der Tür.

In dieser Nacht wird der Himmel ganz klar. Über der Lichtung hinter Lina Warszus' Häuschen halten sich lange ein paar Sterne, die gehen gar nicht weiter. Da kann der himmlische Vater hinuntersehen, wenn er meint, oder hinunterhören nach dem Käuzchen, das hinter den ersten Fichten, am Ende der Lichtung, umherruft.

Quer über die Lichtung, an den Birkenstümpfen vorbei, über

den Sand, müht sich die alte Frau mit dem Stein, schleift ihn weiter, Endchen für Endchen, lehnt sich wieder seufzend über ihn. Ich ruh mich bloß aus.

Und es wird gar nicht dunkel in dieser Nacht. Obwohl sich der Mond hinter dem Wald hält. Später wird er den Fluß hinab kommen und den Raubfischen helfen mit seinem Licht, alles ausleuchten, bis in die Uferbüsche hinein. Haut bloß ab, ihr blanken Fischchen, träumt nicht herum.

Laß ihn doch liegen, den Stein, sagt da vielleicht der himmlische Vater, der hinuntersehen kann, wenn er meint. Was wirst dich viel quälen, in deinem Alter.

Aber das hört die Lina ja nicht. Liegt da, das Gesicht auf dem Stein. Die Lina ist tot.

IM GUCKKASTEN: GALIANI

Man sieht eine Häuserzeile, von links her kommend, die von einer glatten Mauer fortgesetzt wird, in die aber wieder ein einzelnes, niedrigeres Haus sich hereinschiebt. Hinter diesem Haus, ein Stück zurückgebaut, zeigt sich allerdings ein höheres, langgestrecktes mit flachem Dach und Büschen unter den Fenstern, und weiter rechts wird die Mauer dann von einem Gebäude mit Turm abgeschlossen, aus dessen Obergeschoß zwei große Fahnen hinausgesteckt sind, auf dem Turmdach steht eine menschliche Figur. Die ganze Gebäudegruppe, sieben oder acht Häuser und zwei hochgeschossige, hochfenstrige Palazzi, Mauer und Eckgebäude, erhebt sich unvermittelt aus einem strombreiten, aber ganz ruhig erscheinenden Gewässer, das um das Turmgebäude herum einen schmäleren Kanal aufnimmt oder fortschickt. Über diesen Kanal spannt sich, weiter zurück, mit einem einzigen Bogen eine Geländerbrücke. Zwei Gondeln bewegen sich auf sie zu. Auch vor der Mauer und vor einem der Palazzi haben Gondeln angelegt. Und das Ufer im Vordergrund links, auf dieser Seite des breiten Wasserlaufs – ein Anlegeplatz offenbar mit einer gepflasterten Promenade – ist voll von Gondeln, die meisten überdacht, einige führen sogar Segel. Drei, vier Gondolieri sieht man, die etwas zu tun haben auf ihren Booten, und auf der Promenade stehen oder gehen einige Leute, die unterhalten sich nur. Der Himmel, in fast regelmäßiger Anordnung mit Hängewolken ausgestattet, vielleicht ein bißchen schwerer, gewichtiger als im Theater, hat blaue und rötlich-graue Farben, das Wasser ist einfach grün, die Fahnen rot und schwarz, die Herren auf der Promenade tragen rote Fräcke, die Damen weite, verschieden helle Röcke. Das ganze ist etwas einfältig, ein Bild, darunter steht: Parte del Canale grande verso il ponte dei Ebrei, di Venezia.

Der gelb gekleidete Herr links – den hatten wir nicht bemerkt – setzt sein Stöckchen auf die Steinplatte, auf der er steht, gerade unter einer grünen Markise. Er könnte schon gut der Abbé Galiani sein, wir würden ihm sein auffälliges Kleid nicht übelnehmen, so schwarz gekleidet gehen seine Korrespondenzen mit Madame d'Epinay ja nicht einher, und er verstand etwas von Geld. Und die beiden vorn sind vielleicht die Brüder Ferretti, Baldassare, der Sänger, und Benedetto, der Strumpfhändler. Von den Damen sagen wir nichts. Wir malen uns einen großen goldgefiederten Vogel in die Luft über dem Wasser, zwischen die beiden aneinandergelehnten Palazzi und das Turmgebäude mit den Fahnen, ziemlich genau in die Mitte und dorthin, wo der rötlichgraue Himmel übergeht in das nach oben abschließende, ein wenig finstere Blau.

Auf der Promenade, nah am Wasser, die Herren Ferretti haben eine Unterhaltung. Unter der Markise links der kanarigelbe Herr hebt seinen Stock und hat zu singen angefangen, ganz allein, etwas Italienisches, doch so, als übersetzte er es eben ins Französische. Zu unterbrechen brauchte er sich nicht, denn der Herr, der sich nach ihm umdreht, Baldassare, der Sänger, ist fast taub, das weiß man doch, deshalb schreit sein Bruder ja so, freilich nur das Allgemeinste – immerhin versichert sich Baldassare, daß da niemand zuhört –, das andere, wichtigere zeigt Benedetto dem Sänger auf einem Zettel, den Baldassare entgegennimmt, mit weit ausholender Bewegung in seine Blickrichtung bringt, einen Augenblick am gestreckten Arm von sich weg hält, plötzlich ganz schnell bis dicht vor die Augen führt.

Galiani hat aufgehört mit dem Liedchen. Er macht einen Schritt vor, bleibt wieder stehen, läuft nun schnell auf die drei Damen zu, hat schon im Lauf seine Reverenzen begonnen – was sagt er denn da?

Die Natur macht die Falten, die Gewohnheit die Linien.

Das sagt er, zu den Damen, er ist nicht sehr freundlich, den gelben Damen gegenüber, die seine Ansichten über die Frau als ein ihrer Natur nach schwaches und krankes Wesen kürzlich gelesen haben und wenn nun schon nicht mit ihm streiten, dann doch wenigstens von den Folgen der Erziehung des weiblichen Geschlechts statt von einem natürlichen Zustand sprechen möchten: denn die Frauen der Wilden, da hört man doch Wunderdinge, wie steht es mit denen?

Ja, mit denen? Zugegeben, eine solche Wilde wird vier unserer Musketiere verprügeln, aber ihr Gemahl dann doch glatt vierzehn, das Verhältnis bleibt sich gleich.

Herr Abbé, sagt die Dame in der Mitte, mit einem wunderhübschen schnellen Blick über den kleinen Galiani hinweg, Sie zweifeln doch nicht, daß wir, wollten wir Krieg führen, uns tapfer schlagen würden?

Da ist Galiani sofort mit der Antwort zur Stelle, und die heißt: Gewiß nicht, ganz gewiß nicht. Wobei er die Hände hebt und auch gleich weiterredet: Nur, Sie würden nicht im Biwak schlafen.

Die beiden Ferretti haben ihr Geschäft besprochen, haben sich zu der gelben Gruppe verfügt, wenigstens Benedetto hat die Unterhaltung durchaus verfolgt. Krank und schwach?

Sehen Sie sich diese Kranken an, ruft er. Durchtanzen Nacht für Nacht, machen zehn Tänzer tot, durchwachen den ganzen Karneval, ohne auch nur einen Schnupfen zu bekommen.

Gerade das, gerade das, schreit Galiani.

Wieso, sagen die Damen.

Galiani ist einmal um die ganze Gruppe gehüpft, nun stellt er sich vor den Damen auf, hebt mit beiden Händen sein Stöckchen bis vors Gesicht, sagt ganz wie beiläufig: Nun ja, Reizung der Nerven, Anspannung, Fieber – und jetzt ist er im schönsten Zuge, da hören wir gut hin –, jagen Sie nur die Musik fort, blasen Sie die Lichter aus, nun, was erleben Sie? Diese ewigen Tänzerinnen können nicht mehr die dreißig Schritte bis nach Hause tun, einen Wagen müssen sie haben.

Sehr hübsch gesagt und sehr hübsch vorgespielt, von Galiani: wie man sich in der äußersten Erschöpfung in einen Wagen sinken läßt. Baldassare breitet die Arme aus, wirft den Kopf zurück, jagt einen Lacher auf dem hohen G daher, einen wunderbar langsam anschwellenden und ebenso verklingenden. Unser goldener Vogel dort oben, wo das Rötlich-Grau in das finstere Blau übergeht, hebt sich erschrocken aus seinem ruhigen Flug, wie mit einem Satz, über das Bild hinaus.

Er ist fort. Und eine Zeit ist vergangen. Man holt sie nicht zurück.

DIE ERSTEN BEIDEN SÄTZE FÜR EIN DEUTSCHLANDBUCH

Als die ersten Nachrichten von den Massenmorden an Juden in die Stadt gelangten und jedermann meinte, sie seien übertrieben, so schlimm könne es ja wohl nicht sein, und jeder dennoch ganz genau wußte, daß sich das alles tatsächlich so verhielt, daß keine noch so ungeheuren Zahlen, keine noch so gräßlichen Methoden und raffinierten Techniken, von denen man hörte, übertrieben waren, daß wirklich alles so sein mußte, weil es gar nicht anders sein konnte, und daß es längst nicht mehr die Zeit war, davon zu reden, ob es nicht doch noch andere, mildere, menschlichere Verfahren gegeben hätte, Ausweisungen ja wohl nicht mehr, jetzt im Kriege, aber doch garantierte Reservationen, mit Eigenverwaltung undsoweiter, als das völlige Schweigen an der Reihe war, als man sich selber schon hinweggeschwiegen hatte, wer weiß wovon und wer weiß wohin, gegen nichts mehr einen Widerspruch aufsteigen spürte, nur so daherredete, zwischen einem nachlässig stilisierten Witz und dem feierlich-feuchten Gefühl, in einen Schicksalskampf von mythischem Rang einbezogen zu sein, wider Willen, zugegeben, als es so weit war mit denen, die frei herumliefen in Deutschland und frei herumlebten, unter den erschwerten Bedingungen des Krieges, zugegeben, als sie so weit gekommen waren, – was nichts heißen soll, denn so weit waren sie ja dann wohl schon seit je gewesen, wenn es jetzt so gut klappte, als es also war wie schon immer, als das so war, läuteten die Glokken – für gar nichts Besonderes: die Hochzeit eines Hirnverletzten, dem man in Anbetracht seiner militärischen Auszeichnungen diesen Wunsch nicht hatte abschlagen können, eines garnisonsverwendungsfähig geschriebenen, aber für die nächsten Jahre vorerst beurlaubten Oberleutnants der Pioniere, mit einer Krankenschwester namens Erika, die ihn im Sanatorium vom Fensterkreuz, an dem er sich aufgeknüpft, mit eigner Hand abgeschnitten hatte und die er am Abend der Hochzeit noch erwürgte, in einem sogar vermuteten Anfall von Geistesgestörtheit, was auch nichts heißt, denn geistesgestört zu sein war ohnehin sein behördlicher Zustand gewesen seither, das heißt seit zwei Jahren, seit seiner Verletzung.

Das eine also seit zwei Jahren, das andere seit wann?

DIE SELIGKEIT DER HEIDEN

Über dem kurzen Mantel aus grau verschossenem Tierfell ein Gesicht wie aus Eisen. Mit Augen, die tief liegen, die das Licht nicht mehr treffen soll. Auch das graue Haar, das in die Stirn wächst, nimmt das Licht nicht an, wie der Wind, der vom Fluß kommt, in flachen Sprüngen, und unaufhörlich redet, und einen Namen sagt, immer den gleichen.

Hier vor den Schnellen schickt das Ufer Sandbänke aus gegen die Strömung, bis das lebendige Wasser zurückweicht, sich abwendet, sich hinüberstößt gegen das Ufer drüben. Nur das Aufschäumen noch an den flachen Spitzen der Landzungen und mit Scherbentönen das Wassergeräusch, Wirbel, über denen Vögel dahinschießen, als sollten sie die Fluten besänftigen, und das unermüdliche Schweigen an einem verlassenen Ort.

Der Mann biegt einen Strauch auseinander und entnimmt ihm ein Stück geschmiedetes Silber, das Bild eines Hirschs mit vielfach verzweigtem Geweih, dessen Zweige sich in siebenfacher Windung wieder ineinander verflechten, ein Hirsch in fliegendem Lauf, ein reliefartig flaches Bildwerk, nimmt es auf und führt es vor seine Brust, hebt es vor sich in die Luft und geht, indem er es weiter hochhält, einen Kreis ab. Er sieht das Licht, das sich auf dem Metall fängt und dort bleiben will, und wischt es fort mit der Hand und birgt das Silber in seinem Fellmantel.

Der Wind sagt noch immer den Namen auf. Der Strom ist zu hören, mit harten, kurzen Lauten. Über ihm der Himmel leer, ein Gewässer ohne Tiefe, als wäre da ein Blau vergossen, man sieht nicht mehr wo, und auseinandergeflossen und immer schwächer geworden, aber leuchtend noch jetzt und gleichmäßig dicht bis auf die Horizontlinie hinunter. Über der die Nebel flockig aufsteigen, als treibe der Schnee über der skythischen Erde oder dichter Qualm der Reisigfeuer über den Grenzen des Landes Rus.

Der Mann steht an dem verlassenen Ort. Es ist der Tag nach dem Fest Himmelfahrt. Die Erde zertreten, wie gestampft, der Abdruck von Pferdehufen zwischen den zahllosen Fußspuren, und vergessenes Gerät, Weidenkörbe, ein zersplitterter Bogen mit abgeschnittener Sehne.

Hierher, an den verlassenen Ort, wo sich das hohe Ufer mit Abstürzen und Schluchten zerteilt und in die Ebene hinab auflöst, war das Volk von Kiew gekommen, gerufen von Wladimirs Männern, hinter den haarigen Priestern mit den fußlangen Bärten her, denen die griechischen Bilder vorangingen, das Volk von Kiew, vom Berg herab, Männer, dann Alte und Frauen, gerufen in die Einöde am Strom, wo er sich zum Meer hinaus wendet, der Mann unter den Strömen, der Dnjepr, und sich verbreitert, bis ein Bogenschuß das andere Ufer nicht mehr erreicht.

Und als das Volk die Einöde füllte, vom Fluß her bis an die Bodenwelle, auf der das niedrige Gehölz steht, vor den Wäldern nach Westen, als die Priester sich versammelt hatten, um den letzten Hügel vor der Stadt, und die Einsiedler und Wandermönche, die auf den Wegspuren des Apostels Andreas leben, mit ihren Stöcken und Wanderstäben heran waren, einige von den weiter abgelegenen Höhen gekommen und einige mit Bäumen über den Fluß, schräg gegen die Strömung und weither, wie es aussah, war der Fürst hergeritten, Wladimir, der neue Konstantin, wie sie sagen, und hatte den Helm abgetan und ihn vor sich auf den Rist seines Pferdes gesetzt. Und hatte einen Schwarm Reiter mit roten Mänteln zu beiden Seiten, und hatte sich erhoben im Sattel, über dem roten Satteltuch.

Und da war er aufgestanden am Hügel wie Rindergeschrei, der Gesang, der fliegen kann ohne Flügel, breit wie der Butt das Meer pflügt, und füllte die Ebene zuletzt wie mit dem Atem des Stroms Dnjepr: Aufstrahlte die Wahrheit, die in Schatten vorgebildete, und ist erfüllt vor der Welt.

Und da war ein Heulen über den Gesang hinausgeschossen, zerrissen, scharf, eine Springflut, und dann mit den Stimmen der Weiber aufgefahren und über dem wogenden Gesang wie mit Sprüngen der Hirsche fort. Und von der Schlucht heran hatten sie ihn geschleift, den ohne Hände, den Wilden, dessen Namen der Wind aufsagt, der ohne Hände seine Opfer an sich gerissen hatte, und hatten ihn, an einen Pferdeschwanz gebunden, herangeschleppt, den Pfahl mit dem silberbeschlagenen Gesicht, das den Sand pflügte.

Hatte nicht auch die Erde den Namen des Geschleiften gerufen? Denn der Wind war verstummt. Und es war die Röte, die unter dem Kraut in Adern einherzieht, hinaufgesprungen über den Sand.

Da war das Volk zurückgewichen bis an den Hügel und südwärts nach der Meerseite zu, wo weit hinaus der Pontos liegt, eingehüllt in seine Dünste, und seine Lüfte landein schickt. So war da eine Gasse gewesen für den Wilden, unter den Wölbungen der Gesänge, die sich erhoben, jetzt, gegen die Schreie von überall her.

Aber an des Fürsten aufgehobener Hand, heißt es, seien die Schreie zersprungen, nur die auf den Dnjepr und in die Ebene hinausgelangten seien weitergeflogen, über dem schweren Gesang fort, und dort, wo er sich niedersenkte ins Kraut und hängen blieb und verdarb, oder ertrank im Wasser, seien die Schreie mit den stumm gewordenen Winden weitergezogen, von hier fort.

Aber um den Hügel der Gesang war, wie mit Palisaden und aufgeschütteter Erde, ein Feldlager und zeigte keine Blöße, und über ihm wurden die auf lange Stangen gesteckten Kreuze geschwenkt, und darüber der Himmel hatte sich geöffnet mit weißen Feuern, in einem weiten Rund, das gegen die Bläue vordrang und das von den Flammen getroffene Land zu sich emporzuziehen, es hinaufzusaugen schien.

Und einmal hatte das Wogen der Lieder ausgesetzt, eine dünne Stimme war, über die gebeugten Häupter fort, auf das Feld hinausgedrungen, ein paar Worte lang, vom Scheitel des Hügels herab, wo der Metropolit stand mit aufgehobenen Armen, von seinen Priestern gestützt: Sohn Davids, eile zu erretten, die du geschaffen hast.

Dort hatten sie ihn vorübergeschleift, zu den langen Tönen des Kyrie eleison, sechzehn Männer zu jeder Seite, die Eisenstäbe geschultert, den Perun, auf die Sandbank hinaus, und hatten ihn in den Dnjepr gestoßen, den Pfahl, während das Heulen hinter ihnen im Feld als ein Schwarm Pfeile aufgestiegen war und niedergestürzt als ein Steinregen, auf die eingezogenen Köpfe der Stangenträger herab. Aber der Gesang war immer noch umhergegangen, das Erbarme Dich, vom Hügel über das ganze Feld und bis nach Westen an die Bodenerhebungen, die Schreie zu finden und aufzunehmen, und war zurückgegangen wieder, in einem flachen Bogen, bis an den Fluß. Und die Männer mit den Eisenstöcken waren dem Davonschwimmenden durch das Strauchwerk auf dem Ufer gefolgt, gelaufen, hatten ihn mit den Stangen zurückgestoßen, wenn er dem Ufer zu nahe gekommen war, auf die freie Strömung hinaus. Und weiter hinauf auf dem Ufer lief das Volk, erst noch im Abstand von den Stangenträgern, aber in gleicher Höhe mit ihnen, bis hierher an die Schnellen hinter der letzten Sandbank, wo die Ufer zusammentreten und sich erheben noch einmal, ehe sie absinken, auf die Meerebene zu.

Hier in den Schnellen tauchte das Silbergesicht wieder auf, der Perun erhob sich über das springende Wasser, dreimal, viermal, sich drehend, das Gesicht nach Sonnenuntergang richtend und dann nach Norden, ehe er versank. Die Männer Wladimirs waren stehen geblieben, die Stangen erhoben. So war er verschwunden in den Schnellen des Dnjepr, weit unterhalb der Stadt Kiew, der Stadt auf dem Berg.

Zu deren Türmen nun, alle Wege hinauf, die Doxologie geschritten war, der lange Lobgesang, weil der Himmel sich geöffnet hatte, heute wie einst über dem Ölberg, in einem weiten Rund, den Pantokrator zu empfangen, der aufgestiegen war in einer Aureole, von zwei Engeln gehalten: Wer ist der, der von Edom kommt mit rötlichen Kleidern von Bozra? Und die Mönche hatten den Priestern geantwortet: Ich bin's, der Gerechtigkeit lehrt und ein Meister ist zu helfen. Und die Eremiten und Narren hatten geschrien: Schauet den Umriß der himmlischen Zelte. Und das Volk, das an den Schnellen gestanden war mit verschlossenen Mündern oder auf die Erde gestürzt, hatte sich fortgewandt und sich verstreut über das Feld, und war zuletzt dem Gesang gefolgt, hierhin und dorthin, am Hügel vorüber, wo noch der Metropolit stand, unter seinen Kreuzen und den Bildern, umringt von seinen Priestern, und an dem Fürsten vorbei, der das Pferd herumgerissen hatte und zurückritt vor seinem Gefolge, gegen die Stadt hinauf. Die alle wieder aufnahm, die zu ihr gehörten, und die anderen fortschickte, auf die Wege des Apostels Andreas hinaus, in die Nebel der Skythen und hinter die Feuer der Rus.

Der Mann ist stehen geblieben. Er spürt das Silberding an seiner Brust, unter dem Tierfell. Er sieht den Himmel, das weiße Rund über sich. Er schreitet auf den Hügel zu, über das zerstampfte Kraut fort, über die aufgepflügte Spur, die verblaßte Röte, die den Sand gefärbt hat.

Der Hügel, hier, mit kleinem Wurzelzeug hinabgezogen in die Ebene, dahinter das höhere Ufer, das sich mit den Schluchten auftut gegen den Strom. Die glänzende Wasserfläche, weiß, und, weit draußen, die über das Ufergewächs hinaufspringen, die Schnellen, die aufeinander zustürzen und ihre Wasser übereinander werfen.

Den Mann im kurzen Mantel, den redet an, den fragt, was er sieht.

Einen zerfließenden Himmel, und einen Rauch, jetzt, eine Gestalt, aufsteigend, ein Grau, aus den grünen Lichtern des Ufers, über dem Strom aufsteigend, eine Gestalt, finster, einen Pfahl, fliegend schon, ein wütender Vogel, schwingenlos aber, auf den geöffneten Himmel zu, schwarz schneidend das Licht, das ihm entgegensinkt, dem Geschleiften, Gestoßenen, dem in den Schnellen begraben gewesenen, – dessen Silbergesicht leuchtet, jetzt in der Drehung, als ihn das volle Licht trifft, – bis das Silber tropft und das blanke Holz glänzt, gewaschen vom Dnjepr, der ein Mann ist. Den Pfahl, der über den Feldern stand, glänzte vom Fett der Opfer und sich schwärzte mit Blut. Der aufsteigt, noch immer, der entschwindet, im Licht, den die Himmel aufnehmen.

Von wo er nicht wiederkehren wird.

Der Wind wird den Namen verlernen, wird umherziehen und die Wege des Andreas finden, mit Seufzern das schiefe Apostelkreuz überschütten.

Den trefft ihr nicht mehr, Winde, der ist aufgeflogen ohne Flügel. Die Feuer, die er verließ, brennen herunter, das Kraut macht sich über ihre Spuren her.

Der Mann hat den Hügel verlassen. Er geht einer Pferdespur nach. Er hat das Silber auf seiner Brust, den Hirsch, der nicht schreit, und drückt die Hand gegen das Fell darüber. Er hält den Blick auf die Horizontlinie gerichtet. Wo die Nebel fliegen, wo hinter den Sümpfen die Wälder beginnen, weiß von Birken und weiß von knirschendem Moos.

Dorthin führt der Weg, den er sich hat sagen lassen, stromauf, dicht hinter den Ufersümpfen. Bis dorthin, wo der Fluß zerdrückt ist zwischen seinen engen Ufern, flach und steinig. Dann steht er an der Furt, die der Apostel durchwatet hat. Wo die Straßen aufhören, wo kein Irregehn mehr ist, weil es keine Wege mehr gibt.

Aber es heißt doch, im Jahre 1030, der Perun sei den Schnellen damals entkommen, auf eine Sandbank weiter unterhalb, die Jahrzehnte danach noch Peruns Sand genannt wird?

Aber da schlugen sich Swatopolk und Swatoslaw, und Boris und Gleb hatten ihre Mörder erwartet, da war die Seligkeit der Heiden schon durch die ganze Rus gegangen mit Feuern und Mord, und die Bilder der Mönche waren aus den Klöstern gelaufen, und das Erbarmen der Mutter über Himmel und Erde hatte aus ihnen geredet und war ein Brennen im Herzen über Mensch und Tier und über die Vögel und die Dämonen.

BOEHLENDORFF

Auf diesem ungewöhnlichen Weg.

Infolge meines ökonomischen Unvermögens.

Das ist zu lesen im Mitauischen Intelligenzblatt, Jahrgang 1809, vierundzwanzigstes Stück, es handelt sich um den gewissen Boehlendorff, Kasimir Anton Ulrich Boehlendorff, gebürtig aus Mitau, der hier die baltischen Handlungshäuser um einen Kreditbrief über einhundert Taler, auszustellen nach Bremen, ersucht.

Boehlendorff.

Was weiß man von Boehlendorff?

Im Pastorat Rodenpois sagen sie: Junger Mensch von fahrigem Wesen, das Haar im Genick reichte für ein halbes Schaf, aber das war vor sechs Jahren, die Nachrede hält sich nur so lange. Und Hofmeister Bendig in Klein Wenden sagt, Boehlendorff habe zu Berlin ein Poetisches Taschenbuch an den Tag gegeben, überhaupt es mit den Poesien gehabt, in Jena und, wie man gehört hat, in Homburg, unter lauter Poeten, die um den Hof dort herumgestrichen sind, um eine Landgräfin oder Prinzessin, aber Bendig ist ein Sansculotte. Und auch das ist eine Weile her. Boehlendorffsche Poesien allerdings gibt es. Auf den Achtzigsten der Generalin Rosenberg und dieses Lied hier, im genannten Intelligenzblatt:

> Soll ich immer weiter wandern,
> selten rasten, nimmer ruhn.

Verfasser ungenannt.

Nein, von Petersen ist es nicht, bestätigt Redakteur Hensler. Also, wie gesagt, von Boehlendorff. Und das Gesuch jetzt? Darauf wird doch niemand antworten? Behrens, Hartknoch, Ströhm, ach du lieber Gott.

Er sagt, der Geheime Rat Woltmann biete ihm eine Professur. Wo denn, in Bremen, wo dort? Ist er jetzt überhaupt hier in Mitau, der Boehlendorff?

Nun wird er noch, sagt Redakteur Hensler, seine Schriften zum Verlag ausbieten. Und wer soll denn nun darauf antworten? Ach du lieber Gott, Schriften.

Ugolino Gherardeska, Trauerspiel, gedruckt Dresden 1801.

Fernando oder Die Kunstweihe, Dramatische Idylle, gedruckt Bremen 1802.

Geschichte der Helvetischen Revolution, in vier Büchern, in Woltmanns Geschichte und Politik, zehntes und elftes Stück.

Möglich, daß er dort etwas gewesen ist, in Deutschland. Nun ist er hier, und man hat nichts von ihm.

Das geht ja schon eine ganze Zeit so, die jungen Leute fliegen aus, mit den glänzendsten Gaben, wie man immer wieder hört, machen Furore, dort draußen, und kommen uns schließlich unzufrieden und ungerecht zurück, dafür läßt man nun studieren. Hat Primarius Heintze gesagt, sagt die Pfarrerin Giese aus Rodenpois.

Da fährt sie mit dem Patron, dem Baron von Campenhausen, in der Campenhausenschen Kutsche nach Podekay, da haben sie Henselshof schon hinter sich, da sagt der Baron: Also nun, meine Teure.

Auf diesem ungewöhnlichen Weg.

Infolge meines ökonomischen Unvermögens.

Regen. Das ist der Regen. Der Regen regnet. Hinter dem Regen die Leere. Die kommt weiß. Haar, weiß, eines Geschöpfs ohne Augen, das sein Gesicht, weiß, heraufhebt über den Rand. Über den Rand. Welchen Rand?

Die Erde war früher eine Scheibe, dann eine Kugel, jetzt ist sie wieder eine Scheibe. Und wo ich hintrete, sinkt sie ein, unter meinen Füßen, die schwarze Erde gibt nach, mehr als die weiße, sinkt ein, wo ich umhergehe – Galtern, Strasden, Rittelsdorf, Walgalen, Birsch – und ein ganzes weites Tal eintrete, auf dieser Scheibe.

Und nun kam der Regen. Das ist der Regen. Der Regen regnet. Aber eines Tages kommt die See über den Sand, oder abends, über die Dünenhaufen, kommt und fällt ein in das Tal, alles ertrinkt – Galtern, Strasden, Rittelsdorf, Walgalen, Birsch.

Herr Baron, schreit Pferdezigeuner Kaschmich und läuft hinzu, aber wer wird denn hinfallen, Herr Baron.

Richtig, richtig, sagt der Angeredete, doch er erhebt sich nicht, kriecht auf den Zaun zu, auf einen entrindeten, weißgewaschenen Pfahl, und tastet mit den Händen daran hinauf.

Alles aufgeschrieben, sagt er, und fühlt unter den Fingerkuppen die flachen Gänge, die die Borkenkäfer hinterlassen haben. Alles aufgeschrieben. Das Tal, und wie die Flut über das Tal herabstürzt, bald, gegen Abend.

Aber Herr Baron, aber die gnädige Frau Majorin hat aber gesagt,

Richtig, richtig.

So gehn sie zurück, im Regen, der kleine Zigeuner und der barfüßige Lange mit den tief hängenden Beinkleidern, aufs Gut, über die Schafweide.

Laß ihn doch laufen, Kaschmich. Das hat die Majorin gesagt.

Aber nein, sagt Kaschmich, das ist nichts für Kaschmich.

Kaschmich bringt Boehlendorff wieder zum Hoftor herein und ins Haus, und nicht von der Küchenseite, sondern durch die Allee.

Er wird, Boehlendorff, meine Söhne unterrichten, Er hat's gelernt, Boehlendorff, laß Er sich kleiden.

Zu Johanni ist er aufgetaucht in der Gegend und geblieben, wie er bleibt, man hat ja davon gehört, auf dem Pastorat und auf dem Gut der Majorin Klingbeil, mal hier mal dort, abgerissen, ohne ein Papier, aber doch der gewisse Boehlendorff eben mit seinem Gerede von der See und der Ungerschen Zeitung, da in Preußen, dem Geheimen Rat Woltmann, den Herren Herbart und Fichte, einem Seemann namens Sinclair, einem jedenfalls vermutlichen Seemann, oder Seeoffizier, nach den Reden zu schließen.

Da ist er schon Wochen hier, auf Gut und Pastorat Galtern, der gewisse Boehlendorff, aber jetzt also, ab heute und solange er also gekleidet ist – als ein Mensch ordentlicher Herkunft – als ein Mensch also: der Herr Hofmeister, ein Herr also, der Herr Hofmeister Boehlendorff.

Kaschmich, ruft die Frau Majorin.

Aber weiß ich doch, antwortet Lakai Kaschmich.

Was tut ein Bischof, Herr Hofmeister? Da kommen sie, oder da kommt die Revolution und ist schon da, und er sitzt auf seinem Stuhl in der Kirche, bunt angezogen.

Henri, sagt Boehlendorff, die Schweiz ist reformiert.

Na dann ein Propst oder der Stadtpastor.

Henri ist der jüngste der drei jungen Herren Klingbeil, er fragt. Der Sechzehnjährige fragt nicht, auch der Siebzehnjährige nicht.

In Riga, sagt Henri.

In Riga gab es Bischöfe, ja. Der eine hat sich ein blaues Gesicht angesoffen, der andere vor Verrücktheit Mäuse gefangen, die übrigen streiften sich Harnische über und jagten in Lettgallen die Leute, hinunter nach Litauen oder hinauf, über Narwa hinaus, davon reden wir nicht.

In Lausanne, sagt Boehlendorff, im Jahr 97, in den Haustoren stand die Revolution und kam heraus auf die Straßen und in die Länder Waadt, Unterwallis und in die Stadt Genf. Wir standen über dem See, der See ist groß, aber es war gute Sicht, das Ufer drüben zum Greifen. Wir riefen hinüber, sie mußten es hören drüben, in Evian, in Thonon, im ganzen Chablais, uns schien, alle Welt ginge umher mit offenen Armen.

Herr Hofmeister, die Frau Mutter legt wert auf unseren avancement im Französisch.

Das sind wieder die beiden Älteren.

La Harpe, sagt Boehlendorff, rief die Franzosen, aber ehe die kamen, hatten die Stände, die Räte und die Familien ihre Leute schon bereit und schickten sie an die Feuerstellen nach Waadt und in die Schirmorte und die gemeinen Herrschaften.

Da hat sich die Revolution verlaufen, sagen die jungen Herren Klingbeil.

Aber 98 kommen die Franzosen mit Peter Ochsens neuer Verfassung.

Und Sie waren gleich bis nach Hessen davongelaufen, Herr Hofmeister.

Ich habe darüber geschrieben, sagt Boehlendorff.

Stellt sich ans Fenster. Früher Nachmittag. Es sieht herbstlich aus in diesem Jahr, jetzt schon, im August.

Wir sprechen morgen weiter. Französisch.

Boehlendorff steht am Fenster. Der Blick geht über die Wiesen. Immer leerer wird es draußen. Der Roggen ist herunter. Vom Erbsenfeld fliegen die Vögel auf, stehen in der Luft, als wären dort, weit hinten, Zäune errichtet worden, hoch hinauf in die Luft, aber nicht für die Vögel, die sich niederlassen darauf, ehe sie darüber hinwegfliegen. Diese Zäune, die Boehlendorff erkennt, hoch und weißgewaschen, aber gar nichts für das Meer, wenn es aufkommt, wändehoch, eine Wand über die andere türmt, und herabschlägt über das Stangenholz, stürzt, das eingetretene Tal füllt, gurgelnd hinfährt dann über Galtern, Strasden, Rittelsdorf, Walgalen, Birsch, eine kurzlebige Schaumkrone um den Kirchturm legt und eine kleinere um die schwarzgeteerten Pantinen des Pastors Riechert, die dort umherschwimmen.

Alles aufgeschrieben. Im Buch der Geschichte auf den Scheunentoren. In den Wäldern zu lesen, auf den abgehauenen Stämmen, und auf der Erde, vor dem Regen.

Herr Baron, sagt Kaschmich.

Richtig, Abendessen, richtig.

In dieser Nacht ist Boehlendorff unterwegs. Wird ihn einer sehen, wie er über die Heide rennt? Über ihm jagen Wolken, verdecken den Mond, geben den Mond wieder frei, sein Licht schießt wie eine Meute Hunde im Kraut umher, als wichen sie einander aus, oder stießen zu, hierhin dorthin, jetzt wirft es sich weit voraus wie auf einer Fährte.

Boehlendorff rennt vor dem Licht her, mit rudernden Armen. Redet wie ein Stummer. Auf den kurländischen Straßen ist niemand in dieser Nacht, wer soll ihn hören? Der Nebel schmeckt nach erloschenen Feuern.

Im Hofmeisterfräckchen, ein bißchen Stickerei oben dran, viel zu kurze Ärmel.

Da kommt die Behrse, klar und auch über den Steinen ruhig und hier an der Aufschwemmung über dem Sand, ein Flüßchen, am Wald vorbei und den Ruinen auf dem linken Ufer. Gegenüber liegt Doblen, Häuser und eine einfache Straße. Und heller Tag nun, und Boehlendorff steht auf dieser einfachen Straße, in Schuhen, im Hofmeisterfrack.

Da kommen Leute vorbei und weisen ihn ins Pastorat. Und er verschläft einen Tag. Abends nehmen sie ihn mit, gekämmt, es gibt eine Festivität beim Konsulenten Meyers.

Herr Boehlendorff, sagt Meyers, der ein Literat ist, an einer Geschichte des Herzogtums schreibt, seit einigem. Aber er soll eine Ode auf Katharina gemacht haben, damals, die übel vermerkt worden, weil er die Kaiserin eine Aspasia genannt, da habe man vermutet, er biete sich zum Perikles an, Dunnerlittchen.

Meyers, weißhaarig, mit geschlossenem Hemdkragen, Meyers sagt: Leider nie die Ehre gehabt, nun umso schöner, viel gehört indessen.

Und dann gleich eine Frage, nach zwei Gläschen: Wir haben den Napoleon hinter uns, wir haben in den Provinzen die Leibeigenschaft aufgehoben und unsere Ritterschaften behalten, eine Landesuniversität bekommen, meine Frage: Die jungen Leute mit ihrem Feuer – man erinnert sich –, was tun sie, wohin leiten sie ihr Feuer? Wir sehn, vor Augen, es ordnet sich alles, die Allianz.

Ja, es ordnet sich, sagt Boehlendorff, es bequemt sich, nicht wahr?

Boehlendorff, sagt Pastor Beer, Sie sind doch ein Poet.

Aber darauf wollte ich ja hinaus, sagt Meyers. Das Feuer der Jugend also, es geht ein in die Poesie, welch eine Blüte der Künste steht uns bevor.

Boehlendorff schenkt sich ein und läßt das Glas überlaufen.

Man hat doch gehört, lieber Boehlendorff, und gelesen, versteht sich, Sie sind da in Deutschland mit einem ganzen Schwarm Poeten umgegangen.

Schweigsam, Boehlendorff, verstimmt?

Mit einem ganzen Schwarm. Erinnere dich: Neuffer, Schmidt, Wilman, Zwilling, Seckendorff, Magenau, der gewisse Hölderlin, Sinclair.

Aber das alles doch wohl nicht gleichzeitig? Wie war das?

Magister Hölderlin wohnte bei Glaser Wagner, Homburg hat eine gute Luft, Herr von Sinclair ging zu Hofe, Zwilling war auf eine Montur aus.

Aber Boehlendorff, sagt Pastor Beer.

Es war anders, sagt Boehlendorff langsam, und nun ist da der Satz, den Boehlendorff mitbringt, wohin er geht, hier in den Provinzen, dessen Beantwortung Boehlendorff auf dem Holz liest, dem Holz der Zäune und dem Holz der Scheunentore, und auf der Erde im Regen, den die Familien meinen und der Herr von Campenhausen und die Pastorin Giese, der Satz, mit dem Boehlendorff hier aus dem Saal tritt, wie er aus den Flügeltüren der Gutshäuser und den Glastüren der Pastorate getreten ist: Wie muß eine Welt für ein moralisches Wesen beschaffen sein?

Moralisches Wesen, ach du lieber Gott. Das ist jeder selber, meint jeder selber, da kann er hinkommen, wo er will, der Boehlendorff. Moralisches Wesen.

Und eine Welt?

Das uns zur Prüfung auferlegte Jammertal?

In dem es sich übrigens ordnet.

Und beschaffen sein?

Und muß?

Wir hatten alle mal Ideen, sagt Pastor Beer. Und, wie man sagt: Wasser verläuft sich.

Und die Leute, was sagen die? Wenn er erzählt: von der Revolution der Franken und von der Helvetischen? Um einen See herum und unvorstellbar hohe Berge. Was sagen die Leute?

Sitzen und schlagen die Hände vors Gesicht, seufzen zwischen den Fingern hindurch: Gräßlich. Mit geschlossenen Augen.

Wenn Boehlendorff hinaus ist, sagen sie: Guter Mensch, der Herr Hofmeister, dieser da.

Und die andern, wo Boehlendorff auch hinaus ist, durch die Saaltür?

Meyers sagt: Die Steuerreform, wie ich sehe, besteht darin, daß die Verfügungen und Anordnungen nunmehr gesammelt vorliegen, fünfter Band der Reichsgesetze, Ustav über Abgaben, Titularrat Murchgraf in Mitau legt die Übersetzung vor.

Also wie gehabt, sagt Steuererheber Bergmann, die innere Repertition der nach Anzahl der Revisionsseelen zu zahlenden Abgaben bestimmen die Gemeindegerichte, Artikel 205.

Allerdings, laut Verfügung vom 25. August, Paragraphen 23, 188, 189, wird Artikel 12 insofern erweitert, als über die gewöhnlichen Polizeimaßregeln hinaus, bei Versäumnis, ausdrücklich Militärexekution in Aussicht gestellt ist.

Bei uns doch nicht, sagt Bergmann, der diese Verfügungen in der neuen, gesammelten Form nicht hat und auch wohl nicht braucht. Die Pächter zahlen und fertig.

Gewiß, aber die Paragraphen 188, 189 setzen ausdrücklich Zahlungen von seiten der Gutsherrschaften an, die für die Kronabgaben in Anspruch genommen werden, im Falle der Pächter zur Abarbeitung einer Schuld gegen den Gutsherrn verurteilt worden.

Ach was, sagt Bergmann, erstens werden sie zahlen, es geht ja immer so weiter, und zweitens haben die Anordnungen über das Meldewesen Freistrecken wie der Winter in Großrußland, man wirft sich in den Schlitten, ab gehts unter Geläut, über ein Moor, einen See, ein eingeschneites Dorf, was weiß man schon, wer weiß das schon, zählen zählt alles.

Einer der hübschen Aussprüche des Herrn Kreisrentmeisters,

nicht wahr, auch mir schon zu Ohren gekommen, sagt Meyers, aber natürlich: Kurland und Livland wie gehabt 2 Rubel 58 Kopeken, ausgenommen die bekannten Listen, Gelehrte betreffend und so etwas. Auf die Murchgraf übrigens ausführlich eingehen wird.

Ordnet es sich oder bequemt sich's? Wer bequemt sich? Was ist das eigentlich? Und moralisches Wesen? Und beschaffen sein? Und muß? Zählen zählt alles.

Und für eine Zeit ist der Hinausgegangene fort. Auf dem trokkenen Ufer der Livländischen Aa wird er angetroffen, auf dem feuchten linken, dem mit den vielen Nebenflüssen, auch, und über die Düna wechselt er hinüber, dort wo der grüne Ogerfluß in den trüben Strom mündet, schnell, wie mit Sprüngen, dort geht er flußauf. Das grüne Wasser wie Glas. Und nun treten von beiden Ufern die Laubwälder bis an den Schilfstrich vor, und dort ist der Grund aus rotem Gestein und hebt sich schon hinauf aus der Strömung und stößt den Ufersand in die Wälder zurück und steht glattgewaschen und rot, als eine Mauer, und auch der Herbst ist rot in diesen Wäldern, es fliegen die Blätter über dem Fluß.

Boehlendorff, Boehlendorff, schreien die Vögel und wenden sich ab.

Boehlendorff geht auf dem Steinufer. Er bleibt stehen und sieht ihnen nach. Und findet die Schrift wieder, unter den Füßen die Zeichen, eingegraben in den Stein. Über den die Leute gegangen sind, Spuren, Fußspuren. Davon hat er zu reden, in Absenau und in Laubern, wo er den Wald verläßt und in die Ebene auf dem nördlichen Ufer gerät und nun in den Holzdörfern lebt, für eine Zeit.

Und im Frühjahr trifft ihn der Baron Fircks vor dem Städtchen Kandau. Da kniet er auf dem Burgwall und scharrt die Erde von einer steinernen Platte, aber die Platte ist leer. So reißt er die Zeichen, wie er sie gelesen hat dort und dort, mit einem Nagel in die mürbe Fläche und geht hinter Fircks her in die verwinkelten Straßen hinein.

Der Sommer kündigt sich frühzeitig mit Gewittern an. Der

Sturm stürzt ein paar alte Bäume über den Wall hinab. Dann werden die Nächte klar, der Mond ist weiß und scheint stille zu stehn. Die Ratten kommen aus den Torwegen und Speichern über den Markt und ziehen in einem langen Heer, die Breite der Straße füllend, an den Stadtrand hinaus, an den Holzbuden vorüber, am Wallgraben hin, bis an den Bach.

Vorbei an Boehlendorff, der umhergeht, oben auf dem Wall, auf den verschütteten Gewölben, über dem hohlen Klang unter den Steinplatten, der seinen Schritten folgt. Aus den Trümmern des Eckturms schlägt der Modergeruch auf und mischt sich mit dem Dunst der Faulbäume.

Kein Wort mehr. Über das Schweigen kommt jeden Tag jetzt, von den Talwiesen herauf, der Morgen, graues und weißes Licht, wie in Stücke geschnitten vom Lärm der Kiebitze.

Der verrückte Boehlendorff ist in Kandau. Wie man weiß. Besser als: er kommt hierher, sagt Fircks zu seiner Baronin. Im Herbst laden wir ihn zur Jagd, da haben wir etwas zu lachen, wenn er vor dem Hasengeschrei davonrennt.

Nur, so schnell kommt der Herbst nicht. An der Straße nach Zabeln liegen die undeutschen Dörfer, wie man sie nennt. Hier hat man Boehlendorff hinter einem Gespann Ochsen hergehen sehen. Wieder die Zeichen. An den Sielen, am Gerät. Die Spuren der Hände.

Hier, ein Stück hinter Walgalen, findet ihn Kaschmich, der mit Pferden nach Strasden unterwegs ist, und redet ihn an, aber Boehlendorff winkt ab, mit einer Bewegung, ganz wie die Majorin Klingbeil sie an sich hat, auch am Abend jetzt, als Kaschmich ihr von der Begegnung berichtet.

Da geht Lakai Kaschmich in die Küche und sagt zu den Mägden: Das machen doch diese Deutschen einer wie der andere alle egal.

Regen. Das ist der Regen. Der Regen regnet. Die Erde sinkt ein unter meinen Füßen. Ich trete dieses Tal ein, die schwarze Erde gibt nach, mehr als die weiße. Und dorther dann kommt die See, alles ertrinkt, Galtern, Strasden, Rittelsdorf, Walgalen, Birsch.

Und alles aufgeschrieben.

Vom Erbsenfeld fliegen die Vögel auf, über die Zäune hinweg, die Boehlendorff erkennt, in der Luft, hoch und weißgewaschen, aber nichts für das Meer, wenn es aufkommt und über sie herabschlägt und erst das eingetretene Tal hier füllt und dann weiter das Land, das sich noch einmal erheben wird, aber zurückfallen dann. Es wird da nichts sein. Ich kann fortgehn.

Ach, da komm ich nur zu andern,
aber nimmer zu den Meinen,
weiß von keinen.

So geht das Gedicht fort, das erwähnte, im Mitauischen Intelligenzblatt, man kennt es ja noch.

Der besinnliche Marienfeld, der umgeht hinter den Dünen als eine gewohnte Erscheinung für Kinder und Leute, vergessen von seiner Kirchenbehörde in Riga, dem es aber recht ist, oder geworden ist, vergessen zu sein, an der Rigaischen Bucht, in einem Dorf hinter dem Sand, hinter dem Angernschen See, der an sich herabblickt und das Einerlei der Zeiten konstatiert: an seinem Rock, dem immer gleichen seit einem Jahrzehnt.

Hierher gekommen, aufs Schloß gegangen, untergetaucht im Engelshöfchen, wie hier der Pfarrhof heißt, aus dem er auftaucht, nachmittags immer, hinter den Dünen umzugehn – immer mit diesem Rock – als die gewohnte Erscheinung Marienfeld, Prediger zu Markgrafen.

Und gar nicht erst außer Landes gegangen, nicht nach St. Petersburg, nicht nach Preußen, immer hiergeblieben. Hecken und Flieder, da ist nichts zu sehen, nicht die Zäune, nicht die Zeichen am Holz.

Nun fährt ihn das alles an wie der Wind von Sworbe oder Abro, der hergerannt kommt von den südlichen Ausläufern der

Insel Oesel, auf dem Wasser der Bucht, aber wohl von noch weiter her und nur an Sworbe und Abro vorbei, weiter her, von der offenen See.

So ruhig ziehen die Schiffe an Markgrafen vorüber, auf Dünamünde zu, mit unbewegten Segeln aus Milchglas. Zu denken, daß sie über die See gekommen sind und eins und das andre, die früher hier vorbeizogen, nie mehr kommen, weil die See sie fortgenommen hat, zerschlagen und zerbrochen mit Stürmen und großen Wellen, höher als der Küstenwald.

Marienfeld hat ein geschenktes Bild zu Hause, es stellt einen Schiffsuntergang dar, einen Himmel aus Feuer und blauem Rauch. Non mergimur undis, sagt Prediger Marienfeld, wenn er davor stehen bleibt, an seinem Zehnjahrfrack hinabblickt, den Blick auf die lang vorschießenden Schuhspitzen senkt, ehe er zur Glastür hinausgeht.

Nun fährt ihn das alles an wie der Sworber oder der Abroer Wind.

Was sucht ein solcher Mensch hier, sagt Marienfeld. Immer reden von solchen Sachen. Aber dann soll er doch hingehn, nach Helvetien oder Jena.

Oder Bremen.

Gehen Sie, Herr von Boehlendorff, sagt Marienfeld und tut seine gewöhnlichen Schritte auf seinem gewöhnlichen Weg, hinter den Dünen. Und erschrickt bei seinen Worten: Da sieht er Boehlendorff leibhaftig vor sich, keine fünf Schritte entfernt, die Arme fest angelegt, als hielte er sich zusammen, aufgerichtet, leicht vorgeneigt.

Ein wenig unterwegs, Herr Prediger?

Herr Hauslehrer, sagt Marienfeld, die herablassende Bezeichnung Hofmeister vermeidend, Herr Hauslehrer tun sich ebenfalls um in Gottes Natur?

Nicht so sehr, sagt Boehlendorff, ich bin Ihnen nachgegangen, ich möchte wissen.

Herr Hauslehrer, Sie sollten niemand nachgehn, überhaupt nicht so viel unterwegs sein. Sagt der Herr Baron.

Wie meinen, fragt Boehlendorff, und Marienfeld antwortet und redet und sieht nicht: es durchzuckt Boehlendorff, bei diesem Wort, jener Wendung, jenem Tonfall: Sie gehn in die Häuser der Leute als ein Weithergekommener, mit den Maßstäben einer fremden Welt, Sie stören den Frieden, mit Dingen, die über das Begreifen sind, für die Leute, es gibt Abgabeverweigerungen, es gibt Unwillen bis vor die Kirchentür.

Marienfeld, der an sich hinuntergeblickt hat, beim Reden, tut einen Schritt zurück, entsetzt, streckt die Hände aus gegen Boehlendorff, erhebt die Rechte wie zum Kreuzschlag, wie gegen den Teufel: Herr von Boehlendorff.

Hund, sagt Boehlendorff, zwischen den Zähnen hervor, du bist das, du redest den Leuten ein: daß sie herumleben auf Himmelslohn, in ihrem Schweiß wie im Regen – –

Herr von Boehlendorff.

Hund, sagt Boehlendorff, aber ich sitz dir vor der Nase in deiner Kirche und les dir von deinen Kirchbänken die Zeichen ab, zählen zählt alles.

Marienfeld steht, wo er steht.

Boehlendorff wendet sich ab, auf die Düne zu. Dieser Abend kommt leicht, mit hellen Farben. Vom Wasser herauf, die Stille tritt über den Sand. Von der Höhe der Düne sieht man auf die Bucht hinaus und, nach Süden, über den langgestreckten See, der die hellen Wasser draußen mit seiner dunklen Farbe begleitet, zwischen Sand und Feldern und Waldstücken, weit hinunter, auf Angern zu, auf den spitzen Kirchturm und ein beglänztes Dach davor.

Diesem Boehlendorff, den Marienfeld noch auf der Düne erblickt, am 24. April 1825, ehe er sich mit kalten Händen landeinwärts davonmacht, diesem Herrn Hauslehrer hält Marienfeld am dritten Tag darauf die Grabrede.

Und brauchte es nicht zu tun.

Einer plötzlichen Erkrankung der Frau Baronin wegen ist Herr von Ellern nicht erschienen. Er braucht es ja auch nicht. Könnte es immerhin. Die Kinder, die beiden Mädchen, sind gestern zu Tante Gawehl nach Dorotheenhof gebracht worden.

Wer ist überhaupt da?

Das alte Fräulein von Zandikow. Also doch jemand vom Gut.

Und Leutelehrer Schiemann.

Und die Leute.

Prediger Marienfeld blickt an seinem angegrauten Talar hinunter und erkennt sich nicht. Boehlendorff?

Er müßte von Boehlendorffs Eltern und von seiner Verwandtschaft reden, Verdienste des Verstorbenen benennen, einen Lebensweg zeichnen. Was weiß man von Boehlendorff?

Er hat sich erschossen. Nachdem er ein Jahr fast hier gelebt. Hauslehrer Boehlendorff, grau, lang und dünn, im fünfzigsten Jahr seines Alters. Was ist das für ein Tod?

Schwer darüber zu reden. Marienfeld lernt es wohl nicht, andere auch nicht, dann schon eher Marienfeld. Er kann ein paar Zeilen aufsagen, von einem Zettel, den ihm das graue Gutsfräulein gegeben hat. Vom Fensterbrett in Boehlendorffs Stube.

Warf meinen Kranz in die Fluten,
ach! mein letztes, teuerstes Gut
welk von den dorrenden Gluten!

Er kann sagen, der unglücklich Dahingeschiedene habe sich hohen Sinn bewahrt in den Widrigkeiten der Welt, dafür zeugten des Dahingegangenen Schriften, denen der vaterländische Ruhm sich nicht verweigern dürfte, inskünftig.

Sagt er das?

Er sagt etwas von Stürmen der Verzweiflung und von einer Sicherheit, die verborgen ist und allein. Er hat ein geschenktes Bild zu Hause, der Marienfeld, davor sagt er: Non mergimur.

Aber er spricht zu lange, der Marienfeld. Der Wind kann's ohnehin länger. Fährt über die Gräber, jeden Tag, über den

Friedhof südlich vom Dorf Markgrafen. Verstreut den leichten weißen Sand, wo er geht und steht.

Leutelehrer Schiemann wirft die drei Handvoll Erde über den Sarg. Das alles brauchte ja nicht zu sein.

Man wird es auch schnell vergessen.

Was wird dann zu erfahren sein über Boehlendorff?

Da ist zu lesen: der inzwischen berühmt gewordene Brief dieses Magisters Hölderlin, 1802 an Boehlendorff gerichtet: ... wie man Helden nachspricht ... daß mich Apollo geschlagen ...

Jemand stellt ein Baltisches Dichterbuch zusammen, darin setzt er Boehlendorff dem bekannt unglücklichen Lenz zur Seite, das hätten wir auch tun können.

Da sagt Redakteur Hensler, denn es ist jetzt eine andere Zeit: Boehlendorff, Schreibweise üblicherweise wahlweise ... Zerrüttet an Seele und Leib, entlockte der Beklagenswerte seiner Leier Goethesche Harmonien.

Aber wie ist der Himmel hart an jenem Tag. Härter als das Wasser der Bucht. Dunkler als das Angernsche Gewässer. Mit einem Licht hinter sich, das er noch hält, zurückdrückt. Da ist etwas in der Luft wie ein Knirschen.

Werden sie ihm einen Stein setzen?

Und wer sollte das tun?

Das sind Fragen.

Und wie wird man über ihn reden in Livland?

Was sagt Leutelehrer Schiemann? Was Fräulein von Zandikow? Die zu Fuß zum Gut zurückgehn.

Und was tun wir? Errichten wir ein Monument? Eine Säule? Lassen jenen Satz einschlagen in den Stein: Moralisches Wesen, und: beschaffen sein, und: muß? Und setzen dazu, daß er Zeichen gelesen hat?

Guter Mensch, dieser Herr Hofmeister da.

Das sagen die Leute, die um das Grab stehn. Da blicken sie alle hinauf.

Der Lichtschein hat sich dem finsteren Himmel über das Haupt geworfen, ganz hoch steht er, und beginnt zu stürzen, jetzt, zu sinken, und breitet sich von oben her über die ganze Verfinsterung aus, über den harten Himmel, an dem der Sturm aufkommt und dieses Knirschen umherführt, von der Bucht heran, landeinwärts über Galtern, Strasden, Rittelsdorf, Walgalen, Birsch, über das Tal hin, tiefer nun, um den Ginster, aber dann wieder hinaus auf die Bucht, eine weiße Straße legt sich weithin über das Wasser.

Da haben es die Leute eilig zum Dorf.

Guter Mensch. Was noch?

Das ist, womöglich, schon etwas, und, womöglich, ist es unnötig, mehr über Boehlendorff zu wissen.

RAINFARN

Der Berg ist aus Sand. Er trägt einen dünnen Kiefernwald, vielleicht zweihundert Stämme. Wäldchen kann man darauf nicht sagen, dafür ist alles – Bäume, Unterholz, Kraut – zu schäbig und kahl. Es fehlen die Himbeerbüsche und eine herabgekommene Sorte ungenießbarer Johannisbeeren, die sonst in der Gegend überall vorkommt, sogar die Tollkirsche, die besseren Boden braucht. Nur am Osthang, zur Straße hinunter und nach der Gärtnerei König zu, gibt es verwilderten, kleinblütigen Flieder, der immer schon frühzeitig krausgezogene, braunfleckige Blätter zeigt, und ein bißchen Holunder. Und der Abhang auf der anderen Seite, nach der Bahnstrecke hin, hat ein Robiniendickicht, das sogar die Hunde meiden, nur die Vögel nicht. Wald dürfte man aber wohl auch nicht sagen, Wald ist das ja gewiß nicht. Doch Wald, das ist schon anders als Wäldchen, viel allgemeiner, was nennt man nicht alles Wald.

Und dann schließt sich an das unregelmäßige Geviert hoher Bretterzäune, mit dem der Sandrücken sich, abfallend, auf die Stadt zudreht, wirklich so etwas wie ein Wäldchen an, Wacholder, kleine Kiefern, Fichten. Das harte weiße Moos gibt es hier überall, wie auf dem Berg auch, und trockenes Blaubeerkraut, das nichts trägt, Preiselbeerkraut, Heidekraut, und in der feuchten Senke, kurz vor dem Bahndamm, wächst der stinkende Porst.

Im Winter, wenn hier der Schnee liegt und lange bleibt und es hinter den Bretterzäunen noch stiller zugeht als im Sommer, ganz still, weil die Zäune nur dastehn, nur überwintern, niemand verstecken, weil niemand gekommen ist, jetzt im Winter, außer den Krähen und Dohlen, gibt es hier Rodelbahnen, wo tags die Schulklassen lärmen und abends die Halbwüchsigen zu Felde ziehn, ganze Schlittenketten, aber auch einsame Stuhlschlitten, weniger Lärm, mehr Pfiffe, Zurufe, Signale und unentwegte Abfahrten ins Dunkel hinein.

Jetzt im Juni und jetzt am Tag, an einem Sonnabend, genau: zu Johanni, streift eine rotweiße Katze durch das Beerenkraut auf die Krüppelkiefern am Bahndamm zu. Es ist so still, jetzt am Nachmittag, daß vom Park Jakobsruhe der Lärm eines Mandolinenorchesters herüberkommt, schwach und friedlich, aber wie ein unablässiges Kratzen doch, ein Streicheln gegen den Strich, eine Sache wie Juckpulver.

Und es gibt hier Leute, die ihm zuhören.

Sie wohnen in den billigen, holzverkleideten, grüngestrichenen Siedlungshäusern am Fuß des Sandrückens, nach der Stadt zu. Die Zäune oben auf dem Berg, das unregelmäßige Brettergeviert, diese Anlage, oder wie man das nennt, hat ein Tor mit einem Schild, auf dem steht schwarz auf weiß: Sonnenbad, mit dem Zusatz e. V. Es handelt sich also um Freikörperkultur, einen eingetragenen Verein, und um sein Reservat, das, wie es sich gehört, am äußersten Stadtrand liegt. Der lange Bretterzaun, zwei Meter zwanzig hoch, hat seine zweihundert Astlöcher, schlecht gerechnet, die oberen für Erwachsene, die unteren für die Jugend. Das gehört zur Unterhaltung der Siedlung, die längst den Namen des peinlichen Reservats übernommen hat und ihn so frei trägt wie die Leute hinter dem Zaun ihre Freikörper, eher noch freier, unverzäunt. Man wohnt hier, sagt man selber, im Sonnenbad.

Und am Johannistag heute blüht der Rainfarn. Tanacetum vulgare: doldentraubig angeordnete, strahlblütenlose, knopfförmige Blütenkörbchen, gelb übrigens, fiederteilige Blätter, harte, meterhohe Stengel, nach dem Verdorren als Verschluß beim Wurstmachen, früher jedenfalls, gebräuchlich, herb aromatisch: Rainfarn, vielverbreitet. Der unsichtbar macht, wie man sagt, allerdings nur heute, zu Johanni. Blüten in die Schuhe gestreut oder eine Dolde an die Mütze gesteckt: da könnte man sich an den Zaun stellen, ungesehen.

Die rosige Frau Schnetzkat, weich in den Formen. Oder Arne

Eisermann, drahtig, kein Lot Fett am Leib, sportlich-trocken, ein verelendeter Hinterer. Sowas gäbs hier zu sehen.

Und da geht man weg. Ein Sträußchen am Hut, ungesehen, einfach nach Jakobsruhe, also stadtwärts, am Denkmal der preußischen Luise vorbei, der großfüßigen Landesmutter. Da hat man das Sandgelände hinter sich, die Wasserläufe mit den alten Schwänen und gleich auch den ganzen Park.

Straßen, die gerade und flach verlaufen, mehrgeschossige oder eingeschossige Häuser, Trottoire mit Steinplatten und Bordsteinen, eine Stadt, über die man nur immer sagt: Es ist wie vor hundert Jahren.

Angefangen hat man an dem einen Ende, das steht fest. Aber das andere Ende, wo ist das? Engelsberg, Schloßberg, Splitter oder Rennplatz, Preußen oder einfach Fletcherplatz, Luisenbrücke, Kleinbahn?

Muß man das andere Ende finden?

Ohne den Rainfarn an der Mütze oder in den Schuhen, denke ich, muß man es schon, aber mit dem Rainfarn und jetzt zu Johanni wohl nicht. Ungesehen, also allein – da gelangt man ans Ende nicht. Da hat man dann auch wohl niemals angefangen. Da ist man weit fort.

Ist es eigentlich sehr erheblich, was man sieht?

Und was sieht man?

Den Doktor Wilhelm Storost. Er kommt aus seinem Haus gerannt, weil ein Windstoß seine Zettel vom Balkontisch geweht hat. Da fliegen sie, und da läuft er ihnen hinterher: seiner ganzen litauischen Geschichte, die er über den Tisch ausgebreitet hatte, mit hunderten von Zetteln. Helft ihm, da ist vielleicht die litauische Geschichte in Gefahr.

Und hier, vor uns, wenn wir um die Kneipenecke herum sind, wo der Doktor Storost seine letzten Zettel aufliest, gegen einen weitläufigen Platz gestellt: das Rathaus mit Freitreppe und Turm, groß genug, einen vergessen zu lassen, daß sich dahinter der Platz in gleicher Breite fortsetzt, bis an den Strom.

Und rechterhand die alte Apotheke, dahinter die Firma Raudies & Bugenings und die deutsche Kirche: getreppter Turm, viergeschossig, mit kupfernem Helm und doppelter Galerie, sehr schön, der Napoleon hat ihn mitnehmen wollen. Da stand er, weißbehost, auf einem Floß mitten im Strom, der Zar Alexander war auch da, und die gewisse Luise kam, mehr schon als anekdotisch, schon mehr legendär. Der Lastwagenfahrer vor der Einfahrt von Raudies & Bugenings kuppelt seinen Anhänger los und sagt Hahn-eng-ger zu ihm.

Der Herr dort, der Pfarrer Connor, braucht kein Sträußchen Rainfarn an den Hut und nichts in die Schuhe, denn er ist schon gestorben. Und er sollte hier fortbleiben.

Wir kommen ja jetzt auf den nächsten Platz, da geht es auf die große eiserne Brücke zu. Die sich mit breiten, gemauerten Pfeilern und hochgewölbten Bögen anstrengt, die Pflasterstraße und die Kleinbahnschienen über den Strom hinüberzuschleppen, an den salutierenden deutschen und den grüßenden litauischen Zollbeamten vorbei.

Das geht recht gut. Aber jetzt haben sich einige Beamte weggedreht, zwei, drei bei den Deutschen, einige bei den Litauern, und einige – bei den Deutschen – treten vor und reden böses Zeug, und auf die Brücke zu gehen ein paar Familien, Väter, Mütter, Kinder, mit ein paar Taschen und Körben und können erst wieder stehn bleiben und atmen, wo Deutschland zuende ist.

Bleibt gesund, wollen wir sagen. Aber das können wir nicht.

Da schütteln wir unsere Schuhe aus und nehmen das Ästchen von der Mütze und werfen es in den Strom. Der Wind nimmt es eine kleine Windstrecke weit mit und läßt es leicht ins Wasser fallen. Da schwimmt es davon.

Ich will nicht unsichtbar sein, sagen wir uns, nicht ungesehen von den Leuten. Es ist nichts: Beobachter sein, der Beobachter sieht nichts.

Die Leute, die Familien, sind über die Hälfte der Brücke hinaus. Jetzt könnt ihr atmen, Leute.

Und da kommen noch mehr über den Platz.

Lauft, Leute, möchten wir sagen, und das könnten wir schon

tun. Und den flotten Kerlen entgegentreten, die sich mit ihren Stiefeln und ihren Reden großtun, hinter den Familien her.

Aber wir haben das ja nicht getan. Nicht einmal das Sträußchen Rainfarn nahmen wir von der Mütze, um es fortzuwerfen. Der Strom hätte es schon gern mitgenommen. Der Strom ist nicht so. Er hätte schon noch ein bißchen gewartet.

DUNKEL UND WENIG LICHT

Mond bleibt eben doch Mond, sage ich.

Wie du meinst, sagt meine Frau.

Nein, so nicht, sage ich.

Dann mach aber auch die Lampe aus, sagt meine Frau und legt das Kissen auf dem Fensterbrett zurecht.

Da sehen wir nun hinunter auf die Straße, die ganz im Dunkel liegt. Es ist etwas mit der Gasversorgung los, mit der Gasleitung oder soetwas, die Straßenlampen brennen nicht. Wir haben hier eine öffentliche Gasbeleuchtung. Und eben geht an unserem Haus der bekannte Lampenklauer vorbei, an jeder Hand vier rote Laternen.

Ob der das darf, sagt meine Frau zweifelnd, und ich, der ich dem Zweifel abhold bin, antworte einfach: Mond bleibt eben Mond.

Und damit soll es für heute genug sein.

Was ich noch sagen wollte, sagt meine Frau.

Dann gehen wir zu Bett. Aber die Sache mit dieser Dunkelheit jetzt macht mir zu schaffen.

Da liegt man und denkt hin und her. Die Straße ist still nach Eintritt der Dunkelheit. Eine ruhige Parallelstraße. Der Autoverkehr geht über die Hauptstraße, hundert Meter ab, dort fährt auch die Hochbahn und die Straßenbahn. Und Autobusse. Hier waren ja früher viele Läden, mehr als in der Hauptstraße, die früher vornehm war. Jetzt sind ein paar Möbelgeschäfte, Altwarenkeller, die sich als Produktenhandlungen bezeichnen, und vier oder sieben Kneipen übrig. Eine still gewordene Straße. Was war früher nicht alles los. Man denkt hin und her. Und was ist jetzt?

Man wird sich nicht mehr trennen von dieser Straße. Aber ein paar Wohnungen im Haus stehen schon leer. Und wird denn einer hierher ziehen, man selber täte es vielleicht auch nicht. Von den Läden und von den Kellern – Gemüse oder Kohlen –, von denen rede ich erst gar nicht. Da wohnen jetzt immer so ein paar Wochen lang irgendwelche Künstler, die man tagsüber nicht zu sehen kriegt, höchstens abends und in Arnos Jägerklause. Solche sensiblen Menschen, welche nicht singen. Und mit dem Lampenklauer befreundet sind.

Die werden ja noch einmal alle berühmt, das ist sogar sicher, man erlebt es vielleicht noch. Den, den kenn ich, sagt man dann und steht vor einem Bild in der Städtischen Galerie, der wohnte bei mir im Souterrain.

Das läßt einen alles nicht zur Ruhe kommen. Meine Frau wacht manchmal auf. Da hab ich wohl unversehens gestöhnt.

Sie ist gleich immer wach, wenn sie aufwacht. Wie mit einem Ruck, Augen auf und gleich wach. Also weißt du, sagt meine Frau. Aber das heißt nicht, daß sie reden will. Da erzähl ich ihr also, was mich im Moment bewegt.

Vergnüglich, sage ich, ist das Leben in Finnland, sagte mein Freund P. neulich, der verstorbene Sillanpää, wenn du den kennst, – Also ich habe von ihm ein Buch gelesen, werfe ich ein, das war sehr gut –, der verstorbene Sillanpää, erzählte also P. neulich, wenn der auf sein Sommerhaus fuhr, das vollzog sich mit drei Kutschen: In der ersten er mit der weitläufigen Familie, in der zweiten Gerät, Wäsche und alles, Ausstattung, sowas, und die dritte war voll Bier.

Dein Freund P., sagt meine Frau, sitzt jetzt in der Jägerklause. Und dann ist meine Frau wieder eingeschlafen.

Man liegt da im Bett, man ist zu Hause, P. sitzt gewiß vor seinem Bärenpils, auch der Lampenklauer wird inzwischen eingekehrt sein. Wo stellt man eigentlich solche geklauten Laternen ab?

Natürlich, es passiert schon nichts, es fährt hier ja keiner herum. Wenn Besoffene über einen Steinhaufen fallen oder in diese Löcher, wo die aufgegrabenen Leitungsrohre drin sind, – also die haben ja solche Schutzengel, hinten mit Flügeln, die helfen ihnen auf und heraus.

Unterhose, Oberhemd, Hose, Socken, Schuhe, Jackett, alles auf seinem Platz, Schlips über der Stuhllehne. Bloß die Tür leise zumachen. Als ob man die Toilette im Zwischenstock aufsuchen wollte.

Es ist wirklich dunkel auf der Straße. Nirgends Licht in den hohen Häusern, die Torwege zu. Im Haus gegenüber, im vierten Stock ist ein Fenster offen und auf dem Trockenboden in der Mansarde auch. Alles dunkel. Am Himmel, das seh ich erst jetzt, sind ein paar Sterne, Kassiopeia, soetwas oder Großer Bär.

Heller ist es davon nicht. Und der Mond weg.

Die Türen in diesen Jägerklausen gehen nach außen auf, wie bekannt. Und Freund P. sitzt da, der Lampenmann auch, Künstler, verschiedene Herren noch, ziemlich viele.

Morgen, Herr Fenske, sagt Arno, jetzt um elf, ich verweise auf die Dunkelheit draußen, und P. rückt mit seinem Stuhl ein bißchen zur Seite. Also zweimal Hühnerfutter, Körnchen für Körnchen. Und viel Gerede hier an den Tischen. Gespräche.

Wenn Leute erzählen, vielleicht Straßenbahner, Musiker, von Frisören möchte ich nicht reden: welche Einsichten in die Geschichte und welche Aussichten in die Ewigkeit. Wollten sie nur immer so daherreden, wie es sie ankommt; ohne Rücksicht jedenfalls. Zuhörer gäbe es ja dann nicht, die sollen ja auch reden, jeder soll reden, ein bißchen laut würde es sein, denke ich, aber warum denn auch nicht, hier ist es ja schon so.

Reiß dir ein Haar aus und erzähl, was du dabei empfunden hast. Und dann rede du mal über etwas, das nicht so bald getan war und nicht so schnell vorüber.

In meiner Straße wohnt der Professor Spieroch, sagt der eine Herr am großen runden Tisch. Ich weiß nicht, vielleicht kennt ihn einer von euch. Alter Mann mit fünfundzwanzigtausend Büchern. Offener Kragen, solch eine Mähne. Er hat fünfundzwanzigtausend Bücher. Früher hatte er schon mal fünfundzwanzigtausend. Die sind im Krieg verbrannt. Er war da noch Lateinprofessor am Gymnasium. Wußte einfach alles, vom Latein. Jede einzelne Vokabel bei den klassischen Autoren. Elongavi, kommt beim heiligen Antonius dreimal vor, so ähnlich.

Also da hör ich doch zu, was diese Herren reden.

Wie ich gesagt habe: genau Ort und Stelle und in jeder der verschiedenen Ausgaben. Allerdings mußte man ihn schon direkt fragen, hat nur ungern etwas weggegeben, seine Kenntnisse auch nicht. Und nichts aufgeschrieben, nur Gedichte, selbstgefertigte lateinische, die alle Formen und alle Wörter des Horaz aufwiesen, nur daß die Wörter anders zusammengesetzt waren. Könnte man sagen. Auch die Bücher hat er nicht genutzt, nach meinem Eindruck. Ich hab ihn besucht, als er fünfundsiebzig wurde. Damals als ich in seine Klasse ging, gehörte ich zu den schlechten Schülern, er nahm da nur Rücksicht auf die Eltern, aber jetzt gelte ich ihm für den allerbesten, weil ich der einzige in der Nähe bin. Auf dem Geburtstag also waren mehrere Gäste, es wurde von der kaiserlichen Marine gesprochen – Spierochs Schwager war Korvettenkapitän –, und danach sagten sich die Herren gegenseitig unanständige lateinische Verse auf, die jeder kannte. Ich hatte unterdessen in ein Buch hineingesehen, das von protestantischen Leiden im Reformationszeitalter berichtete, von katholischen nicht. Ein altes Buch. Lag herum und war sehr traurig zu lesen und sehr ärgerlich. Und Spieroch stand auf, nahm es mir weg und sagte: Das ist nichts, da fehlt der erste Band, es gehört beiseite, bis ich es komplettieren kann. Er sah das Buch gar nicht an. Und ich hatte schon handschriftliche Eintragungen drin gefunden, von den Enkeln eines dort erwähnten Pfarrers, die noch bösere Dinge beschrieben, als in dem Buch gedruckt standen. Und ein Trauergedicht war auf den Deckel innen geschrieben, mehr gemalt als geschrieben. Er schlug das Buch zu, als er es mir abnahm.

Du hast da vom Krieg gesprochen und von den großen Verlusten.

Du meinst diese Bücher?

Fünfundzwanzigtausend Bücher, hör mal, das ist schon erheblich.

Der Herr, der da erzählt hat, sagte ja, wie ich mich erinnere, daß die Bücher nicht genutzt wurden. Aber jetzt redet der andere Herr. Er sagt: Ich habe übrigens einen ähnlichen Verlust erlitten, 44 verbrannte meine Briefmarkensammlung. Ich habe mich ihrer nur kurz erfreuen können, nur im Urlaub. Das Album hatte ich aus dem Frankreichfeldzug, aber das erzähle ich vielleicht besser ausführlich. Wir stießen da beim Vormarsch auf eine Gruppe Zivilisten, Flüchtlinge, meist alte Leute. Hockten am Straßenrand. Wir hatten es eilig, aber ich entdeckte unter ihnen einen Mann, er saß an einen Baum gelehnt, ein dickes Album auf den Knien. Ich verstand damals nicht viel von Briefmarken, aber soviel sah ich doch, daß es sich um eine wertvolle Sammlung handelte. Ich habe sie später schätzen lassen, meine Annahme hat sich bestätigt. Der Mann hätte das Album sowieso nicht gerettet, ich habe ihm das erklären wollen, er hat mich wohl nicht verstanden.

Sicher. Aber du kannst doch französisch. Ich habe den Einmarsch damals ja auch mitgemacht. War sonderbar.

Erzähl ruhig.

Eigentlich möchte ich das aufschreiben, ich könnte den Text auf Band sprechen, es ist mir noch alles so gegenwärtig. Ich denke mir da einzelne Szenen. Zunächst einmal. Später müßte man gruppieren. Landschaft, Kulturgeschichtliches – –

Sehr gut, ich würde das so machen: Zuerst die Situation – –

Aber warum denn? Erst einen ganz zufällig erscheinenden Punkt, einen visuellen Eindruck. Wie man im Guckkasten erst eine Einzelheit entdeckt, dann ein paar weitere, bis sich plötzlich das ganze Panorama eröffnet.

Das Kaiser-Panorama.

Ganz richtig. Die hießen wirklich so. Du kennst das also auch noch?

Aber das Buch, denke ich, will Hermann schreiben. Soll er auch selber erzählen.

Wie gesagt: einzelne Szenen, dieser Art etwa: Eine Asphaltstraße ohne Bäume. Daneben ein Kanal, fünfzehn Meter breit, ein regloses Gewässer in einer flachen Gegend. In die der LKW hineinfährt. Vor einer langsamen Staubwolke her, die jetzt das Gasthaus auf der anderen Straßenseite verhüllt, daß nur die Spitzen der Gartenbäume noch weiter in den weißen Himmel stehn. Gleich danach ein paar kleine Häuser, etwas zurückgebaut. Der Wagen hält, es gibt einen Ruck, die Staubwolke schiebt sich zuerst ineinander und legt sich dann mit ein paar Katzenbewegungen auf die Straße. Und unter der Plane im LKW werden Stimmen laut, das muß man natürlich erst richtig schreiben, zum Beispiel: Einer fragt: Hast du meinen Kochgeschirrdeckel, und ein anderer antwortet: Nein, aber in die Freß' kannst kriegen. Da sind also Menschen drin.

Der Herr da, denke ich mir, der da erzählt, der ist Ostpreuße, wenn ich richtig gehört habe. Das gibts ja häufig in Berlin.

Die steigen also jetzt aus, redet der Herr weiter, und sind in Frankreich im Jahre 40, stehen auf der Straße, mittags, in einem Dorf wenige Kilometer vor Calais, Unteroffizier Barth nimmt die Karte vor die Brille und sagt mit erbittertem Blick auf das trübe Gewässer: Das soll der Kanal sein. So dick auf der Karte – hier: Ärmelkanal – und dabei so eine Pißrinne. Haben sie alle Zeitungen vollgekliert, wie einer durchgeschwommen ist. So sind die Franzosen.

Na ja, das ist vielleicht komisch. Die Leute reden häufig vom Krieg. Waren da jung, bei besten Kräften, wer dachte an Hämorrhoiden. Ich beobachte ja übrigens schon längere Zeit eine Fliege. Sie ist bis zu halber Höhe an P's Glas hinaufgekrochen, langsam und stetig, als gehörte sie hierher. Jetzt steht sie schon eine ganze Weile an dem gleichen Fleck. Vorhin war sie immer, aber auch ruhig und ohne Eile, um eine kleine Bierlache neben dem Untersatz herumspaziert. Aber die Geschichte da ist ja noch nicht zuende.

Soldat Scheiff aus Köln, sagt der Herr, sitzt auf dem Trittbrett. Lieber Himmel, den Kanal wird es nicht stören, redet nur immer, – diesen nicht, der ist ordentlich, hat seine Geheimnisse:

Schlamm und tote Hunde und Fahrradrahmen, und der andre wird sich schon gar nichts aus euch machen, zeigt euch mal die Küste drüben, kalkweiß und ziemlich hoch, und nimmt sie wieder weg.

Scheiff, sagt Unteroffizier Barth, kommen Sie mit, wir machen Quartier, Einzug der deutschen Truppen in wie heißt das Nest?

Coulogne, antwortet Scheiff und erhebt sich. Drüben steht ein zerstörtes Haus, ein Stück Fassade mit einem leeren Fenster, in dem ein Fetzen Gardine weht.

Ohdekolonje, sagt Unteroffizier Barth. Fühlt man sich ganz französisch. Wie ist das, Scheiff, französisch?

Du solltest das wirklich schreiben, Hermann, das wird bestimmt hübsch, kann ich mir vorstellen.

Den Titel hätte ich auch schon: Gott in Frankreich.

Den gibts aber doch?

Eben.

Diesen Schriftstellern, denke ich, hört man nicht ewig zu. Dann lieber Künstlern. Oder dem Herrn da drüben. Wieder ein Ostpreuße; gibts häufig in Berlin, wie gesagt.

Wie wir noch in der kalten Heimat waren.

Nein, das nicht. Wo sind Sie jetzt?

Na hier. Angefangen Anno 47 in Wesel, Schuhbranche. Auf dem Heimattreffen – –

Nein, das nicht.

Man muß sich auch aussprechen können. Auf dem Heimattreffen, sage ich, bricht sich meine Frau das Bein, mitten im gemütlichen Teil. Das ist und ist nicht geheilt, und da sage ich zu ihr: Wir fahren in die Lüneburger Heide, da ist ein Schäfer. Aber der Schäfer bekuckt sich gar nicht das Bein, bloß immer den orthopädischen Schuh. Hatte ich ihr machen lassen. Redet und redet von diesem Schuster, wo er ihn gar nicht kennt. Was soll ich Ihnen sagen, wir sind zurückgefahren, ich hab mit dem Schuster ein Geschäft angefangen, Landsmann kauf beim Landsmann, haben Sie sowas schon mal gehört?

Nicht lustig, was die Leute reden. Aber es kann doch nicht alles solch ein Zeug sein.

Laß mal, sagt der Lampenklauer.

Da haben sie ihm erzählt, daß der Theaterdozent, der mit den Haaren, jeden Morgen per Rad zur Universität fährt, und die Studenten kommen mit dem Auto. Per Rad. Soll so etwas heißen, ist aber bloß lächerlich.

Der Lampenmann sagt: Laß mal.

Also redet doch nicht jeder Unsinn. Der Lampenmann nicht, und der Mann hier auch nicht.

Ich komme gerade vom Friedhof. Also die haben zu.

Jetzt vom Friedhof? Ist ja wohl ein Weilchen her. Aber soll er erzählen.

Der Leichenwagen kommt angefahren, die Männer bringen den Sarg rüber zur Halle, da ist aber keine einzige Seele, abgeschlossen, Zettel an der Tür, Betriebsausflug. Ich war da wegen was anderem. Also geschimpft, aber nichts zu machen. Da bin ich mit, wie sie zurückgefahren sind mit ihrem Sarg, und in der Kneipe mußte immer einer rausgehn, da kamen die Kinder immer – Sarg, das hat man nicht alle Tage. Aber ich frage Sie: Wie können die Leute zumachen?

Das erzählt der Herr in der Tür der Jägerklause, seiner vierten Kneipe, sagt er selber. Er spricht gut. Mir ist ja ebenso unerfindlich, wie die zumachen können. Es ist wie mit dem Gas. Gerade die Versorgungsbetriebe. Aber das muß man dem Herrn wohl auch sagen, als Mensch.

Da komme ich heraus, da ist er schon weg.

Arno hatte mich noch aufgehalten, wegen P., der am Tisch eingeschlafen war. Guter Mensch, dieser P.

Also ich komme heraus, der Herr ist fort. Und die Straße dunkel.

Die fünf Schritte bis nach Hause. In einem offenen Torweg, sehe ich, stehen die Lampen, drin, an der Treppe unten, waren mir vorhin gar nicht aufgefallen, die brennen noch immer.

Und die dunkle Straße. Ohne die Laternen auf den Steinhaufen und der aufgeworfenen Erde am Rand der Gruben. Die Straße, die ich hinunterblicke, an den schwarzen, hohen Fassaden vorbei. Sowas stirbt nun aus. Man könnte darüber erschrekken, aber es sind ja noch Einwohner da. Und dann die Produktenkeller und Kneipen. Und die Künstler. Fast hätte ich die Möbelgeschäfte vergessen. Ich wohne ja schon lange hier. Früher war es anders, gewiß, aber ich kenne hier alles, die Treppe zum Beispiel. Keine Stufe, die ich im Dunkel verfehlte, kein Treppenabsatz, auf dem meine Füße nicht wie von selber den entsprechenden Bogen, die Kehre zur nächsten Stufenfolge beschrieben. Im Dunkel. Da brauche ich kein Licht.

Und jetzt Jackett, Schuhe, Socken, Hose, Oberhemd, Unterhose. Alles an den alten Platz. Ich stehe noch gut auf einem Bein. Aber die Gedanken gehn herum.

Wegen Dunkelheit. Und wegen Licht.

Gasleitung. Rote Laternen. Mond. Der aber weg ist. Sonst ist ja alles elektrisch hier, man ist nicht verlassen; anknipsen, ausknipsen, fertig. Und die Sterne vorhin, über der langen Straße.

Meine Frau schläft ruhig. Da stelle ich mir wenigstens vor, daß sie aufwacht und gleich ganz wach ist. Und stelle mir vor, was ich ihr zu erzählen hätte. Daß es finster ist, draußen. Nur oben die paar Sterne, und die leuchten gar nicht, bis hier herunter jedenfalls nicht. Was wäre also schon groß, wenn es sie nicht gäbe.

Na was denn, sag schon.

Das Dunkel wäre nicht dunkler.

Gewiß nicht.

Da oben – da wäre es anders. Es ist jetzt nicht heller als es dann wäre, dunkler also würde es nicht. Anders, und ich weiß nicht: wie.

LOBELLERWÄLDCHEN

Also Lobellen.

Nein, Lobellen gar nicht.

Aber na ja doch.

Aber na nein.

Da muß man erklären, daß Lobellen ein Dorf ist, ziemlich lang hingestreckt, an einer vielbefahrenen Chaussee, und Lobellerwäldchen eine Gastwirtschaft, ein Gartenlokal, ein Etablissement und ganz gehörig abgelegen von Lobellen. Wer Pferde hat, in Lobellen, fährt nach Lobellerwäldchen mit Fuhrwerk. Und nimmt die andern nicht mit, die andern Lobeller, die kein Pferd haben. Höchstens den Herrn Tesche, den Zollbichs, Zoller, Zöllner, Zolloberwachtmeister oder wie sich das nennt. Es ist so üblich hier. Man kauft ihm auch Bier und der Lene, das ist Tesches Frau, Limonade, in Lobellerwäldchen.

Das reicht dann ja, und es ist schön hier am Sonntag. Gastwirt Ambrassat deckt draußen Tischtücher auf und muß sechsmal hintereinander Marie schreien, ehe seine Frau dazukommt und die Gartenstühle zurechtrückt.

Es sind ja schon Leute da, Klempner Borbe mit seiner Frau, der Hebamme, und Kakschies von der Fähre und Bauer Bussat mit seinem Bruder, genannt Herr Bussat, und nicht ohne die Bussatsche, wie meistens.

Hier ist man so schön im Wald. Ambrassat holt das Grammophon heraus und zieht es auf und steckt die Kurbel wieder in die Tasche. Jetzt geht die Musik los, Lützows wilde, verwegene Jagd, vom Berliner Lehrergesangsverein auf beunruhigende Weise vorgetragen. Die tiefen Stimmen, die da ganz unten herumgurgeln und auf einmal samtweich werden, weil es höher hinaufgeht, mit denen kommt man ja mit, aber diese Tenöre, wie machen die das, da so ganz oben, na ich weiß ja nicht.

Und überhaupt dieses Grammophon.

Ambrassats Schwiegervater, der verstorbene Lehrer Fett, hat es im Jahre 93 von der Chicagoer Weltausstellung mitgebracht. Er war da nämlich hingefahren, über den Atlantik, und tatsächlich zurückgekommen. Da hatte er die restlichen dreißig Jahre zu erzählen gehabt.

Ambrassat hält es gut unter Öl, jeder außer ihm bedreckt sich, wenn er es anfaßt, Ambrassat bedient es auch ganz allein. Hat er dem Schwiegervater, als der sein Testament aufsetzte, in die Hand versprochen. Aber es lohnt ja auch, nicht wahr.

Noch besser wäre es, wenn die Platten länger spielten, doch der Apparat ist nicht so besonders groß, er schaffte es vielleicht nicht. Immerhin, ein stabiler Kasten aus Holz, in die Seitenwände sind Glasscheiben eingelassen, da sieht man den Klappmatismus, wie Ambrassat sagt. Er geht ganz gleichmäßig langsam, die Geschwindigkeit kommt durch die Übersetzung, sagt Ambrassat. Auf einer der Platten singt der bekannte Caruso Afrikanisches von Meyerbeer. Und der Ton kommt aus dem grünen Blechtrichter, der sich großartig über dem Kasten erhebt. Stundenlang könnte man zusehen, wie alles funktioniert.

Und wenn man schon ein Stück die Waldlichtung hinunter gegangen ist und den Fluß sehen kann, die Szeszupe, die sich bekanntlich erst hinter Lenkeningken und bei Lobellen noch längst nicht mit der Memel vereinigt, hat man die Musik sehr angenehm im Rücken, den Lindenbaum oder Oh Täler weit, oh Höhen.

Da denkt man, daß es hier ein Land ist wie Musik. Die Lichtung öffnet sich immer breiter, der Wald endet mit einem jungen Birkenbestand, ein paar Büsche noch, dann fangen die Wiesen an und senken sich langsam, katzenhaft weich auf das Sandufer hinab. Auch ohne die Musik, die man jetzt nicht mehr recht hört, die wohl auch schon aufgehört hat.

Nicht einmal das Geschrei reicht bis hierher, mit dem Krauledats Kinder die Schaukel in Bewegung bringen, die große, mit Stangen an zwei Kiefern aufgehängte Kiste, in der immer gleich vier Personen Platz nehmen. Oder sechs Kinder.

Zu erzählen gibt es genug, und wenig zu reden, hier unten am Wasser. Die Barsche springen ein bißchen nach den Fliegen und den grünen Mücken, auch die andern Fische steigen herauf aus der Dämmerung unten, aber bewegen sich kaum, stehen und lassen sich die dunklen Rücken bescheinen.

Sonntag heißt Sonntag, weil da die Sonne scheint. Es ist so gut hier, daß einem nichts Vernünftigeres einfällt.

Da kann man auch wieder gehn. Sich zu den Pferden stellen, ihnen die schwarzen Fliegen von den Augen und die metallharten, rasselnden Bremsen von den Flanken wegfangen. Eine Beschäftigung, die ihren Lohn im Himmel hat, hier auf Erden ist sie nutzlos, es gibt zuviel von dem Zeug.

Musik und die Schaukel und große Kaffeekannen, weiß emailliert, und Blechfladen, und es geht nach und nach auf Sonntagabend zu. Und Tesches sind heute nicht da, bei Tesches ist Taufe.

Und Ambrassats wußten das nicht. Was Sie nicht sagen, Herr Bussat!

Der Heinrich, der eigentlich Franz Kirschnick heißt, steht bei den Pferden. Willst wieder koppschellern, fragt Bauer Bussat hinüber.

Der Heinrich handelt mit Vieh, er ist dumm und hat Geld, da kann er zusetzen, da lebt er ganz gut, als Junggeselle.

Ach was, eure Kobbeln, sagt Heinrich, die könnt ihr behalten.

Das ist etwas anderes bei diesem Heinrich, er denkt nicht gleich immer an Kaufen. Wo Vieh ist, stellt er sich eben dazu, wie alle Kirschnicks, das weiß man ja, das haben sie von ihrem Großvater Heinrich, deshalb werden sie ja auch alle nach ihm benannt.

Also du willst nicht?

Kann man ja drüber reden, sagt Heinrich.

Und jetzt fahren auch die ersten los, Bussats und Borbes. Der alte Kakschies bleibt noch. Die Zahnärztin Willmann will nach Hause, aber ihr Gatte nicht, nein, der nicht. Herr Bussat redet noch mit Förster Krauledat, der Frau und Kinder schon in sein Auto gepackt hat. Also der Herr Bussat bleibt noch, und der Krauledat fährt ab.

Und der Tesche kommt, jetzt, abends und per Rad, dienstlich, heute am Sonntag. Da ist womöglich die Taufe schon vorbei? Nein, das nicht, sondern: Dienst ist Dienst.

Das sagt man so. Aber man sagt auch, gleich hinterher: Und Schnaps ist Schnaps. Und das ist wahr. Das letzte Wort ist dann: Wo er recht hat, hat er recht.

Schnaps also. Eine besondere Sorte Korn, genannt Kornus, mancher sagt, aber unterschiedlos auf allen Schnaps, Branntwein, wir sagen besser Kartoffelsprit. Man kauft gewöhnlich ein Quartierchen, am Wochentag, was ein Viertel bedeutet, und füllt mit Wasser auf. Aber hier wird ausgeschenkt. Und das Besondere besteht darin, daß der Schnaps in sieben Farben schillert. Da hat man zu zählen, und verzählt sich leicht, und hat sich die Augen zu schärfen, und feuchtet sie also an, von innen. Und wer erst genug gezählt hat, und die Farben jetzt hersagt, der hat dann auch das Mundwerk flott, da wird der Abend lang, da sollte die Ambrassatsche schon längst schlafen gegangen sein.

Hau bloß ab, sagt Kakschies, und zu Ambrassat: Deine Alte schneidet ganz gemein. Er schiebt das Glas hinüber, und Ambrassat gießt bis zum Eichstrich nach.

Und Zahnklempner Willmann ist abgefahren, unter Gesang. Da singt seine Frau lieber mit, damit es nicht so besoffen klingt.

Und Heinrich muß immer hinters Haus. Schwache Blase.

Der Kaiser, sagt Bussat, der brauchte überhaupt nicht. Der saß und saß, hat der Herr Landrat gesagt. Da hatten sich die Herren bei den Gardeulanen unter dem Tisch solche Töpfe angebracht. Aufstehen ging ja nicht, wenn der Kaiser da saß und saß, und immer von diesem.

Bussat gießt sein Glas hinunter und winkelt dabei elegant den Arm.

Landläufige Geschichten.

Tesche steht auf und geht hinters Haus.

Wart mal, sagt er zu Heinrich, den er an der Hausecke trifft, und Heinrich bleibt stehn und knöpft sich umständlich zu und wartet. Da geht das Mondlicht über den Wald, ganz gelb.

Und Tesche kommt an der Wand entlang und sagt, hinter Heinrichs Rücken: Du wirst mir bezahlen.

Heinrich sagt: Dann kommt es ja aber raus.

Nichts kommt raus, sagt Tesche, du zahlst alles auf einmal.

Wieviel?

Achthundert.

Bist du verrückt? Und woher?

Du kommst von Wallenthal, du hast eingenommen.

Und weil Heinrich schweigt: Na los, dann die Hälfte. Fürs erste.

Komm jetzt rein, sagt Heinrich.

Wir reden noch, sagt Tesche.

Da sitzen sie eine Weile in der Gaststube. Dann sagt Kakschies: Werden wir nehmen und gehn.

Da gehn sie also.

Da gehn sechs Männer durch den Wald.

Und vier gehn nach Hause. Drei nach Lobellen ins Dorf. Der Kakschies zum Fährhäuschen hinunter. Vor Lobellen biegt der Weg nach der Szeszupe ab. Und zwei bleiben im Wald. Der Tesche hat ein Quartierchen mitbekommen.

Das wird zugeführt, nämlich dem Gemüt. Und nicht im Stehen. Und unter allerlei Reden, einem langwierigen Hinundher um Geld, achthundert und in zwei Hälften, und: Los, mach schon, du hast doch.

Ja sicher, er hat. Geld hat der Heinrich, und das Kind bei Tesches ist auch von ihm.

Müde bin ich, sagt Tesche.

Geh zur Ruh, sagt Heinrich.

Läßt sich aufs Kreuz sinken und schläft auch schon.

Und Tesche sitzt noch eine Weile. Der Mond ist abgezogen.

Jetzt ist die Flasche leer und fliegt in die Büsche.

Na schön.

Kurze Nächte, im Sommer.

Heinrich wacht auf. Etwas Feuchtes fährt ihm in kurzen Abständen übers Gesicht. Wie kommt das? Die Gedanken finden sich nicht zusammen, in all dem Schnaps, schwimmen da herum. Und Angst hat er auch nicht, nicht einmal einen Schreck kriegt er, ganz tief im Schnaps wie in einer Decke, im siebenfarbenen Schnaps.

Da leckt mich doch einer, denk ich.

Nun hat er die Augen offen.

Da steht also ein Hirsch über ihm, breitbeinig, und läßt seine rauhe Zunge immer noch einmal dem Heinrich übers Gesicht gehn.

Das ist gar nicht so unangenehm, bloß es kitzelt, und da muß Heinrich lachen, und da erschrickt aber der Hirsch und macht sich, nicht sehr eilig, fort ins Gebüsch.

Im Dämmerlicht erkennt Heinrich, während er sich aufrichtet, daß es ein weißer Hirsch ist.

Neben ihm liegt der Tesche und grunzt, als Heinrich ihn anstößt.

Na gewiß doch, sagt Tesche, so einer findet sich immer.

Heinrich erzählt ihm nämlich, daß ihn einer geleckt hat.

Aber du weißt ja gar nicht wer, sagt Heinrich, und nun ist er beinahe aufgeregt.

Ach geh mir doch vom Acker. Weißer Hirsch.

Dabei weiß es Tesche doch auch: Diese weißen Hirsche gibt es, drüben im Trappöner Forst, sie sind grau, etwas dunkler als Isländisch Moos.

Das bringt, wer weiß, Glück? Heinrich kann sich gar nicht beruhigen. Er steht auf und reckt sich und fängt an zu pfeifen, aber das sticht ein bißchen im Kopf, da hört er gleich wieder auf.

Und Tesche hat ein Wort verstanden, das heißt Glück.

Also wie ist mit vierhundert, sagt er.

Na gut, sagt Heinrich und setzt sich zu ihm. Aber Quittung.

Natürlich, unter uns Männern, sagt Tesche.

Heinrich zählt vier Scheine ab und tut die übrigen in die Brieftasche zurück.

Mindestens noch zehn Lappen, geht es Tesche durch den Kopf. Auch solch ein Gedanke allein schmerzt schon, bei dem vielen Schnaps, da braucht man gar nicht erst zu pfeifen.

Und ich hab doch mein Rad stehen lassen, in Lobellerwäldchen, sagt Tesche.

Das kommt nicht weg, sagt Heinrich.

Und jetzt kann man einfach zuende erzählen.

Tesches Kind wächst auf als Tesches Kind, von Heinrich keine Rede. Es heißt Martha und hat, als Kind, blonde Haare, später werden sie dunkel.

Heinrich bleibt verschwunden. Wir waren ja da zusammen, sagt Bussat, in Lobellerwäldchen. Er wollte noch nach Kloken rüber, sagt Tesche. Da ist er wohl versoffen, sagt Kakschies. Na wer weiß, sagt Ambrassat, wo sich so allerhand Gesindel herumtreibt, hier an der Grenze.

Wie letzte Gedanken aussehen, kann man nicht sagen. Doch wohl von Fall zu Fall ganz verschieden.

Letzte Worte – da ist es anders, die werden manchmal weitergetragen, da erfährt man etwas, die gehn, manchmal, noch lange um.

Diese nicht.

Was wird er auch schon gesagt haben?

Weißt du: ganz komisch, da steht er über einem, und solch eine Zunge, sag ich dir, ein weißer Hirsch, rein zum Lachen.

Na gewiß doch, sagt Tesche.

Und Heinrich will sich aufrichten: Tesche, laß sein, hör auf, Tesche.

Da ist nun schon alles erzählt. Man fährt nach Lobellerwäldchen, redet dies und das. Ambrassats Grammophon. Ambrassats Schaukel. Ambrassats siebenfarbiger Kornus. Hier ist man so schön im Wald. Ihr sauft auch wie die Löcher, sagt die Bussatsche. Der Kaiser, sag ich euch, sagt Herr Bussat, der saß und saß.

DE HOMINE PUBLICO TRACTATUS

Man ist für das Leben nicht eingerichtet. Man hat seine Natur, seine Sinne, in der Stadt fünf, auf dem Land sieben. Solche Sinneswerkzeuge, eine ganze Schmiede im Ohr, hat Bayer aus Wien gesagt, und anderswo ausgedehnte Faunen und Floren oder Florenfaunen oder umgekehrt, die man – in vollem Einverständnis mit ihnen – ernährt, durchbringt durch den Lebenskampf; es ist ein angenehmes Gefühl, in Tätigkeit zu sein als ein organisierter natürlicher Komplex. Künstlich und fein bereitet. Sagt Neander, aber das reicht nicht.

Da kommen einem nun mancherlei Dinge zu Hilfe: dem Menschen schlechthin Hilfsbereitschaft oder Rücksicht, dem Gesetzesbrecher Strafe und Isolierung, dem Beamten Vorschriften und Anordnungen. So findet man sich zurecht.

Und dann moralische Verpflichtungen. Die man fühlt. Im Innern. Und eben Tierliebe und Menschenkenntnis.

Petrat ist Posthalter. In Abschwangen oder sonstwo, aber nicht in Uderwangen, Uderwangen ist größer. Und er hat seine Vorschriften.

1.) Einhaltung der Dienststunden.

Also da sitzt Petrat in seiner Dienststube, am Sonntag, da ist die Post also geschlossen, er sitzt am Tisch, in seinem Dienststuhl mit den Armlehnen und dem Kalikobezug. Ein stiller Ort wie lauter Grün, das kommt von den Bäumen. Da sieht er durchs Fenster. Alles aufgeräumt, gefegt, gewischt, Fliegenfänger erneuert, draußen, auf der kleinen Vortreppe, Sand gestreut.

Und da kommt die alte Frau auf der Dorfstraße angewandert und verläßt schon am Dorfeingang die linke Straßenseite, um auf die rechte hinüberzugelangen, wo am Dorfausgang das Posthaus steht, braucht also vierhundert Meter reichlich dazu, also ganz im Schrägen, eine haargenaue Gerade, die sie da hinlegt, im Schrägen, ohne Rücksicht auf das bekannte Abschwanger Pflaster. Kommt also an, und die Post ist zu, abgeschlossen, Sand gestreut, Sonntag.

Wir sagen: Diese alte Frau heißt Krepsztakies, das ist nun also die Krepsztakiene – und am Sonntag; völlig in Schwarz daher, mit Schuhen und dem Kopftuch mit dem vollständigen Troddelbesatz.

Petrat hat sie sehen können, diesen gleichmäßigen Anmarsch, er sieht in der Hand den Brief, die andere Hand ist eine Faust, da hat sie also das Geld bekniffen. Man macht einen solchen Weg nicht, um vor der Tür zu stehen; an Weggehen, unverrichteter Dinge, gar nicht zu denken. Petrat wartet, bis die Krepsztakiene ans Fenster kommt.

Na, wirst du mal, Petrat.

Petrat also begibt sich ans Fenster, öffnet es, hakt die Sicherung ein. Heute ist Sonntag, Post ist zu, Dienststunden sind an der Tür angeschlagen, aber das hilft ja nun nichts, weiß er selber, Petrat, Beamter und Mensch.

Nur, wer jetzt denkt, daß es einen Widerstreit zwischen Pflicht und Neigung, Amt und Freundlichkeit, Staat und Individuum geben kann, der täuscht sich.

Petrat sagt: Türe bleibt zu, keine Dienststunden am heiligen Sonntag, hintenrum gibts in der Kneipe, bei mir nicht. Er nimmt einen Stuhl, setzt ihn durchs Fenster, draußen an die Hauswand, einen zweiten Stuhl rückt er von innen vors Fenster, beugt sich weit hinaus, hilft der Krepsztakiene auf den Stuhl draußen, aufs Fensterbrett, auf den Stuhl innen.

Nun steht sie auf dem sicheren Fußboden, Petrat setzt sich in seinen amtlichen Stuhl, die Post bleibt geschlossen, hintenrum ist das nicht: das hieße, die Hintertür öffnen, er nimmt das Geld entgegen und eine Briefmarke aus dem Briefmarkenbuch.

Nachher den beschriebenen Weg wieder zurück. Aufwiedersehn, Frau Krepsztakies.

2.) Einhaltung der Kompetenzen.

Das ist vorschriftlich nicht geregelt. Aber es ist wichtig, es betrifft die Würde des Amtes, bedarf also besonderer Vorsicht und Umsicht, man ehrt sich da weniger als den Staat.

Ich werde womöglich für jeden die Marken belecken?

Das ist so, von jeher: Die Leute bringen ihren Brief, legen ihn auf den Tisch und das Geld dazu. Der Posthalter prüft Anschrift und Absender, nimmt das Geld entgegen und folgt eine Briefmarke aus, d. h. er klebt sie auf, vor den Augen des Absenders. Denn dieser Absender hat die Marke ordnungsgemäß erworben, sie gehört ihm. Andrerseits ist die Briefmarke ein Siegel, ein amtliches Papier, wenn auch ein kleines, man streut es nicht unter die Leute. Aber: Werde ich womöglich für jeden die Marken belecken?

Petrat führt daher ein: Brief hinlegen, Geld hinlegen, Zunge rausstrecken. An der herausgestreckten Zunge wird die Marke befeuchtet, Petrat braucht nur den Arm zu heben, die Marke liegt, gummierte Seite offen, auf Zeige- und Mittelfinger. Abstreifen, dann also Aufkleben, Stempeln, Aufwiedersehn.

3.) Der Beamte hat sich als ein Diener der Gesellschaft zu betrachten.

Man sagt leicht statt Gesellschaft Staat, ich erwähne das nur. Er hat sich zu betrachten, steht da, wir setzen hinzu: und entsprechend zu handeln. Petrat handelt entsprechend. Und betrachtet sich auch.

Das ist schon lange her. Da hörte man, und wer eine Zeitung hielt, las es in der Zeitung, daß es jetzt Radio gäbe, etwas Neues auf der Welt, richtige Stimmen aus der Luft, d. h. sie kämen aus einem Apparat und einem Schalltrichter. Ganz etwas anderes als die Windstimmen, die der Schäfer Pasnokat meint, wo man alles heraushört und nichts richtiges. Der ist sommerüber draußen. Wenn man mit ihm reden will, sagt er: Was kimmer mie.

Also Radio. Und Petrat als Diener. Und es kommt alles nicht so schnell bis Abschwangen.

Also läßt Petrat ausrufen: Heute abend Radio in der Post,

Eintritt frei. Und steckt Briefträger Lemke mit seiner Ziehharmonika in den großen Schrank. Dann kommen die Leute, abends, und setzen sich hin, Petrat sagt: Radio fängt gleich an. Und Briefträger Lemke also spielt im Schrank, fein heimlich, es ist, als käme die Musik von weither, aus der Luft, von Berlin, auf diesen Wellen, wie Petrat gesagt hat.

4.) Menschenkenntnis.

Sie gehört zum öffentlichen Amt. Natürlich: die Prinzipien. Aber was da wirkt und sich auswirkt, tut das unter den Leuten, mit den Leuten. Es spielt sich ab unter Leuten, wie gesagt. Leute stehn nicht im Rechenbuch.

Wer es nicht glauben möchte, erfährt es – bei Leuten. Muß bloß aufstehn und hingehn und, am besten, bleiben.

Petrat sitzt in der Gastwirtschaft am richtigen Sonnabend, also Sonnabendabend, und beileibe nicht allein. Schlitzkus, der Wirt, geht hin und her an seinen sieben Tischen, erst er, dann seine Frau, dann steht er an der Theke. Es ist laut in der Gaststube, aber es ist friedlich, ein lauter Frieden, das gibt es.

Petrat erzählt, unter konsequenter Wahrung des Briefgeheimnisses, die andern hören zu, bis auf den Lehrer Laudien, der vor sich hin singt. Und da geht das Telefon.

Abschwangen dreidreidrei, sagt Schlitzkus, dann hört er eine Weile zu, dann sagt er: Bottke, du sollst nach Hause gehn.

Na ja, sagt Bottke, und Petrat erzählt etwas über Frauen und über Männer. Die deutsche Frau hat warten gelernt, auf den Mann. Und als diese Frau Bottke zum zweiten Mal anruft, sitzt der Bottke noch immer da und bleibt auch sitzen. Und wäre vielleicht jetzt doch gegangen.

Und nun also geht das Telefon zum dritten Mal. Da steht Bottke auf und mit ihm Petrat. Und Bottke bleibt stehn, und Petrat tritt dem Telefon entgegen und sagt: Guten Abend.

Na ja, Sie sind da, Sie mit Ihren Erzählchens, natürlich, hätte ich mir ja denken können, sagt Frau Bottke und sagt noch mehr und will noch mehr sagen, aber das heißt die Freundlichkeit zu weit treiben, für Petrat, also sagt er seinerseits, man beachte die

Feinheiten: Frau Bottke – das ganz fest einsetzend, aber ganz verbindlich ausklingend, dann weiter im Ton sachlicher Feststellung, gleichzeitig jedoch schon ein wenig entrüstet und dabei auch wieder bedauernd (weil man, ganz ungewollt, Zeuge geworden ist, Zeuge eines solchen Auftritts) –, Frau Bottke, im Nachthemd kommen Sie am Apparat?

Nein, Frau Bottke ruft nicht mehr an. Der Bottke kann noch bleiben. Setz dich wieder hin, sagt Petrat.

Man hat so etwas alles im Gefühl. Vielleicht sind Gefühle etwas Unsicheres, aber es hilft nichts, man muß sich schon auf sie verlassen. Wenn man alles erst genau und selber sehen wollte, was richtete man an.

In Allenburg oder auch nicht in Allenburg gab es ein Ehepaar, er schielte, sie schielte, die beiden haben sich im Leben nie gesehen. Sind zusammengeblieben, über die bösen Zeiten vierzehn/achtzehn hinweg, und zusammen gestorben, vierundzwanzig.

Das meine ich.

INTERIEUR

Es ist eine hohe bernsteingelbe Standuhr, Manufakturware aus Liverpool oder Birmingham, an die sich Freimut gelehnt hat. Er sagt einen Satz, der geht langsam, das letzte Wort, die zwei Silben, folgt erst nach einer Pause und ist angehoben im Ton und läßt den Satz ganz offen, wie in einem atemerfüllten Raum, der sich ein wenig dreht: Denn Armut ist ein großer Glanz aus Innen ...

... heraus, ergänzt die Zahnärztin, seine Mutter. Wer bereitet nicht gern einer so völlig offenen Aussage ein Ende? Die Messingzeiger im schrägen Licht legen fast unmerkliche, dünne Schatten auf das Zifferblatt aus Zinn, bis über die schwarzgemalten römischen Zahlen.

Ja, wir sind alle arm, sagt die Mutter, mit einem schönen, tragenden Alt.

Im Kanapee, ihre Mutter, die Großmutter, erschrickt darüber nicht, sie sagt: Aber wir glänzen nicht, und hebt ein wenig die Hände dabei und versinkt in den Anblick der drei Ringe an ihrer linken Hand.

Zwei stehende Personen und eine sitzende. Und die Uhr aus Liverpool.

Oder aus Birmingham.

IN EINE HAUPTSTADT VERSCHLAGEN

Durch die nächtliche Stadt geht man wie über Land. Dort ist Wasser, hinter dem Wasser Licht, aber zuviel Licht: im Dunst die Feuer eines Nomadenlagers. Oder eine Feuersbrunst, nur daß der Himmel nicht rot ist. Aber Wasser jedenfalls, dort eine dunkle Fläche, dahinter ein Berg, ein Hochplateau. Da geht man näher, dann ist das Plateau ein Schloß, viel zu groß. Es hat Tore, hohe, geschwungene Bogentore. Der Innenhof wie ein Wasserbottich, vollgeschüttet mit Stille von oben her. Die Figuren, die an der Innenwand herum verteilt sind, scheinen aus Porzellan zu sein, wegen der weißen Partien an ihrer Montur.

Nähergehn, zutreten auf eine Figur.

Der Wachsoldat also weiß, um die Beine, an den Händen, über der Brust. Der Helm ebenfalls weiß. Auf keine Frage eine Antwort, keine Bewegung. Jetzt aus einem finsteren Winkel Schritte, die Ablösung, acht oder zehn solcher Soldaten.

Geh auf den Postenführer zu, ein paar Schritte, dann kommt er dir ein paar Schritte entgegen. Frag ihn, wo sein König ist, dann antwortet er: Der König ist nicht zu Hause. Da gehst du wieder hinaus durch das Tor, der Himmel ist schwarz, bloß über den Feuern drüben, hinter dem Wasser, ein wenig grau.

Die Gassen führen auf und ab. Enge Durchgänge, Schleusen, die kleinen Läden im Untergeschoß hell, die Fenster in den hohen Fassadenwänden geschlossen, schwarz. Obwohl sie sich nicht zurückziehen in die Wand und ganz in der Fläche bleiben. Kirchenmauern hinter Gitter und Strauchwerk, etwas zum Vorübergehn. Abfallende Straßen, in denen der Wind herauffährt, bis zum Scheitel des Hügels und geradeaus weiter, hinauf auf die Dächer.

Und Leute in den Straßen, in Abständen, mit undeutlicher Sprache. Das Türlicht vom Gyldenen Freden. Das Haus steht über seinem Keller, da unten hat Bellman getrunken, hier wo du stehst, auf der Gasse, ist er gestorben. Wirf deinen Hut in die Luft, er kommt wieder.

Quer über den kleinen Platz soll jetzt einer gehn, ein Matrose, über die Kette steigen, die um ein Geviert mit Bänken und Kübelbäumen aufgehängt ist, vor dem Restaurant soll er stehen bleiben, dort wo die erhellten Fenster beginnen und die Markise über der Doppeltür, einfach stehen bleiben, den vorübergehenden Mann mit dem weichen Hut anreden, für einen kurzen Satz und eine Antwort wie das Schlenkern eines Armes.

Aus einer unbeleuchteten Tür treten zwei Damen. Keine Gelegenheit, den Hut zu ziehn, Worte verbieten sich, Nacht.

Um die Ecke herum, wo die hohe Fassade einen Knick macht, steht eine dicke Säule, blank wie Emaille, grünlich, mit einem runden Teekannendach, Sehschlitzen oder soetwas und Verzierungen: ein Stehpissoir, einzelgängerisch, Obelisk der Einsamkeit, man kann etwas dazu sagen.

Der über den Platz gelaufen ist, der Matrose, geht die abschüssige Straße hinab. Im Ausschnitt zwischen den Eckhäusern unten wechselt gelbes und weißes Licht, Fahrzeuge, die auftauchen und vorüber sind. Dort hinunter geht es.

Das hier ist eine Hauptstraße, ein paar hundert Schritte weiter beginnt der Wald. Alte Bäume um ein Gebäude herum, erkennbar Parkwege, die aufeinander zulaufen, und wie unter das dichte Laub gehängt Kugeln aus Eis. Die jede die Baumkrone über sich ausleuchtet, wie in ein Gewölbe hinauf. Die weißen Matrosenblusen darunterhin.

Ich weiß ja nicht, was ich hier bin, in dieser Stadt. Einer, der umhergeht, ein paar Tage lang. Der wieder fortfährt und etwas mitnimmt, die Erinnerung an ein Bild: eine französische Gartenszene mit bräunlich-silbernem Laub und einer Gitarre. Ich weiß ja nicht, was ich hier soll.

Am Tag gibt es ein ganz helles Licht, das mit langsamen Schritten auf dem Wasser umhersteigt. Mit erhobenem Fuß über eine Brücke. Eine alte Frau, zart, mit der Stimme eines Holzinstruments, sagt: Wiederkommen, und öffnet die Hände.

Es ist ja Tag. Ein Taxi heranwinken, um einen Blumenstand herum. Taggespräche, Treffs vereinbaren, für den Tag, telephonisch.

Man geht über eine Holzbrücke. Eine Dame hängt mit dem dünnen Absatz zwischen zwei Bohlen fest. Willkommene Gelegenheit, die Zigarette fortzuwerfen, ins Wasser, und sich zu bücken, höflich zu sein, mit Blicken von unten her, über einen Rock und eine Kostümjacke zu einem geflochtenen Hut hinauf.

Die Gebäude drüben, über den grünen Berg verteilt, gehören der Admiralität und sind ein Museum. Altertümliche schlanke Kanonen, die die Türen flankieren. Eine Fahne an einem hohen Mast. Signalanlagen. Man geht ja wieder fort.

Ich habe dir gesagt: Es war nicht gut, herzukommen, für mich. Dein gespielter Zweifel hat mir recht gegeben. Abschied morgen früh in der Hotelhalle, besser noch vor dem Frühstück, vor dem Grapefruitsaft.

Nichts mehr, vorüber zu reden wäre.

Der Abend auf den Parkwegen des Schlößchens vor der Stadt. Trübe Gewässer und Vögel. Ein breiter Graben mit Schwänen, unter Blätterdächern. Alles wie eine Kerze, die einer vorüberträgt, den man nicht sehen kann, in der Luft.

Erleuchtete Pavillons hinter den Büschen. Alles ist lange her, was heute war, gestern, vor Jahren. Der Matrose lief die Straße hinunter. Man kehrt nicht zurück zu etwas, das nicht gewesen ist: einem Gespräch an einer Mauer, einer Musik zu vier Händen, einer Stunde oder zwei über Manuskripten, dem Vorzeigen von Bildern, dem Festlegen einer Veranstaltung, die nie stattfinden kann.

Aber gesprochene Worte doch, lebendige Sprache. Atem, Gehör, Blicke. Alles mit Organen getan, die von Blut tönen. Möglichkeiten der Wiederkehr? Zu dem, was war? Und vorausgegangen ist für ein paar Schritte?
einholen
einholen
jetzt
gleich

DER MAHNER

Es gibt Ortschaften, die schmücken sich, wie manche Leute auch, mit berühmten Verwandten. Sie legen sie sich zu auf grund von Oberlehrerauskünften, nennen sich auch sogleich entsprechend und wünschen durchaus so angesehen und so angeredet zu werden: Elbflorenz, Spreeathen, Klein-Paris und Groß-Brittanien. Letzteres ein Dorf zwischen Heinrichswalde und Linkuhnen.

Diese Stadt hier hätte es so nötig nicht, aber Rom ist auf sieben Hügeln erbaut, sie also auch, denn sie ist im Besitz einer Universität, einer Kunstakademie, mehrerer Gelehrter Gesellschaften, darunter einer Altertumsgesellschaft.

Von den hiesigen sieben Hügeln liegt nur einer im südlichen Stadtdrittel, also südlich des Stromes, der die Stadt teilt: ein Sandberg, früher von Kiefern bestanden, später mit Hafer bebaut, jetzt von einer Kirche, einem längst geschlossenen, jedoch sehenswerten Friedhof und dicht aneinandergedrängten, regelmäßig aufgestellten Mietskasernen zugedeckt. Die übrigen sechs Hügel finden sich auf dem Nordufer. Und weil Erhebungen und Niederungen ziemlich gleichmäßig zugebaut sind, mit kleinen Häusern auf den Bergen und höheren in den Tälern oder Senken, gleichen sich die Unterschiede eigentlich aus, man denkt nicht, daß es wirklich so viele Hügel sein könnten, sieben, nur die Straßen dazwischen führen auf und ab und heißen Rollberg, Altstädtische Bergstraße, Krumme Grube und Schiefer Berg, sind aber eng und kaum erkennbar, selbst von einem der Kirchtürme aus, verborgen im Schatten der Giebel, die sich zueinanderneigen.

Das sind die Giebeldächer. Da unten, im Halbdunkel, gehen die Straßen. Wäre man gerecht, man erwähnte noch einige hübsche Plätze, der eine sogar auf einem schrägen Abhang angelegt.

Dennoch, die Hügel, diese vielbeschrieenen sieben, zählt man leicht ab: von einem der Kirchtürme aus. Man sieht sie, aber nur sechs, denn auf einem befindet man sich dann selber, den vergißt man. Von da oben also erkennt man sie, weil sich auf jedem eine Kirche erhebt: die Löbenichtsche, die eigentlich St. Barbara auf dem Berge heißt, die Schloßkirche, die Neuroßgärtsche, die Altstädtische und so weiter. Nur zum Dom in der Unterstadt gehört kein Hügel, dafür nimmt er beinahe die Hälfte einer ganzen Insel ein.

Am höchsten allerdings ist der Oberteich, höher als alle diese sieben Hügel, ganz oben, und er fängt gleich an, wo die Bodenerhebung ihre volle Höhe erreicht hat und nun so weitergeht, nordwärts, als eine Art Hochebene, aber so hoch denn doch wieder nicht, so ganz wohl nicht.

Auf jeden Fall trifft die Bezeichnung Oberteich zu, er ist oben und ist ein richtiger Teich, nämlich rund und nicht zu klein. Zwei Badeanstalten – eine Zivil, die andere Militär –, am Ufer Parkanlagen mit Sträuchern und Baumgruppen und dann aber Bastionen, Wälle, sogenannte Kavaliere, detachierte Forts, trokkene Gräben, Wallgänge, Glacis – soetwas, früher zur Stadtbefestigung gehörig und jetzt mehr zur Ausschmückung, wie eben Historie, und jedenfalls zum Vergnügen der Bürger, in Charakter und Verwendung von Zeit zu Zeit wechselnd, wie dieses.

Also der Oberteich macht sich oben breit und tiefer, nach Süden, der Schloßteich. Aber der macht sich eher schmal als breit und kriegt ja auch sein Wasser von oben, vom Oberteich, und es kommt gehüpft oder gestürzt, je nachdem wie die Schleuse oben eingestellt worden ist, über eine vielstufige Kaskade hinab, erst aus einem Häuschen, dem runden Becken davor, und dann über immer breitere Stufen hinunter, zuletzt geht es durch ein Eisengitter und in einen kurzen Kanal, schließlich ist es, von Uferwegen begleitet, im Schloßteich angekommen, der stinkt etwas.

Trotzdem, man fährt mit Kähnen dort umher, in hellen Kleidern auf dem schwarzen, moorigen Wasser, denn am Ufer überall sind Gärten angelegt, Biergärten, Kaffeehausterrassen, da macht man abends einen Bootskorso. Am Südende des Schloßteichs erhebt sich das Schloß mit einem achteckigen Eckturm und einem komplizierten Torgebäude nebenan.

Es gibt da noch zwei Türme an diesem Schloß, auch nicht besonders hoch, aber rund, am höchsten ist der Schloßkirchenturm. Man kann, wie gesagt, hinaufsteigen, aber wir tun es nicht, wir stellen uns vor den Turm an der Südwestecke, mit Blick nach Süden, aber noch oben an den Abhang, lehnen uns meinetwegen an die Turmwand. Da stehen schon zwei.

Der eine sagt: Haltet Gottes Gebote. Er ist klein. Der andere ist groß, er sagt nichts. Dafür ist er auch Kaiser und aus Bronce und steht auf einem steinernen Sockel, wo er nicht herunterkann. Der andere kann fortgehn, dorthin wo er benötigt wird, um seinen Spruch aufzusagen. Hier oben sagt er ihn vielleicht bloß in den Wind. Aber er sagt ihn doch hin über die Autos, Wagen, Motorräder, Fahrräder, Straßenbahnen, Gemüsekarren, da unten führt die Hauptstraße vorbei, und das hat alles seine Ermahnung nötig, da unten.

Jetzt geht der Mann weg, die Treppe hinunter, auf den Platz und fort. Und wir gehn ihm, denke ich, nicht nach, wir kennen ihn ja nun. Da unten trifft er den alten Generalsuperintendenten, sie begrüßen sich und sagen sich Aufwiedersehn. Der Mann geht weiter, ein einfacher Mensch, aus dem Litauischen gebürtig.

Da ist schon mal einer aus dem Litauischen gekommen und hat ganz ähnliches gesagt, vor dreihundert Jahren. Doch der hat große Worte gebraucht, sich Adelgreiff und Schmalkilimundis oder Schmalkallaldis genannt und schlankweg einen Sohn des Höchsten – obwohl er das ja nun wirklich gewesen ist, ein Kind Gottes wie jeder –, eine lateinische Bibel in der Hand. Dafür hat man ihn damals, nachdem ihn, wie es heißt, das kurfürstliche Frauenzimmer höchstselbst – und vergeblich – vermahnet, allerdings hingerichtet, hier in der Stadt, mit dem Spektakel seines Todes den Spektakel seines Auftritts auszulöschen.

Hier ist kein Spektakel, mit diesem litauischen Mann nicht. Nur

Kindergeschrei tönt ihm nach, und einiges Kopfschütteln bleibt hinter ihm zurück, und eine kräftige Anekdote geht hinterdrein. Aber dieses letzte nur, weil der Mann mit einem anderen verwechselt wird, übrigens sehr gern und mit voller Absicht, denn sonst bliebe man mit dieser kräftigen Anekdote bei einem Säufer hängen, auf den sie sich tatsächlich bezieht, dann wäre sie schon nicht mehr so gut.

Zu dieser Anekdote muß man einiges wissen.

Daß Geheimrat Quint am Dom, unten auf der Insel, noch vor dem richtigen Gottesdienst, frühmorgens seinen Schiffergottesdienst hält, das alte Mannchen, für die Eigner der Zwiebel-, Kohl- und Fischkähne, die nach dem Sonnabendmarkt in der Stadt übernachtet haben und nach dem Gottesdienst früh zurückrudern, stromauf, dann durch den Flußarm zu den Haffdörfern, weil sie dort wohnen. Weiter: daß Motz, der Steindammer Pfarrer, eine Stunde früher als gewöhnlich seine Kirche hält; da kann er ausführlich reden, wie seine Pfarrkinder es mögen, die im Prostituiertenviertel um die nach einem Arzt benannte Wagnerstraße leben, da kommt man trotzdem immer noch gerade zur Zeit bei Pastor von Bahr im Tragheim. Dann geht es ganz schnell zur Altstadt. Herr von Bahr nämlich spricht seine abgemessenen zwölf Minuten, die Leute folgen ja doch nicht länger, Konsistorialrat Claudin aber absolviert elegante fünfundzwanzig Minuten. Pfarrer Schreitberger im Löbenicht kommt stets auf gute vierzig. Am längsten spricht Dompfarrer Käßlau, eine Stunde. Das also muß man wissen.

Der Mann nämlich, den wir jetzt meinen, geht Sonntag für Sonntag von Kirche zu Kirche und kommt überall zum Abendmahl zupaß. Er hat sich das so zurechtgelegt und er hat einen guten Zug. Und wenn der Dompfarrer, jetzt im großen Gottesdienst – denn so schließt sich der Kreis, diese genau berechnete Rundreise –, den Kelch vielleicht schon wegziehen will, besagt jedenfalls die Anekdote, greift unser Mann, der andere wohlgemerkt, zu, sagt laut: Meinen Jesum laß ich nicht, und nimmt noch einen schönen Schluck.

Aber wir wissen ja, es handelt sich nicht um unseren stillen Litauer. Wir reden ihm die Geschichte nicht hinterher. Wir treffen ihn vielleicht wieder, jetzt wo wir ihn kennen.

Es hat so den Eindruck, als wollten wir unsere Stadt mit Skurrilitäten bevölkern, das macht sich so nett. Aber es ist eine große Stadt, von der hier erzählt wird, mit vielen ordentlichen Leuten, mit Industriewerken, Werft und Waggonbau, einem ausgedehnten Hafen und viel Handel, ein Umschlagplatz von Bedeutung. Was sind da schon ein paar Skurrilitäten, sie verschwinden einfach.

Wir wollten dann aber doch noch dem Mann nachgehn, viel zu spät leider, da hatten wir ihn schon aus den Augen verloren, gingen bloß so die Treppe hinunter und über den Platz, an einem Kaufhaus vorbei, über eine Brücke, sahen hinüber zu den Speichern, bei denen Schiffe vor Anker lagen, kamen noch über eine weitere Brücke, zur Vorstadt. Und da wurde im gleichmäßigen Straßenverkehr eine Unruhe bemerkbar, es teilte sich einem gleich mit, es kam da etwas durcheinander, einige Wagen bogen in Seitenstraßen ein, Motorfahrzeuge hielten, und da war eine schneidende Musik zu hören, dahinter Geschrei, Kommandos, da kamen berittene Polizisten und hinter ihnen auch gleich die Nazis, ein ganzer Zug, braun in braun, bis auf die Augen, die blau sein sollten, nach Möglichkeit. Aber wir kommen um die Skurrilitäten, oder wie man es nennen will, nicht herum.

An dem Zug der Braunen rennt Straßenflötist Preuß entlang, schreit ihnen seine Meinung: Tagediebe, Rumtreiber, Liederjahne und anderes entgegen und droht mit der Flöte.

Und meint eigentlich die Kommunisten, denn er sagt: Mußt ja der Kaiser den Krieg verspielen, mit euch Ochsen. Er unterscheidet das nicht, Demonstration ist Demonstration, es ist das Jahr 32, keiner der es ihm erklärt. Wer sollte es tun?

Unseren stillen Litauer würde der Preuß auslachen. Das wäre vielleicht nicht schlimm; schlimmer, daß er ihm gar nicht erst zuhören würde, einem solchen Dummkopf. Ach, Preuß.

Ja, aber wer sollte es dann tun? Der Saufkopp aus der Anekdote?

Der sagt bloß verächtlich, und meint die Braunen: Der ihr Führer trinkt nicht.

Oder der Dompfarrer? Aber der ist zu gelehrt, um mit dem Preuß reden zu können, oder doch vielleicht nicht gelehrt genug.

Womöglich geht er zum Pfarrer Motz am Steindamm. Der sich ja alle seine Gemeindekinder aufpacken und geradewegs in den Himmel tragen möchte. Aber wo wird er denn, der Preuß. Obwohl er dahin gehört, jedenfalls in diese Steindammer Kirche, schon weil er dort wohnt.

Dabei ist es längst Zeit geworden, für alle. In einem halben Jahr sind die Hitlerleute dran. Da werden nicht nur die Kommunisten gejagt, deretwegen der Kaiser den Krieg verlor, nach Ansicht von Preuß, sie zu allererst, sondern sie fangen auch den Preuß ein, in seiner Behausung in dieser Wagnerstraße, die jetzt in Richard-Wagner-Straße umbenannt wird, aber sonst so bleibt, als einen Staatsfeind oder Volksfeind, wie sie sagen, aus dem gleichen Grund also wie die Kommunisten und wenig später den Dompfarrer. Da nehmen sie auch gleich den Sonntagssäufer mit, als asoziales Element, und bald danach unseren stillen Mann, als geistig minderwertig.

Haltet Gottes Gebote, ruft er ihnen entgegen, als sie kommen. Aber das tun die nicht.

BETRACHTUNG EINES BILDES

Das hat man im vorigen Jahrhundert sehr gut gemacht: Entdeckungsreisen, und die Berichte darüber. Ich denke jetzt an Torell, De Long, Nordenskiöld und vor allem an den älteren, aber bekannten Krusenstern, der viel im Norden gereist ist und über die Ozeane geschrieben hat: solche wunderbaren Werke mit Textbänden, Atlanten, Bildmappen. Und ich lege dieses Bild, das aus einer solchen Mappe stammen muß, vor mich auf den Tisch.

Eine Lithographie, farbig, ein großes Blatt im Querformat. Man sieht eine Bucht, ein Flachwasser mit kleinen Riffen, Geröll und Geschiebe, Steinhaufen, die sich – grau, rötlich, schwefelgelb, grün – aus dem Wasser heraufheben. Dahinter eine Küste, rundgespült vom Regen, oder ganzen Bächen, oder von einer Sturmflut, dort von einer Schlucht zerrissen, dort abstürzend, steil, auf einen flachen Sand, aber die Hänge noch immer hoch, vielleicht sicher genug, und dort oben, über den Hängen und bis nah an diese herantretend, ein Dorf.

Sechzehn Häuser kann man zählen, auf diesem Bild, es werden aber ein paar mehr sein, und eine Kirche ist da, alles aus Holz, und, bei der Kirche beginnend, nach rechts hinüber bis an die Landspitze, eine Art Kap, hinter dem sich die Küste dann zurückzieht und die offene See sichtbar wird: Kreuze, Holzkreuze. Erst eine ganze Gruppe, vierzehn oder mehr, dann ein einzelnes, besonders hohes, mit einer Bedachung von der Spitze zu den Enden der Arme, zuletzt noch einmal, in weiterem Abstand, weiter nach dem Meer zu, vier solcher Kreuze; diese letzten mit Strebbalken gegen den Winddruck gestützt.

Auf der See draußen eine Dreimastbark, die vielleicht dort vor

Anker liegt. Davor ein kleiner Segler, ein Gaffelschoner, wie es aussieht.

Pjatiza an der Südküste von Russisch-Lappland.

So steht es unter dem von vier Linien eingefaßten Bild, in einer sogenannten lichten Schrift, in Buchstaben also, die nur aus dünnen Umfassungslinien gebildet sind.

Pjatiza, ein Dorf, sechzehn Holzhäuser, eine Kirche, viele Kreuze, an der Ter'schen Küste oder vielleicht schon über die Warsuga hinaus, in Kandalakscha, ich weiß es nicht. Aber am Weißen Meer jedenfalls, auf der Halbinsel Kola. Dort gibt es Häfen, eisfrei das ganze Jahr.

Holzhäuser. Wer in solchen Häusern gelebt hat, vergißt es nicht. Du erwachst, und dehnst dich, läßt den Atem ein und aus gehn, langsam, noch mit geschlossenen Augen, und spürst: das Haus atmet ebenfalls, und dehnt sich, es ist, als wollte es anfangen zu reden, und du wartest darauf. Und im Winter scheint es sich dichter um dich herum zu schließen, die Wände kommen näher, das Dach sinkt ein bißchen, dichter um die Wärme, näher um deinen Schlaf herum. Und die schönen, aus runden Stämmen gefügten Wände, draußen geschwärzt von den Wettern und von der Sonne, glatt, aber auch schon rissig hier und da.

Nicht zu nah aneinander, die Häuser, aber auch nicht zu weit entfernt, hier ein Haus, noch eines, noch eines, sechzehn Häuser, vielleicht noch mehr, und die Kirche mit einem vieleckigen hölzernen Turm und einem rundgeformten Blechdach. Dann beginnen die Kreuze.

Der Mann dort ganz klein. Er geht an einem Haus vorbei und verschwindet dahinter. Und jetzt wird er wieder sichtbar, in der Lücke bis zum nächsten Haus.

Dort geht er. Er trifft ein paar Kinder und bleibt stehen. Er heißt Shörij; so sagen wenigstens die Kinder. Sie fragen, was er jetzt tun wird. Wo er jetzt herkommt, fragt keines.

Was ist das für ein Mann?

Er hat die Kreuze errichtet, alle Kreuze, die wir vorhin gezählt haben. Die vierzehn nahe der Kirche, das eine große, alleinstehende und die anderen nach dem Kap zu. Was ist das, ein Kreuz?

Ein Zeichen. Ein Gedächtnis. Eine Erinnerung. Etwas, das an Früheres gemahnt, an Vergangenes. Das aber das Gedächtnis an dieses Vergangene wachhalten soll, nicht wahr. Also auch ein Warnungszeichen, und nicht nur gegen das Vergessen, auch vor der Unachtsamkeit. Da muß es hoch sein und weithin sichtbar.

Wir blicken über die ganze Bucht und erkennen es von hier aus, das einzelne, und die anderen auch, wir können sie zählen.

Der Mann ist mit den Kindern weitergegangen, vorbei an dem nächsten Haus. Shörij, sagen die Kinder, wann baust du wieder ein Kreuz? Und der Mann sagt: Jetzt sammle ich Holz für das Feuer, helft mir ein bißchen.

Kreuze bauen und Feuer entzünden, das also tut der Mann. Und warum?

Wir lassen ihn gehn. Die Kinder verstreuen sich, um die Häuser, und hinter den Holzzäunen, und auf das Gestrüpp zu, das bei den letzten Häusern beginnt.

Ein klarer Tag. Es ist hell hier, monatelang auch in der Nacht. Die Wolken sind groß und fest, aber heute sehr hoch, der Wind hat viel Raum. Und er geht langsam und stark unter dem Himmel her wie ein großer Strom, lautlos. Erst gegen Abend bekommt er eine Stimme, man weiß nicht woher.

Feuer also entzündet der Mann. Gegen Abend. Und unterhält sie die Nacht über. Kreuze für den Tag, und Feuer für die Nacht, Zeichen, die weithin sichtbar sind, Warnungszeichen. Nur das, oder Gedenkzeichen auch?

Ein Mann, der einsam lebt, aber mit den Kindern redet und mit den Leuten, obwohl er nicht viel weiß in dieser Sprache, die sie hier haben, ein Fremder also. Der aber hier bleibt, wegen der Kreuze und wegen der Feuer, der etwas zu tun hat, und der es tut. Wie lange schon? Zehn Jahre oder fünfzehn?

Ich denke schon, daß es so lange her ist.

Ich meine den Schiffbruch damals, in dem Winkel westlich vom Eingang zur Bucht, den man nicht sieht auf dem Bild. Ein schwedisches oder dänisches Schiff war das, ein Dreimaster, ganz wie auf dem Bild. In einer Sturmnacht, an die man sich nicht erinnert, in einem vergessenen Jahr.

Aber Monat für Monat ziehen hier Schiffe vorbei, an den vorgelagerten Riffen entlang und dem helleren Wasser über den Untiefen, an dieser nicht ungefährlichen Küste.

Also ist der Mann hier geblieben, als er sich herausgerettet hatte bis auf den Sand, er allein. Und die Leichen der anderen aufgesucht hatte, auf dem Strand, und bestattet, oben auf der Höhe, und die ersten Kreuze gesetzt. Gedenkzeichen.

Und dann stellte er, so nah an das Wasser, wie es ging, ein hohes Kreuz, ein Warnzeichen, und nun kommen immer mehr Kreuze hinzu, die ganze Küste entlang, vom Kap her bis an das Dorf. Und er muß sie sichern gegen den Sturm, und die umgestürzten muß er aufrichten. Und das Holz dazu von weither heranschleifen. Und in den Sommernächten, wenn die Kreuze nur undeutlich erkennbar sind, im Dunst, von der Meerseite her, und in der frühen Dämmerung und den finsteren Nächten, nach den hellen Monaten, legt er die Feuer an und läßt sie in Flammen brennen bis zum Morgen und im Winter auch den Tag über.

Die Kreuze sehe ich auf diesem Bild, die haben also viele gesehen, die Reisenden, und dann die Leser der Krusensternschen und anderer Reisewerke, die ich nicht kenne. Aber ich weiß nicht, ob diese Feuer irgendwo erwähnt sind, in irgendeinem Bericht, ob die Seeleute davon erzählen, die hier vorbeigekommen und von ihnen gewarnt worden sind. Wie von den Kreuzen.

Es war hier ein Verdienst aufzuzeichnen. Kein geringes, wie man zugeben wird. Es ist geleistet worden von einem Fremden, der hierher geriet und nicht fortging, weil hier etwas zu tun war: mit Feuern und Kreuzen.

Mit denen soviel anderes getan worden ist, aber wer denkt daran.

Nimm das Bild vom Tisch, und häng es vor dich an deine Wand. Damit du es siehst. Gedenkzeichen, Warnzeichen, beides.

STILLER SOMMER; ZUGLEICH ETWAS ÜBER WACHTELN

Als wir aus dem Wald kamen, wurde es still. Hinter uns im Wald sangen die Vögel noch weiter, gewiß, aber hier, im freien Feld, war es still.

Der Wald hielt seine Lieder zusammen, daß sie nicht hinausflogen ins Feld. Die Bäume hängten ihr Laub wie einen aus tausend mal tausend Blättern geflochtenen Mantel davor, da waren die Lieder verborgen, verwahrt als etwas Kostbares. Hier im Feld war es still.

Nun gibt es ja auch hier Vögel. Die Waldvögel – Pirol, Specht, Fink, Häher, Laubsänger, Kuckuck – bleiben nicht immer im Wald, sie fliegen auch übers Feld. Aber jetzt saßen sie im Wald, in ihren Bäumen und auf ihren Sträuchern. Und die Feldvögel – Wachtel und Lerche –, die hier draußen waren, verhielten sich still.

Denn es war sehr heiß hier draußen, nach der Kühle im Wald.

Wir kamen auf der Straße gefahren, die ein Stück durch den Wald geführt hatte. Ein schöner Wald mit sehr hohen Bäumen. Und die Bäume so dicht beieinander, daß sie sich noch eben breit genug entfalten konnten und den Sträuchern doch auch Platz dazwischen blieb.

Da lag die Straße ganz im Schatten der Bäume. Man fuhr dahin in einer tiefen Schlucht.

Und die Vögel hatten gesungen.

Wir lagen auf dem hochbeladenen Heuwagen, neben dem entrindeten, glatten Baumstamm, dem Wiesbaum, der, an beiden Wagenenden mit Stricken festgezogen, das Fuder zusammenhielt. Lagen rechts und links neben dem Baum, eingesunken in das abgehauene und schnell getrocknete Heu, das nach den Wiesenkräutern und Blumen roch und nach dem strengen, scharfblättrigen Gras.

Da hatte der Kuckuck zu rufen angefangen, in der Ferne, aber deutlich und ganz gleichmäßig, und war schon weit voraus, ehe wir darauf kamen, die Rufe mitzuzählen. So fingen wir einfach mit siebzehn an und weiter: achtzehn, neunzehn, zwanzig, einundzwanzig.

Das ging fort bis siebenundsechzig. Worauf sollten wir siebenundsechzig Jahre warten? Man sagt das so. Vielleicht, bis wir erwachsen waren? Der Großvater, der vorn saß und die Pferde lenkte, hatte gelacht und auf seine Hosentasche geschlagen, obwohl da sicher gar kein Portemonnaie drin war. Aber das ist auch solch ein Brauch: da wird das Geld nicht alle.

Und rechts und links im Wald hatten die anderen Vögel gesungen. Viid-viid-viid-vava-vüdivüdi-veudsisi, der Laubsänger und: Kchräik-kr-kr und: Kjie-jau, der Häher. Und wie sang der Pirol?

Da hörten wir aufmerksam zu. Das war schon sein Abschiedslied. Jetzt würde er bald fortziehn, dieser Pfingst- und Kirschvogel, Schulz von Bülow und Bieresel. So heißt er in den verschiedenen Gegenden.

Aber jetzt führte die Straße durch freies Feld, an Haferfeldern und hohem Roggen vorbei. Die Pferde gingen langsam, der Wallach Damlack prustete einmal und schlackerte mit den Ohren, ein bißchen hörte man die Wagenräder gehn.

Das letzte Fuder. Jetzt war die Wiese, wo wir das Heu zusammengeharkt und aufgeladen hatten, jetzt war die Wiese leer. Jetzt ging es zurück ins Dorf, Kaffee gab es schon zu Hause.

Aber es war noch immer heiß über den Feldern. Und so still, daß man die Stille hörte: als ein leises, ununterbrochenes Summen. Aber eigentlich doch unhörbar.

Auch wenn man gar nichts mehr hört, man hört noch immer etwas. Nur: wie es sich anhört, kann man nicht sagen. Nur hören.

Ich hielt ein Zittergras vors Gesicht. Unten gingen die Räder.

Und jetzt war da eine Stimme, eine sehr hübsche und anmutige, gar nicht sehr leise Stimme. Aber doch so, wie aus dem Summen der Stille hervorgewachsen, wie aufgetaucht, wie ein Seehundskopf aus dem Wasser, man wundert sich nicht, daß er plötzlich da ist, unversehens. Weil er zum Wasser gehört. Wie der Wachtelruf zur Stille und zu dem warmen Nachmittag Ende Juni.

Pück Perück oder: Bück den Rück, so hört es sich an, aus dem Kornfeld herüber. Ein kurzer Ruf, der sich wiederholt.

Flieg ich fort, so kann er auch heißen. Aber zum Glück, die Wachtel geht erst im Herbst auf die Reise, wir brauchen ihr nicht zu sagen: Bleib noch hier.

So könnte ihr Ruf übrigens auch lauten.

Aber vielleicht trifft noch besser: Schönen Dank. Und am besten: Lobet Gott. Ihr Tisch ist gedeckt, sie lebt im Getreide, sie hat gelbe Striche über den Augen, und wenn sie wegläuft, geht es sehr schnell: sie schlägt mit ihren langen, spitzen Flügeln, als ob sie ruderte, und die Kleinen wie dicke, runde Federbällchen fix hinter ihr drein, immer eins hinter dem andern, in der schmalen Straße zwischen den Halmen, die die Mutter mit weit vorgestrecktem Kopf gebahnt hat und mit fleißigen Füßen eingetreten und mit ihrem ganzen Gewicht verbreitert. Alles im Lauf.

Aber lauf jetzt nicht fort, es kommt niemand, sing noch ein Weilchen, Wachtel, sing: Lobet Gott.

FORTGEFÜHRTE ÜBERLEGUNGEN

«Kommunismus – das ist: wo keiner nichts hat und keiner nichts weiß und wo alles gemeinsam ist.»

Das war eine stehende Redensart, an die ich mich aus meiner Jugend erinnere. Zugeschrieben wurde sie einem alten Gymnasialprofessor an der sehr alten, traditionsbewußten Schule, die ich besuchte. Sie wurde wiederholt mit einem amüsierten Zweifel an der Richtigkeit der Aussage, sicher ganz so, wie sie der Professor – ein stadtbekanntes Original – selber von sich gegeben hatte.

Zu fragen blieb: Was ist an ihr dran? Aber gefragt worden ist nicht viel, im Bürgertum, in Deutschland, wo ich aufwuchs.

Immerhin: «Wo keiner nichts weiß ...», das stimmte so nicht. In der Handels- und Hafenstadt ließ sich die aus der dörflichen Kindheit gewohnte Abgeschlossenheit der bäuerlichen Gesellschaft mit ihrer patriarchalischen Idyllik (es gab in unserem Dorf keinen Gutsherrn) nicht aufrecht erhalten. Es gab Demonstrationen, Streiks, wir wohnten damals in einem Arbeiterviertel, es gab Begegnungen, Gespräche, Bekanntschaften mit Jungarbeitern. Es stellte sich heraus, daß es junge Leute in meinem Alter gab, die über Dinge, an die ich nie gedacht hatte, feste und einleuchtende Meinungen hatten: «Mehrwert», «Zuwachsrate». Darüber konnte man präzis, mit Papier und Bleistift, reden, da gab es Stichhaltiges. «Opium für das Volk» – da gab es Streit, aber schon bald nach zwei Seiten: gegen die Atheisten und gegen die eigene Kirche. Das letztere war eine diffizile Geschichte. Da gab es die großen Krankenanstalten, in der Stadt und in der Provinz, kirchliche Stiftungen, mit Hingabe betreut, Sozialwerke. Das führte zu einer Befassung mit der Geschichte, mit der christlichen Urgemeinde, der Bergpredigt, im Taschen-NT wurden die Worte Christi, die sich auf die Armen bezogen, grün angestrichen, Christentum stellte sich heraus als eine «Ideologie der Armen». Die atheistischen Gesprächspartner freilich hatten es leicht, unter Hinweis auf die historische Rolle der Kirchen, da von Romantik zu reden. Trotzdem, christliche Soziallehren gab es, Ketzerbewegungen, pauperes Christi, soziale Utopien, schließlich war man in Kaiserswerth, im Rauhen Haus, in Bethel, Angerburg, Carlshof angekommen. Einsichtig geworden, hatte man folgendes Bild dafür:

Eine Gebirgsstraße, eine schmale, kurvenreiche Fahrbahn, die eine Seite offen gegen den steilen Abhang. Die Christen also bauen ein Geländer oben. Und unten, für die Verunglückten eine Rettungsstation. Das ist, zugegeben, viel. Aber richtig wäre es, einen Tunnel durch den Berg zu hauen.

Also Umgestaltung der (sozialen) Verhältnisse, darauf lief es hinaus.

«... wo keiner nichts hat ...» – das mußte ja dann nicht so bleiben, bei veränderten Verhältnissen. Da gab es übrigens die Sowjetunion, einen großen Staat, der – freilich unter enormen Schwierigkeiten, wie man hörte – in Tätigkeit war. Ein paar Jahre später schon, 1941, erfuhr man seine Stabilität am eigenen Leib.

«... und wo alles gemeinsam ist ...» – das war, siehe Urgemeinde, ein Ideal, gegen das Tante Kowalewskis Meinung, da werde es für alle die gleiche Kleidung geben, nichts bedeutete. «Denk bloß, jeder geht mit dem gleichen Hut!» Nein, das verschlug nichts. Die Leute haben alle verschiedene Köpfe, die Frisur richtet sich nach dem Haar, das auch unterschiedlich ist, – was heißt also: gleiche Hüte?

Einsichten, Überlegungen damals. Dann Erlebnisse im Kirchenkampf. Dann der Krieg. Arbeitsreiche Jahre in der Gefangenschaft, Bergmann im Donez-Becken.

Heute?

Es ist seitdem eine Vielzahl sozialistischer Staaten entstanden.

Ich lebe in einem solchen, täglich also mit Kommunisten, und also Atheisten, zusammen. Ich teile ihre Besorgnisse. Ich sehe den Antikommunismus, in unterschiedlichsten Formen. Und vergesse – über Zügen, die vielleicht als hysterisch abgetan werden könnten – nicht die tödlichen Gefahren, die er am Leben erhält und die er erweckt. Und dann: Hysterie, – da ist ein Achselzucken nicht erlaubt. Man weiß doch: Er ist hysterisch, heißt es. Und dann ist er plötzlich tot, gestorben – ohne krank gewesen zu sein, wie man sagt. Nur an seiner Hysterie.

DAS STÜCK

Albert Erich Knolle.

Das ist ein Name. Diesen Mann gibt es nicht. Wir stellen ihn erst her.

Wir sagen: Er hat Arme und Beine, einen Rumpf und die benötigten Organe. Einen Kopf mit allem, was dazu gehört, setzen wir ihm in der gleichen Weise auf.

Und jetzt bekleiden wir ihn mit einem grauen Anzug und schwarzen Schuhen und geben ihm einen Hut in die Hand. Jetzt soll er laufen, als ob er schon fertig wäre.

Da geht er. Was kann man noch über ihn sagen?

Er hat einen unordentlichen Gang.

Nicht daß er hinkte, er macht nur verschieden lange Schritte. Vielleicht, weil er denkt.

Dieser Mann verläßt eines Tages seine Familie, um ein Theaterstück zu schreiben, und kehrt wieder zurück, ohne es geschrieben zu haben.

Was sollte das für ein Stück werden, und warum hat er es nicht geschrieben?

Das Stück sollte Die Panne heißen. Es sollte in einem Industriewerk spielen. Es sollte kritisch sein.

Und der Mann Knolle hat sich überzeugen lassen, daß Kritik einen zersetzenden Charakter hat.

Nun also: Knolle, ohne Stück und in Gedanken. Unter Bäumen, die wir ihm eigens hingestellt haben, jetzt eben, sogenannten Kugelbäumen von tiefgrüner Farbe.

Da werden wir mal mit ihm reden und als erstes sagen: Guten Tag, Herr Knolle. Und danach sagen wir: Wie gehts, Herr Knolle? Und schließlich: Nun sagen Sie aber auch etwas.

Jetzt spricht Knolle. Mein Stück, sagt er.

Da erfahren wir also, was wir schon wissen.

Knolle fährt fort. Ich bin ein einsamer Mensch, müssen Sie wissen.

Das finden wir nicht. Knolle ist beruflich tätig, in einem Verlag. Er hat eine Familie, mit der er musiziert, ißt, schläft, und Freunde, mit denen er trinkt. Er muß sich also näher erklären.

So kommt er wieder auf sein Stück zu sprechen. Er sagt: Ich habe eingesehen, daß Kritik einen zersetzenden Charakter hat. Was fange ich nun mit dieser Einsicht an?

Gar nichts.

Was müßte ich also tun?

Das Stück trotzdem schreiben.

Gegen meine Einsicht?

Versuchen.

Knolle sagt Ja, verläßt wieder seine Familie, schreibt, kommt bis zum dritten Akt, geht zu einem Theaterbüro, gibt sein Manuskript dort ab.

Nach zwei Wochen sagt ihm ein Dramaturg namens Dr. Oberüber, das Stück sei außerordentlich interessant gehalten, so drückt er sich aus, aber ihm seien bei der Lektüre Bedenken aufgestiegen.

Wie Blasen.

Jetzt sind wir so weit, wie wir waren, aber eigentlich doch weiter, nämlich beim dritten Akt. Und wir bestimmen Knolle, weiter zu schreiben.

Jetzt ist das Stück fertig und heißt Die verhinderte Panne. Knolle hat eine Entwicklung durchgemacht und seiner Kritik eine aufbauende Wendung beigebracht.

Der kritisierte Vorgang oder Gegenstand erwies sich nur als scheinbar kritikwürdig. Die Hauptperson war einem Irrtum unterlegen. Der löste sich auf, die Einsicht triumphierte breit.

Solche Stücke werden angeboten. Am längsten halten es die

Schauspieler dabei aus. Und Knolle sitzt noch im Theater, seine Familie ist nicht mitgekommen.

Jetzt also ist Knolle fertig, als Figur. Nun soll er selber sehen, wie es mit ihm weitergehen kann.

DER TÄNZER MALIGE

Was zu erzählen ist vom Tänzer Malige, ist eine Geschichte und fängt an im August 39, in den letzten Tagen dieses Monats, in einer kleinen, vor lauter Unübersichtlichkeit kaum beschreiblichen Landstadt.

Da ist in der Mitte, wie überall in solchen Städtchen, ein ziemlich großer Marktplatz, ganz leer. Nicht nur am Tag, jetzt, in diesem heißen Monat, wo man lieber an den niedrigen Giebelhäusern entlangschleicht als den Platz zu queren, mit vergehendem Atem sich durch diesen weichen, gleichwohl massiven Block glühender Luft zu zwängen, der wie zurechtgeschnitten und eingepaßt den viereckigen Platz genau bis an die Fassaden der ihn eingrenzenden Häuserreihen ausfüllt.

Auch abends, wenn es ein bißchen kühl herüberkommt, von irgendwo her, vom nordwestlich gelegenen See oder den feuchten Wiesen im Süden, nach dem Dorf Paradies zu und weiter nach Venedien hinunter, bleibt man lieber nahe bei den Häusern, in die man eintreten kann, wenn man will, und ausruhen, Abend ist eine müde Zeit, und man wär allein auf dem weiten Platz. Und dann kommt auch das Mondlicht bald und macht das Buckelpflaster so merkwürdig glänzen.

Was findet man nicht alles an Gründen, nur um nicht über einen Marktplatz gehen zu müssen, allein, in diesem Jahr 39.

Im Spätsommer. Der sehr warm ist. Wo beginnt, was zu erzählen ist vom Tänzer Malige.

Er steckt jetzt in dieser Kaserne am Stadtrand, angezogen als ein Soldat, sitzt am Tisch mit anderen, sie spielen Karten, immer so üblich herum um den üblichen Kasernentisch, es ist schon beinahe lästig, wie ihm die Karten in der Hand immer wieder zu einem Kunststück ansetzen, einem komischen Orakel, einem waghalsigen Zahlenzauber, natürlich einem Trick, leicht aufzuklären, erlernbar also und unsolide doch. Das mag ja sonst alles zur guten Laune dienen, mag ja sein, aber beim Spiel wohl nicht, wo es um Zehntelpfennige geht, trotz Blömkes Angebot zu einem Dreipfennigskat.

Also Malige, und nun Blömke, und außerdem Kretschmann und Naujoks. Die anderen vor den offenen Militärspinden, mit Stiefelputzen befaßt, für den Stadtausgang. Blömke schmeißt die Karten hin. Spielen kann man mit dir nicht, sagt er. Und Kretschmann und Naujoks nicken dazu. Also werden sie, wenn die andern hinaus sind, hinüberwechseln in die Kantine und eine Weile Bier trinken und reden, bis Blömke in Rage gekommen ist und, statt der Karten, die Fünfzigmarkscheine auf den Tisch blättert und saufen läßt, was saufen will. Dann ist Reservist Blömke, mit dem Dienstgrad Soldat, in einem Nu avanciert, zum Herrn Blömke, von dem man weiß, daß er einen Kohlenhandel betreibt.

Das geht schon den fünften Tag so. Kasernendienst: Exerzieren, rechtsum linksum, Gewehrreinigen, Stiefelappell. Die halbe Kaserne steckt voll Reservisten. Gastwirt Zelt zieht sich mit beiden Armen am Geländer hoch wegen eines jämmerlichen Muskelkaters, Kretschmann ist Hafenarbeiter, Lastträger in der Provinzialhauptstadt, ihn stört das Hantieren mit dem Gewehr oder dem Holzschemel nicht, Naujoks hat ein gleichmütiges Naturell, er fragt, wenn der Offizier beim Appell mit empörtem Abscheu auf einen Fleck am Gewehrlauf deutet: Kennst nicht Rost, Herr Leutnant?

Es sind ältere Leute, Reservisten, wie gesagt, eingezogen und hierher versammelt in diese Kleinstadt. Man redet viel, auch vom Krieg, aber mehr von Mannestugenden, deutschen Tugenden, man glaubt nicht sehr an einen neuen Krieg, es gibt da Städte nach Masuren hinunter, die tragen noch die Spuren des letzten. Also denkt man: eine Militärübung, wie gehabt. Es gibt da ja diesen Nichtangriffspakt, das sollte einen beruhigen können. Aber Blömke ist Geschäftsmann, er nimmt Malige beiseite. Wenn man

Zigarrenstummel frißt, sagt er, und der Tänzer beendet: Kriegt man das Kotzen. Na schön, sagt Blömke, aber wenn immer wieder –? Darauf lautet die Auskunft eines erfahrenen Mannes: Dann werden sie denken, du hast Magengeschwüre. Und das ist auch schon alles, was Blömke wissen muß.

Ein paar Tage später rennen die Hauptfeldwebel und jungen Offiziere aufgescheucht herum, die neuen Einheiten, die geteilten und mit Reservisten aufgefüllten Kompanien werden verladen, teils auf Lastwagen, teils auf Eisenbahnzüge, es gibt noch einmal ein großes Durcheinander bei der Verteilung und Erprobung der Gasmaske 30, wie das Ding heißt. Das ist zu nichts gut, sagt Kretschmann, höchstens zum Leuteverrücktmachen.

Ach, Malige, was ist das alles? Du hast deine Arbeit gehabt, zuletzt im Lunapark, vorher in Bremerhaven, vorher in Kopenhagen im Tivoli, deswegen füllst du noch einen Zettel aus: letzter Auslandsaufenthalt, deine Arbeit, Kraftakt genannt: Handstand einarmig auf einem grünen Flaschenhals, jedenfalls in den letzten Jahren, vorher Fänger, Untermann im Varieté, aber eigentlich Tänzer, man glaubts, wenn man dich sieht, schlank und mit einem Gang von natürlichster Auffälligkeit, die Fußspitzen ein wenig zu weit auswärts gesetzt. Sag uns was rechtes, Malige, statt deiner Späße.

Halten Sie bloß die Schnauze. Das ist Leutnant Anflugs Bubenstimme, zu hören auf der Straße in Mlawa, da sind sie über die polnische Grenze und Soldat Malige hat irgendetwas antworten wollen, das einem wie Sand zwischen die Zähne gerät, ein Wort oder zwei: auf Anflugs Mannesrede von Polengesindel und Verjudung, sozusagen im Anschluß an Reserveunteroffizier Benedikts Kasernenvortrag: Das Reich als Ordnungsmacht in Europa. Aber was hat er eigentlich gesagt, dieser Tänzer? Er geht in ein Polenhaus und spielt Klavier. Ist das alles?

Und Kretschmann, angesoffen, rennt um einen Bretterstall mit geschwungenem Seitengewehr und nagelt ein Huhn an die Erde. Und Küchenunteroffizier Markschies kauft es ihm ab, für Zigaretten. Und Naujoks hat ein Gespräch mit Polen. Und Zelt handelt mit Brot. Wenn schon die älteren Leute nichts wissen? Wiechert sagt: Du glaubst doch nicht, daß der Krieg morgen zuende ist?

Das ist hier ein Städtchen, an einem Flüßchen, das eine Ufer flach, das gegenüberliegende mit mäßigen Hängen von wechselnder Höhe, ein auseinandergestreutes Dorf, oder viele Dörfer, städtische Bauwerke einfach dazwischen, Krankenhaus, Schule, soetwas, eine katholische Kirche, eine Synagoge. Die Leute hier sind nicht viel gutes gewohnt, scheint es, und so arglos nicht, wie sie sich geben: mit Herumstreichen um die Soldaten, mit Gesten und ein paar Brocken deutsch.

Leutnant Anflug residiert auf dem Hochufer. Da sind seine Nachrichtenfahrzeuge aufgestellt, Vermittlung und Kabelwagen, und dorthin ist Sanitätsgefreiter Maschke unterwegs, und Malige, den er auf der Holzbrücke trifft, schließt sich ihm an, wegen Blömkes Krankmeldung, von der ihm Maschke erzählt: Leibschmerzen, aber mit Fieber.

Maschke, auf kurzen Beinen, weiß, als Drogist, Symptome zu deuten. Malige meint auch: Magengeschwüre. Hat mir ja schon immer die halbe Schachtel ausgefressen – na ja: Kohlekompretten. Und dann sind sie, von seitwärts, den Abhang hinauf.

Hier oben weht ein Lüftchen. Anfang September. Ein schönes Jahr. Man kann sich umdrehn und auf die Stadt zurückschaun. Maschke tut das für einen Augenblick, täte es vielleicht länger, aber er wendet sich sofort wieder um, Malige hat gesagt: Sieh doch mal, – nicht lauter als sonst, doch in einem so eigenartigen Ton, daß es einen einfach auf dem Absatz dreht.

Na ja, da ist also etwas zu sehen.

Unten am Ufer ein Haufen Juden, schwarze Kaftane, Bärte, schwarze Hüte, um eine schwere Kabeltrommel herum, die sie sich aufzuladen versuchen und doch wieder absetzen für einen erneuten Versuch, alte Männer, und jetzt zerren sie zu dritt oder viert die Trommel den Abhang hinauf, gelangen so bis zur halben Höhe, und Anflug steigt ihnen entgegen und tritt ihnen das Ding aus den Händen. Soll wohl getragen werden. Da rollt es hinunter. Aufhalten, schreit Anflug. Na ja, soll ja wohl nicht absaufen im Fluß.

Das ist so ein Spaß. Die Juden hat sich Anflug aus der Synagoge drüben geholt, wo sie sich versammelt hatten, der ganze Haufen. Und was hat das nun für einen Sinn: Hinunterrollen lassen, wieder hinauftragen, wieder hinunterrollen lassen? Arbeiten lernen, meint Anflug. Maschke findet es komisch.

Malige wohl auch. Denn er springt ein paar Schritte vor, hat jetzt die Beine in einen Tanzschritt gebracht, so eine Art Prozessionsschritt, Hüpfer, schnelle Schrittfolgen, plötzliches Stehnbleiben, vor, zwei Schritte zurück. An Anflug vorbei, der es sehen müßte, aber anderes zu tun hat, bis zur Kante des Abhangs vor. Und jetzt – das ist nun schon wahre Kunst – mit der gleichen Schrittfolge den Hang hinab, nicht ein bißchen schneller, Zeitlupe sozusagen. Wohl verrückt geworden, schreit Anflug. Das kann er jetzt nicht mehr übersehen, dieses Affentheater.

Maschke läßt seinen Blömke Blömke sein, nämlich krank, er rennt an den Abhang, steht, sieht: Malige ist unten angekommen, breitet die Arme, bewegt sie wie Flügel, ein grüner Vogel in einem Dohlenschwarm, fordert offenbar seine Zuschauer, die alten Herrschaften dort unten, zum Platznehmen auf, er, Malige, werde sich mit einer Gratisvorstellung präsentieren – aber er sagt ja wohl, wie fachüblich, produzieren –, hat die Kabeltrommel auch bereits ergriffen, sie aufgehoben – wie ein Zauberkistchen, wo gleich die Tauben herausflattern werden und hinterher ein Sonnenschirm, der sich von selber öffnet, so leicht jedenfalls –, und ist noch immer in seinem Tanzschritt, den Kopf zurückgeworfen. Und jetzt, die Trommel vor sich her tragend, als müßte er sie festhalten, sie flöge ihm sonst fort, den Hang aufwärts, nicht ein bißchen langsamer oder schneller.

Anflug oben schwankt, setzt einen Fuß vor, greift nach seiner Feldmütze, nach dem Koppelzeug, hat zu schreien begonnen, schreit, schreit wie ein Tier, Befehle oder was, ein sinnloses Durcheinander. Und Malige, sieht er, tanzt auf ihn zu, immer näher, ein paar Meter noch, mit zurückgeworfenem Kopf, offenem Mund.

Von den Wagen herüber, der ganze Zug kommt gerannt – Kretschmann, Zelt, Wiechert, Markschies, Naujoks –, steht, blickt dem Tänzer entgegen, tritt zur Seite, als er über den Hang auftaucht, vor der Kante noch einmal den Schritt zurück tut, die vier kurzen Schrittchen folgen läßt und nun, oben angekommen, die Kabeltrommel im Arm, auch noch den Hüpfer.

Zu Anflugs Geschrei, der die Pistole herausgerissen hat, beim Durchladen das Magazin verliert, sie fallen läßt, plötzlich, und kehrt macht, davonläuft, noch immer schreiend.

Das ist eigentlich schon die ganze Geschichte. Am Anfang eines Krieges. Auf einem polnischen Ufer. Über einer Stadt, die bald in Rauch aufgeht. Am Anfang eines Krieges, der noch lange geht. In dem Blömke seinen Entlassungsschein bekommt, wegen Magengeschwüren, und zwei Jahre danach erneut eingezogen wird. In dem Naujoks stirbt, an einer Kugel, und Kretschmann den Heldentod erleidet, im Keller einer Brauerei, wo er vierzehn Tage später ertrinkt. In dem sich Gastwirt Zelt einen Hund zulegt, einen Terrier namens Lady, aber das ist schon im Jahr darauf, in Frankreich.

Leutnant Anflug wird fortgebracht. Zu einer anderen Einheit versetzt. Unmögliches Verhalten. Und die Geschichte mit Malige wird erst einmal vergessen, am Anfang des Krieges. Vielleicht, daß er noch lange lebt. Dann kommt er wohl zu einem Frontkabarett, bei seinem Können wahrscheinlich oder immerhin möglich, obwohl sie da lieber Damen nehmen, ich weiß es nicht. Ich weiß nur, was ich erzählt habe.

Höchstens noch: daß es Abend wird, nach dieser Geschichte. Daß auf dem hohen Ufer, ein Stück hinter den Fahrzeugen Strohschober stehen und sonderbar glänzen, als sich das Mondlicht auf sie herabläßt. Während die Nebel aufstehen über dem Fluß. Und daß nichts einen hindern würde, über die Brücke zu gehn und durch die Stadt, jetzt in der Dunkelheit, – begegnete man sich nicht selber, ausgerechnet hier, in dieser polnischen Stadt, ohne auch nur einen Grund dafür zu finden.

IM VERFOLG STÄDTEBAULICHER ERWÄGUNGEN

Durch eine frühere Allee, die sich, baumlos, auf einen leeren Platz zu verbreitert, immer entschiedener, je weiter sie sich von der Ecke, an der ich wohne, entfernt, kann ich in eine Querstraße hineinblicken. Eine alte Straße von ziemlich neunzig Jahren, alte Häuser mit breiten Simsen, Pilastern, von Halbsäulen getragenen Fensterstürzen, Balkonen, die von Atlanten gestützt werden, und Rundportalen, die vielleicht einfielen, schmiegten nicht Karyatiden von derber Anmut fleischig-kräftige Rücken unter die Wölbung.

Seit einiger Zeit allerdings bemerke ich von meinem Fenster aus, daß sich Unruhe in dieser Straße verbreitet, daß dort etwas angefangen hat, was allgemein unter der Bezeichnung Regulierung des Stadtkerns begriffen wird und gar nichts anderes bedeutet, als daß die Häuser in dieser Straße zum Abriß bestimmt worden sind.

Alte Häuser. Von unten her hat der Schwamm an ihnen gearbeitet und von oben, vom Dachstuhl aus, der Holzwurm. Auf halbem Wege ungefähr haben sie sich getroffen; ohne Aufheben davon zu machen, aber, wie man sieht, nicht unbemerkt.

Die Bewohner des ersten Hauses, kann man annehmen, warten eine Benachrichtigung gar nicht erst ab, vielleicht ist sie auch vor Jahren schon erfolgt. Mit Sack und Pack ziehen sie in das nächststehende hinüber, ohne zu fragen und unbegrüßt von dessen Bewohnern, liegen dann in allen Fenstern, vom Keller bis zum Dachboden, und rufen den Arbeitern draußen, die mit Geräten und Maschinen den Abriß durchführen, ihren Zorn und ihre Verachtung ins Gesicht.

Da sind sie also untergekommen. Aber in der nächsten Woche

bereits ist auch dieses Haus an der Reihe. Die Greifbagger rücken vor, Bewohner und Gäste siedeln gemeinsam ins nächste Haus über. Und eine Woche darauf ist es schon wieder so weit, Kisten, Gerät, Kleidungsstücke werden in das nächststehende Haus geschleppt, dessen Türen sich widerwillig öffnen. Jetzt blicken bereits sechs oder acht Köpfe aus jedem Fenster. Da wird sicher geschrien, und man weiß ungefähr: was, aber bis hierher ist nichts zu hören, nur die offenen Münder erkennt man und Fäuste, erstarrt jetzt in einer drohenden Bewegung, denn die Greifer manövrieren und bewegen sich, nach einer halben Drehung, auf das nächste, noch stehende Haus zu. So geht es voran, ein Haus, und wieder ein Haus.

Wir werden hinübergehn müssen, vor Abend, die Laternen entzündet man in dieser Straße nicht mehr, oder uns wenigstens nach der Länge der Straße erkundigen, oder doch besser einen Blick in die Straße werfen, nach ihrem Ende zu, solange es das noch gibt. Wir müsssen doch vielleicht wissen, wieviel Wochen es noch so gehen kann.

Übrigens werden die Häuser auf das Ende der Straße zu niedriger und enger. Schmale Türen, immer weniger Fenster. Erst noch achtzehn oder sechzehn in der schon recht schmucklosen Fassade, schließlich noch vier. Wie werden die Leute da alle herausschauen können?

Es findet sich ja noch immer ein Haus, vielleicht eins mit zwei Fenstern, das ist wenigstens etwas. Denn das letzte, denke ich, hat keines mehr.

Es können ja neue Häuser an die Stelle der alten gesetzt werden; alles neu, ein neuer Name für die Straße, neue Bewohner, man hat präzise, ausreichend detaillierte Vorstellungen, wenn es um die Zukunft geht. Aber wie das mit dem Alten, Früheren, dem Vergangenen gewesen ist, da bleibt man auf Vermutungen angewiesen. Das ist gewesen, und ist vergangen, Zeit, und verlorene Zeit. Wie Geschwätz.

GEDENKBLATT

(Den litauischen Freunden)

Ein Blick, der sein Gegenüber erfaßt, ihm entgegengeht, oder es erwartet. Und immer schon begonnen hat, Erwarten und Entgegenkommen in Übereinstimmung, schließlich zur Deckung zu bringen. Eine bereite Freundlichkeit. Die nicht zugreift, die einen oder einen halben Meter vorher verhält, den Raum läßt: für die Bewegung des andern, der nicht gezwungen sein soll, nicht einmal überredet, weder von diesem Blick noch von der eigenen Regung: Eine alte Frau, man müßte sie stützen.

Diese Augen haben geprüft, was zu prüfen war. Das heißt nur: sie haben gesehen, und es ist nicht hergegangen wie mit den Erbsen im Märchen. Das war ein braves Kind: Die guten, die schlechten, aber doch eben flink und schlicht, hierhin, dorthin. So brav ist die Welt nicht gewesen.

Das Licht tat sich ein bißchen irritant. Manchmal schien es, als wechselten die Dinge in der Beleuchtung, als schwankten Form und Konsistenz. So zogen sich die Lider ein wenig zusammen, der Blick verengte sich, aber es war doch zu spüren, wenn er es tat, – ein vorübergehender Zustand, vorüber mit dem irritanten Licht, dann wieder wie eh und je: der Blick aus Gehen und Warten.

Der feste Mund zum Reden. Weil nicht weniges zu sagen war und Überlegen und Denken nicht ohne Rede vorging. Danach dann war das andere Reden aufgekommen, die Mitteilung, mehr und mehr gerichtet auf den Zuhörenden, von weiter her, zuletzt der Entschluß zum Aufschreiben.

Die Mitteilung gewann, formuliert, an Prägnanz, was sie an Wirklichkeit verlor. Also kam wieder das Innehalten, der Raum für Gegenbewegung. Zuspruch, Mahnung – Moral, was gemeint war, fand sich zurückgetan in erlebbare Zustände, das Gute und Rechte als tägliche Geschichte.

Hier wurde der Versuch gemacht, ein Gesicht zu beschreiben. Eine Fotografie vom Jahr 1910 oder jedenfalls aus dieser Zeit. Sie stellt Julia Žemaite dar, eine litauische Schriftstellerin aus dem halbpolnischen Kleinadel, nach dem Aufstand 1863 hat sie einen litauischen Leibeigenen geheiratet und begonnen, Erzählungen zu schreiben. Hier auf dem Bild ist sie eine alte Frau, Mitte sechzig, mit farbigem Kopftuch, in einem so kräftig gewebten wie entschlossen zugeknöpften Kleid. Das leichte Mißvergnügen, an der Nasenwurzel und im rechten Mundwinkel, geht auf den Fotografen, der wohl zu lange braucht für die Prozedur.

II

PROSAARBEITEN AUS DEM NACHLASS

ZU EINEM TOTENTANZ

Der Kaufmann

In seinem Gewölb sitzt der Kaufmann und zählt Silberlinge auf den Tisch, wieder und wieder die blitzenden Stücke in der Hand wägend. Aber unter dem Tisch kauert der Tod. Und als der Kaufmann, in den Anblick seines Reichtums versunken, sich zurücklehnt, den Bart streicht, schlägt er plötzlich von unten her über die Kante eine Hand auf den Tisch, daß die Knöchel nicht mehr beieinanderbleiben, voneinanderspringen und durcheinanderkollern, mitten unter das Silber. Wie Goldstücke glänzen sie, und der Kaufmann greift gierig danach, geblendet, sammelt sie in der Hand. Und da haben die Knöchel wieder zueinander gefunden, eine Knochenhand hält er da, und ein Arm ist daran, sieht er, und da steht der Tod auf hinter dem Tisch und blickt ihn an.

Der Trinker

Vor dem letzten Glas sitzt der Trinker. Hinter ihm an der Wand hängt die Lampe und wirft ein gelbliches Licht über den Tisch und auf die Mauer gegenüber. Seltsame Schatten, Linien, sich verwischende Zeichen malt der flackernde Schein, und wie gebannt stiert der Trinker hinüber. Aber da ist der Tod zwischen ihn und die Lampe getreten. Groß fällt sein Schatten über den Tisch und auf die Wand drüben. Der Trinker will auffahren, würgende Angst greift ihm zum Hals, aufschreien will er. Doch ein gurgelndes Röcheln nur wird mehr daraus. Schwer stürzt er über die Tischplatte hin, die Flasche rollt kollernd am Boden.

Und der Tod wendet sich und fegt im Entschreiten die Lampe von der Wand.

Die Fischhändlerin

Vor ihrem Tisch toter und sterbender Fische, breiter Dorsche, dunkler Schollen und silbrig glänzender Weißfische, sitzt breit die Händlerin und schickt ihren anpreisenden Ruf weit über den Markt. Aber da ist ein Herr in schwarzem Rock an ihren Stand getreten, und als die Alte, eilfertig auffahrend und ihre Ware rühmend, dem Käufer ins Gesicht blickt, versagen plötzlich die Kniee den Dienst, die Füße suchen vergeblich Halt, sie stürzt hintenüber und reißt im Fallen, sich an die Kante klammernd, den Tisch mit sich, daß die Fische alle über sie herstürzen. Wütend schnappende Mäuler, kreisrunde riesige Glotzaugen, gesträubte Flossenkämme, wie Speere aufgerichtet – ein ganzes Heer Sterbender, von gräßlicher Mordlust und Rachlust getrieben, stürmt auf sie ein, sieht sie, und während die glatten grünlichen, graubraunen und weißbäuchigen Fischleiber sie unter sich begraben, steigt nocheinmal ihr gellender Schrei sehr steil über den leeren Platz.

Eulenspiegel

Eines Tages, als es schon auf den Abend zuging, mitten im Sommer, trat der Tod zu Eulenspiegel in die Stube und setzte sich ihm gegenüber an den Tisch. Der war gerade beim Essen, und er schnitt seinem Gast von dem Brot und dem kräftigen Schinken zu, und mit einem Mal sagte er wie beiläufig über den Tisch: «Warum, mein Freund, kommst du zu den Menschen?» Und als der Tod nicht antwortete, sondern nur weiter ernst und ruhig vor sich hinblickte, fügte er hinzu: «Du kommst zu den Kranken und Alten, zu den Verratenen und Vergessenen, und sie sind dir nicht gram. Du tust ihnen also kein Böses, du hilfst ihnen, und sie nennen dich ihren Freund.» Und als der Tod schwieg wie vorher, nur nachdenklich zu Eulenspiegel hinübersah, fuhr er fort: «Sag, Lieber, du kommst zu den Wucherern und Dieben, zu den Mördern und Wegelagerern. Wofür willst du denen ein Freundliches tun? Oder kommst du doch vielmehr zu strafen und Rache zu üben?»

Es war ein bäurischer Tod, nicht geübt zu denken, und er vermochte den Worten des sonderbaren Narren nur langsam und schlecht zu folgen. «Ja, warum bin ich in der Welt», dachte er, «komme ich Gutes zu tun oder Böses?» Und er wußte es nicht. Aber es war ihm miteinmal, als stünde es ganz nahe, hier in der Stube, neben seinem Stuhl wie Jammern und Tränenlaut auf, als klagten Mütter ihn an, denen er ihre Kinder entriß, als fluchten Väter hinter ihm her, denen er die Söhne raubte, als streckten Hilflose und Kranke, an denen er vorüberging, die Arme nach ihm aus, und er wußte nichts zu sagen. Er ließ den Kopf auf die Platte des Tisches sinken. «Ich weiß nicht, warum ich in der Welt bin», flüsterte er, und es wurde ihm heiß davon, und er schämte sich.

Eulenspiegel aber fegte die Krumen vom Tisch, säuberte das Messer, tat es an seinen Platz. Und dann stand er auf vom Tisch, trat an das Fenster und sagte langsam: «Ich will es dir sagen, Tod.» Und der Tod hob den Kopf vom Tisch, rieb sich die Stirn, blickte den Narren an, als hätte ihm der ein Wunder versprochen. Tränen standen ihm in den Augen. Und es erschütterte Eulenspiegel, den Tod weinen zu sehen, und er sprach leise und begütigend über die Blumen hin, die auf dem Fensterbrett standen: «Du weißt es nicht, und ich weiß es auch nicht. Es ist uns zu schwer, das zu wissen. Aber ich meine, du bist in der Welt, weil Gott im Himmel ist.» Und er trat auf ihn zu, schob ihm den Arm unter, daß der Tod sich erhob, und sagte fröhlich, indem er ihn zur Tür führte: «Komm, es ist spät geworden. Wir müssen gehn.»

IM GEFANGENENLAGER

Die hier und da mäßig aufgewellte Ebene wirkt, je öfter man, gegen Abend besonders, über sie hinblickt, wie aufgeschüttet. Doch immer so, als wäre die Schüttung – eine gewaltige Arbeit, die zu beginnen allein schon unbekümmerte, nie berechenbare Kraft nötig gewesen sein müßte – nach anfänglich gutem Fortgang im Stich gelassen worden. Und man ist gewiß, daß diese rohe, kaum vom Steppengras gebändigte Anlage irgendwo, gar nicht weit, vielleicht nach Osten zu, aufhört, in einem jähen Absturz endigt, abfällt in das grabenähnliche Bett eines Flusses, der, einst mächtig, nun als ein klägliches Rinnsal, von Fröschen bewohnt, dahinsickert. An das andere Ufer denkt man nicht. Bäume sind nirgends zu entdecken, auch Strauchwerk nicht. Sonnenblumen und Mais, die gewaltig und mild in einem aufschießen, ziehen sich durcheinandergemischt in regellosen Streifen nach Westen zu, manchmal von einem Hirsefeld begleitet.

In diesem so sonderbar unbewegten und dennoch gänzlich ruhelosen, wie wir meinten: nicht fertiggewordenen, Landstrich sieht man irgendwo einige Ansammlungen niedriger Gebäude, über deren flache Dächer sich jedesmal ein hölzerner Förderturm erhebt, daneben einige Schieferhalden und einen Kohlenberg.

Mitten hindurch zieht sich ein Schienenstrang, man findet, etwa vier Kilometer voneinander entfernt, zwei rote Bahnhöfe, beide anscheinend ebenfalls nicht fertiggestellt (aber müßte man nicht viel eher vermuten, sie seien zerstört worden?), und eine breite Straße kommt irgendwoher, von Süden heran, läuft an dem größeren der nächstgelegenen Kohlenschächte vorbei, nimmt einige Feldwege auf, überschreitet, noch ehe eine kleine Ansiedlung ganz durcheilt ist, den niedrigen Bahndamm und wendet sich in einem mäßigen Bogen, nun ausgetretener und breiter, der uns im Rücken liegenden Stadt zu. In diesen Bogen hinein ist das Gefangenenlager angelegt.

Die Stadt zu beschreiben lohnt es nicht. Sie ist, schon aus der Entfernung gesehen, noch deutlicher in der Nähe, eigentlich eine offenbar willkürliche, kaum in die nötigste Ordnung gebrachte Ineinanderfügung jener kleinen Schachtdörfer; nur daß hier die Fördertürme höher, die Schieferhalden breiter und häufiger sind, einige von ihnen in Rauch gehüllt, denn sie brennen.

Das Lager, noch außerhalb der Stadt, besteht aus einem schwächlichen aber immerhin doppelt gezogenen Stacheldrahtzaun mit drei hölzernen Ecktürmchen, der ein nahezu rechteckiges Feld einschließt. In ihm befinden sich ein paar weißgekalkte Lehmbaracken, die wie dörfliche Stallungen aussähen, entdeckte man nicht im Näherkommen eine große Anzahl niederer Türen und regellos verstreuter dunkler Fenster, zwischen denen sich hier und dort eine Sonnenblumenstaude reckt. Hier haben ungefähr 800 Menschen ihre Schlaf- und Verpflegungsstelle, von denen sich freilich ein Großteil, jeweils für 10 Stunden, in den Schächten der Umgebung zur Arbeitsleistung aufhält. In sehr zerstörten Schächten. Und sie hören, daß sie zu dieser Zerstörung beigetragen haben, ja, daß sie die Urheber sind. Sie sind in dieses Land gekommen; ungerufen, das ist vielleicht wahr, aber wer will das alles begreifen? Und wenn nun schon von den Menschen die Rede ist, die doch mit allen ihren Anschlägen, mit ihren Hütten aus Lehm und Holz, dann mit Werken und Anlagen, dieser Landschaft von mächtiger Gestaltlosigkeit so wenig anhatten, daß sie selber in ihrer Lebensart das Wesen der Ebene angenommen zu haben scheinen: in einer heiseren Redeweise, in immer – und, wie es scheint, sinnlos – unterbrochenen Gebärden, in der Liebe zu eintönigen, bis zur Unendlichkeit wiederholten Gesängen, die sich alle auf fatale Art gleichen, so soll hier eine Geschichte erzählt werden. Eine Geschichte, die freilich unter den Gefangenen geschah; unter Menschen also, die einige Monate erst, vielleicht eineinhalb Jahre gerade, hier ein unaufhörlich von

Tag zu Tag bemessenes, erschrecktes Dasein haben und denen die Gewöhnung an ihren Lebenskreis noch immer und bei der üblichsten Beschäftigung, beim Essen oder Schlafen, von einstigen Gepflogenheiten bedrängt wird. Leser, halte dich heran, dir ist eine Geschichte versprochen! Laß nicht zu, daß der Erzähler selber in seiner Beschreibung verlorengeht, dir die Gestaltlosigkeit aufschwatzend, – als eine Ausflucht wohl. Wie soll sie für jene gelten, die hier zusammengepfercht noch in ihrem Äußeren, in Uniformresten, in einer Neigung, nach dem Wetter auszuschauen (das ihre Voraussagen mit Vergnügen zum Narren hält) oder am Abend stehen zu bleiben, einiger unerhörter Wolkenbildungen wegen, ihre Herkunft aus einem anderen Himmelsstrich verraten. Leser, halte dich heran, frage, um was es geht, und vor allem: um wen!

Um einen Menschen doch wohl? Der wie jeder andere, ein einzelner, unvergleichbarer ist, – um einen Mann, einen Gefangenen hier in diesem Lager, dem sich die Welt verengt hat auf den engen Raum unter seinen Füßen, auf die Stelle, wo er ein paar unruhige Stunden schläft, auf sich selber, auf die Gedanken einiger Bekannter und auf das Gespräch mit ihnen.

A. – und damit sind wir mitten in unserer Geschichte – sitzt hinter einem Holznapf und rührt mit dem Löffel in der wäßrigen Kohlsuppe. Er wird sie nicht zu Ende essen, denn ihm gegenüber, offenbar bei besserem Appetit, beschäftigt sich ein anderer mit einem, von ähnlichem Inhalt gefüllten Kochgeschirr und hat eben an den lustlosen Esser drüben, der überdies als ungesellig gilt, eine Frage gerichtet.

Sie kennen einander kaum, es kann also keine sonderlich belangvolle Frage sein. Aber der Gefragte antwortet dem anderen, den wir kurzerhand den Impresario nennen wollen. Er tut es nicht sehr sicher und eindeutig, und dem Impresario, der nur Obergefreiter, aber immerhin in einem höheren Stabe gewesen ist, fällt das auf. Denn A. wird durch das feinere, nun längst verschossene Tuch seines Rockes als ein Offizier ausgewiesen, und das ist für einen Angehörigen jener eigentümlichen Berufsgruppe, der der Impresario angehört – er ist kaufmännischer Angestellter und also mit einem lebenslänglichen Drang nach Legitimität ausgestattet –, einer sorgenvollen Hingezogenheit wert. Nicht sehr belangvoll also war das Gespräch und betraf den anderen mehr als A., der sich nun mit einem höflichen Wort erhebt, den Löffel einsteckt und davongeht.

Am Abend dieses Tages finden wir A. im gleichen Raum, dem weitaus größten des Lagers, wieder. Aber nun sind die Tische hinausgetragen, die Bänke zusammengestellt und um Schemel, Kisten und zwei selbstgefertigte Friseurstühle mit einfachen Kopfstützen vermehrt. Das eine Ende des Raumes ist mit Decken verhängt. Dahinter ist ab und zu ein ärmlicher Geigenstrich zu hören. Hier sitzt A. fast allein. Er wartet auf den Anderen, den Impresario. Und der mag nun hervortreten, mit freudig ausgebreiteten Armen auf A. zueilen und ihn hinter den Vorhang ziehen. Hier zeigt es sich, warum wir ihn den Impresario nannten.

A. findet eine Anzahl meist jüngerer Männer vor, einige mit Instrumenten, selbstgebauten Geigen und Schlagzeug, einer Klarinette, Gitarren und einer altertümlichen Harmonika.

Wir haben das Lagerkabarett vor uns, die «Bunte Palette», wie der Impresario sie benennt. Ja, er steht für diesen Namen gut und für einiges mehr noch. Er sorgt dafür, daß alle, Musikanten, Schauspieler, Sänger, zur rechten Zeit, abends also, wenn die Vorstellung beginnt, im Lager sind. Das ist nicht ganz einfach, denn beinahe jeder gehört, entsprechend der letzten Taxierung seines Gesundheitszustandes, einem anderen Arbeitskommando zu, einer anderen Schicht. Und doch gelingt es dem Impresario sogar, den und jenen Unentbehrlichen in günstigere oder einträglichere Arbeitsbedingungen zu bringen, auf den Holzplatz oder in die Brotfabrik. Ja, er ist tüchtig, kennt aus Literatur und Kunst eine Menge Zivil- und Militärklatsch, weiß alles auch anzubringen – wie kommt es, daß ihn niemand recht liebt? Sollen wir darüber nachdenken?

Draußen vor dem Vorhang hat sich der Raum gefüllt. Die noch einrückenden letzten Arbeitsgruppen empfangen ihre Suppe am Hintereingang der Küche. Aber der Raum ist gefüllt, Leitung, Krankenschwester und sonstwer erschienen. Der Impresario begrüßt, die Kapelle baut sich vor dem Vorhang auf und bringt einen abgelebten Walzer zu unnützem Aufleben. Aber was ist mit A.?

Er tritt, nachdem der Sänger Vogel mit dem «Rolandsbogen» und der «Waldschenke» die Herzen gerührt, auf das schwanke Podest und gibt eine Pennälerparodie der «Glocke» zum besten. Dazu eben hat ihn der Impresario, auf der Suche nach neuen Talenten, gewonnen; wie wir sahen, auf einfache Weise, mit ein paar Worten. Nun ist er zufrieden, denn A. hat Beifall geerntet, wird sich zurückziehen, wieder in einer Ecke sitzen. Das Programm geht weiter mit etwas Mozart, einem ungarischen Tanz, einer Szene nach Ludwig Thoma und schließlich mit gröberen Witzen, die ein bejahrter Hotelier serviert. Wir wollen uns A. zuwenden, der gerade Gesellschaft bekommt. Ein Offizierskamerad seines Regiments, ihm früher gerade einen Gruß und ein Glaserheben, aber jetzt schon ein Gespräch wert, zumal sich der Leutnant E. auf das Schweigen nicht versteht.

Sie sitzen – das abendfüllende Programm hat den Abend gefüllt, aber jetzt ist es Nacht – vor ihrer Tür auf einem Brett, das hernach wieder in die Pritsche eingefügt wird, und reden über die Sterne, über Vergangenes, über die Aussichten der Entlassung und der Heimkehr. Und es liegt nun nicht sehr fern, alles das zu verbinden, auf abseitige Dinge, Vorbedeutungen, seltsame Schicksale und sonstetwas zu kommen. E. weiß davon zu erzählen und A. schließlich auch; aber das ist eine langwierige und bedrohliche Geschichte, längst nicht so unverbindlich wie das Geplauder des Leutnants E.

A.'s Burschen im Kriege, einen Schuhmacher seines Zeichens, betrifft sie, aber mehr noch A. selber, der dies nun von Zeit zu Zeit stockend und mit vorsichtigen Worten seinem Gefährten auseinandersetzt.

Dieser Mensch – so etwa mag A. damals gesagt haben – war eigentlich gar nicht sonderbar, eher laut und zu albernen Dingen aufgelegt, aus Köln gebürtig, ein ausdauernder Tanzbodenbesucher und Weiberheld, ungewöhnlich praktisch, was ja im Felde von unschätzbarem Wert gewesen. So sei er, A., gut mit ihm gefahren. Aber dieser betriebsame und eigentlich nüchterne Mensch (seine Albernheiten ausgenommen) habe, was alle zunächst für einen Spaß gehalten, dem und jenem aus den Linien der Hand, zur Bekräftigung danach gleich auch aus den Karten und mit noch anderem Brimborium die Zukunft vorausgesagt; auch dies auf recht simple und fast unernste Weise, aber so selbstverständlich, als besohlte er einen Schuh.

Wir bemerken wohl, daß sich A. mit seiner Darstellung zu distanzieren versucht, nicht einmal so sehr aus Rücksicht auf E., der über sein üblichstes Kasinointeresse für neue Geschichten ohnehin nicht hinauskommt. Aber lassen wir ihn fortfahren. Der Schuster also hat A. nicht nur eine Verwundung, sondern auch die Zerstörung seines Besitztums, die Gefangenschaft, ja sogar die fremdartige und weiträumige Gegend, seinen jetzigen Aufenthalt, eine mühevolle Arbeit im Dunkel (unten im Schacht, so ergänzt E. schnell) und einen schmerzlosen, unbeweinten Tod in der Fremde vorausgesagt, – alles auf die oben bezeichnete Art, weshalb er kein Wort davon für ernst genommen, bis eben eins nach dem anderen eingetroffen sei.

Um an den düsteren Geschichten Geschmack zu finden, bedarf es eines selbstverliebten, eigensüchtigen Herzens, einiger Grobheit sogar und einer Neigung zur Unsauberkeit. Und es mag auch 1944 im Herbst nicht sehr originell gewesen sein, ähnliches wie das A. Zugesagte zu prophezeien. «Aber du lebst doch und, wie man heute feststellen konnte, recht munter», hatte der Leutnant darauf gesagt. So hatten sie das Brett genommen und waren hineingegangen.

A. trat noch einige Male auf und, da sich der Parodienvorrat erschöpfen wollte, sogar mit stärkerem Tobak aus Heidelberger und Bonner Semestern. Sonst blieb er zurückhaltend; von jener Zurückhaltung freilich, die kein Wort zuviel sagt, aber eben auch keines zu wenig. Bis er eines Tages, bei der erneuten Musterung, der Fleischbeschau, wie man sagte, ins Krankenrevier zu ziehen bestimmt wurde. Ohne Grund eigentlich, denn er hatte weder Wasserbeine noch Geschwüre oder Fieber. Er war, wie es hieß, «schwach». Man schrieb es einer unbegreiflichen Affekthandlung der Ärztin zu, einer älteren Frau von verstörtem, kränklichem Aussehen, die Tag und Nacht wie kopflos durchs Lager strich. Er war also im Lazarett. Die Palettenleute, unter Anführung des Impresarios, besuchten ihn, sangen vor seinem Fenster schöne Kanons und «Hab oft im Kreise der Lieben», und Freund E. nahm mit weniger Glück, denn er tat alles zu absichtsvoll, die frei gewordene Parodistenstelle ein. Er tat es, wie gesagt, zu absichtsvoll, zu devot, zu sehr bemüht, des kleinen Mannes Geschmack zu treffen; er tat sich nun nach unten servil, wie er es im Regiment und auf der Kriegsschule nach oben getan. Immerhin mochte es angehen.

Eines «bunten Abends» – der Impresario hatte gerade das Gedicht vom Wiesel auf einem Kiesel «dargebracht», und die Kapelle war schon bei Dichter und Bauer – kam ein jugendlicher Sanitäter hinter die Szene gelaufen, fassungslos den plötzlichen, gänzlich unerwarteten Tod A.'s zu melden.

Noch während des Spiels ging es in der Kapelle herum, doch ohne daß man, nach echter Künstler Art, die Nachricht in den Zuschauerraum hätte gelangen lassen. E. machte sich nach Absolvierung seiner Nummer sofort auf ins Revier; nicht mit Worten der Kondolenz freilich (wem sollte er sie auch sagen?), vielmehr um den Nachlaß des Freundes mit der Forderung eines Rubels, den er ihm jüngst geliehen, zu belasten. Warum erzählen wir auch das noch? Um einen schwächlichen Charakter zu zeichnen? Um eines Effektes willen? Er hat jenes Gespräch auf dem Brett damals vergessen. Im ganzen ist er ein umgänglicher Mensch, freundlich und reinlich – wie viele andere. Sprechen wir nicht von ihm!

Aber auch nicht von A. oder von dem Schuhmacher aus Köln und dem Impresario. Wir haben böse Jahre hinter uns. «Was künftig, wessen wird es sein?» heißt es im Gedicht des Gryphius.

Warum reden wir von der Ungewißheit unserer Seelen, von einem Lager irgendwo am Unterlauf des Flusses Don und von einem ohne Sorgfalt verloschenen Leben?

DER SOLDAT AN DER BIRKE

Es ist Herbst und gegen Abend zu kalt auf den Feldern vor der Stadt Lüneburg.

Ein Sandweg kommt da aus einer flachen Senke herauf mit vielen Räderspuren, verstreutem Gerät und Fetzen von Wagenstroh. Hier und dort ist die Asche eines ausgebrannten Feuers zu finden.

Aus einem niedrigen Haus, auf das ein fauliges Schilfdach herabsinkt – darüber wird das nackte Gestänge des Giebelgerüsts sichtbar und ein wenig Rauch kräuselt umher – tönt seit Stunden ein dünnes, immer gleichbleibendes Jammern. Der Soldat, der ein Stück vom Hause fort an der Straße steht, hört es und wartet, daß es endlich erstürbe oder wenigstens einmal von einem plötzlichen Schluchzen unterbrochen oder durcheinandergeschüttelt würde. Er steht und wartet, aber er hat noch anderes zu tun.

Vom unteren Ast der kümmerlichen Birke, gegen deren ausgeblichenen Stamm er sich jetzt lehnt – erst mit der Hand sich daran stützend, als lausche er noch einmal in den windigen Abend hinaus – baumelt ein Erhängter. Ein Soldat, wie man sieht, von irgendeinem Regiment; denn es ist schon lange her, daß man sie an Uniformstücken erkennen konnte.

Der Erhängte ist sehr lang und dünn, er hat einen wüsten roten Bart, und der Soldat ist hier aufgestellt, damit keiner den Rotbärtigen herabnehme und verscharre. Er soll hängen, denn er hat dem Obristen ins Gesicht geschrien, daß er nach Hause ginge und daß es übergenug sei. Nach Lübeck hinauf wollte er gehen, denkt der Soldat, und aus dem Haus an der Straße, wo der Rauch im Dachgebälk umherirrt, tönt unausgesetzt das Jammern herüber.

Die Nacht, die nun herabkommt, ist ohne Mond; eine sehr ärmliche, fröstelnde Nacht. Auch ihre Wolken haben keine Gestalt und treiben wie dünne Fäden, neigen sich ein wenig, weil dort ein atemloser Wind umherstolpert.

Ich werde hinübergehen, denkt der Soldat und reibt die Hände, zieht die Schultern zusammen und tritt auf den Wegrand. Der Wind hat sich in das Dachgebälk drüben verirrt und jagt den Rauch die Straße hinunter, bis hierher an die Birke, wo der Rotbart stocksteif herabhängt.

Ich werde mich ein wenig wärmen, denkt der Soldat, und wer sollte sich in der Nacht um einen rotbärtigen Aufrührer kümmern, der weglaufen wollte und nun an einer Birke vor der Stadt Lüneburg hängt. Und er geht hinüber.

Er müßte sich erst etwas einlaufen, denn die Nachtkälte sitzt ihm schon überall in den Gliedern und macht seinen Gang schwer und unsicher, aber mit den wenigen Schritten den Weg hinauf ist nichts getan. So fällt er fast gegen die Haustür, stößt sie auf und blickt nicht zurück.

Qualm fährt ihm entgegen, aber hinten in der Schwärze des Raumes kann er das Feuer sehen. Ich will mich wenigstens wärmen, denkt er, als die Tür plötzlich hinter ihm zuschlägt. Er fährt herum, spürt eine Hand an seinem Arm, die ihn zum Feuer zieht, eine nicht sehr kräftige Hand, wie es scheint. «Komm», hört er eine Stimme sagen, die wie der Rest eines Regenwassers ist, das aus einer hölzernen Dachrinne tropft. «Komm», sagt die Stimme, und nun bemerkt er, daß das Jammern aufgehört hat, irgendwann, vielleicht schon lange.

Er läßt sich hinüberführen an den Herd, findet eine Bank, setzt sich nieder, stößt seine Füße gegen die Glut und sagt: «Was hast du zu heulen?» und: «Wie heißt du?»

Er will keine Antwort, jedenfalls braucht er sie nicht; ihm ist kalt, und ein Feuer brennt hier. So hört er kaum, wie die Stimme neben ihm flüstert: «Meinen Mann haben sie erschlagen, da in der Kammer.»

Der Soldat sagt nichts. Er spürt die Wärme bis an sein Gesicht herauftasten. Aber als wäre dies Schweigen die rechte Antwort, lange erwartet und gut, rückt die Frau zu ihm herüber und legt beide Hände auf sein Knie. «Ich bleibe jetzt hier», sagt der Soldat und hat den Rotbart an der Birke vergessen. Und als sich die Wärme in seinen Kleidern verfangen hat, daß er sich dehnen muß und die Füße vom Feuer wegsetzen, legt er einen Arm um den Rücken der Frau, die breit ist und den Kopf an seine Schulter lehnt, und zieht sie zu sich heran.

So sitzen sie lange, blicken auf das Feuer im Herd, und der Soldat legt sein bärtiges Gesicht in das Haar der Frau, ein volles, starkes Haar, darin der Geruch des Holzfeuers ist.

«Er liegt in der Kammer», sagt die Frau, «auf dem Bett.» Und der Soldat erhebt sich, tut ein paar Schritte in den Raum. «Da drüben», sagt die Frau hinter ihm her. «Er braucht kein Bett», kommt die Stimme des Soldaten zurück, und da steht auch die Frau auf und geht ihm nach.

Sie heben den Toten vom Lager und legen ihn auf die Dielen neben der Kammertür. «Tu was aufs Feuer», sagt der Soldat, aber die Frau fällt über das Bett, als wäre es nun gleich. Er fühlt ihren Rücken, der sich unter seiner Hand biegt, ihren kräftigen Hals. «Nun, nun», sagt er wie begütigend.

Draußen schleicht noch immer der Rauch um das Dach. Auf dem sandigen Weg ziehen die Räderspuren wie schwarze Gräben dahin. Aber der Rotbärtige ist nicht allein.

Zwei Männer, Soldaten in schäbigen Monturen, sind die Straße heraufgekommen, von der Stadt her. An der Birke sind sie stehen geblieben. «Henning, wir werden dich begraben», sagt der eine zu dem Gesicht mit dem roten Bart hinauf, das schwarz und höhnisch scheint. «Du hast schon gewartet», fügt er hinzu. Im Haus ist das Feuer erloschen.

«Du wirst nicht fortgehen», sagt die Frau in der Kammer. «Auf drei Tage liegt das Regiment in der Stadt und, weiß Gott, noch länger», antwortet der Soldat. «Du wirst nicht fortgehen», wiederholt die Frau eigensinnig, bis er langsam gegen die Decke des Raumes zu sprechen beginnt: «In drei Tagen ... der Obrist

... ich ...» Er bricht ab, denn die Dunkelheit um ihn her ist undicht geworden, daß er die Balken über sich erkennen kann, und vor dem Fenster kommt der erste Morgen herauf. «Du wirst nicht fortgehen», sagt die Frau, aber das ist schon halb im Schlaf.

Der Soldat zieht die Wolldecke über ihre Arme und erhebt sich vom Lager, geht an dem Toten neben der Tür vorbei und durch den kahlen Raum, wo der ausgebrannte Herd steht. Unter der Tür bleibt er stehen, zieht den Rock fester um die Schultern.

Der Morgen nach dieser Nacht ist sehr grau. Zu linker Hand, wo die Stadt liegen muß, hat der Nebel eine dichte Wand gebaut. Auch dort, wo der Weg herkommt, aus der Senke, schweben die Schwaden auf, bis an die Birke herüber.

Der Soldat hebt die Hand an die Augen. Den unteren Ast sucht er, an den man gestern den Rotbärtigen geknüpft hat. Dort der untere Ast ist es, der nach der Straße zu! Aber der Strick daran ist leer.

«Sie haben ihn begraben», sagt er ganz laut vor Staunen. Und langsamer: «Hätt's auch tun können. Hätt' Zeit gehabt.» Und er spürt, wie ein Lachen in ihm aufwacht, richtig breit, und ihn ganz ausfüllt bis in die Arme und die Schenkel hinein. «Die Kerle, bei Nacht ...», sagt er und wendet sich durch die Tür an die Frau, die er im Haus herumwirtschaften hört: «Tu dir ein Tuch um, es ist noch kalt!»

Die Frau drinnen am Herd richtet sich auf und kommt besorgt an die Tür. «Was ist?» fragt sie. Aber der Soldat neigt ein wenig den Kopf, um zu ihr hineinsehen zu können, und fährt fort: «Komm, wir müssen gehen. Es ist schon hell.» Und als die Frau schnell aus der Tür tritt, als wisse sie nicht, was er habe, hebt er den Arm und weist nach Norden, dorthin, wo die Wälder sind, und sagt nocheinmal: «Komm!»

DER SCHAUSPIELER

Wer seinem Wochenkalender an der Wand mit ein paar Griffen die noch ausstehenden bunten Blätter abreißt, findet dahinter ein bedeutungsloses graues, aber immerhin festes Stück Pappe.

Als gestern abend in der Vorstellung des hiesigen Theaters, während ein sonderbares Gefühl der Lähmung das Publikum erfaßte und auf den Plätzen festgebannt hielt, ein älterer Mann, wie es schien der Souffleur, aus seinem Kasten kletterte und auf Herrn X, dessen Monolog gerade in eine übermäßige Pause zerdehnt war, zuschritt, dem wie gefroren Dastehenden ins Gesicht griff, ihm mit einer schauerlichen Gelassenheit eine Anzahl Larven oder Masken, offenbar aus dünnem knisterndem Papier, vom Gesicht nahm, eine nach der anderen (wir waren vergeblich versucht mitzuzählen – und sei es laut; es mochten indes mehr als zwanzig oder dreißig gewesen sein), sie auf den Boden fallen ließ, wobei sich ihre Leichtigkeit, ja ihre Substanzlosigkeit fast, damit erwies, daß sie in der unbewegten Luft zu schweben schienen und sehr langsam nur herabsanken, gewahrten die Zuschauer, jenem unverständlichen Vorgang in atemloser Erstarrung folgend, wie Herrn X' Gesicht im Augenblick, als die letzte Maske von dem, wie wir nun bemerkten, sehr unscheinbaren grauhaarigen Mann, den die mächtige Gestalt Herrn X' wie ein Monument überragte, herabgezogen war, sozusagen zerging, als wäre da gar kein Gesicht gewesen, nur eine formlose, teigige Masse, die nun herabfloß, im Pelzwerk des Kragens und über der Brust verlief, während die dunkle langlockige Perücke gewissermaßen nachsackte, immer tiefer, ihm schließlich auf den Schultern lag, an den Rändern ein wenig verklebt von dem weißen Brei ...

Soweit der Bericht des n'schen Tagblattes über den in der gestrigen Abendvorstellung des städtischen Theaters erfolgten Tod des bekannten Heldendarstellers X. Was ist dem hinzuzufügen?

DAS MOSAIK

Immer wieder, wenn wir das Vergangene, das mit uns und an uns Geschehene bedenken, fühlen wir uns versucht, daraus, wie aus einem Mosaik, ein blindgewordenes oder brüchiges, undeutliches Stück herauszubrechen und irgendwohin beiseite zu tun. Später einmal finden wir es wieder, in eine unerhörte glühende Farbe getaucht, unbegreiflich verwandelt, und es drängt uns, es eilends wieder dem Mosaik einzufügen. Wunderbar müßte es darin leuchten! Dann aber finden wir die Stelle nicht mehr, von der wir es einst entfernt, halten es, betrübt und bezaubert in einem, lange in Händen, setzen es schließlich irgendwo ein, erproben, ob es hier oder dort besser stünde, bedeutender – Aber es fügt sich nun nirgends mehr in das Bild ein, und wir ahnen, daß uns mit jeder dieser fruchtlosen Bemühungen die alte Ordnung des Mosaiks immer endgültiger verloren geht.

BEMERKUNGEN

Wenn wir lieben, ist unser Niveau unbegrenzt.

Was ich wollen kann, das kann ich auch erreichen.

Ich habe immer gefunden, daß Pessimismus nur auf dem Boden der Eigenliebe gedeiht.

«Ich hab recht» – das sagt allemal der Teufel.

Die Kaffeeschwester liebt den Kaffee und die Betschwester den Pfarrer.

Wir kommen ohne einen Schatz ungenutzter Fähigkeiten nicht aus.

Ein Baum ist eine große Blume, aber ein Mensch ist kein kleiner Elefant.

Was Kunst sei, kann nur durch ein Kunstwerk ausgedrückt werden.

Altdorfer war der größere Maler, Dürer der größere Künstler.

Dürer und Bach, Holbein und Händel – welche Parallelen!

Die Zartheit des Fra Angelico ist völlig männlicher Art.

Als Brahms in Wien lebte, floß die Donau durch Norddeutschland.

Heine wird vor allem von denen geliebt, die schlecht Deutsch können.

Wer Autorität einsetzt, hat unrecht.

Menschen sind keine Rechenexempel.

Wer heute noch auf Triumphe ausgeht, ist unbelehrbar.

Kein Triumphator möchte den Befreierlorbeer missen.

Was die politischen Meinungen anlangt, so scheint [es] nur zwei, unter allen Umständen gleichbleibende Typen zu geben: Gläubige und Zweifler.

Die Fortschrittler gemahnen in ihren Bemühungen um die Menschheit an Väter, die ihre Kinder in Streckmaschinen spannen, um ihnen mit einer respektableren Länge einen weiteren Gesichtskreis zu verschaffen.

Menschenliebe in ein System zu bringen – das vermögen nur Heuchler.

In welchem Verhältnis uns Zweck und Sinn zueinander stehen, das entscheidet unsere Existenz.

Im Haus der Heroen führen die Frauen das Wort.

Der Unterschied zwischen männlicher und weiblicher Logik zeigt sich schon in der Fähigkeit der Frauen, zu beweisen, daß Schuhe innen groß und außen klein sein können.

Auch der Häßliche will seinen Körper geliebt wissen.

Niemals lieben wir das Leben heißer, als wenn wir es um einer Geliebten willen gering zu achten glauben.

Ein Jämmerling im Bett ist auch sonst ein elender Kerl.

Es wird immer zum Wesen des Männlichen gehören, so weit wie möglich nachzugeben.

Es gab nie einen Schwachkopf, der seine Geistesgaben in Zweifel zog.

Die Mißgunst ist ein schlechter Koch; bei ihr schmeckt alles gleich.

Die Einsicht, daß unsere Existenz materielle Bedingungen habe, führt offenbar dazu, daß Überzeugungen für eine Versorgungsfrage gehalten werden.

Die reinliche Scheidung von Fühlen und Denken ist eine tödliche Hygiene.

Die liberale Theologie findet Gott mit einer konstitutionellen Monarchie ab.

Vom Tier unterscheidet den Menschen die unvergleichliche Fähigkeit, «ungefähr» zu leben.

Wenn man Hunger hat, hört das Kochen auf, eine Sache der Weiber zu sein.

Eine große Sache nimmt nur von solchen Opfer an, die ihr Leben achten.

Alkohol (gehaßt oder getrunken) ist stets eine Patentlösung.

Mit Anstand eitel zu sein, das vermögen nur junge Menschen.

Holt man über Gott Auskünfte ein, so ergibt sich, daß jeder seinen eigenen hat.

Der Angst ist ein ängstlicher Mensch nicht gewachsen.

Jeder Fanatismus tendiert zur Gewalt.

Joviale Volkstümlichkeit oder sorglich betonte Sittenstrenge – dahinter verbirgt sich allemal Menschenverachtung.

Jede Sache hat zwei Seiten, – solange sie uns nichts angeht.

Für das, was wir nicht brauchen können, bedanken wir uns am wortreichsten.

Die Sonnensysteme der Milchstraße sind in nichts großartiger als ein Kinderblick oder ein Mädchenmund.

Mit Recht erweist man der äußeren Schönheit eines Menschen, als dem Ergebnis einer besonderen Anstrengung der Natur, besondere Ehren.

Es erscheint verständlich, daß sich die Sentimentalität, als ein erborgtes Gefühl, dem erborgten Lichte des Mondes als in besonderem Maße hingezogen erweist.

Sentimentale Frauen sind sozusagen deklassierte Elemente. Bei den Männern liegt die Geschichte anders.

In den Gesellschaftstänzen unserer Zeit ist vom Tanz nicht mehr zu finden, als etwa Leber in den Leberwürsten gewisser Stadtschlächter.

Loerke ist mir der Liebste von all den exklusiven Jüngern des «grünen Gottes», bei denen ich den Verdacht nicht los werde, sie spreizten sich so absonderlich, weil sie hofften, Ameisen oder Käfer werden zu können.

Puccini geht mit Gefühlsregungen wie ein Schleichhändler mit unzulässiger Währung um.

Es gibt eine Brutalität, deren innerstes Wesen Schwäche ist; Richard Wagner meine ich.

Wenn ein Roman verfilmt wird, erhält der Autor Schweigegeld.

Dichtung als Materialsammlung für den Geschichtsunterricht – das ist heute eine Wissenschaft, aber man muß schon ein gehöriges Maß an Borniertheit dazu mitbringen.

In Deutschland sind Prüderie und Flegelei vom gleichen Holz.

1936 sagte man in Deutschland Goethe nach, er hätte im 2. Teil des Faust den Reichsarbeitsdienst erfunden.

In Frankreich bedarf es nur eines Wortes, um aus einem Hürchen, wenigstens für Minuten, Marianne, ja sogar Jeanne d'Arc zu machen.

Die Frömmigkeit der Engländer ist wie ihre Soße: praktisch, stets gebrauchsfertig und – ungenießbar.

Man braucht sein Kunstverständnis wie ein künstliches Gebiß.

Was ich bei Masaccio denke: nur ernsthafte Menschen sind frei, nur freie kühn.

Um in der Kunst Aufwand treiben zu dürfen, muß man so nobel sein wie Velasquez.

Wer aus dem Naumburger Stifterchor nicht anders herauskommt, als er hineingegangen, hat Grund zu allem Argwohn gegen sich selber.

Ich beklage nicht, daß die antike Kunst so fragmentarisch auf uns gekommen ist. Zwar hätten wir sie auch sonst fortgesetzt mißverstanden, aber ob mit soviel Gewinn, wage ich zu bezweifeln.

So wenig es in der Feuerzone Lebensversicherungen gibt, so wenig kann Kunst ein Metier sein.

Carstens schließt Thorwaldsen aus.

Holbeins Porträts verraten entweder primitive oder sehr überlegene, auf keinen Fall aber mittelmäßige Auftraggeber.

Früher bekümmerte es mich, daß Ausländer so häufig Heine zu lieben vorgeben, bis ich entdeckte, daß das eigentümlich Beleidigende der heineschen Poesie in der Übersetzung fast immer verlorengeht und also Anderssprachigen verborgen bleiben muß.

Joh. R. Bechers Sonette gemahnen an den Gesang eines Kapell-Kastraten.

Reitvorschriften zu verfassen, kaum daß man ein Schaukelpferd erklettert, – eine übliche Praxis.

Die Berufsbezeichnung Schriftsteller ist eine Ausrede.

Unter der Devise «Wissen ist Macht» gräbt die Ignoranz der Wissenschaft das Wasser ab.

Die Verehrer Lichtenbergs stehen immer in Gefahr, hämisch zu werden.

Galiani – Mit soviel Geist kann man nicht glücklich sein.

Georg Bernanos: Tagebuch eines Landpfarrers, – ein großes Buch und (leider) ein großes Kunststück.

Ohne Erbe gibt es keine Legitimität.

Wassermanns Romane – das ist eine rechte Maulwurfskunst.

Thomas Mann – der Spielhagen der Gegenwart.

Flöten (und also Orgeln) haben Ton, Lauten (und also Klaviere) Klang.

Richard Strauß' Heldenleben: Wie man mit Trompetenschall Skat spielt und über dem Inhalt einer Nachttischschublade elegisch wird.

Über die Ähnlichkeit von Rubens und Delacroix kann man viel sagen, und es kommt schließlich darauf hinaus, daß Rubens viel interessanter, geradezu moderner ist.

Den Donaustil mit der Romantik zu vergleichen, ist ein Unfug. Beides aber, und die norddeutschen Orgelmeister vor Bach dazu, ist wesentlich deutsche Kunst.

Was der getreue Brod über Kafka zu erzählen weiß, ist zumeist Unfug. Richtig aber ist, daß er nur aus der Situation des Judentums verstanden werden kann.

Stefan Zweig ist ein Salongeschwätz.

Wer es nicht über sich bringt, die früheren Gesellschaftsordnungen für borniert zu halten, hat vor der Zukunft einen schwierigen Stand.

Die Leere, die in unserer Zeit allen Lebensgebieten droht, ist nur die Folge der allgemein üblich gewordenen Gleichsetzung von Sinn und Zweck.

Um uns den Glauben an den Fortschritt zu bewahren, dürfen wir in unseren Einsichten ein gewisses Maß nicht überschreiten.

Es gibt bedeutende Gesellschaftskritiker, die nur verärgerte Dienstboten sind.

Eine Dame der Gesellschaft, die man auf ihre Behauptung, sie rauche nicht und nähme keinen Alkohol zu sich, befragte, ob sie denn überhaupt keinem Laster fröne, gab darauf eine außerordentliche Antwort: «Doch», sagte sie, «ich lüge!»

Jeder klugen Frau gelingt es, ihren Eheherrn unter den Pantoffel zu bringen. Aber die klügsten schwingen ihn unbemerkt.

Völlig besitzt man nur, was man zu besitzen wünscht.

Rhodus ist immer da, wo es nichts mehr zu springen gibt.

Es gibt Lügner, denen niemand nachrechnet, wenn sie sich widersprechen.

Es wäre schön, wenn es gleich einleuchtete, daß Eleganz die Gesundheit des Geschmacks bezeichnet.

Der gleiche Dreck, den wir aus unseren Wohnungen verbannen, spielt sich in unserem Gedächtnis als Erfahrungsschatz auf.

Die christlichen Dogmatiker wollen Gott in seinen eigenen Schlingen fangen.

Die meisten Leute sind erst zufrieden, wenn sie – selbst bei ihren düstersten Prognosen – glauben können, Recht behalten zu haben.

Man darf das Rechte nicht von andern erwarten.

Freundschaft besteht nur, wo ein Abstand gewußt und eingehalten wird.

Nur wer zu schenken versteht, besitzt wirklich.

Die aus lauter insgeheim bezweifelten Erwartungen resultierende Fröhlichkeit der Neujahrsnacht pflegt man sich mit guten Vorsätzen und mancherlei Absagen zu salzen. Und mit der Morgenpost wünschen einem die alten Sünden viel Glück dazu. (1943)

Unser Verhalten hängt von zahllosen Dingen ab, nicht zuletzt vom Salz in der Suppe.

Der Verlust einer lächerlichen Geldsumme hat schon manchen den Verstand gekostet, der Anblick des gestirnten Himmels noch keinen.

Altersweisheit ist giftig.

Es sind schöne Geschichten, die uns erzählen, wie große Geister ihren Körper zur Raison gezwungen haben. In Wirklichkeit aber ist es so, daß auch die kräftigsten Geister von einem hinfälligen Körper um ihre Herrlichkeit gebracht werden.

Der Bauer ist klug, die Dorfversammlung ist dumm – ein östliches Sprichwort.

Es kam mich nie an, meine Landsleute samt und sonders zu lieben.

Wenn man Bildwerke der alten Ägypter sieht, möchte man meinen, daß es einmal ein plastisches Zeitalter gegeben habe – und daß es mit ihnen vergangen sei.

Es gibt eine Art von Kunstbetrachtern, die schon in Hut und Handschuhen sind, noch ehe sie sich nach Schuh und Strümpfen umgesehen haben.

Daß Goethe sich den Magen am Köstritzer Bier verdorben haben soll, ist der Lebensarbeit eines deutschen Professors würdig.

Man kann über Goethe nicht sprechen, ohne in Irrtümer zu verfallen.

Eine Literatur, der man mit Richtlinien aufhilft, riecht nach Apotheke.

Als sich Matthias Claudius seiner Naivität bewußt wurde, war es um ihn getan.

Klopstocks Ode «Der Eislauf» ist ein unvergleichliches Dokument für die Gewalt unserer Sprache.

Bessere Prosa als Brentanos Geschichte vom braven Käsperl und schönen Annerl habe ich nie gelesen.

Geschichtsschreibung ist offenbar ein ähnliches Metier wie Roßtäuscherei.

Bei einem literarischen Tee sprach man von Leo Tolstoi. «Ich verehre ihn außerordentlich, aber es ist sehr peinlich, ihn zu lesen», äußerte jemand.

Die historischen Romane des 19. Jahrhunderts muten an wie das Gewäsch von Dienstmädchen, die an den Türen ihrer Herrschaft gelauscht haben.

Es gibt einen Tiefsinn in der Literatur, der schamloser Bauernfang ist; Kolbenheyer meine ich vor allem. (1943)

Sprache ist Anruf. Darum wächst ihre Kraft in dem Maße, wie die Menschen sich voneinander entfernen.

Sentimentales Bukett, Brillantfeuerwerk, fransenreicher Plüschsalon – all das kann man von Liszts Musik sagen, – wenn man sie lange nicht mehr gehört hat.

Der Eleganz Couperins läßt sich nichts vergleichen.

Heute hat die barocke Polyphonie keinen legitimeren Erben als den Jazz.

Reife – damit bezeichnen die Schulmeister die Beherrschung jener Liste, derzufolge die Welt aus Dingen besteht, über die man Bescheid weiß, und solchen, die man geflissentlich übersieht.

Hartig: Ein Standpunkt ist ein Gesichtskreis mit dem Radius Null.

Ein langer Gang durch die Nacht erweckt das Bewußtsein einer uns irgendwie eigenen Leuchtkraft. (1940)

Aus Bewunderung zu lieben ist eine Art von Prostitution.

Das Wissen kann uns überreden, überzeugen kann nur der Glaube.

Kunstwerke sind Sühnopfer für Verschuldungen.

Der Dichter hängt immer vom Zufall ab. Darin liegt Seligkeit und Verzweiflung des Dichtens beschlossen.

Die Unsicherheit in manchen Gedichten der Annette von Droste beweist die Legitimität ihres dichterischen Ansatzes. Es ist nicht gewiß, wohinaus es mit den Versen geht.

Das Gedicht entsteht in der radikalen Unsicherheit.

Der Weg des Dichters ist absolut einsam. Niemand kann ihm sein Tun abnehmen. Auch gut gemeinter Rat hilft ihm nicht, der verschlägt nur beim Dilettanten, wo ihn ohnehin kein Erfolg rechtfertigt.

Goethe – das ist eine Industrie.

Feuchtwanger, Heinrich Mann – Literatur als Vehikel des Intellekts.

Bert Brecht – ein bemerkenswertes Talent, dessen größte Wirkung freilich auf einer nicht gewöhnlichen Arroganz beruht.

Hesse – Man muß eine breitere Brust und einen besseren Magen haben, um ein ganzer deutscher Dichter zu sein. Jean Paul war es am sichersten.

Weinheber ist ein tragischer Fatzke.

Die große Dichtung der Deutschen geschah in den letzten Jahrzehnten im Felde der Lyrik: Trakl, Heym, Benn, die Lasker-Schüler noch und einiges von Loerke.

Agnes Miegel ist eine große Dichterin. Nur daß sich bei ihr die Altjüngferlichkeit so aufdringlich zeigt, ist fatal.

Fritz Reuter muß man lieben können, sonst ist man um seine ganze Herrlichkeit gebracht – und um eines der größten Vergnügen im Reich der Literatur.

Dr. Grundmeier, unser Lagerarzt in der Gefangenschaft, sagte über meine Klassizistische Ode, die würde noch in tausend Jahren schön sein. Inzwischen kommt sie mir auch schon ziemlich tausendjährig vor.

Die Franzosen sollten Büchner und Mörike so übernehmen, wie wir Stendhal und Rimbaud.

Das Herrlichste, was Balzac hinterlassen hat, ist seine eigene Gestalt.

Der Ruhm der Poseure hält sich nicht.

Rilke hat ein unsauberes Verhältnis zur Sprache.

Den Ernst Runges und C. D. Friedrichs haben!

Die Schöpferkraft Barlachs korrumpiert alle Kunstwissenschaft.

Seit Ernst Jüngers Frankreichbuch sollte es ersichtlich sein, daß seine Arroganz, seine interessante Art zu postulieren eigentlich einem Hang zur Bequemlichkeit entstammt.

Joseph Conrad wird eine unablässige Wirkung haben. Daß die englische Prosa ihm eine Reihe meisterhafter Werke verdankt, kann nicht darüber hinwegtäuschen, daß er zeitlebens Pole blieb. Ich will nicht seine Abneigung gegen das Russentum erwähnen – obwohl, wer Polen und die Ukraine kennt, davon weiß – aber der alte Kapitän in «Das Ende vom Lied» oder der Held der «Schattenlinie», das sind Menschen des Ostens.

Hille, George, Rilke – Zeiterscheinungen.

In Kafkas Tagebüchern gibt es die Schilderung eines Besuches bei Rudolf Steiner, die – ohne darauf angelegt zu sein – dessen ganzen schäbigen Dilettantismus zeigt.

Mit Brot und Wein und allen Früchtens des Gartens und der Felder verbinden wir uns immer unzertrennlicher der Erde.

Ich habe gar keine so schlechte Meinung von manchen meiner Gedichte. Trotzdem ist mir die Erinnerung an einen Brief, den Paul Alverdes mir 1943 ins Feld schrieb, etwas wert. Es stand darin: «Es ist mir seit langem kein neuer Name begegnet, dessen Arbeiten mich mit solcher Überzeugungsgewalt angesprochen und mit so hoher Zuversicht auf alles noch von ihm Kommende erfüllt hätten wie der Ihre. Lassen Sie mich weiter daran teilhaben, und seien Sie schönstens gegrüßt.»

Und Ina Seidel im August 1950: «Ich hielt von Anfang an viel von Ihrem Talent und erwarte, daß Sie auf dem Gebiet der Dichtung das zur Vollendung bringen, was in Ihnen angelegt ist. Ich bin auch überzeugt, daß Ihre Gabe sich durchsetzen wird. Das möchte ich Ihnen auf alle Fälle gesagt haben.»

Ich sah kürzlich ein Regenbild von Marc. Der Lyrismus darin, in den Farben vor allem, ist schon ein wenig fatal. Aber dann ist da ein weißer Hund darauf, in einer Bewegung von so kreatürlicher Sanftmut, daß man ganz glücklich wird.

In der gleichen Ausstellung hing ein Corinth, Berliner Schloß. Glorios gemalt. Der Slevogt daneben war museal.

Das sich allenthalben vorbereitende, in wenigen Jahrzehnten zu erwartende Neue Zeitalter wird entscheidende Schrecknisse bringen. Auf dem Felde der Literatur aber dürfte es der Welt einen der großen Glücksfälle bescheren, um den man die Enkel schon beneiden könnte: Die Entdeckung Jean Pauls.

Der Künstler – das ist der Mensch, der sich dem Chaos stellt. Dies zunächst – und mit Furcht und Zittern.

Menschen, die von ihrer Bekleidung so verhüllt sind, daß ich mit ihnen nicht ohne Befangenheit sprechen kann.

Schluß mit einer gewissen Art von Bemerkungen, Maximen oder sonstwas, auf die ich mir zu gewissen Zeiten etwas eingebildet habe. Selbstverständigung – meinetwegen auch mal ein paar hübsche Formulierungen – das mag bleiben.

Wiederholung der Wirklichkeit – das kommt für die Kunst nicht in Betracht.

DATEN ZUM LEBENSWANDEL DES HERRN S.

In einem kleinen Vorort der Stadt bewohnt Herr S. ein Häuschen.

Als er heute – es ist November – nach Hause ging, fror es ihn, obwohl er bereits winterlich gekleidet und das Kälteempfinden also unangebracht war.

Herr S. öffnete, der Stubenluft sich erinnernd, die er tagsüber geatmet, den Mantel, zog die Handschuhe aus, hob, nachdem er sich vergewissert, daß niemand ihn beobachte, einen Stein auf und warf ihn ziemlich weit in den Teich.

Das Wenige genügte, um Herrn S. ein Gefühl seines Körpers, seiner Frische und Lebenskraft zu geben – ein Gefühl, das ihn heiter stimmte und ihn mit geradezu festlicher Erwartung seinen vier Wänden zustreben ließ.

Herr S. ist ein Mensch ohne Ideologie.

Ernsthafte Leute machen ihm das zum Vorwurf. Einige bestreiten, ohne freilich mehr, als ein paar dürre Konstruktionen aufbieten zu können, eine solche Möglichkeit überhaupt.

Ein früherer Freund sagte ihm kürzlich entschlossen: «Du bist ein Kapitalist.» Indessen fügte er nach einigem Überlegen hinzu: «Aber ein komischer.» – Herrn S. ist damit nicht gedient. Er bemüht sich gern, für seine Bekannten mehr als jene gewisse Rührung zu empfinden, mit der man in späteren Jahren die Spielhöschen und Jäckchen der eigenen Kinderzeit betrachtet.

Herr S. geht sonntags zur Kirche, läßt aber an den Pastoren selten ein gutes Haar.

Auf diesen Widerspruch hingewiesen, antwortet er freundlich, er würde auch hingehen, wenn er taubstumm wäre.

Herr S. trinkt gern einen guten Wein und liebt die Kirchenmusik, hat also Sinn für Qualität.

Herr S. liest zuweilen in den Philosophen. Ob mit Gewinn, wird man vielleicht bezweifeln, wenn man erfährt, daß er solche bevorzugt, die kein System hinterlassen haben. Er meint, daß sich Menschen weder vor- noch nachrechnen lassen.

Herr S. suchte den Maler Frischeisen auf, der eben von sich reden machte, setzte sich bei ihm in den Sessel und ließ sich malen.

Das Bild wurde sehr interessant. Es zeigte einen ziemlich verbeulten Müllkasten, der mit Zahnrädern garniert war.

Herr S. sah sich sein Porträt an und ging, nicht ohne darauf hinzuweisen, daß seine Fabrik nicht Zahnräder, sondern Bürsten herstelle.

Dem Maler ließ er ein mäßiges Stundengeld für drei gehabte Sitzungen anweisen.

Herr S. ging in den Leseabend eines gefeierten Dichters. Der Dichter selber war irgendwie schwerwiegend verhindert. Stattdessen trug ein Abgesandter aus jenes Werken vor.

Herr S. bereute nicht, hingegangen zu sein. Ihm tat die weihevolle Stimmung wohl, zumal er sicher war, daß sie sich in Anwesenheit des Dichters nicht so leicht verbreitet hätte.

Herr S. besitzt eine Bürstenfabrik. Seine Wasch-, Zahn- und Topfbürsten sind gut eingeführt. Er braucht sich keine Sorgen zu machen.

Herr S. benutzt selbst seine Bürsten und ist mit ihnen zufrieden.

Er ist überdies verheiratet, hat zwei Söhne, welche studieren, und eine Tochter, die vor kurzem einen Politiker heiratete und das Elternhaus meidet.

Herr S. sah im Theater ein realistisches Stück, wie es sie seit einiger Zeit gibt.

Es schien, abgesehen von ein paar schwachen Darstellern, alles daran richtig zu sein.

Herr S. bemerkte nicht, daß er beim Hinausgehen klatschte. So gedankenlos war er.

In einem Buch, das er kürzlich las, fand Herr S. einen Satz, der ungefähr besagte, man könne etwas Rechtes mit bösen Mitteln nicht erreichen.

Herr S. wunderte sich, als er erfuhr, daß der Dichter dieses Buches in einem seiner Heimat benachbarten Staatswesen für eben dieses Werk zu einem hohen Preis vorgeschlagen wäre.

Vor einigen Tagen ließ sich Herr S. das Bild seines Staatsoberhauptes über den Schreibtisch hängen.

Herr S. freut sich an dem Buntdruck und stellt mit Genugtuung fest, daß auch andere Leute zunehmen.

Herr S. ist den Künstlern gewogen, das zeigt sich immer wieder.

So erbot er sich neulich einem jungen Maler gegenüber, dem er eine wohlgelungene Lithographie abkaufte, einen runden Hunderter mehr darauf zu verwenden, wenn der Maler eine, durch seine Lebensgefährtin bestätigte, Bescheinigung beibrächte, daß er gerade an dieser Arbeit viel länger als gewöhnlich gesessen hätte.

Den Unterschied zwischen männlicher und weiblicher Logik sieht Herr S. in der Fähigkeit der Frauen, zu beweisen, daß Schuhe innen groß und außen klein sein können.

Zur Musik hat Herr S. ein glückliches Verhältnis. Er hört gern ältere Werke, doch befremden ihn auch eigenwilligere Zeitgenossen nicht. Herr S. glaubt aber nicht, deswegen ein moderner Mensch zu sein.

Herr Freudig schlägt sich als Schriftsteller durch und erscheint jährlich zwei oder dreimal bei Herrn S., als einem seiner ältesten Freunde, um sich ihm anzuvertrauen.

Er hat, wie er kürzlich berichtete, sein neues Manuskript einem namhaften Verlag angeboten, der ihn auch zu einer Besprechung bat und ihm durch einen unterrichteten Herrn erklären ließ, sein Roman sei zu allgemein, zu wenig in Raum und Zeit beheimatet, lebensfremd und manches andere.

Der Herr habe ihm aber geraten, fuhr Herr Freudig fort, das Buch einer gewissen Filmgesellschaft vorzulegen, die nach zeitnahen Stoffen fahnde.

Herr Freudig wundert sich darüber nicht; er ist Schriftsteller. Aber Herrn S. ist das Erzählte des Nachdenkens wert.

Herr S. nimmt mit Unbehagen zur Kenntnis, daß die Literatur eine Materialsammlung zur Erläuterung der Historie sein solle.

ÜBER KUNSTWERKE

I

Josupeit ist Denkmalpfleger. Er pflegt Denkmäler. Portale, Mauern, auch ganze Häuser, Schlösser, Burgen, Börsen und Standbilder. Er hat dazu eine Gießkanne. Man sieht noch, daß sie grün lackiert worden ist. Ein paar Löcher hat sie zwar, aber nur kleine, und die Brause ist an einigen Stellen zugerostet. Da tut ihm der Staat irgend etwas Flüssiges hinein, und dann geht Josupeit und pflegt Denkmäler. Er begießt sie vorsichtig, wobei er den Kopf schräg hält, und die Denkmäler verändern sich nach und nach. Manche werden ein bißchen größer, einige der Länge nach, andere mehr in die Breite. Aber die meisten schrumpfen ein, höher wird ganz selten eines und wirklich ansehnlicher keins. Schöner ist es nun jedenfalls nicht, sagen die Leute, wenn Josupeit fertig ist. Manch ein Denkmal ist dann überhaupt nicht mehr wiederzuerkennen, aber Josupeit weiß: so und gar nicht anders hat es früher ausgesehen, und das ist schließlich die Hauptsache, und die Leute geben sich damit zufrieden, und der Staat tut ihm mal wieder was in sein Kännchen. Schön gerade halten, Herr Doktor, sagt der Staat dann, daß nur nichts danebengeht!

Wäre ja auch schade. Schließlich hat sich Josupeit alles, was er so tut mit der Kanne, an vielen Schulen und Instituten zusammenstudiert, die nicht einmal alle dem einen Staat gehören, der Josupeits Kännchen füllt, sondern noch anderen, die andere Kännchen versorgen als das Josupeitsche.

Josupeits Vater, der Geheimrat, zum Beispiel hat eine Bildergalerie. Lauter Bilder aus früheren Zeiten, meist von bräunlicher Farbe. Die werden ebenfalls alle gepflegt; vorsichtiger allerdings, mit einer Spritze. Obwohl die Menschen, die sie angefertigt, oder die, die sie gekauft haben, längst tot sind. Der Geheimrat hat viel Verständnis für solche Dinge, er weiß genau die Namen jener Künstler oder Besitzer und zählt her, was noch alles an dem jeweiligen Namen hängt, den er gerade genannt hat. Ganze Tabellen, ganze Inventarslisten von Speichern, oftmals viele hundert Namen und Jahreszahlen.

Aber möglicherweise gab es auch in jenen Zeiten, aus denen die Denkmäler und Bilder stammen, schon Pfleger und Geheimräte mit Josupeitschen Beschäftigungen, ganz dasselbe also, und dann ist es ja nicht schlimm, dann hebt sich sozusagen die Historie auf, und man mag davon absehen, daß sich das alles, wie manche sagen, mit einem unzähligen Aufwand an Menschen gemacht hat und wahrscheinlich schmerzhaft. Ich möchte allerdings nicht so recht an die Pfleger und Galeriedirektoren glauben, an die früheren meine ich. Unsere parkähnlichen Friedhöfe, um nur ein Beispiel zu nennen, die so genau auf Liegetermine und Instandhaltungskosten festgelegt sind und ganzen Heeren von Sachverständigen und Buchhaltern Versorgungsansprüche garantieren, sind ja auch wohl neueren Datums. Und dann noch folgende Überlegung: Wenn Leute auf eine Reise gehen, bringen sie erst einmal ihre Wohnungen hübsch in Ordnung. Alles kommt an seinen Platz, der Staub wird entfernt, Mottenpulver verteilt, schließlich hängt man noch die Fenster zu. Dann ist alles getan, man verreist völlig beruhigt. Hat sich die Menschheit oder wenigstens ein Erdteil – soll man sagen: ein Zeitalter? – aufgemacht, um zu verreisen, oder wendet sie sich nächstens anderen Tätigkeiten zu? Dann würden die Symptome ja wohl auch stimmen. Aber wo bleibt dann Josupeit? Wird man eine Verwendung für ihn haben? Und welche? Besorgnisse über Besorgnisse. Josupeit selbst überlegt sich das nicht. Er pflegt. Und tut damit gewiß sein Bestes. Kürzlich habe ich gelesen, der Nachwuchs in Josupeits Fach reiche nicht aus. Man wird also einiger Förderungsmaßnahmen von seiten des Staates gewärtig sein können. Geben wir uns damit zufrieden – wenn auch im Innersten, möchte ich sagen, unberuhigt.

II

Aber nun bezweifle ich doch wieder, ob dieses rücksichtsvolle, auf schonendes Verschweigen angelegte Verhalten gegen Herrn Dr. Josupeit und überhaupt gegen alle diese Josupeits richtig sein kann. Ein Herr jedenfalls, mittleren Alters, so denke ich mir, der Überlegungen der vorstehenden Art angestellt hat und mit ihnen einen Spaziergang macht, an der Elbe oder einem anderen unschönen Fluß, trifft, so stelle ich mir vor, Herrn Josupeit und äußert im Gespräch, mit der gebotenen achtungsvollen Höflichkeit, seine Befürchtungen, das heißt: er zeigt nur eben so ein Zipfelchen davon her. Aber da wird der Doktor augenblicks rabiat. Er weist in höchster Empörung gleich die heiligsten Güter vor, und das ganz so, als zeigte er die geballte Faust und riefe: Riechen Sie mal! Kennen Sie wohl noch nicht, wie?

Der also abgefertigte Herr wird, stelle ich mir vor, sofort jeden aufsteigenden Gedanken, der Umgang mit den Gegenständen seines Fachgebiets könnte Herrn Josupeit so verroht haben, noch entschiedener von sich abweisen als die vorhergehenden Überlegungen und am allermeisten jenen Verdacht, Kunst, zumal Kunstbesitz, vornehmlich alter und teurer, könnte überhaupt eine barbarisierende Wirkung haben. Gut, er wird diese seine Befürchtungen unterdrücken, er wird sich zufriedengeben – wenn auch im Innersten, möchte ich sagen, unberuhigt.

KULTURDÜNGER

Man kann sogar auf den eigenen Dreck eifersüchtig sein. Eine Form der Eitelkeit, die nicht gleich einleuchtet. Aber ausreicht für einen Traum, groß wie ein Krieg: mit einem ganzen Regiment Epheben im Bett. Gut, daß man das sozusagen hat; so ist man – gelegentlich – aus der Isolation heraus, irgendwo: auf einem Bahnhofspissoir oder in einer Wohnung mit Couch und Möbeln, Stil Wilhelm (Knaak) der Eroberer (von Neukölln).

Das ist also eine Erwägung. Aber was fängt man mit ihr an? Lieber etwas schreiben. Auf die Zeichensetzung kommt es an. Dort am meisten, wo keine Zeichen stehen. Lieber vielleicht etwas schreiben, wie gesagt. Etwas Eigentümliches, das ein anderer drucken wird – als etwas Eigentümliches. Lieber also vielleicht doch etwas schreiben. Man müßte sich sonst die Zähne putzen. Und damit eine Aussicht gefährden, die besteht: Erde zu werden, von der man – offensichtlich – genommen ist.

TRIBUNALSZENE

Da kommt er also hereingewandert. Ein Berg ungesalzenes Fleisch, hell und wie ein Elefant aus dem Schachspiel, flüssiges Elfenbein, beieinander gehalten von einem Gestrüpp zitternder, dünner Fäden (ein unablässiger Wind könnte sie in einige Ordnung bringen), Adern- und Nervengeflechten, ein gutes Tausend gewiß, – mit einem Sommerapfel als Haupt. Einen flachen Strohhut mit Band hat er in die Stirn gezogen, die Linke drückt ein Pappschild an den Leib, mit der Rechten schwenkt er einen Abfallkorb ohne Boden.

Das ist also der Mann, der Dichter. Abends tanzt er auf kleinen Füßen. Ein immerwährender Zirkus, eine Manege (rot, gelb und manchmal blau) dreht sich um ihn, so kommt ihn das Küssen an – ein Dichter, der abends tanzt, den sie um Mitternacht unter den Lampen mit herabgezogenen Hosen über eine Straße aus lauter Torwegen tragen, unter dem Kommando eines andern, der, die Tasche voll Verse, zur Eile ermahnt, weil es schon wieder zu regnen beginnt.

Ruft ihn heran, den Dichter, ehe es spät wird, zu spät für Gedichte oder für Bilder, die ein Dritter mit kleinen Augen gemalt hat – eine große Katze mit einem Haus neben sich oder einen kalkweißen Mond, der nirgends hingehört. Ruft ihn heran! Tut es, wie man ein Mädchen vergißt. Ihr könntet eine Ewigkeit Zeit bekommen, zu denken, daß ihr ihn vergessen hattet, nachts, an der Tür, als ihr nach Hause kamt, – einen weichen Dichter mit Strohhut, der abends tanzt, einen Mann ohne Bart, in dem die Worte knistern (Zeilen mit leisester Flagge) wie Lichtschein in einem Katerfell.

MALKUNST ODER L'ART POULARDE

Die etwas von Kunst verstehen, hängen eine bußfertige Magdalena oder täuschend ähnliches Herbstgold an die Wand. Wer ohne Platzangst ist, wählt ein richtiges Massaker auf Chios. Aber wer selber malt, zieht ein Sujet vor, von dem er nichts hält: eine Wiese mit figürlichen Nebeln und erleuchtete Häuser, in denen keiner wohnt.

Bekennen wir daher die Kunst als eine Waffe. Applaudieren wir dem Fortschritt als der Vermenschlichung der Verhältnisse. Aber sichern wir uns bei seinen Pächtern Rente und Schlafwagenplatz.

Das zum Thema: Der Künstler in der Gesellschaft!

Der Herr, den wir so anreden, ist ein ernsthafter Mensch. Und als solcher verletzlich. Er vermalt eine Erbschaft. Er ist also ein Maler. Außerdem schreibt er. Und stellt, malend wie schreibend, eine Ware her, die, wie man hört, von einer geringfügig anarchistischen Sekte goutiert wird, – Leuten also, bedeutungsvoll unterschwellig, mit geblähten Nasenflügeln, die gründlich unbeeinflußbar sind, weil eben nichts mit ihnen los ist.

Wir sollten also lieber zu dem Herrn sagen:

«Komm her. Wir freuen uns, daß du da bist. Deine Bilder und deine Geschichten sind gut. Wir vertragen uns gern mit ihnen und ebenso gerne auch nicht. Mehr ist da nicht zu reden. An Programmen schätzen wir das Papier.»

So zeigen wir ihm wenigstens, daß es noch andere Leute gibt, die sich um den Menschen Gedanken machen, indem sie etwas malen oder dichten, was dieser Mensch nur mit Widerwillen anzusehen vermag. Hüten wir uns, diese Problematik mit Kurzschlüssen zu stören. Der Mensch, im 〈...〉

SONNENBAD

Der Berg ist aus Sand. Er trägt einen dünnen Kiefernwald, vielleicht zweihundert Stämme, aber Wäldchen kann man darauf doch wohl nicht sagen, dafür ist alles zu kahl und schäbig, es fehlen die Büsche, nur am Osthang, zur Straße hinunter und nach der Gärtnerei König zu, gibt es verwilderten Flieder, kleinblütigen, der schon im Sommer krausgezogene braungefleckte Blätter zeigt, und ein bißchen Holunder, und der Abhang auf der anderen Seite, nach der Bahnstrecke hinunter, hat ein Robiniendickicht, das sogar die Hunde meiden, nur die Vögel nicht. Wald dürfte man wohl auch nicht sagen, aber Wald ist schon anders als Wäldchen, allgemeiner, was nennt man nicht alles Wald.

Und dann schließt sich an das unregelmäßige Geviert hoher Bretterzäune, mit dem der Sandrücken sich, abfallend, auf die Stadt zudreht, wirklich soetwas wie ein Wäldchen an, mit Wacholder, kleinen Kiefern und Fichten. Das harte weiße Moos gibt es hier überall, wie auf dem Berg auch, und trockenes Blaubeerkraut, das nichts trägt, Preiselbeerkraut, Heidekraut, und in der feuchten Senke, kurz vor dem Bahndamm, wächst der stinkende Porst.

Im Winter, wenn hier der Schnee liegt und lange bleibt und es hinter den Bretterzäunen noch stiller zugeht als jetzt im Sommer, ganz still, weil die Zäune nur dastehn, nur überwintern, niemand verstecken, weil niemand gekommen ist, jetzt im Winter, außer den Krähen, gibt es hier Rodelbahnen, wo tags die Schulklassen lärmen und abends die Halbwüchsigen zu Felde ziehn, ganze Schlittenketten, aber auch einsame Stuhlschlitten, weniger Lärm, mehr Pfiffe, Zurufe und unentwegte Abfahrten ins Dunkel hinein.

Jetzt im Sommer, und jetzt am Tag, der außerdem ein Sonntag ist, Ende August, jetzt streift eine rotweiße Katze durch das Beerenkraut auf die Krüppelkiefern am Bahndamm zu, und Bodo Lapschies sitzt in seiner Sandgrube, und Helmut Bleßmann steht davor und sagt: Wenn nicht willst, ich geh alleine. Aber Bodo Lapschies will schon, bloß nicht gleich, er hat eine Handvoll eiserner Zehnpfennigstücke, altes Geld also, zehn Zehnpfennigstücke, ohne Kaufkraft inzwischen, aber blank genug und durchaus Geld, wenn auch gewesenes. Bodo schiebt die Münzen zusammen, da bilden sie eine Stange, die er zwischen Daumen und Zeigefinger seinem Freund entgegenhebt: Was meinst, verkauf ich.

Hast sie geklaut, fragt Helmut Bleßmann. Beim Lapschies?

Bodo Lapschies steht auf in seinem Sandloch, bringt die Dittchen in der Hosentasche unter, kommt mit dem Hintern zuerst aus seiner Burg, stellt sich neben Helmut auf. Du kriegst aber nuscht ab, sagt er.

Als wenn ich was nehmen möchte, antwortet Helmut. Nun ziehen die beiden Neunjährigen ab.

Lapschies, das ist Bodos Vater. Er hat im Holzstall allerlei blankes Zeug, Knöpfe, Nägel, Messinghähne, Draht. Alles zusammengeschleppt, alles geölt gegen Rost. Lapschies hat in der Zellstoff-Fabrik gearbeitet, jetzt ist er arbeitslos, da sagt er auf die Ecke im Holzschauer Werkstatt und sitzt den halben Tag dort, repariert Gitterdraht und feinmaschiges Zeug für Kückenställe. Und wenn er in die Wohnung zurückkommt, gibt es Streit mit der Frau.

Wie der aussieht, sagt Helmut Bleßmann, wie der Aff auf dem Schleifstein.

Sei still, sagt Bodo.

Aber der nackte Mann, der da einen Lauf auf der Stelle vorführt, die Knie immer fast bis zum Kinn hochreißt, ganz schnell, hat wirklich etwas vom Affen, die starke Behaarung jedenfalls, und er kratzt sich auch an der Hüfte, als er jetzt aufhört mit seinem Sport. Schamlos ist er auch, aber das sind alle hier hinter dem Zaun, das gehört sich hier so, denn über dem Tor, das wie das Zaungeviert aus Brettern besteht und gar nicht höher ist, zwei Meter zwanzig wie überall, und also sonst nicht kenntlich wäre, aus der Entfernung, ist ein Schild angebracht, da steht Sonnenbad drauf.

Es ist also ein Nacktkulturverein, dem dieses Reservat hier gehört. Und Helmut und Bodo sehen also durch ein Astloch, jeder durch eines, sie kennen alle Astlöcher, zweihundert oder noch mehr, von denen sie die Hälfte nutzen können, die unteren also, die oberen sind für größere. Es gehört zur täglichen Unterhaltung der Siedlung vor dem Wäldchen. Und so hat die ganze Siedlung längst den Namen des peinlichen Reservats übernommen und trägt ihn so frei wie die Leute hinter dem Zaun ihre Körper oder Freikörper. Man wohnt hier, sagt man selber, im Sonnenbad.

Auch Lapschies sagt das, auch Frau Lapschies, sie wohnt auch im Sonnenbad, sagt sie, allerdings, sie macht keinen Gebrauch von den gebotenen Einsichten, Aussichten, Ansichten, Lapschies schon, manchmal. Aber auch dann kommt er ärgerlich nach Hause, höchstens daß er singt, so ein Kinderlied: Scheine liebe Sonne, scheine oben rauf und manke Beine.

Alte Sau, sagt Ella Lapschies und bindet sich die Schürze fester, das soll heißen: Komm mir jetzt nicht zu nahe, mit deiner schmutzigen Phantasie.

Heut ist Lapschies noch in der Werkstatt. Aber wo steckt der Bodo? Ella Lapschies will nachher zur Heilsarmee, da soll der Bodo mitkommen, richtig angezogen und gewaschen. Was hat man sonst von seinem Kind?

Also wo ist der Bodo?

Und jetzt hört man von Jakobsruhe herüber Musik. Das ist dann also schon die Heilsarmee. Sie kommen an Jakobsruhe entlang, von der Stadt her, und wo der Park, Jakobsruhe genannt, zuende ist, hinter dem Denkmal der großfüßigen preußischen Luise, gibt es Kieferngruppen, mitten im Sand, da lassen sie sich nieder, da stimmen sie ihre Gesänge an, da schlagen sie ihre Gitarren, da stellen sich Piston, Flügelhorn und Tuba auf. Also sie sind schon da.

Bodo!

Ella Lapschies schreit nur einmal kurz zur Tür hinaus, also: wie die Bleßmannsche da herumbölken, das liebt sie nicht.

Und der Bodo, wie wir wissen, ist auf dem Berg, nicht ganz oben, sondern weiter unten am Zaun. Dort hört er nichts.

Meine Fresse, sagt Helmut Bleßmann. Drin nämlich, im Sonnenbad, beginnt, nach der Mittagshitze, das gesellige Vergnügen, faul und völlig ausgezogen. Man räkelt sich noch im Sand oder auf Decken, beschmiert mit Hautöl, dessen Pesthauch in der unbewegten Luft steht, aber der eine oder andere sieht sich schon um, Schnetzkat, Trikotagen en gros, schnarcht noch, seine Frau sagt: Hugo! Nutzlos übrigens. Da steht Eisermann vor ihr, sportlich, kein Lot Fett am Leibe, alt und ausgetrocknet – man kann das eine sagen oder das andere, je nachdem –, aber heiter, lebensfroh, mit dem blöden Gesicht eines Gummischutzvertreters – man kann das ausdrücken, wie man will, je nachdem –, Eisermann, Drogist, der Gesellschaftsmensch. Los, Schinkenkloppen, schreit Eisermann, bückt sich, streckt den Hintern – nicht ein Lot Fett –, spitz und sehnig, die blanken Knochen gegen Kumpane und Kumpaninnen und gegen den Zaun aus. Los, Schinkenkloppen.

Aber auch gar nichts auf den Rippen, sagt Bodo.

Wo siehst du Rippen, sagt Helmut.

Und es ist wahr: Knochen schon, trocken, ein alter, unter der Devise Kraft und Schönheit verelendeter Hinterer, aber Rippen – nein. Da jedenfalls nicht.

Bodo, schreit Ella Lapschies. Sie steht unten am Abhang, die Schürze in der Hand. Also sofort kommst du mir runter.

Nun gibt arschvoll, sagt Helmut Bleßmann, komm, wir hauen ab. Aber Bodo steigt brav hinunter, geht auf die erhobene Mutterhand zu, Ella drischt rechts und links, die Schürze zwischen die Knie geklemmt, und jetzt fort von hier, ehe noch einer etwas sieht. Was denken die Leute? und auf dem Weg, bis ans Haus, und drin erst, in der Küche: Wo hast du das her, wie ein Häuschenkind, von mir nicht, wie oft habe ich dir gesagt, anderer Vater, aber na ja, das kriecht ja selber da rum.

Lapschies, wie man sieht, genießt ihre Achtung nicht. Und Häuschenkind – da meint Ella Lapschies Deputantenkinder, Dörfler, denn hier, im Sonnenbad, ist man Stadtbewohner. Und Heilsarmist. Was es auch auf dem Dorf nicht gibt, so wenig wie gute Sitte.

Das nimmt ja überhand, schreit Ella Lapschies, drischt noch immer, jetzt mit ihres Gatten schwarzem Spazierstock mit Alpakakrücke. Also ich helf dir.

Frau, sagt Lapschies, in der Tür. Was machst du da mit meinem Stock!

Du fehlst mir gerade, von dir hat er das ja.

Mehr wie von dir, sagt Lapschies, allemal.

Durch die Löcher kicken, solche Sauereien, natürlich hat er das von dir.

Ella, sagt Lapschies. Es knarrt ihm ein bißchen in der Stimme. Und zu Bodo sagt er: Geh draußen spielen.

Jetzt spielen, verdroschen, verheult? Bodo drückt sich hinaus aus der Küche. Aber dann die Bodentreppe hinauf.

Wie meinst du das, sagt Lapschies, als der Junge weg ist.

Du gehst doch auch da oben, nackte Weiber kicken.

Na wenn man dich besieht, sagt Lapschies. Und weiß: so schön sehen die ja da auch nicht aus, rosiger vielleicht, zugegeben.

Besieh dich man erst, schreit Ella Lapschies, wie du aussiehst, krumme Knie und ungewaschne Füße.

Du kannst vielleicht im Dustern sehen?

Das ist noch ganz ruhig gefragt, aber Ella hört, das Knarren ist deutlicher geworden. Und jetzt sagt Lapschies, jetzt hat er den Ton, jetzt sitzt ihm die volle Empörung in der Stimme: Und das hat er also von mir?

Na etwa von mir?

Gott bewahre, sagt Lapschies, und jetzt hast du auch gleich was von mir.

Er hat seinen Krückstock wieder.

Du Miststück! Der erste Schlag erwischt Ella noch an der Schulter, der nächste geht gegen die aufgerissene Tür, auf der Treppe verliert Ella die Latschen, rennt barfuß weiter, der Lapschies hinterher, mit geschwungenem Krückstock. Über die heruntergesengte Grasnarbe, über den Sand, am Gerümpelhaufen vorbei, an der Sandkaule. Ella rennt, drüben ist die Heilsarmee, immer auf die Musik zu. Die plötzlich abbricht.

Aber was? Wo ist die Musik? Weg. Ella stolpert und schlägt längelang hin. Da schwebt der Stock über ihr. Und bleibt in der Luft stehen. Ja, wo ist die Musik?

Lapschies steht, stützt sich auf seinen Stock, drückt ihn tief in den Sand.

Ella hat sich aufgerichtet. Und winkt ab, mit beiden Händen: Sie sollen dort bleiben, die Schwestern und Brüder, sollen weitersingen, weiterblasen, weiter Gitarre spielen. Es ist ja nichts, lohnt nicht das Hinsehen. Gar nicht.

Aber die Heilsarmisten werden sich nicht aufhalten lassen. Werden die Schwester Lapschies hinüberführen, hinübergeleiten auf ihren Nistplatz, sie hinsetzen und sich drum herum. Mit ihren Hüten. Und der blau angezogene Heilsarmeekapitän wird sich dieses Herrn Lapschies annehmen, dieses Mannes, der dasteht und den Stock in den Sand drückt. Und wird mit ihm nachkommen.

Und ich in dem Aufzug, sagt Ella Lapschies.

Und jetzt lassen wir sie singen, alle gemeinsam. Und beieinander sitzen, die Heilsarmee, Offiziere und Soldaten, und Lapschies und Frau. Soll sich das Maul zerreißen, wer will.

Es wird Sonntag, jetzt, an diesem Sonntag, und die Siedlung heißt weiter Sonnenbad, heute, morgen, nächste Woche, auch Ende September noch, wenn es still wird hinter den Bretterzäunen, und sogar noch im Winter, wenn die Rodelbahnen wieder Leben um den Berg herum machen, Schulklassenlärm und Halbwüchsigenpfiffe. Ella Lapschies, befragt, wo sie wohne, antwortet: Sonnenbad. Und denkt sich nichts dabei. Es geht ja immer alles so weiter.

EIN STÜCK AUF DEM KLAVIER

Ach, seufzt Hermine und hebt den dicken Goldfisch aus dem Zimmerbassin, ach wie schön.

Tue Fernando sofort in sein Wässerchen zurück, sagt Tante Alma. Sie kreuzt die Arme vor der Brust. Hermine gehorcht ohne ein Wort, und Tante Alma fährt fort: Ich weiß es wohl, deine infernalische Rachsucht richtet sich auf die sündelose Kreatur, weil ihr Blick dem meinen so sehr ähnelt.

Hermine steht am Fenster und läßt die Arme hängen. Lauter Schleifen: im Haar, über der Brust, an den Ärmeln, der Taille, dem Rock, lauter weiße Schleifen. Setz dich ans Klavier, Musik vertreibt die Teufel aus unserem Gemüt.

Ja, Tante, sagt Hermine.

Das Stück, das Hermine spielt, mit vorsichtigen Bewegungen, die die Ordnung der Schleifen nicht stören, ist ein schönes, eine Paraphrase über Lang lang ists her.

Es klingt auf dem Klavier, als fielen lauter Wassertropfen in eine flache gläserne Schale, einer nach dem anderen und manche gleichzeitig, einige mehr nach der Mitte der Schale und andere mehr zum Rand, und einige sind grünlich gefärbt und die meisten bläulich, nur ganz wenige haben einen rötlichen Schimmer.

Lang ists her. So lange, wie eine Nacht sein kann oder ein halber Tag. War es gestern oder vor einem Jahr?

Hermine tritt auf eine Tür zu.

Ich will dich behalten.

Fremd ist dieser Satz, gesprochen von einer hohen Mädchenstimme, in einem Zimmer, das ganz weiß ist.

Vor dem offenen Fenster, draußen, steht Ferdinand.

Du hast dich geirrt.

Er hält seinen Hut vor der Brust.

Es ist eine Bewegung im Zimmer. Eine Tür wird geschlossen. Die Gardine weht aus dem Fenster.

Ferdinand hebt den Hut vor sein Gesicht.

Gestern oder vor einem Jahr.

Das Stück ist zuende.

Du kannst gehen, sagt Tante Alma.

Hermine öffnet die Augen und erschrickt vor dem Licht, das vom Fenster her wie mit großen Schritten auf sie zukommt. Falter mit ⟨...⟩

FRIEDHOF

Verbrannt. Asche. Der Schnee. Nachtfeuer. Vor den Windlichtern her, im Wiesenland, geht der Fluß. Breit und flach kommt er ins Waldland.

Noch vor dem Dorf, bei den Büschen, wo sich der Tränkbach verbirgt, dort wird der Fluß dunkel und schmal. Er drängt seine Wasser gegen das hohe Ufer, er ruft hinauf. Aber der Wald tritt vor an den Abhang und blickt auf den Fluß und steht und redet nicht.

Hier vor dem Dorf, in der kleinen Biegung, ist der Fluß tief. Wassergewächse heben runde Blätter herauf. Hier leben die Schwalben nicht. Der Sandweg kommt aus den Weidengebüschen hervor. Und der kleine Hügel erhebt sich mit Holzkreuzen und kaum behauenen Steinen, der Sandhügel, nahe am Absturz des Ufers. Durch Beerenkraut und weißes Moos, zum Holztor hinauf, führt die Anfahrt. Hier wächst hohes Gras.

Jasmin und Lebensbaum beieinander. Ein paar Schritte zurück die Wacholderwand. Und der Fichtenwald, eine Mauer, vor der die Kiefern umhergehn. Hier ist der Sommer heiß. Der Wind, vom Wasser her, steigt über den Hang und zieht einen Bogen über den Sträuchern. Und dann die Anfahrt hinab und dem Sandweg nach.

Wer hier steht, sieht den Fluß von weither kommen. Er sieht das andere Ufer, den Streifen Weiß, das Grün, wo die Ebene anhebt und fortgeht, bis dorthin, wo der Himmel über sie herabfällt. Wer hier steht, weiß: Jahr für Jahr erhebt sich der Fluß, er zerbricht das Eis, er fährt daher mit schäumenden Wirbeln und schleift entwurzelte Bäume und abgerissene Zäune vorüber. Einmal kam ein heiserer Hahn auf einem Koben gefahren, in dem ein ertrunkenes Schwein lag. Losgerissene Kähne führt er heran, der Fluß, er lärmt in der Dunkelheit, er geht mit großen Schritten über das niedere Ufer, und in der einen Nacht dann ist die Ebene ein Meer geworden.

Dann sieht man noch den hohen kahlen Baum, der einen Steinwurf weit allein in den Wiesen steht. Den Krähenbaum.

Auf dem runden Hügel, wo das Beerenkraut über den Sand kommt und durch die Zäune, standen wir, wenn wieder ein Sarg vergraben war. Hier haben wir als Kinder den Mann gesehen, alt, in schwarzen Kleidern, mit einem hohen Hut. Wir hatten Blumen gepflanzt, und als wir uns aufrichteten, stand er zwischen den Gräbern und nahm den Hut vom Kopf. Er sah uns wohl nicht und daß wir in einem Bogen um ihn herum davonliefen.

Er ist nicht wiedergekommen, soviel auch von ihm geredet wurde. Niemand hat ihn gekannt, in unserem Dorf nicht und nicht in den Nachbardörfern. Damals sind ein paar Männer auf die Suche gegangen und bald zurückgekehrt. Aber wir vergaßen ihn nicht. Er hatte einen schwarzen Hut. Er stand hinter uns, wenn wir auf dem Friedhof waren, er erschreckte uns nicht.

ÜBER ISAAK BABEL

Drei Gespräche

Stimmen:
Vater
Tante Glickle
Junger Dichter
Babel
Alter Dichter
Junger Mann

1.

Vater: Er ist sechzehn. Er hat einen kurzen Hals, findest du nicht?

Glickle: Du redst wie über ein Pferd.

Vater: Ob wir gelaufen sind vor den Ägyptern des Pharao oder ob wir laufen vor den Kosaken des Zaren, das macht keinen Unterschied.

Glickle: Du redst und redst. Er hat mir zu graue Augen, findest du nicht?

Vater: Über das Wasser sehn macht blind. Die Straßen in Odessa sind nicht lang. Wo soll er hingehn?

Glickle: Aber da kommt immer ein Stück Grün, Bäume, und dann ein Haus, das ist weiß und groß mit zuviel Fenstern.

Vater: Du meinst, da soll er nicht hinsehn. Wir kamen aus der Wüste, heißt es, wir hatten die Augen voll Sand, wir sahen nichts.

Glickle: Damals.

Vater: Wenn wir nichts erkennen konnten, gingen wir näher.

Glickle: Damals.

Vater: Du denkst, ich soll ihn zurückrufen, die Winkel sollen ihn schützen oder die Schatten der Dächer in der Moldovanka, du denkst, ich werde wissen, wann wieder die Kosaken über uns kommen.

Glickle: Er ist der Sohn. Er ist sechzehn. Ich weiß, am Tag wirst du nicht rufen. Erst in der Finsternis, wenn die Stimme trägt.

Vater: Werde ich rufen, hier, wo mir die Luft ausgeht?

Glickle: Er ist sechzehn.

Vater: Wir sind lange gelaufen, hinter der Wolke, bis sie sich niederlegte. Wir wissen nicht wo.

Glickle: Glaubt er das? Er ist sechzehn.

Vater: Er bleibt nicht stehn. Und jetzt ist das Meer überall.

Glickle: Nicht das Meer, Emanuil.

Vater: Nicht das Meer, Glickle.

2.

Junger Dichter: Eine Kastanie hat hunderte Hände.

Babel: Wieviele, denkst du?

Jg Dichter: Ich weiß nicht, mit wieviel Händen hält man den Wind auf?

Babel: Mit hunderten, denkst du?

Jg Dichter: Der Wind ist müde, jetzt im August.

Babel: Die Kastanie auch. Wie ist es im Oktober?

Jg Dichter: Da wirft sie die Hände von sich, man sagt, sie schüttelt sich, davon ist es. Aber es ist das Wasser, es zieht durch den Grund. Landeinwärts, weitab von den Flüssen noch führt es Salz mit.

Babel: Drüben, das Gebirge herab, zwischen den kahlen Rücken, kommen die Griechen, Xenophon. Man kann ihn hören.

Jg Dichter: Abends, in den Kastanien.

Babel: Morgens, über dem Wasser.

Jg Dichter: Auch im Oktober?

Babel: Auch im Oktober. Die Farbe ist dann anders.
Jg Dichter: Erzählen Sie!
Babel: Auf der anderen Seite, drüben hinter den Flüssen geht einer, mit Stöckchen, Zigarette, Zylinder.
Jg Dichter: Sie meinen Ovid?
Babel: Er bleibt stehn, immer wieder einmal. Er redet, wenn der Wind sich gelegt hat. Man hört auch das.
Jg Dichter: Ja, wenn der Wind sich gelegt hat.
Babel: Maupassant –
Jg Dichter: Erzählen Sie!
Babel: Jetzt ist das Meer weiß.
Jg Dichter: Jetzt.
Babel: Das Meer ist schwarz oder weiß, er hätte hierher kommen sollen.
Jg Dichter: Maupassant?
Babel: Er wäre hier ertrunken. Das Wasser wäre ganz rein gewesen.
Jg Dichter: Der Oktober –
Babel: Der ist ganz rein. Er geht wie Salz durch die Erde.
Jg Dichter: Und die Kastanie?
Babel: Sie wird es lernen, das mit dem Salz.

3.

Junger Mann: Sie haben ihn gekannt.
Alter Dichter: Er war klein, ein bißchen breit. Er war kurzsichtig.
Jg Mann: Er hatte Asthma, nicht wahr?
Dichter: Wenn er Französisch sprach, wurde er lustig.
Jg Mann: Er sprach überhaupt schnell, nicht wahr?
Dichter: Das weiß ich nicht mehr.
Jg Mann: Er bevorzugte die Uniform?
Dichter: Ja, wenn Sie meinen, damals war –
Jg Mann: Er war im Kommissariat für –

Dichter: Das weiß ich nicht mehr.
Jg Mann: Sie sind aus Odessa, Sie kannten ihn –
Dichter: Er war klein, er trug eine Brille.
Jg Mann: Achtunddreißig, nicht wahr, wurde er verhaftet –
Dichter: Das weiß ich nicht mehr.
Die Stimme Babels, aus der Ferne: ... Djakow kommt. Das Gespräch ist kurz: Für dieses Pferd kannst du fünfzehntausend bekommen, für jenes zwanzig. Wenn es aufsteht, dann ist es ein Pferd.

ENTWÜRFE

⟨ERZÄHLUNG ÜBER MENDELSSOHN-BARTHOLDY⟩

I

Polarstern der Poeten

2. Novemberwoche 1822

Weimar Vorwinter, niedrige Häuser. Mittags freundlich, jetzt nachmittag grau und kalt. Im Obergeschoß des kleinen Hauses hat sich ein Fenster geöffnet, schmaler schwarzlockiger Junge sorgfältig gekleidet, ernst –

zwei Mädchen, eine zieht die andere fort, während sie noch einmal zurückblickt, vertraut der Freundin an: Da wohnen die Berliner, der Prof. Zelter + 2 Mendelssohns (unser Junge u. ein Fräulein. «Herr» – kichernd ab.

Felix steht am Fenster. Das also ist Weimar Kleinstadt aber Goethe!» ...... hat er an die Eltern geschrieben, gesammelter als sonst, weil es der gewissenhafte, auf schnelle Urteile nicht erpichte Vater so wünscht. Herrliche Tage – – – (Begegnungen)

«Felix!» Schwester Fanny herein, «am offenen Fenster! Eilt auf ihn zu, faßt seine Hände, eiskalt, Fenster zu

Felix wie erwachend, ernst.

Fanny schüttelt ihn, «Felix, was hast du?»

An diese Tage gedacht, an Goethe. Hierbleiben! – Fanny: Zelter? will zurück, Winter vor der Tür.

Du red nicht, willst auch nicht fort. Frau v. Goethe hat deine Lieder, will sie ihm vortragen.

Heute abend! Wir werden Goethe besuchen.

Plötzlich Felix wie verwandelt, springt durchs Zimmer.

Abends Adele Schopenhauer Silhouette mitgebracht (weiß auf schwarz). Goethe – ist eigentlich nicht größer als Vater – Zelter kommt brummig herein, schiebt die Brille auf die Stirn hinauf.

Von Goethe angeraunzt

Noch ein paar Tage.

Zwei Minuten nach Fünf, ich bin eben am Pförtner vorbei. Ehe ich den Fahrdamm betrete, kurz vor der Bordkante, drehe ich mich noch einmal zum Tor.

Das ist wegen der Autos u. eigentlich nicht nötig, was Auto fährt, ist Punkt Fünf weg, und die Chefs kommen erst später.

Also ich drehe mich um, wegen der Autos. Die nicht kommen, erblicke aber dafür den Kollegen Brawandt, der kommt und einen emaillierten Mülleimer trägt.

Nimmst dir vielleicht Arbeit nach Hause, frage ich. Brawandt ist in der Gütekontrolle. Nein, sagt er, aber das ist nun nicht alles, Brawandt spricht gern.

Weißt du, sagt Brawandt, bei uns draußen – er hat eine Wohnlaube, sommerüber, am Stadtrand – da klappt die Müllabfuhr nicht.

Ja, und?

Da bring ich immer früh den Dreck hier her, hier in der Stadt klappt sie ja, und schütte ihn hier aus.

Und nun beschreibt Kollege Brawandt, daß er dabei den Dekkel immer aufstellt, an der Wand, nicht einfach auf den Müllkasten nebenbei legt. Der ist mir zu dreckig, sagt er. Und dann wäscht er seinen Eimer aus.

Ja natürlich.

Und abends um Fünf nimmt er ihn wieder mit.

Obwohl das ja nun wirklich allerhand Mühe ist und man doch fragen könnte, ob der Dreck nicht gleich am Stadtrand bleiben sollte, wo er sowieso hingefahren wird von der Müllabfuhr. Oder du könntest ihn vergraben, sage ich, und Brawandt antwortet bestimmt: Auf meinem Gelände nicht.

Der Eimer sieht ganz neu aus, stelle ich fest. Da sind wir schon ein ganzes Stück gegangen, beinahe schon an der Haltestelle der Straßenbahn. Du pflegst ihn, das sieht man.

Der ist auch neu, sagt Brawandt. Und jetzt hebt er die Brauen, schiebt sich also ein paar Querfalten in die Stirn und kriegt einen träumerischen Ausdruck, jetzt kommt also etwas, Weisheit oder Erfahrung, etwas zwischen Alltag u. Feiertag, es läßt sich herab über Brawandt, man kann es geradezu sehen, er sagt: Sieh mal, ich wasche den Eimer aus, ich mache ihn trocken, jedesmal finde ich einen Fehler, den muß ich beanstanden, dort, wo ich den Artikel gekauft habe: also hier, dann krieg ich einen neuen, und jeder bisher hatte einen Fehler, meistens deckt das Emaille nicht durchweg.

Also jeden Tag einen neuen Eimer

Ich hab ein bisschen einen Rotwein getrunken, sagt Gefreiter Meirich.

Und ein bißchen ein schlechtes Deutsch geredet, sagt Scheiff.

Nein, französisch, berichtigt Meirich, und Latein. Ich war nämlich beim Pfarrer.

Wie? Jetzt steht Scheiff auf.

Ja, beim hiesigen Ortspfarrer. Nicht einfach so hingegangen, an die Tür und guten Tag. Er hielt mich an, auf der Straße.

Nun ja, du siehst so aus, als ob du Französisch gelernt hast, sagt Scheiff.

Er fragt also, was ich hier will. Und ich sage, was man so sagt.

Man sagt – Scheiff tritt einen Schritt zurück –, daß man hierher transportiert worden ist und auch nicht weiß wieso.

So ungefähr, bestätigt Meirich, und daß es also Befehle gibt. Muß ich ja wohl sagen, nicht wahr.

Na ja, sagt Scheiff, nicht so unbedingt.

Dich geht das hier alles nicht viel an, fragt Meirich, und als Scheiff nur doch, doch sagt, fährt er fort: Mir gefällts auch nicht immer. Nicht alles. Und warum wir hier sind, weißt du ganz genau.

Meirich ist Schullehrer, so kommt denn jetzt etwas über Deutsch und Aufgabe und Erneuerung, und zum Schluß ist Meirich also in Frankreich um der Franzosen willen, ehe sie ganz absterben. Kulturell, weißt du, denn ...

Ja, ich weiß, sagt Scheiff, denn Geburtenüberschuß haben sie und nicht wir. Und was du sonst geredet hast, hat dir vielleicht Unteroffizier Barth erzählt.

Das ist womöglich ein bißchen beleidigend für Meirich, denkt er, aber Meirich sagt ganz ruhig: Quatsch du nur so weiter in die Gegend. Wenn es genug ist, werde ich wissen, was ich zu tun habe. Dann bist du dran.

Na dann zieh man ab, damit du nicht zuviel hörst. Scheiff setzt sich wieder. Und Meirich zieht also ab, nach einer deutlichen Kehrtwendung.

Scheiff weiß genug von Meirich: Schullehrer, aber nicht Parteigenosse. Seltener Fall also. Ist das nun schon ganz egal, ob Partei oder nicht? Alles Nazis? Bloß Vater nicht und ich und Martha? Und Vaters Freunde? Wann hat Vater das letzte Mal von «Genossen» gesprochen? Immer mehr Fragen. Als letzte: Wann bin ich eigentlich mit Urlaub dran? Ich muß mit Vater reden.

BERICHT ÜBER TRÄUME

Erzählung

Das im Folgenden Dargestellte kann sich so oder so ähnlich zugetragen haben. Dafür wird keine Garantie übernommen. Gegenstand der Schilderung sind Träume, d. h. ihre Rekapitulation nach dem Erwachen oder später. Der (wahrscheinlich) deformierende Hang zur Form, damit zum immanenten Kommentar, wird als unvermeidbar in Kauf genommen.

Die Anregung zu diesem Text verdanke ich Klaus Wagenbach.

Hören Sie, Mensch Lehmann, mein Scheißhaus muß versetzt werden.

Major Löpel erhebt sich vom Feldstuhl, schreitet auf die Tür zu, die Feldwebel Lehmann öffnet, betritt den Vorraum, da steht das Gerät, ein Spaten, Verwendungszweck: Latrinenverlegung, ergreift diesen beim Griff, übergibt ihn an Lehmann, der ihn in soldatischer Haltung entgegennimmt.

Also Chlorkalk, sparsam, aber nicht geizig, Lehmann, dann hübsch zuschütten, neue Grube ausheben, gehörigen Abstand beachten, Verlegung geschieht grundsätzlich entgegen der Windrichtung, alte Leute wissen schon. Aber, Lehmann, nicht zu weit nach dem Wald rüber.

Nehmen Sie sich Leute dazu. Das versteht sich allerdings von selber. Und nicht überstürzen, Morgengeschäft bereits erledigt.

Man ist wie ein Vater zu seinen Untergebenen.

Mit diesem Gedanken bleibt Löpel stehn. Und mit dem nächsten geht er zurück durch die Tür: Wieder mal vollgeschissen, und ganz allein. Der dritte Gedanke ist eine Überlegung: Die wievielte Grube war das nun schon? Mit dieser Überlegung nimmt er wieder auf seinem Feldstuhl Platz. Nun noch Lagebestimmung.

Bringen Sie die Karte, Mohl.

Obersoldat Mohl bringt die Karte. Das heißt, er polkt die Reißnägel aus der Holzwand, mit denen das Kartenblatt angeheftet ist.

Man kann ja auch aufstehn und vor die aufgehängte Karte treten. Das ist wieder eine Überlegung. Aber man kann sich die Karte auch vorlegen lassen, auf dem Feldtisch, als höherer Offizier. Auch das eine Überlegung, denn eigentlich ist der Feldtisch zu klein.

Einen größeren Tisch beschaffen? Das wäre dann kein Feldtisch. Schluß der Überlegung: Drei weitere Feldtische, ausklappbar, Anforderung an die Feldkommandantur, vier Tische zusammengestellt, das reicht dann.

Also die Karte.

Hier, Herr Major, sagt Mohl und weist mit dem Finger auf den Mittelpunkt eines rot eingezeichneten Kreises und schiebt die Karte zurecht.

Was heißt hier, sagt Major Löpel, fügt ein verdrießliches Na? hinzu, und Mohl berichtigt sich: Gefechtsstand Sonderkommando siebzehn Strich römisch zwei z. b. V.

Heißt: zu besonderer Verwendung, sagt Löpel mild. Aküfi. Abkürzungsfimmel. Schätze ich nicht. Also hier.

Löpel tut seinerseits den Finger in den roten Kreis, bewegt ihn in östlicher Richtung. Wie gesagt, nicht zu nah an den Wald. Lagebestimmung beendet. Es folgt Tatortbesichtigung.

Draußen wird die Grube freigelegt. Zwei Mann ergreifen die durchlaufenden Stangen an den Seiten des Bretterhäuschens, heben es an, setzen es neben der Grube ab. Löpel, wie jedesmal, liest den an der Lokustür angeschlagenen Spruch vor: Benutzung für Soldaten aller Dienstgrade verboten, da bereits mehrfach beferkelt. Unterschrift: Name, Major, Dienststempel.

Nun also Chlorkalk.

Lehmann, sagt Löpel, kommen Sie mit.

Dreißig Schritt in östlicher Richtung. Schwacher Wind, stellt Löpel fest. Schnuppern mit erhobener Nase, dann: Gut, reicht, also hier, Lehmann, ran an die Arbeit.

Jawohl, Herr Major.

Der Rückweg zur Baracke hat die Bezeichnung Inspektion und ist das, was Löpel seine tägliche Lagerbesichtigung nennt.

Wiedemann, schreit Löpel.

Soldat Wiedemann, oben auf dem aus Balken gezimmerten Turm – nach Art trigonometrischer Punkte, nur oben abgesägt sozusagen: statt der Spitze eine Art Laube als Abschluß –, Soldat Wiedemann tritt ans Geländer, schreit seine Meldung hinunter.

Zackig, der Wiedemann, überhaupt ein gebildeter Mensch. Nach kurzem Nachdenken sagt Löpel: Weitermachen.

Der Wachturm markiert die Südostecke des Lagers. Der einzige Turm, sonst nur doppelter Zaun, jeder vierundzwanzigfach Stacheldraht, parallel laufend und von Pfosten zu Pfosten je Feld noch zweimal diagonal. Auf der Südseite die Baracke: enthält Befehlsstand, Schreibstube, Unterkünfte, Küche, militärisch, unter freiem Himmel.

Das ist das Lager: Ein umzäuntes Rechteck, eine Baracke, daneben das Tor, ein Wachturm. Aufbewahrungsort für russische Kriegsgefangene.

Sie treffen ein, Kompaniestärke ungefähr, die Wachmannschaften übergeben und treten den Rückweg an. Durch das geöffnete Tor treibt Lehmann die Gefangenen in den eingezäunten Bezirk, das Tor wird geschlossen, da sind sie und da bleiben sie.

Meldung an Feldkommandantur erfolgte sofort, vor drei Tagen. Bis heute keine Verpflegung.

Wiedemann, auf seinem Turm, sieht den Major in der Baracke verschwinden. Ein Blick über das Lager. Das wirkt alles so grau, Liegende, Sitzende, einer geht herum. Ein Blick auf das MG, dessen Lauf schräg abwärts auf die Platzmitte gerichtet ist. Wiedemann greift sich das Brett mit den aufgezeichneten Klaviertasten und probiert eine neue Kadenz für ein altes Konzert. Töne. Und das Grün hier oben.

Wiedemann hat Kästen gezimmert und sie rund herum auf dem Geländer angebracht. Da zieht er Kletterpflanzen, blaue Kronenwicke und rosa Ackerwinde, an Stöcken. Er versorgt sie mit Wasser. Dafür sitzt er in einer blühenden Laube, es ist, als führe sie mit ihm davon, leicht schwankend, von den Tönen getragen, die Kadenz sinkt ab, geht auf ihr Ende zu, auf einen festen einigenden Akkord: hier, über der Erde. Wiedemann hält den Kopf seitwärts geneigt, wartet auf den Einsatz des Orchesters. Jetzt die Violinen, mit einem kleinen Pfiff das Holzbläsermotiv, hier oben im Grün.

Wie der Mensch das so kann, in dieser Umgebung. Unten das verlauste Volk, die Leichen tragen sie nach der Westseite hinüber, ganz richtig: in Windrichtung. Er hat das alles da oben doch noch besser vor Augen.

Löpel wundert sich manchmal, daß Wiedemann Tag für Tag freiwillig hinaufklettert und auf Ablösung am liebsten überhaupt verzichten würde. Eben ein gebildeter Mensch, das ist die einzig mögliche Erklärung. Der Neid kommt einen an.

50 m	ab
Chaussee	Rollbahn
Porchow	Dno
×	×

Bis zum zwölften Lebensjahr war ich bei meinen Großeltern auf dem Lande, dann kamen Schicksalsschläge.

Ich weiß nicht, wer das gesagt hat, aber so kann man natürlich seine Lebensgeschichte erzählen, man hat dann so etwas Bleibendes, wovon man nichts hat. Aber meine Jugend war schwieriger, und es ist dann so weitergegangen. Vielleicht ist das auch der

Grund dafür, daß ich nicht mit einem besonders friedlichen Lebensabend rechne.

Was hättest du denn gerne?

Rosen.

Das weiß man ja nun: Rosenzucht kann eine aufregende Sache sein. Wo propp ick ihr dies Jahr, und: Propp ick ihr nächstet Jahr wieder?

Das Bedürfnis nach Ruhe ist in seiner Art ganz verschieden. Wie die Bomber immer kamen, damals – wir in den Keller und rumgesessen –, da beteten ein paar Damen: Laß sie doch in Neukölln abschmeißen und nicht bei uns. Und andere wollten schlafen, kamen allerdings nicht dazu.

Aber ein Bedürfnis ist es schon, muß man zugeben, ein verständliches, denke ich. Wenn auch nicht sehr viel Verständnis veranschlagt werden sollte.

⟨*Planskizzen und Notizen*⟩

Haupthandlung

1) Vogelstimmen / abstrakt. Konzert

Motzischken

2) am Ladoga-See ⟨*zuerst unter 1* am Peipus-See *unter 2* Im Danziger Werder⟩

3) Moor, Nacht, Peipus-See

Partisaneneinsatz, Friedr. abgesprengt, Stimmen, Partis.gr. → Lager, dort alles †

Vorgang in Schüben (gleichmäßig), die immer länger werden, bis zur Begegnung

Nebenhandlung

Gefangenenlager b. Pleskau Pskow

1) auf der Generalstabskarte graue Stelle, Platz für Lager usw, Finger des Majors ⟨*Skizze*⟩

Das ist der Berg. Die Chaussee geht um ihn herum. Bahnstrecke, (→ Motzischken)
Schluß: Hier ist etwas zu erzählen, das sich so leicht nicht sagen läßt. Die Sache wird sogar schwer sein – Erholen wir uns (Donelaitis)

⟨Skizze⟩
Soldat D 20 Jahre Nikolai Owodow
Soldat R 20 Jahre Friedrich Ganse
Maj. (D) d. R. Filbert, Rechnungsrat aus Köslin
Kommandant des Gef. Lagers

Man hört eine Geschichte wie diese zum Gesang zweier Huszaren aus Debreczen

über einem Grabe von 18... (ungar. Aufstand)

1. Kapitel
oder Ein Blick in den Ofen
2. Kapitel
oder Der Blick in die brennende Kerze
3. Kapitel
oder Ein Blick auf die Landkarte

Schluß: Jetzt reden wir wieder von dem Schreihals. Ist herauf gekommen (wie vorher) auf die Chaussee. Pechbrenners Kneipe Der Mann heißt Zehbandt. Ein fröhlicher Mensch. Jetzt wird er abgeführt.

Haupthandlung

1) Vogelbrennen / [illegible] Konzert [illegible]
am ~~[illegible]~~ See
Ladoga

2) Am ~~[illegible]~~

3) Moor, Nacht, [illegible]-See [Partisanen [illegible],
[illegible], Stimmen, Partis. [illegible] → [illegible]

Vorgang in Schüben (gleichmäßig), die immer länger werden, bis zu Begegnung

Nebenhandlung

Gefangenenanlage b. [illegible] Pekoro

1) auf der Generalstabskarte genaue Stelle, Platz für Lager usw., Lage des Majors

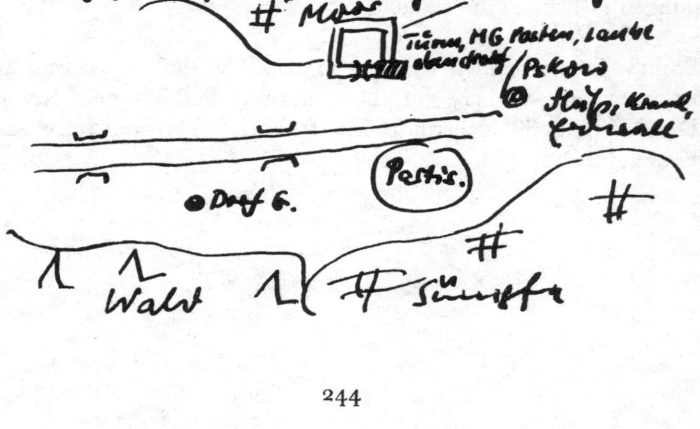

das ist der Weg. der Heiden
geht um ihn herum. Bahnstrecke.
(→ Holzschlagen)
Schluß: hier ist etwas zu verstehen,
das sich so leicht nicht sagen
läßt. Die Sache wird sogar
besser sein — schöner wie
aus (Donalaitis)

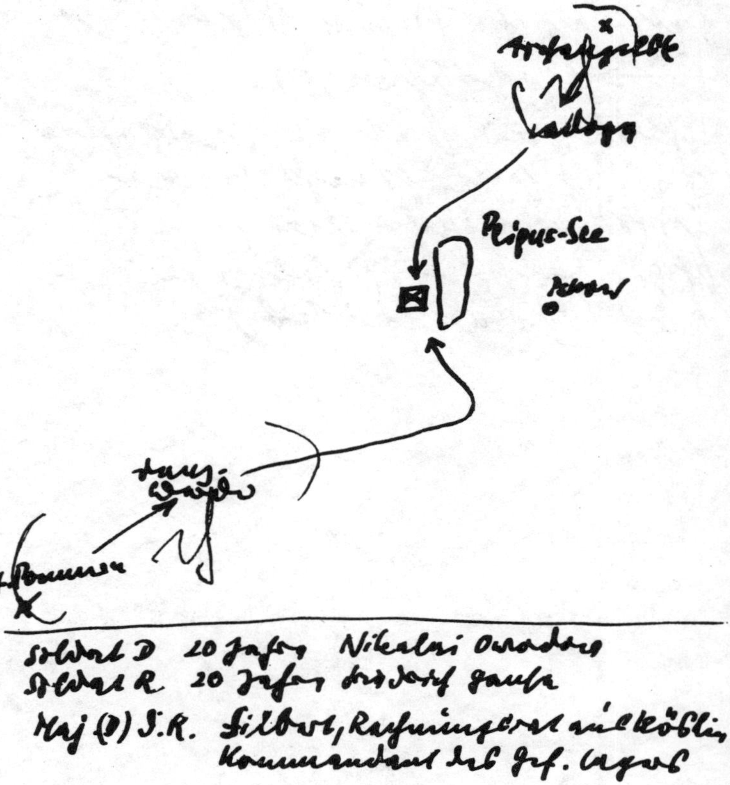
Soldat D 20 Jahre Nikolai
Soldat R. 20 Jahre
Maj (?) S.R. Silbert, Rechnungsrat aus Köslin
Kommandant des Gef. Lagers

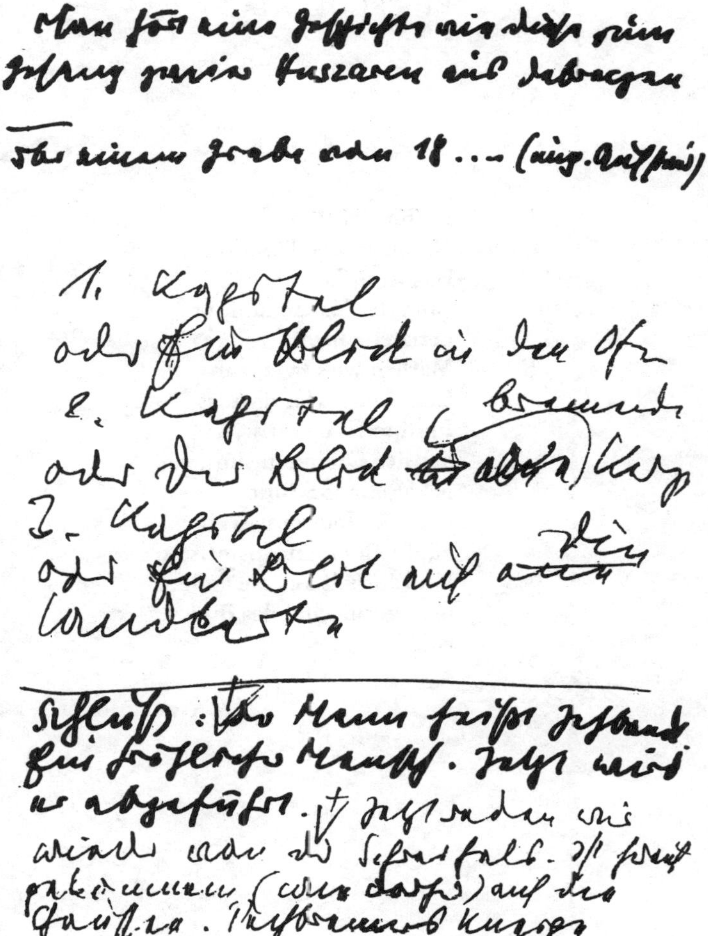
Man hört eine Geschichte wie diese einen Schlag gegen Husaren aus Debrezen
Über einem Grabe oder 18… (ung. Aufstand)
1. Kapitel
oder Ein Block in den Ofen
2. Kapitel (brennender
oder der Block [illegible]) liegt
3. Kapitel
oder Ein Block auf [illegible]
Landkarten
Schluß: Der Mann heißt [illegible] ein hochgestellter Mensch. Jetzt wird er abgeführt. [illegible]
[illegible] auf die Chaussee. [illegible]

EL ESCORIAL

P.	Ich bin Philipp
Gr. I.	Nimm deinen Hut ab
P.	Das ist nicht wahr, so kann der Kardinal nicht geredet haben
R.	Machen wirs kurz, zur Einleitung. Der dort ist Philipp II, usw usw, der der Großinquisitor, bekannt aus Schiller + Dostoj. Und sonst: Wir häufen hier eine historische Unwahrheit auf die andere, um ein zutreffendes Bild zu bekommen

⟨FORTSETZUNG VON: STILLER SOMMER; ZUGLEICH ETWAS ÜBER WACHTELN⟩

So etwa kann man reden. Während es wärmer wird, auf den Tag zu, und der Staub aufkommt, über der Straße aufsteigt, umherzieht, sich niederzulassen, emporwirbelnd noch einmal, im Fallwind.

Wie dieser Krieg, der sich niederzulassen beginnt über diesem Land

Erzähl von eurer Geschichte, sagt der Junge. Und unterbricht sich und fragt: Weshalb ist das deine Geschichte, was bist du für einer?

Er erfährt, daß Kanschat Lehrer ist, an einer deutschen Schule, und daß er Lehrer war, an einer memelländischen Schule, und daß Kanschats zu Hause litauisch gesprochen haben.

Ich sag dir mal etwas auf, sagt Kanschat.

III

AUTOBIOGRAPHISCHE TEXTE

POETOLOGISCHE TEXTE

VOR- UND NACHWORTE, BEGLEITTEXTE

REZENSIONEN, PUBLIZISTISCHE UND VERWANDTE ARBEITEN

VORTRÄGE UND REDEN

INTERVIEWS, STELLUNGNAHMEN, ANTWORTEN AUF UMFRAGEN

AUTOBIOGRAPHISCHE TEXTE

UNSER NACHTMARSCH

Von Hanns Bobrowski (O III K)

Um 12 Uhr flammte Licht auf, wünschten sich aus erstem Schlummer gerissene Gestalten ein «Guten Morgen!» Erbsen und Mengen von Brot und Speck wurden in Brotbeutel und Affen verstaut oder auf SMGs, sonst Fahrräder, gebunden. Die Altstädter lärmten wie immer ... «In Marschkolonne angetreten! Wer hat da noch zu reden!? – Im Gleichschritt – Marsch!» Dann ging's mit Gesang durch die Warnicker Forst unter Kiefern und dunklen Tannen über Waldwege, durch Pfützen. Düster und unheimlich steht der Wald. Im Laube raschelt's, Holz knackt. – Da ragen plötzlich im Wald hohe Wälle auf. Der kleine Hausen, eine pruzzische Wallburg. Da ist nun eine Weile Rast. Trommeln und Flöten und Futtern. Und alles wird durch eine Fanfare übertönt. Vom Wall sieht man an einer Stelle weit über Felder und einsame Tannen. – Da geht groß und hart die Sonne auf. Und das scheint ganz ungewohnt, ganz neu zu sein. Die Fanfare ist still.

Dann geht's die Wälle hinunter, durch Gestrüpp und grundlose Wege, ein Stück über Chaussee, Richtung Germau, dem Großen Hausen zu. Es wird recht heiß. Dann weiter. Wir marschieren anfangs noch, dann müssen einige fast getragen werden. Es wird immer heißer. Es geht über Marscheiten nach Gr. Dirschkeim. Radfahrer werden vorgeschickt, um in der Jugendherberge Kaffee zu kochen. Als wir in Gr.-Dirschkeim ankommen, wird gerade Holz gesammelt. Die Strohsäcke in den Schlafräumen der Jugendherberge sind gleich besetzt. Hier wird dann Freistilringen gemacht und – gepennt. Einige besorgen im Dorf Milch, Marmelade, Puddingpulver und für sich Kirschen. – Zum gestifteten Malzkaffee wird gestiftetes Brot mit Marmelade gegessen. – Kleine Katzen erscheinen. – Noch immer wird gegessen. Dann klettern wir zum Strand hinunter, suchen Brombeeren, dämmen Bäche ein, schlaaafen ... Die Kneiphofgruppe hatte aus Speck, Erbsen, Wasser, Salz, Milch, Pudding- und Soßenpulver ein Mittag (!) bereitet: Erbsen und Pudding. Die Kochkunst feierte Triumphe. Ein Name sei genannt: Oma. Es wurde nicht nur gegessen.

Die Herberge wurde von oben bis unten gesäubert, und dann marschierten wir durch Regen über Gr. Kuhren, Warnicken, an Schulen und Vereinen vorbei zum Landheim, das wir zur Kaffeezeit noch erreichten.

Das war ein ziemlicher Marsch. Ungefähr 40 Kilometer. Aber wir alle waren begeistert davon.

⟨IM PARK DES FÜRSTEN CHARTORYSKI⟩

Unter einer Traueresche sitze ich. Der Herbstwind fährt durch den Park. Ich denke an die vergangene Zeit, der größte Einschnitt vielleicht in mein bisheriges Leben. Manches aus den alten Tagen konnte mir beistehen, und wenn ich von Bewährung spreche, so bewährten sich die alten Dinge der Stille, daran ich viele Jahre mein Herz gehängt hatte.

Heut hier im Park des Fürsten Chartoryski. Eine schöne Kirche steht dabei, weiß, Franciscus Crassiuski, episcopus Craconiensis, hat sich [sie] gebaut. Und der Park? Seltene Bäume, im bunten Spiel des Herbstes noch viel schöner anzuschauen. An einem Teich stehe ich, fast rechteckig ist er, ein paar hundert Meter lang, die Weite eines Steinwurfs breit. Von beiden Schmalseiten stoßen zwei Halbinseln etwa hundert Meter weit vor, von Bäumen bestanden, und um alles erhebt sich eine Hecke, etwa zehn Meter hoch. Sie greift einem seltsam zum Herzen, diese Eingeschlossenheit, bis man sich wendet und gewahrt, daß die Mauer sich in den Park hinein öffnet, in das leichtere Bild der Bäume und Sträucher. Fast ist man gewillt, die Schritte zu beflügeln, dorthin zu gelangen, als entkäme man so Bedrohung und Gefahr. Aber da springen Fische plötzlich im Teich, und Bedrücktheit und Gefühl des Eingeschlossenseins schwindet. Leben ist noch da, und alles ist viel freundlicher geworden.

Einen zweifachen Ring ernster Mauern zieht die Ulmenhecke um den Teich, und jetzt im Zurückschreiten gewahre ich, daß sich Schwäne vom Ufer lösten und still über die grüne Fläche ziehn, darin Blätter rot schwimmen und die hohen Bäume ihr Bild bewahren.

Indem ich mir den Weg zurück zum Gestüt suche, denn dort

liegen wir, gerate ich an die Koppeln und den Reitplatz. Die weiten Weideflächen, niedrige Ziegelmauern schließen sie ab und der Wald, ein Maulbeerbaum steht davor. Auf einem freien Platz im Gebüsch am Weg steht eine Kastanie. Die reifen Früchte fallen herab und platzen. Ich hebe eine auf, die Spiele der Kindheit sind wieder bei mir. Die Pferde wenden den Kopf her, als ich mich setze, ihnen zuzusehen.

Am Weg blüht noch ein Gänseblümchen, und drüben an der Silberpappel hängt ein Starenkasten. Nun bin ich wieder im Reich der Blumen und der Büsche. Ein paar späte Rosen, vor einer niedrigen Hecke viele gelbe Blüten, das tausendfache Grün, Gelb und Braun des Laubs. Eine Tanne breitet ihre spärlichen Äste, und das feine Filigran der Esche steht gegen den schweren Herbsthimmel.

Nun (und das ist das Letzte, was ich schreiben will) stehe ich auf einer kleinen Anhöhe, unter einem Baldachin von wildem Wein, blicke über den Garten hin, und fast erscheint es mir wie eine Entweihung, daß ich mich nun wende, in den Obstgarten zu gehen mit der verzweifelten Hoffnung, auf einem der vielhundert Bäume einen Apfel, eine Pflaume wenigstens zu finden. Ich werde mich wohl mit dem Blumenkohl begnügen müssen wie ein Häslein, meine ich, und da steht zu linker Hand die weiße Kirche, und ich bleibe stehn im geplünderten Garten.

Ich habe nichts so sehr ersehnt in den letzten Tagen als den Übergang aus aller Zerrissenheit in die Treue und die Eintracht des Gemütes. Ich glaube, ich fand ihn in dieser Herbststunde im Park von Krasne.

Da, indem ich mich wende, geschieht es, daß der Atem dieser Stunde den Stift mir in die Hand zwingt zu den Versen, darin sie Leben haben mag und Luft:

> Der Wind fährt durch die Blätter.
> Die sinken vor mich hin
> wie einer Botschaft Blätter,
> ⟨...⟩

ABSCHIEDSLIED

(Bertrich III)

In diesen Tagen, da die scheinbare Ziellosigkeit des Frühjahrs sich mit dem wechselnden Wetter, mit Schnee und Regen, Kälte und sommerlicher Milde zeigt, da der Wintergott die Dinge der Nähe und bald (wir erwandern sie uns) alle Bereiche seiner harten Herrschaft fliehen muß, in diesen Tagen, wahrhaft dem Janus geweiht, beginnt vor dem winkenden Jahr der Abschied von den letzten Monaten und der Zitadelle unserer Winterlichkeit. Wir waren (und das ist das Wenigste, was der Krieg von uns verlangen kann) wohl eingespannt in eine Aufteilung der Zeit und eine Beteilung mit mancherlei Bewegendem, daß uns das wechselnde Jahr nicht leicht hätte berühren oder gar ändern dürfen. Dennoch war die Natur umher nicht lange nur neben uns, und wir merkten es bald, wie sie in uns hineingegriffen hatte, und heut merken wir, daß sie uns hält.

So erhalten die Wege, denen wir (zum wievielten Mal wohl?) die Berge hinauf und den Bach entlang folgen, Bedeutung, denn wir tun das nicht mehr, weil wir Zeit haben, und nicht nur, weil das Frühjahr den Dingen ein neues Gesicht gab. Wir haben viel leise Gedanken dabei. Wir legen unsere Hände nocheinmal an den Felsen, darauf wir oft standen. Wir heben einen treibenden Ast aus dem Bach, als könnten wir ihm seinen Weg die Schnellen hinab und über die Steine ablesen. Wir stehen nocheinmal bei den Bäumen, denen das Hochwasser mit dem treibenden Eis die Rinde zerfetzte, daß sie mit nacktem Stamm nun dastehen.

Und das ist nicht alles: Die Gassen noch, die so vertraut wurden, vielleicht weil sie vom ersten Tage an uns vertraut erschienen, und der Wein. (Was wissen wir schon, wo uns die Sterne des Sommers stehen werden!) Das Klavier, das mir in vorletzter

Stunde für ein paar Nachmittage noch wurde, und ein paar Menschen, deren Freundlichkeit zuweilen bei mir war. Schließlich das, darauf ich die Zeit, die mir blieb, verwandte: Bücher, ein paar Zeilen, die mir gelangen, und Briefe – denn nun werden sie seltener werden, weil uns das Neue erst einmal ganz fordern wird, ehe es uns die kleinen Dinge daneben oder auch große vielleicht wird gestatten können. Das Gespräch mit Johanna, das mit Ernst und mancherlei Heftigkeit in die Bereiche unseres Lebens vorstieß. Schließlich der Abschied von Herbert, der kein Abschied, so wollten wir es, von den vergangenen Tagen und der tiefen Schönheit einer seltenen Gemeinsamkeit sein durfte und der doch niemals nun daraus wird wegzudenken sein. Und zuletzt die Freundschaft mit Siegmund, die von Anfang an auf dem Grunde der Selbstverständlichkeit bestand, die unsere Zusammenkünfte, im Bewußtsein einer fragelosen Gemeinsamkeit, fast belanglos macht. Es gibt darum viel weniger ein Gefühl der Trennung.

Und dennoch, ob ich nun schon von der geringeren Bedeutung der äußeren Trennung spreche, hat es den Anschein, als nähme ich nur Abschied, als stünden die Bertricher Tage da wie ein Kreis, aus dem ich mich löse, in einen anderen, neuen zu treten. Wäre das so, lebte ich wohl glücklich, weil ich mich den Dingen, wie sie um mich sich zeigten, anheimgeben würde, und wäre doch ohne die Seligkeit, mich selber, das innere Leben, mit den Bildern, die ich verließ, mit der Größe und Schönheit des Vergangenen und des Gegenwärtigen wachsen zu wissen. Ich wäre darum zuletzt ohne die Stille und ohne die Ergebenheit unter die Sterne des Lebens. Aber ich weiß doch, daß es anders ist, daß mein Dasein ein Kreis wohl sein mag, der aber mit jedem neuen Geschehen reicher und weiter sein wird und leuchtender.

So gehe ich noch einmal die Straße hinauf, sehe noch einmal in die Fenster der Läden, grüße den und den, steige nocheinmal an der Kirche vorbei zur Höhe hinauf. Nocheinmal spreche ich ein paar Namen aus, darum Erinnerung ist wie ein Kranz. Sie sagen, die Elfenmühle mit dem Hund Waldmann, das Schweitzerhaus mit viel Bezechten und einer sonnigen Terrasse (heut flattert Wäsche darauf), die Mooshütte, der Bismarckturm, die Entersburg, von deren Romantik in der Nähe nicht mehr übrig bleibt als Ärger über den Verschönerungsverein (nur der Üßbach, der mit einem schönen Bogen daherumgeht, läßt die Unzufriedenheit belanglos werden), und schließlich der Hohenzollernturm, erbaut zur Erinnerung an Wilhelm d. Gr. «und Blacky». Ein Drahtkäfig, außerdem ist er voller Adressen, sogar hymnische Verse sind in die Blechkuppel gemalt – auf die schöne Aussicht, wenn man sichs auch selber zutraut und ohne große Mühe, hinter die Schönheit solchen Ausblicks zu kommen: Der Römerkessel, von den Bergen wie von einer Mauer eingeschlossen, und weiter das Tal, den Bach entlang, mit den bunten Häusern, die sich aneinander drängen, bis an den steigenden Berg.

Noch ein paar Schritte gehe ich bis zum Bach, wo die Bäume weiß stehen, der schützenden Rinde beraubt, und ich denke wohl, wie sehr wir ihnen gleichen, nun da der Krieg uns die Dinge nahm, dahinter wir uns sicher wähnten und uns doch nicht damit zerbrechen konnte, weil er die Hoffnung nicht zu berühren vermochte und das Vertrauen.

LICHT DER ZEITEN

(für Johanna geschrieben)

Nicht recht ist es mir oft erschienen, wenn ich bedachte, wie sehr ein paar Verse über mich Macht gewannen, über meine Entschlüsse selbst, und daß ich sie (wie oft!) anrief in den Stunden der Ratlosigkeit. Es war auch zuweilen so, daß ich die Seligkeit mancher Stunden nicht anders bezwang oder mir so erst wahrhaft rettete (denn sie hätte mich verwirrt) als mit Formeln, die Erinnerung oder das wachende Herz mir über die Lippen gehen hießen, als hätte die Stunde selber sie gewirkt, sich selber damit auszusprechen. Die Formeln waren Verse zumeist, aber es scheint doch seltsam, denn die Verse hatten nach Gehalt und Form wenig Beziehung zu der Luft solcher Stunden. Und da mag es wohl so sein, daß sie zu mir Beziehung gewonnen hatten, der in den Atem solcher Stunden gestellt war und seiner Ratlosigkeit anders nicht zu helfen vermochte als mit seinem eigensten Wesen, dem diese Verse irgenwie nahe waren, ja einen Teil davon aussprechen konnten, weil sie ihn zu befreien vermochten.

Ich habe mich selber einen Träumer darum genannt, und es muß wohl auch so erscheinen, wenn ich nun ein Gedicht Oskar Loerkes unter den Gefährten meiner Stille anrufe. Darum schon, weil mir diese Verse wie eine Melodie erschienen, die mir wohl vertraut wurde und lieb, die ich darum aber doch nie in all ihren Wendungen begriff. Ja, ich versuchte nichteinmal in meinen helleren Stunden dafür ein Begreifen aufzubringen: es war da wie die Mächte des Lebens, die es auch nicht ändert, ob wir sie zu begreifen meinen oder uns bescheiden. Es war da mit all seiner Dunkelheit, die freilich nur dem Begreifen Dunkelheit war und darum ein Sinnloses, es war da, und es war mir hell und schön und berückend und tröstend.

Erweckt es den Eindruck, als hätte ich mich aus dem Bedrükkenden immer nur in die weiche Welt der Stimmungen geflüchtet, so scheinen die nächsten (Eichendorffschen) Verse diesen Eindruck nur zu erhärten. Und ich weiß nun nichts Anderes, nichts Besseres auch, dagegen zu halten als die Erfahrung, die mir selber damit geschah. Ich hätte doch weich und verloren fast aus dieser zerfließenden Welt der Gefühle hervorgehen müssen, und ich war dennoch davon klar und zum Wirken bereiter, stiller wohl, aber zufriedener und wie geläutert. Und so war es, selbst wenn der Eindruck der Worte noch ganz um mich war wie die Luft, darin ich mich bewege. Schließlich aber, so wird man sagen, mußte wohl der Zauber der Worte, die Möglichkeit eines Eindrucks vergehen und der Gewöhnung weichen, schließlich mußten selbst die tröstenden Sterne alltägliche Genossen werden. Aber was besagt das, wenn der Eindruck und die Möglichkeiten der Verzauberung (wie ich sagte) mir zur Lebensmacht geworden waren, unveränderlich wie mein Wesen selber, daß das Gleiche ist von Anbeginn, das aber immer mehr der Schlacken und des Verzerrenden entkleiden zu können meine Hoffnung ist.

Indessen, nicht Verse nur waren es, die zwar den Zauber der Formel hatten, auch Begriffe nur waren zuzeiten da wie Hände, nach denen zu greifen gut war, und einer vor allen, ein mächtiger den ohne Furcht und selbst ohne Schauer ansehen zu wollen ich mich früh schon vermaß: der Tod. Holbeins bewegende Holzschnitte waren dann um mich, das Lied vom Schnitter Tod und die Musik eines Freundes dazu. Zuweilen schrieb ich auch ein paar Sätze nieder, deren bewußte Nüchternheit mir dennoch die besondere Einstellung dem Ziel meiner Gedanken gegenüber nicht ändern oder gar schmälern sollte und konnte:

«Dem Christentum blieb es vorbehalten, den Tod als die Pforte vor schönerem, wahrerem Sein zu setzen, den ‹diesem Jammertal› Verschriebenen ein Willkommenes und ein endliches Ziel. Scheint das nicht ein irgendwie fatalistisches Bewußtsein zu nähren, die Kraft für das Überstehen aus der Hoffnung oder der Aussicht auf eine größere Wirklichkeit im Jenseitigen zu nehmen...

Das antike Bewußtsein nennt den Tod ein Unentrinnbares, eine Grenze, dahinter wohl noch Wesen ist, ein Wesen des Schattens aber, davor eine Schwelle ist, eine einmal nur überschreitbare. Wir wissen von der schönen Sage, die Orpheus' Versuch erzählt, die geliebte Gattin aus dem Reich der Schatten sich in das Diesseits zurückzuretten. Wir wissen darum auch von der Vergeblichkeit solchen Versuchs, die sich ernst davor erhebt – wenn er auch hier an Unzulänglichem zu zerbrechen scheint. Oder wollen wir es als unmögliches Beginnen von Anfang an begreifen, einem der Schattenwelt schon gegebenen Wesen solche Entscheidung in die Hände zu legen, dem das Wesenlose schon zum Wesen geworden war? Sollen wir nun, die zurückbleiben sollte, die Schattenwelt ein ihr noch ganz Eigentliches oder ein noch oder schon wieder Entferntes, Fremdes nennen? Eurydike wendet den Blick zurück, der sie endgültig den Schatten anheimgibt.»

Vom Tod zur Trauer war es nur ein Schritt. Und von solchen, so besonderen Beziehungen dazu her, mußte auch die Klage ihr gewohntes Gesicht verlieren, ein Anderes werden, das ich freilich immer noch Klage nannte. Und als ich einmal bei Rilke einen Satz gleichen Bewußtseins fand, war ich beglückt, nun nach des Verehrten Vorgang sprechen zu dürfen, daß im Bereich der Klage nicht nur Klage wäre sondern auch Welt.

Am Ende aber mag nun der Vers Schefflers, des Engels aus Schlesien, stehen, den ich wohl unzählige Male mir vorgesprochen habe, immer wieder in den Stunden der Einsamkeit, die darum Stunden der Einkehr wurden: Liebe, die Du mich zum Bilde

Loerke: Pansmusik, Eichendorff: Wärs dunkel, ich läg / Es ist ein Schnitter

⟨BERICHT ÜBER DIE ERSTEN JAHRE DER GEFANGENSCHAFT⟩

In den ersten Junitagen 1945 traf ein Transport von 2000 ehemaligen deutschen Soldaten, Mannschaften und Unteroffizieren, in einer Stadt des Donez-Kohlengebietes ein.

Sie hatten in Kurland kapituliert, waren in Mitau in Waggons geladen worden und fuhren – denn der Krieg, der alle voreinst gültigen Übereinkünfte und Gepflogenheiten verkehrt hatte, gab nun auch seinem Ende und seinen Folgen das Gesetz mit – als Gefangene irgendwohin. Zunächst noch in der Hoffnung, nach Deutschland geleitet zu werden, dann, als die Fahrtrichtung Ost und Südost unbezweifelbar wurde, nur einen Umweg über Polen zu machen, schließlich, in völliger Ungewißheit über Schicksal und Zukunft, an Minsk vorbei, weiter südwärts, bis die Dörfer der Ukraine auftauchten, unübersehbare Obstgärten, die in Blüte standen, und dann Werke und Kohlenschächte.

Da wurden die erregten Gespräche immer seltener. Man hatte zu tun, im endlosen Einerlei der Bahnfahrt jene Gefaßtheit zu zeigen und in allen Kleinigkeiten, im Essen und ebenso in der Frage der Notdurftverrichtung, zu erweisen, die als die einzige Haltung, wie man sagte, und als das Zeichen männlicher Charakterfestigkeit galt. War einer unter ihnen, dessen Haltung, dessen bestechende äußere Art zu reden, zu schweigen, abzulehnen und sich zu enthalten von einem Inhalt, von klarer Überlegung, von innerer Entscheidung geformt und veranlaßt war? War diese in den Kriegsjahren gewonnene Form, die vorerst das Zusammenleben noch unter so erschwerten Umständen erträglich bleiben ließ, mehr als eine Schale, eine Hülle, der der Kern fehlte? Bei den Besten war sie aus lauter Ablehnung entstanden, verdichtete Verachtung, hinter der sich anfänglich vorhandene Inhalte aufzehren mußten, und als die Schalen zerbrachen – und das geschah bald – blieb das blanke Nichts, das nichteinmal mehr für ein Bewußtsein von Ratlosigkeit und Unsicherheit ausreichte.

Jetzt war es eine dumpfe Angst, die nicht einzugestehen jeder gewohnt war. Nachts nur griff einmal der und jener ins Dunkel, den Rücken des Nebenmannes zu spüren, zu wissen, daß der Andere da war, 2000 Mann wie er, dicht beieinander und dennoch jeder allein; denn die Haltung, die die Funktionen der Hilfsbereitschaft, die man «Kameradschaft» zu nennen gewohnt war, übernommen, hatte sie einsam gemacht. Ihre Leistungen im Kriege, die so deutlich den Anschein gemeinschaftlicher Anstrengung erweckt hatten, waren immer mehr und ausschließlicher Taten einzelner geworden. Das Gift der Menschenverachtung war der bestimmende Charakterzug ihres Heldenkults geworden. Keiner der Ritterkreuzträger, und deren gab es mittlerweile unzählige, konnte mit Überzeugung seine Auszeichnung als Anerkennung einer gemeinschaftlichen Bemühung bezeichnen. Nein, sie waren allein, und die kreatürliche Angst, die sie zu peinigen begonnen hatte, sollte versteckt bleiben, – bis sie hervorbrechen mußte. Davon wird noch zu sprechen sein.

An jenem Junimorgen nun stand der Zug neben einer schwärzlichen ausgedehnten Bergwerksanlage, daran die Spuren der Zerstörung überall sichtbar waren. Aber der Schacht arbeitete. Sie sahen Menschen, und einige hoben die Hand, als sie vorüber fuhren, blickten ihnen nach, riefen etwas. Und die im Zug sahen, ehe sie die Worte verstanden hatten, an Blicken und Bewegungen der Arme, daß es Deutsche wie sie waren, Gefangene. Aber jene hatten nicht kapituliert, vielleicht waren es Überläufer, und ein plötzliches Mißtrauen erstickte die Grüße, zu denen sich schon die Hände gehoben hatten. Sie schauten zur Seite. Dann waren sie vorüber.

Das Ausladen ging schnell, obwohl sie, der vielen liegend verbrachten Tage wegen, schlecht auf den Beinen standen. Auch das Essen war nur unregelmäßig und willkürlich verteilt worden. Hier und da flackerte jene besondere forcierte Lustigkeit auf, die man gemeinhin und falsch als Galgenhumor bezeichnet; dann hatten sich alte Freunde wiedergesehen. Man sprach viel und sagte nichts. Was sollte man sagen?

Johannes saß neben seinem geringen Gepäck. Waschzeug, Löffel und Messer, ein wenig Papier, Briefe, Socken – alles in zwei Brotbeutel verpackt; er hatte sich schon Monate vorher auf etwas Neues, Ungewohntes vorbereitet, bis zu jener Gleichgültigkeit, die aus lauter Enttäuschung bestand, über die man sich nicht mehr Rechenschaft geben konnte. Waldemar stand bei ihm, machte ein unbekümmertes Gesicht wie immer. «Ein seltsamer Kerl!» mußte Johannes auch jetzt denken. Warum ist er so ernst? – Sie waren Freunde, obwohl sie gar nicht zueinander zu passen schienen, vielleicht gerade deshalb.

Indessen hatte die Einteilung begonnen. Größere Gruppen wurden zusammengestellt; die einander bekannt waren, bemühten sich, zusammen zu bleiben. Schließlich setzten sich die Hundertschaften in Bewegung. Sowjetische Offiziere und Rotarmisten führten sie eine ungepflegte Straße hinunter. Niedrige Häuser waren zu sehen, hinter denen ab und zu ein zweistöckiges weißes Gebäude sich erhob. Ungepflegt schien alles, mit befremdlicher Gleichmäßigkeit hingebaut. Dann fielen plötzlich einige graue zweigeschossige Häuser auf, die eng beieinander standen, dazwischen alte Bäume. Alles umgab ein doppelter Stacheldrahtzaun. Posten mit aufgepflanztem Bajonett patroullierten vorüber. Das Lager.

Die lange Kolonne hatte, kaum daß sie in Bewegung gekommen war, die gewohnte militärische Ordnung aufgenommen, einer achtete auf den anderen, das heißt: auf den Gleichschritt, das andere ... Und dieser Gleichschritt, diese betonte Ordnung, was sollte sie anders ausdrücken, als Protest. Jeder ihrer Schritte, der so besorgt genau gesetzt wurde, protestierte gegen die Unebenheit, den Schmutz der Straße, gegen die saloppe, gleichgültige Gangart der Begleitposten, gegen deren achtlose Gewehrhaltung. «Wir sind nicht Gefangene! Wir erklären feierlich vor der Welt:

Wir haben kapituliert! Bruch jeden Völkerrechts, das ist es, was an uns hier geschieht.»

Vor dem Lagertor hatte die Kolonne gehalten, man drückte sich ein wenig der Umzäunung zu, um einen möglichen Verkehr auf der Straße nicht zu behindern. Es war keiner zu erwarten. Drin im Lager drängten sich geschwärzte Gestalten in schlechtem Arbeitszeug um eine Waschanlage: Lange, mit Löchern versehene Rohre über hölzernen Abflußrinnen. Zögernde kurze Gespräche, die plötzlich, aus Verlegenheit nur, sehr laut werden konnten. Ein schwarzhaariger schmaler Mensch mit entsetzlich schlechtem Blick stand neben den zerlumpten Gestalten, die sich fast demütig um ihn herum drückten. «Kommt mal erst rein. Auf euch warten wir! Kapituliert habt ihr? Aha... Denkt ihr, ich will nicht zu meinen Kindern?» sagte er. Er mußte ein schöner Mensch gewesen sein, ehe ihm Mißtrauen und Haß alles, Sprache, Gestalt und Bewegung zerstört hatten.

Später, im Lager, hatte man sich durch Entlausung, Gepäckdurchsuchung, Überprüfungen zu winden. Es geschah alles etwas provisorisch, weil der Andrang zu groß war.

Ein bei Stalingrad gefangener Leutnant saß unter den Neuangekommenen und erzählte Dinge von den Faschisten, wie er sagte, die allen etwas übertrieben vorkamen. Ganz so schlimm war's wohl nicht; und außerdem: ein anständiger Mensch erwähnt soetwas nicht einmal!

Am späten Nachmittag sammelte man die Neuen wieder, und ein paar Dolmetscher führten sie einige Straßen hinunter zum Ortsausgang, wo schon von weitem ein paar niedrige langgestreckte Baracken zu sehen waren, eine angefangene Stacheldrahtumzäunung und einige Wachtürme, auf denen Posten standen. Das war der Bestimmungsort, das Lager 4. Auf dem unkrautüberwucherten Gelände lag Gerümpel, Bretterreste, Haufen zerbrochener Ziegel. Die Baracken selber waren verludert, die Lehmwände schadhaft, in den kleinen Fensterlöchern fehlten Scheiben, eine der Baracken war schon zur Hälfte eingestürzt. Die Holzpritschen, mehr als provisorisch aufgeschlagen, nahmen fast den ganzen Raum der kleinen Stuben ein und ächzten bedrohlich, wenn man sich hinauf wagte. Gegen Abend wurde Brot ausgegeben und später, in der Nacht schon, Suppe.

Die von den Dolmetschern versuchte Einteilung war erfolglos. Die Bekannten und Freunde rotteten sich zusammen, bezogen die Stuben nach Gutdünken, und nur die Müdigkeit und der allgemeine Wunsch, endlich zum Schlafen zu kommen, verhinderten Auseinandersetzungen.

Ja, es war so. Mit dem ersten Tag im Lager begann jene «Haltung», die sich im Zug noch bewährt hatte, ihre Wirkung zu verlieren. Gewiß hatte auch auf dem Transport schon Gustav Czepluch oder sonst einer beim Brotteilen gemogelt; man hatte es mehr zufällig bemerkt und war darüber hinweggegangen. Jetzt war es plötzlich anders. Man unterhielt sich darüber, war befremdet und – selber schon angesteckt. Zwar war man allgemein noch immer entschlossen, das Ganze, die Fahrt hierher und das Lager, für einen Irrtum zu nehmen, der sich bald aufklären mußte; man würde dann einfach nach Hause fahren. Man wollte nicht daran zweifeln und begann sich indessen schon, für das Leben in diesem Lager bereit zu machen, für ein böses, bedrohliches Leben, in dem sich zu behaupten galt. Bald sollten die ersten Diebstähle einsetzen.

Waldemar und Johannes blieben beieinander, nicht anders als es schon lange gewesen; die Erfordernisse des alltäglichen Lebens hatten sich aufeinander abgestimmt, es bedurfte keiner Erwägungen darüber, ebenso wenig irgendwelcher Freundschaftsbezeigungen und Gefühlsbindungen. Mancher noch blieb in der Nähe: alte Freunde, wie Helmut, der joviale Jurist aus Köln, Fritz, der eidgenössische Weltbürger, Theo, der seit je die sich, infolge seiner langjährigen Vorgesetztenstellung, leicht auftuende Kluft gegenüber den «Mannschaften» allein mit seinem österreichischen Phlegma überwinden konnte. Und da ich es nun überdenke, sind es viel mehr, und es wird von ihnen oft noch zu sprechen sein.

Für vier Wochen, hieß es, wäre man jetzt in Quarantäne, was

indessen nicht verhinderte, daß die von jeder Berührung mit der Außenwelt Fernzuhaltenden sehr bald schon in eine weiter ab gelegene Kiesgrube oder auf Kolchosen zur Arbeit gingen. Indessen verblieb ein Großteil im Lager, das in Ordnung zu bringen, eine wahre Sisyphusarbeit zu sein schien; trotz täglicher Arbeit und ausgedehnter Holzdiebstähle in der Umgebung dauerte es noch lange, bis deutliche Verbesserungen und Wiederherstellungserfolge zu sehen waren. Inzwischen hatte man auch Gruppen und Kompanien, sogar Bataillone eingeteilt. Die versammelten Gruppenführer, zu welcher Würde sich ohne jeden Widerspruch die vorhandenen Feldwebel aufgeschwungen hatten, wählten einen Kommandanten; d. h. der Obergefreite Karl Paul, ein Lette, der ihnen ⟨wegen⟩ seiner guten Russischkenntnisse genannt worden und sich bereit erklärt hatte, das Abenteuer, das ein solches Amt unter den gegebenen Umständen darstellen mußte, auf sich zu nehmen, passierte ohne jede Meinungsäußerung vonseiten der Stimmberechtigten diesen «Wahlgang» und war also durch Entschlußlosigkeit oder Feigheit Lagerkommandant.

Die «Mannschaften» hätten es keineswegs anders gemacht, hätten sie diesen Fall entscheiden sollen. Woher sollten sie auch wissen, wie man wählt! Wer den Paul vorgeschlagen hatte, wußten die meisten nicht, auch kannten sie sich untereinander wenig und mißtrauten sich also. Wenn jemand zur Wahl aufgestellt wurde, so jedenfalls kannten sie es, dann war die Zustimmung, die sie äußern dürften, ein Akt der Disziplin. Man hatte zu gehorchen, weil es einem sonst schlecht ging. Und da keiner sich erinnern konnte, in anderem Sinne vor solche Dinge gestellt worden zu sein, wurde Paul Kommandant und hatte also Gelegenheit, sich einen Namen zu verdienen, der, als ihn die sowjetische Lagerleitung erfuhr, seine Absetzung veranlaßte: «Zar».

Morgens und abends fand die sogenannte Zählung statt. Und wenn es bis dahin leicht gewesen war, die gewohnte militärische Ordnung bei Einteilungen und Antreteübungen herzustellen, machte eine täglich sich steigernde Abneigung gegen jede Art von

Disziplin solche Veranstaltungen geradezu zu Kirchweihtrubeln, nur daß, statt wie dort Fröhlichkeit, hier Streitsucht und Gehässigkeit der Grundzug der Beziehung zueinander waren. Eine unerträgliche Gereiztheit griff um sich und bestimmte bald das Gesicht des Zusammenlebens. Nur alte Verhältnisse persönlicher Freundschaft blühten wie Oasen, auch sie gleichwohl oft genug angefochten.

Bei einem solchen Zählappell wurde der Kommandant, eben jener Lette Paul, vorgestellt und fiel zunächst durch eine ungelenke Sprechweise auf, deren heiserer Tonfall allen als ein einziger Bedrohungsversuch vorkam. Zuvor freilich hatte man Menschen gern nach ihrem Gesicht beurteilt, war aber darin schon während des Krieges unsicher geworden, weil die gehetzten, verlogenen und verächtlichen Gesichter so häufig wurden, daß man den «guten Glauben» bemühen mußte; denn soviel Schlechtigkeit konnte es wohl nicht geben. Man wurde vorsichtiger. Die Dolmetscher vollends, meist Tschechen oder Polen, waren eine lückenlose Folge von Verbrecherphysiognomien. Sie hatten im deutschen Heer gedient und als Sprachkundige wohl in besonderem Maße zu den Greueln der faschistischen Kriegführung beigetragen, stellten sich aber nun, die Gunst des Augenblicks nutzend, so, als wären sie die vom «Russen» eingesetzten Fronvögte, – und die «Landser» wagten nicht gegen ihre Befehle aufzutreten, denn an solche Vorgesetzte waren sie gewöhnt. Gelegentliche Empörungsversuche waren Verzweiflungsakte und als solche mit besonderer Heftigkeit ausgeführt und geahndet. Es bezeichnet den Charakter, den die antifaschistische Bewegung noch sehr lange hatte, daß sie mit solchen Ahndungsaktionen begann.

Es hatten sich schnell einige Süddeutsche oder Berliner gefunden, die ihre frühere Zugehörigkeit zur kommunistischen Partei dadurch beweisen wollten, daß sie Exekutionen veranstalteten, wo Ausreißer zerprügelt wurden. Zwar äußerte sich der Leiter der sowjetischen Administration verächtlich über die Deutschen, als er davon erfuhr, im Lager jedoch erprügelten sich diese angeblichen Antifaschisten, die sich durch die Bank in den Nazijahren ebenso sehr zurückgehalten hatten, wie sie sich jetzt revolutionär gebärdeten, die gesellschaftliche Stellung der Bourgeoisie. Die Frage der Ernährung spielte dabei eine besondere Rolle, und man setzte mit Recht ein besonders großes Kochgeschirr mit dem Begriff «Antifaschist» gleich. Das verhinderte lange eine erfolgreiche Entwicklung der politischen Arbeit im Lager und erschwerte sie auch dann noch, als sie den Ehrlichen und einem erwachenden Verantwortungsgefühl zur Herzenssache geworden war.

So übten also Konjunkturritter eine uneingeschränkte Diktatur aus, und bis die niedergehaltene «Masse» im Lager begriff, daß dies keineswegs Absicht und Richtung der sowjetischen Leitung war, die vielmehr sich möglichst heraushalten wollte, um einer Demokratisierung nicht hinderlich zu werden, war schon vieles und schwer wieder Gutzumachendes geschehen.

Die Meister in den Lagerwerkstätten, die Magazinverwalter, Sanitäter, Brigadiere waren solche Antifaschisten und blieben solange in ihren Positionen, bis kriminelle Vergehen, zu denen sie ihre Befugnisse immer häufiger ausnutzten, zu ihrer Entfernung durch die Administration führten, der der besondere Charakter ihres Wirkens schließlich nicht mehr verborgen bleiben konnte. Indessen kam es auch zuweilen ⟨vor⟩, daß einzelne sowjetische Angestellte sich dieser dunklen Elemente zu «Unregelmäßigkeiten» bedienten. Es muß aber gesagt werden, daß häufige, überraschend eintreffende, Kommissionen, die – für einen langjährigen Angehörigen der deutschen Wehrmacht eine ungeheuerliche Tatsache – manchmal sogar von Generalen geführt wurden, mit kurzfristigen und rigorosen Maßnahmen, Strafversetzungen, Gerichtsverfahren usw nicht zurückhielten.

Inzwischen war aber die Zeit der Quarantäne vorübergegangen. Am 4. Juli begann der geregelte Arbeitseinsatz in den Kohlenschächten, die der ganzen Gegend das Gesicht gaben.

Doch ist noch zu berichten, daß eine organisatorische Maßnahme Johannes und Waldemar getrennt hatte. Waldemar, der sich den Österreichern zugesellt hatte, von denen es hieß, sie würden demnächst in die Heimat entlassen, war eines Tages, als Johannes vom Sandschippen zurückkam, verschwunden: die Österreicher hatte man im Nachbarlager, dem gleichen, wo sie empfangen und entlaust worden waren, zusammengezogen.

Für Johannes war das ein Ereignis, das ihn in ernsthafte Schwierigkeiten bringen mußte. Waldemar nämlich hatte ihm, schon im Kriege bei der Kompanie, alltägliche praktische Sorgen um Wäsche, Schuhzeug, Marketenderwaren, Post und Verpflegung gern und schwungvoll abgenommen, und Johannes sah sich nun gezwungen, mit diesen für ihn, dem es früher schon schwer gefallen war, am Postschalter eine Briefmarke einzuhandeln oder einen Fragebogen sachlich auszufüllen, fast unüberwindlichen Belastungen allein fertig zu werden. Seine Hilflosigkeit indessen mochte bei dem und jenem ein verschüttetes Mitgefühl erweckt haben, denn es fanden sich immer wieder Kameraden, unbeachtete, unbekannte, die ihm kurzentschlossen unter die Arme griffen, ohne viel auf Dankbarkeit zu warten. So entstanden Freundschaften, gleichwohl immer gefährdet durch ihre Ansiedlung in einer Atmosphäre gnadeloser Roheit und Selbstbehauptung, aber dennoch auf lange Zeit einzig Lichtblick und Tröstung. War es ein Zufall, daß dieser auf solche und ähnliche Weise entstehende Kreis zum Mittelpunkt der Kulturgruppe wurde, die bald gebildet wurde und, mit denkbar primitiven Mitteln und Fähigkeiten beginnend und unter ständigen Rückschlägen, wahrhaft zu jener «Vermenschlichung der Verhältnisse» beitrug, die Wilhelm von Humboldt als Inhalt des Begriffs Kultur bezeichnet. Daß indessen der Tätigkeit dieser Kulturgruppe zunächst und noch lange hin die gleichen Motive nachgesagt wurden, deren man die Lagerbourgeoisie beschuldigen konnte, sei vermerkt, weil diese Meinung den Großteil der Lagerinsassen beherrschte – nicht völlig zu Unrecht – und durch die späteren Erfolge und immer beifälliger aufgenommenen Leistungen der «Kasch-Musikanten» nur zurückgedrängt, nie aber ganz überwunden wurde.

Arbeit
Lazarett (Joh. Herz Schacht 4)

Kulturarb. (anhand Veranstaltung) «Kulturgr.»
für Joh. unerträgl. Name
Otto, Erich Karrasch

Gleichwohl aber gab es solche unter den Lagerinsassen, denen die fast allgemein verbreitete Zwangsvorstellung, dem Hungertode preisgegeben zu sein, die zu schrankenloser Entfesselung der Habgier führte, oder die nicht viel weniger grassierende Neigung, eine angeblich erwünschte Willfährigkeit und Zuverlässigkeit vor den Russen zu beweisen, anscheinend unbekannt blieben. Johannes bewunderte diese Fähigkeit, ohne eine andere Erklärung dafür zu finden, als konsequente Loslösung vom allgemeinen Verhalten, als die Kraft der Persönlichkeit. Wie falsch diese Ansicht war, wie wenig sie Einsicht und nichtmehr als eine gefährliche Konstruktion war, erfuhr er erst spät, als ihn der tägliche Umgang mit einem solchen Menschen schon längst eines Anderen hätten überzeugt haben müssen. Er hieß Otto Baer und war ein Maler. Studienrat aus Bayern, durch einige Jahre am Bodensee ansässig, allen Künsten mit jener selbstverständlichen offenen Herzlichkeit zugetan, die nur persönliche Ausübung und nicht einfach ererbte Legitimität, als Erziehungserfolg eines kunstsinnigen Elternhauses, hervorbringt. Seine Vielseitigkeit und Sicherheit, deren Grund eine überraschende Einfachheit und Anspruchslosigkeit war, sicherten ihm schnell eine gewisse Ausnahmestellung, die er sich indessen selber nie zuwies. Daß sie ihm überall zugestanden wurde, geschah gerade, weil er gar keinen Wert darauf zu legen schien. Er malte und zeichnete für die «Antifa», die Administration, die Küche, das Lazarett, die Bühne, ohne viel zu fragen, aber jede Einrichtung, jeder Gegenstand, dem er seine Tätigkeit zuwandte, erhielt so jenen Adel der Sauberkeit und Liebenswürdigkeit, den nur das völlige Fehlen selbstsüchtiger, berechnender Beweggründe hervorbringt. Auch hatte er von Anfang an auf eine ungewöhnliche Genügsamkeit gehalten, so daß er Brot und Anderes, was ihm für seine Arbeiten häufig zugewandt wurde, leichten Herzens bis an die flüchtigsten Bekanntschaften verteilte – mit jener hastigen Achtlosigkeit, als wäre es ihm unerträglich, ein Dankwort dafür zu hören. Auch Johannes nahm seine Freundlichkeit gern an und wies nur selten darauf hin, daß Erich Karrasch es sicher nötiger hätte.

Von Erich zu sprechen fällt noch immer schwer. Er ist 1947 an Bauchtyphus gestorben, und es muß ihm so Vieles gedankt werden, daß darüber sein eigentümlich schwankender Charakter nicht recht geschildert werden kann. Auf jeden Fall war er erstaunlich zu nennen, wie auch seine Blicke – er hatte geradezu erschütternd blaue große Kinderaugen – der Umwelt immer mit fassungslosem Staunen entgegensahen. In ihm berührten sich Himmel und Erde mit einer naiven Selbstverständlichkeit. Er betonte seine ostpreußische Bodenständigkeit ebenso liebevoll wie er Mozart sang, er wurde ebenso leicht verletzend oder verstockt wie er herzlich und nachsichtig sein konnte, und er handelte ebenso oft selbstsüchtig und unehrlich wie er zu teilen und zu verschenken bereit war. Indessen gab es wenige, die ihm dies nicht nachsehen konnten, wenn es auch selbst seinen Freunden manchmal schwer fiel, diesen hochgewachsenen breiten Menschen wie ein Kind zu behandeln, das man lieben mußte, gerade weil er es einem so schwer machte. Er war groß und kräftig, aber dennoch sehr empfindlich, und es machte einen ausgesprochen rührenden Eindruck, ihn wochenlang mit einer kranken Hand durch's Lager spazieren zu sehen, die er jedem, mit dem klagenden Blick eines ungerecht behandelten Haustieres, entgegenstreckte, welcher Wirkung sich auch die Ärztin des Lazaretts nicht verschließen konnte, die ihn, für seine nicht sonderlich erhebliche Verletzung, weit über die übliche Behandlungszeit hinaus krank schrieb.

Inzwischen hatte, das war schon gesagt, der organisierte Arbeitseinsatz begonnen, der die im Entstehen begriffenen Keime eines Gemeinschaftslebens zum Großteil zerstörte und nur sehr langsam andere an die leer gewordene Stelle setzte.

Johannes war zur Arbeit in Schacht 4 eingeteilt worden. Er gehörte zur 2. Schicht, die von 16–24 Uhr arbeitete und dazu in Stärke von etwa 100 Mann gegen 14 Uhr das Lager verließ.

Mehrere Rotarmisten führten sie langsam die Straße zum Schacht hinauf, über den Bahndamm, eine Brücke, die nie recht in Ordnung war, an einigen dörflichen Häusern vorüber, schließlich durch ein Maisfeld bis zu den Schieferhalden, neben denen breit und geduckt der Förderturm sich erhob. Läutesignale waren weithin zu hören, schwarze Gestalten im Maschinenhaus und um die Werkstätten zu sehen. Die Gefangenen lagen dann im Gras, warteten bis die Vorarbeiter kamen, ihnen Normen und Vorhaben erklärten. Ein paar Mann holten die Grubenlampen, um die man sich riß, weil immer einige ohne Glasscheiben dabei waren. Sonst ging alles sehr langsam und widerwillig vor sich. Indessen nahm niemand dies Betragen übel, so als erwarte man gar nichts anderes von Gefangenen. Anordnungen wurden zwanzigmal wiederholt, so daß überhaupt keiner mehr hinhörte. Bei Übertretung würde man sie zum einundzwanzigsten Mal hören. Der Aufbruch indessen, wenn das Signal zum Einfahren ertönte, war immer ungewohnt eilig. Man drängte einander bis vor den Förderkorb, den ein älterer, stark lahmender Mann bediente. Fedor hieß er und sie gewöhnten sich schnell an seine kurze raunzende Art, denn es war nicht schwer hinter seinen rauhen und oft genug groben Reden zwar nicht Sanftmut und Mitgefühl, aber eine prächtige, sachliche Geradheit und Rechtlichkeit zu entdecken. Die Seilfahrt zur etwa 90 m tief gelegenen Hauptstrecke ging schnell vor sich. Man sah, als der Stuhl hielt, einen breiten Gang, in dem 2 Schienenpaare irgendwo ins Dunkel hinein verliefen. Einige elektrische Birnen hingen in Abständen an den Stützbalken. Neben dem Stuhl schliefen einige Arbeiter, einige Gefangene der 1. Schicht mitten unter ihnen. Frauen standen schwatzend zusammen, begrüßten die Neuankömmlinge, gaben ihnen Feuer für ihre Lampen, bis plötzlich jemand, den man nicht erkannte, denn hier unten sah einer wie der andere aus, eine der eingeteilten Brigaden zusammenrief und in einem Tempo losschoß, dem man kaum folgen konnte. Denn der Boden war ungleich, Pfützen und Reste alter Laufstege überall. Bald stieß man gegen die Deckenbalken, von denen es naß tropfte. Schmutzig grauer oder weißer

Schimmel zog sich die Stämme entlang. Dann wieder weitete sich die sogenannte Hauptstrecke. Alte Stollen zweigten zu beiden Seiten ab. Ab und zu begegnete ihnen ein Lorenzug, von einer kleinen elektrischen Lokomotive gezogen. Vor der unter der Decke verlaufenden Oberleitung war man gewarnt worden. Dennoch war es nicht so gefährlich; wer versehentlich mit ihr in Berührung kam, setzte sich unweigerlich auf den Hintern und hatte bis zum nächsten Mal einen leichten Schreck weg.

Indessen gewöhnte man sich in ein paar Tagen an den Weg und das Eiltempo, das hier unten allgemein üblich zu sein schien. Dennoch konnte Johannes jenes sonderbare Gefühl, irgendwie bedroht zu sein, nicht völlig zurückdrängen. Er war eigentlich nicht ängstlich, hatte zuweilen seinen Kameraden achtbare Beispiele von Kaltblütigkeit geben können. Hier aber hielt er sich nahe an die Andern und war froh, einige seiner alten Bekannten in der Nähe zu haben. In 20 Minuten war der 3. Abschnitt, ihre Arbeitsstelle, erreicht. Sie wurden den Zivilisten, wie man sagte, zugeteilt. Es war in der Nähe alles nicht so gefährlich, die Arbeit, die Menschen, die ungewöhnliche Umgebung. Und wenn Johannes einige Tage später nach Arbeitsschluß schon allein den Weg zum Fahrstuhl, zudem mit ausgebrannter Lampe und also für lange Strecken im Dunkel, fand, er also mit allem Äußerlichen schnell bekannt wurde, blieb ihm doch jenes ungewisse Gefühl, als schwimme er in einem nächtlichen Wasser, dessen Ufer man nicht sah, über dem nichteinmal Sterne standen, nach denen er sich hätte richten können, – einzig die eigene Körperkraft, deren er in der Bewegung seiner Glieder sich gewiß fühlen konnte, hielt ihn in jener immer gefährdeten angefochtenen Gefaßtheit, mit der er die Arbeitszeit im Schachtdunkel, aber auch die sonstige Zeit gerade überstand: die Essenausgabe, den Schlaf, Gesundheitsuntersuchungen, Einteilungen usw. Seine Arbeit tat er fast im Traum; es überraschte ihn selber, daß er sich manchmal untätig und gedankenlos dastehen fand.

Erich Karrasch fand sich noch weniger in seine neue Verwendung. Er gehörte der 1. Schicht an, die morgens begann und nachmittags von der zweiten abgelöst wurde. Man legte ihm seine Fassungslosigkeit, seine Schreckhaftigkeit, die ihn im Dunkel drunten unsäglich peinigte, häufig einfach für Angst aus. Gewiß, es geschahen Unfälle im Schacht, Einbrüche, Verschüttungen, aber das konnte es nicht sein. Otto Baer sagte es einmal wie beiläufig zu Johannes: «Er hat zu viel Phantasie. Nachts träumt er gewiß vom Schacht.» Es war so. Erich litt darunter, ohne zu jemand davon sprechen zu können.

Wenige, ganz einfache, Menschen fanden damals gleich Richtung und jene selbstverständliche Verbindung zur Arbeit als einer Tätigkeit, um die sich ihre Existenz wie von selber ordnen und in feste Bahnen finden konnte. Die Andern ließen sich treiben wie Johannes, dem schon nach einigen Wochen ein altes Herzleiden Beschwerden zu machen begann. Es überfiel ihn kurz vor der Einfahrt, und er hätte sich, in seiner Entschlußlosigkeit, wohl bereit gefunden, weiter seiner Arbeit nachzugehen, wenn nicht einer der Dolmetscher, wohl in der Hoffnung, einen Simulanten namhaft machen zu können, die Sanitätsstation des Werks benachrichtigt hätte. Ein junger Mann und eine Schwester, die in kurzer Zeit erschienen, ordneten aber seine sofortige Rückkehr ins Lager an, und einer der Begleitposten brachte ihn zwar mißmutig, denn er hatte sicher Besseres vor als einen nochmaligen, zudem langsamen Weg von einer guten halben Stunde, aber gleichwohl rücksichtsvoll, mit der in der Sowjetunion üblichen Beachtung aller wirklichen Krankheiten und Verletzungen, denen eine ebenso große Abneigung gegen alle eingebildeten und oft auch gegen nicht gleich offenbare Leiden entspricht, ins Lager. Er wurde für einige Tage krank geschrieben und für seinen weiteren Arbeitseinsatz eine Verwendung über Tage festgesetzt.

Lazarett

Die Tage sollte Johannes im Lager verbringen – in völliger Ruhe, wie die Ärztin meinte. Denn das Lazarett war bereits überbelegt. Nicht daß soviele wirkliche Krankheitsfälle zu verzeichnen waren, denn noch hielt die ungewisse Aussicht auf die Revision «eines großen Irrtums», für den sie sich selber ansahen, den Großteil der Gefangenen davon ab, sich ganz hoffnungslos treiben und also mehr und mehr fallen zu lassen. Im Gegenteil wirkte sich eine Protesttendenz geradezu als Kraftquelle aus. Die selbstverständliche Folge nämlich der nationalistischen Überheblichkeit war, jede Arbeit abzulehnen: Arbeit für die Russen, das hieß, den Feind unterstützen, war einfach Vaterlandsverrat! Und wenn dieser Standpunkt auch häufig darum mit solchem Eifer zitiert wurde, weil sich dahinter die Faulheit bequem verbergen konnte, so soll doch, auch wenn es oft so aussah, diese Faulheit nicht als hauptsächlicher Beweggrund angegeben werden. Denn es wurden auf die Erforschung und Nutzung aller erdenklichen Möglichkeiten, von der Arbeit frei zu kommen, beachtliche Energiemengen verwandt. Das Ziel war schließlich in den meisten Fällen ein Lazarettaufenthalt.

Johannes empfand den ersten Tag im Lager fast wie ein Geschenk. Dann aber spürte ihn der Lageradjudant, der ehemalige Nachrichtenspieß Born, auf und seitdem war's um die verordnete Ruhe getan. Auf Grund undurchsichtiger und heimlicher Geschäftsbeziehungen des Kommandanten Paul und wohl einiger ziviler Angestellter der Administration war ständig eine Art Menschenhandel im Gange. Für Schmiergelder oder Schnaps und Lebensmittel wurden, hinter dem Rücken der Ärztin, oft auch mit Unterstützung des Sanitätspersonals, die Kranken zur Arbeit verschachert. Für nächtliche Unternehmungen kamen dann noch die Brigaden dazu, die ihre Arbeit eigentlich schon hinter sich hatten. Widerspruch wagte keiner, denn «es kam bestimmt von den Russen», und da war nichts zu machen. Seltene Proteste waren Einzelunternehmen und als solche leicht mit Knüppeln mundtot zu machen. So kam es, daß öfters Suchkommissionen, schnell aus der Lagerbourgeoisie gebildet, die Stuben und Werkstätten durchstreiften, um Leichtverletzte und Kranke aus irgendwelchen Verstecken zu knüppeln. Johannes war nicht sonderlich geschickt bei diesem Indianerspiel, gab es bald auf und fühlte sich fast erleichtert, als die Schonzeit abgelaufen war.

Es begannen nun für ihn jene denkwürdigen Tage auf «3/35». Der Jurist Helmut arbeitete dort, Rudi Meinhardt, Hans-Werner Heinke und noch eine ganze Reihe alter Bekannter. Und Helmut war es auch, der diesen Arbeitsplatz mit einer großzügigen Handbewegung für gar nicht so schlimm erklärt hatte, obwohl man sonst im Lager schon begann, von 3/35 im Flüsterton zu sprechen. War doch schon am 1. Tage dort sogar der Dolmetscher verprügelt worden, von Zivilisten «natürlich», und die Posten schossen – zwar bisher nur in die Luft – und hatten Wachhunde bei sich.

Die Arbeit bestand darin, Eisenbahnwaggons mit Kohle zu beladen, die dazu aus in der Nähe gelegenen Schächten herangefahren wurde, wobei man natürlich nur selten die Lastwagen direkt auf die Waggons entlud, denn meist waren sie gerade nicht da oder die «Maschinen», wie man allgemein sagte, kamen in solcher Menge angebraust, daß es nicht möglich ⟨war⟩, sie alle an die Waggons zu dirigieren. So entstanden neben dem Gleis hohe Kohlenberge, die dann in Ketten an die Waggons herangeschaufelt oder mit der landesüblichen 2-Mann-Trage auf die Eisenbahnwagen hinaufgeschleppt wurden.

Übrigens wurde nun mehr und mehr die Tendenz, sich von der Arbeit zu drücken, aufgegeben. Das Nationalbewußtsein ließ anscheinend nach. Oder war es einfach die Tatsache, daß auf den Arbeitsstellen zusätzlich Brot und sogar Speck ausgegeben wurden? In Wirklichkeit war es sicher so, daß der Speck nur wenige reizte, jene vor allem, die als frühere Arbeiter in der Industrie oder der Landwirtschaft ihre Lage ohne irgendwelche Verschleierung anzusehen gelernt hatten, die einfach, ohne Kriegervereinsgefühle, den Vorteil ergriffen, der sich ihnen bot. Die Andern aber gaben nach und nach ihren Widerstand auf, sie waren mürbe und arbeiteten, nur wenige noch mit zusammen gebissenen Zähnen und entwürdigt, wie sie meinten, einfach weil sie angetrieben wurden – von dem kleinen Natschalnik, der wie ein Hündchen kläffend umherlief, oder seinen erzürnten Helfern, die Stöcke schwangen, und den Sergeanten, die sie mit Hunden hetzten. Es wurde solange gearbeitet, bis die bereitgestellten Waggons beladen waren. 20-stündige Arbeitszeiten waren nicht selten. Ohnmachtsanfälle und Verzweiflungsausbrüche waren an der Tagesordnung, und einige Todesfälle folgten bald. Entkräftung allein, ohne die umherschleichende hoffnungslose Stimmung, hätte sie nicht verursachen können. Es war erschütternd, Menschen, die man vor wenigen Wochen noch als kräftige, gesunde Burschen kannte, plötzlich schmal und schweigsam werden und einfach verlöschen zu sehen.

Als Johannes dazukam, herrschte gerade eine gewisse Flaute. Es kamen keine Eisenbahnwaggons heran, auch die Zuführung von den Schächten war gestoppt. Das Feld beherrschte die sogenannte Idiotentrage. 2 Tragholmen, mit ein paar Brettern verbunden, wenn's gut ging, 3 Randleisten dazu – das war das Gerät, und da 2 Mann zu seiner Bedienung nötig waren, verursachte es immer und überall endlose Gespräche, wie überhaupt, bei aller Verbitterung und kaum verhehlter Hinterhältigkeit, eine allgemeine Redseligkeit um sich gegriffen hatte. Die Erinnerung nahm freilich den breitesten Raum ein.

Wenn man die Reden hörte, die schwärmerischen Auslassungen über Wohnungen, Reisen, Gärten, Kunst und am meisten über das Essen, mußte man den Eindruck bekommen, das deutsche Volk hätte aus lauter Direktoren oder Gutsbesitzern bestanden. Johannes, dessen ⟨*richtig:* der sein⟩ Leben bisher in gesicherter Bürgerlichkeit verbracht hatte, erstaunte oft, daß andere Leute alle Motorräder und Segelboote gehabt, daß sie täglich mehrere Pfund Eisbein gegessen und schon am Morgen Cognac getrunken hatten. Das war freilich nicht wahr, aber da jeder ähnlich leidenschaftlich seine Erinnerungen aufzubessern und aus einigen besonderen Höhepunkten ein ganzes Leben «auf der Menschheit Höhen» zu bilden sich mühte, mochte jeder, nur damit man ihm zu höre, ihm glaube, den Anderen so nehmen, wie er sein wollte. Man wird sagen, es wäre ganz natürlich gewesen, daß sie versuchten, über ihr alltägliches mühseliges Leben hinwegzukommen, über ihre beschämende Existenz hinauszusteigen. Und es war gewiß sehr rührend, diese Flucht grauhaariger Familienväter anzusehen, die so schnell beim «Tischlein-deck-dich» und beim Schlaraffenland angelangt waren. Auch Johannes blieb davon nicht frei, wenn ihm auch schnell ein anderer Umkreis und fast eine Aufgabe zuwuchsen. Er hatte, wovor er sich seit je gescheut, begonnen, Verse aufzusagen, alte oder moderne, Goethe und Trakl, Klopstock, Loerke – wie sie ihm in den Sinn kamen, eigene häufig darunter, wobei er freilich zunächst noch Wert legte, unerkannt zu bleiben. Er hatte immer gern vorgelesen und deklamiert, vor wenigen ausgewählten Bekannten allerdings. Hier nun fanden sich plötzlich andere ein, einfache Menschen, denen ästhetische Maßstäbe kaum zur Verfügung standen, die aber dennoch – und das war für Johannes eine Entdeckung, mit der er lange nichts anzufangen wußte – keineswegs eine Meinung darüber hatten, oder sie wenigstens nicht sagten, ja den Gebildeten, die es ja gelernt haben mußten, auffällig zum Munde redeten, und was sie von ihnen an klugen Worten hörten, gleichwohl oft genug unverdaut, bei ihrer Bekanntschaft herumtrugen. Es waren Arbeiter, Handwerker, Menschen des praktischen Lebens, zu den Gedichten aber verhielten sie sich wie zum Weihnachtsfest etwa oder zur Einsegnung des ältesten Sohnes. Johannes indessen war bewegt und in seinen geheimsten Hoffnungen bestätigt, wenn sie Rilke oder Däubler lobten, Loerkeverse aufschrieben, die Johannes selber nicht verstand und sie mehr ⟨wegen⟩ ihres geheimnisvollen Klanges im Ohr behalten hatte. Den Verdacht, diese besondere Zugänglichkeit für eine sehr vorläufige Manifestation der allgemeinen Unsicherheit nehmen zu müssen, suchte er immer wieder zurückzuweisen; das hätte ihn seine bisherige Existenz gekostet, hatte er doch im Kriege und vorher in den Kasernen schon die Zeit, Minuten oft, zwischen Appell und Exerzieren mit Hölderlin-Oden verbracht oder im Anblick eines Südseebildes von Gauguin.

Eines Abends, Johannes lag mit Anzeichen von Wassersucht für ein paar Tage im Lazarett, hörte er draußen vor dem Fenster jemanden Geige spielen. La Paloma und dann einen Ungarischen

Tanz von Brahms. Es wurde ihm sehr sonderbar dabei, auch die Anderen, mit denen er den Raum teilte, verhielten sich ungewöhnlich still. Albert Loos, ein Steinbildhauer, hatte das Instrument gebaut, das zwar mit dem reduzierten Ton seiner Drahtsaiten nur in dieser Atmosphäre aus Illusionen und Selbsttäuschungen für eine Geige gelten konnte. Eine zweite und dritte kamen bald dazu, schließlich lieh der Lagernatschalnik seine Gitarre und ein anderer der Zivilangestellten brachte eine bedrohlich altersschwache, undichte Knopfharmonika ins Lager. Das Spiel konnte beginnen.

Der auffälligste jener vorher bezeichneten illegitimen Kunstjünger, Hans Ricke aus Hamburg, ein Mensch, in dessen Wesen Arroganz und Güte, Berechnung und Hilfsbereitschaft, Hochstaplertum und ehrliche Liebenswürdigkeit auf unbegreifliche Weise zusammengingen, nahm die Sache in die Hand und eines Nachmittags stellte sich die «Bunte Palette» als der erste Versuch eines Lagerkabaretts den argwöhnischen, aber gleichwohl neugierigen Kameraden vor. Wußte man doch von vornherein, daß sie nur um Essen oder persönliche Vorteile willen spielten, sangen und Witze erzählten. Der Verdacht war Gewißheit, als die Beteiligten, die jetzt Mitglieder der Kulturbrigade hießen, von der Arbeit im Schacht befreit und über Tage eingesetzt wurden. Die Begründung, daß sie zu den Probezeiten und Aufführungen zusammen sein und also der durchlaufenden und häufig wechselnden Schichtarbeit entzogen sein mußten, konnte hier nicht gelten, auch wenn man sich allgemein klar war, daß die Schachtarbeit nicht selten leichter als die Kohlenverladung über Tage war. Leichter – als körperliche Anstrengung, viel schwerer aber als seelische Belastung. Doch darüber sprachen wir schon.

Programm, Gastmahl b. Paul, Diebstahl
gl. Nacht

II

Es mag so sein, daß die «Haltung», von der auf diesen Seiten schon mehrfach gesprochen wurde, beim Transport erst und auch später noch eine Weile, nicht überall so war und sich auswirkte. Es wird, sogar wahrscheinlich, mit den Insassen des Nachbarlagers anders gewesen sein. Und es muß, nicht nur darum, denn es wird sich noch weiter erweisen, wie entscheidend und folgenreich dieser Umstand war, nun auf die Zusammensetzung dieses Lagers, auf die soziale Herkunft, die gesellschaftliche Stellung seiner Gefangenen eingegangen werden.

Es befanden sich zunächst keine Offiziere unter ihnen, einige wenige gelangten in einem einige Wochen später eintreffenden Transport ins Lager. Dennoch war der Zuschnitt weitgehend auf die Beachtung der Distanz, auf Formalitäten abgestellt, selbst wenn diese Nuancen immer wieder gefährdet waren. Sie kamen aus Kurland, das ist schon gesagt worden, und wenn der Begriff «Kurland» in der Erinnerung der daran Beteiligten und auch sonst in der Sphäre der Kriegervereine als das weithin fast einzige Beispiel echten Soldatentums, alten «Schrot und Korns» galt, weil dort einige wenige «intakte» Divisionen, wie man sagte, mit ziemlich virtuoser technischer Fähigkeit eine illusorische Selbstbehauptung versuchten, so gehörten doch die Kriegsgefangenen des Lagers 4, mit sehr wenigen Ausnahmen, keiner dieser intakten Formationen an. Sie gehörten vornehmlich einem Armee-Nachrichten-Regiment, einer Korpsnachrichten-Abteilung und Armee- oder Korpsstäben an, waren also hauptsächlich im Hinterland beschäftigt gewesen, in Büros, Fernschreibstellen, Fernsprechzentralen, und hatten sich ⟨*richtig:* waren⟩, soweit sie nicht vorher schon Beamte und Angestellte gewesen, in den Jahren ihrer militärischen Verwendung dazu geworden. Sie hatten sich leichter distanzieren oder anschließen können: den Nazis, den zynischen Bewunderern und Sammlern des Elementaren im Sinne Jüngers, den Verzweifelten, den angewiderten Tatenlosen, oder jener richtunglosen, isolierten Gegnerschaft.

Partisanen, deren Tätigkeit für sie nur gelegentlich eine direkte Bedrohung darstellte und meist die Kilometergrenze nicht überschreiten konnte (so nahe waren sie indessen selbst einem Armeestab) galten ihnen einfach für irreguläre, am Krieg widerrechtlich Beteiligte; und es soll auch bemerkt sein, daß den Meisten unter ihnen auch der schließlich aufgerufene Werwolf als nichts Anderes erschien, daß die Haßgesänge im Rundfunk ihnen ekelhaft waren. Die Besten unter ihnen mühten sich noch immer um eine gewisse persönliche Vortrefflichkeit, um deretwillen man sich herauszuhalten hatte, wenn man schon nicht umhin konnte, zuweilen einen Blick in das entsetzliche Inferno, das die «Neuordnung Europas» und «morgen der ganzen Welt» entfachte, zu tun, – einen Blick, der ihnen bei aller Flüchtigkeit schon ein krampfhaftes Augenschließen verursachte. Sie waren Bürger, Kleinbürger, mit jenem Drang nach höherer Lebensart und Romanhaftigkeit oder nach irgendeinem Idyll im Windschatten der Ereignisse und auf den Nähten der Weltgeschichte. Es ist kaum begreiflich, aber das gab es: ganze Truppenteile aus Angestellten, womit auch gerade ihre seelische Verfassung bezeichnet sein muß.

Ein Lager nun, das hauptsächlich aus solchen Formationsresten bestand, erwies natürlich auch ein besonders geartetes Gesicht. Und erst die als unmenschlich empfundene Arbeit in den Kohlengruben, die tägliche, strenge Ordnung, die Notwendigkeit eines Daseinskampfes und schließlich die ersten, tastenden Wahrnehmungen des überall um sich herum in den Werken sich klärenden und steigernden Arbeitsheroismus vermochten erst sie zu dem zu machen, in dessen Namen sie sich bisher dem Leben entziehen zu müssen geglaubt hatten: zu Menschen. Aber bis dahin waren es noch Jahre, und auch dann kehrten noch viele ungewandelt in die Welt zurück, die ihrer Mitarbeit, ihrer Bereitschaft mehr denn je bedurfte und nicht jener hinter lauter Ablehnung und künstlich erhaltener Überlegenheit aufbewahrten musealen «Haltung», die sich häufig wohl gegen die Lüge abgegrenzt hatte, aber gegen die Wahrheit mit Verachtung und Haß vorzugehen nach wie vor bereit war.

Indessen hatten wir uns vorgesetzt, Vorgänge und Entwicklungsprozesse in diesem Lager 4 darzustellen. Wir hatten, zwar flüchtig nur, unternommen, ein paar Gestalten zu zeichnen, daran manches Allgemeine sichtbarer und verständlicher werden sollte, und versprechen nun nicht, die so flüchtig Angeleuchteten präzis durchzuführen, ausschließlich und gerade an ihnen das Wesentliche zu entdecken. Wir werden noch viele Namen nennen, von ihren Gedanken und ihrem Tun sprechen und sie wieder aufgehen lassen in dem breiten, sehr langsam erst Ufer findenden Strom, als der sich das Leben dieses Gefangenenlagers ausnehmen muß.

Johannes hatte seit seiner Schulzeit nicht aufgehört, Verse zu schreiben. Sie waren recht üblich gewesen, diese Dichtungen. Aber ernstere Beurteiler hatten an ihnen anscheinend doch irgendetwas, Versprechungen oder Ansätze zu gewisser Gültigkeit entdecken können. Zu warten war ihm empfohlen worden, bis sich im Ablauf des Krieges eine neue Qualität darin auszusprechen begonnen hatte. Es war dies vor der russischen Landschaft geschehen, am Ilmensee und in der Stadt Nowgorod. Eine Reihe dieser Städtebilder und Landschaftsoden waren gedruckt worden. Und so wuchs ihm infolge dieser, nun also bestätigten, Fähigkeit unter seinen Kameraden eine Schätzung zu, die er sich gern gefallen ließ und die er gleichwohl immer wieder mit dem Gefühl einer Zuneigung zögernd zu verbinden bereit war. Die Worte eines damals sehr berühmten Dichters: «Ich will die Kunst!» imponierten ihm auf eine unbehagliche Art, weil er in ihnen, wohl zu Recht, die unberechtigten Ansprüche einer schwächlichen Seele spürte.

Indessen war er sich seiner eigenen Fähigkeit nie so sicher, daß er nicht, bei der Ausschließlichkeit, in die er diese schöpferische Bemühung hinaufheben wollte, Furcht empfand, sie möchte ihn verlassen; insgeheim nämlich argwöhnte er immer, es wäre damit vielleicht nicht mehr als mit jener berüchtigten Pennälerlyrik – etwas ausgeweitet und aufgetrieben freilich.

Hier nun im Lager, im Schacht und in einer Umgebung aus trüben Erfahrungen, fragwürdigen Verbindungen und Eröffnungen, denen er mit Ratlosigkeit und nicht viel mehr, gegenüberstehen mußte, war diese Sorge nicht geringer geworden, ja gerade sie war es, die ihm mit mancherlei Vergessenheiten irgendwie wohltun konnte, – eine Illusion, deren Verläßlichkeit zu bezweifeln, wozu ein Gefühl von Mißtrauen oft veranlassen wollte, er sich ängstlich hütete. Allerdings muß dazu die besondere Artung seiner dichterischen Existenz bemerkt werden, dies: daß er sie rationellem Zugriff und überlegender Endgültigkeit entzogen wissen wollte; im Grunde waren es noch die traumhaften Gebilde seiner Schuljahre und sehr distanziert überstandener Folgejahre, deren reale Gestalt ihm als eine entsetzlich geschmacklose Hochstapelei erschienen war: im «Haus der deutschen Kunst» und der ganzen «Arteigenheit», – freilich um einige technische Möglichkeiten bereichert, mit denen es ihm bedenklich leicht wurde, seine Dichtungen von den Formen her zu entwickeln, von denen ihm alle irgendwie und -wann geübten zur Verfügung standen. Oder es geschah, daß er dem akustischen Eindruck, einer Wortmelodie nachhörte, lange, daß es darüber sinnlos-selig zu tönen begann – Wortgefüge, denen eine glatte Kunstfertigkeit dann leicht eine gewisse Gestalt zu geben vermochte.

Resedenentstehung
Ricke – Begegnung → Varieté

Nicht anders war es zu seinem ersten Gedicht in diesen Monaten gekommen. Der Weg vom Schacht Maxim Gorki führte, wenn man das Maisfeld verlassen hatte, an einigen dürftigen Gehöften vorüber. Hinter ängstlich hohen und gleichwohl gebrechlichen Zäunen standen Kirschbäume, die sich anschickten, das erste gläserne Rot ihrer Früchte in eine sattere Verlangen erweckende Färbung zu wandeln. Alle mochten es beobachten, die jeden Tag nun im Morgengrauen daran vorüber mußten; fast das Einzige, das ihre Übermüdung für einige Minuten vergessen machte. Johannes bedeutete dieser wiederholte Anblick einen willkommenen Anlaß, seine Verlorenheit mit einer weiteren aussichtslosen

Hoffnung schmerzlich-süß zu bereichern. Die Kirschen drüben, deren unsinnliche Verfrühtheit Begehren und Verzicht ohnehin noch in der Waage hielt, blieben es also nicht allein. Das Gras, aus dem die Bäume sich hoben, Sträucher, denen sie sich zuneigten, schließlich Blumen – alles dies war unerreichbar hinter dem brüchigen Zaun und dennoch zugleich vertrauter als das schwärzliche Brot, das sie täglich aßen. Vorstellungen, die sich im ungesonderten Nachgefühl achtlos und hastig aufgespeicherter Erinnerungen zusammen taten, verursachten eine schwebende, gestaltlose Tröstlichkeit. Worte, gerade vom Mund zum Ohr reichend, fügten sich zu Verszeilen. Und was sich Johannes zuvor nie verziehen hätte, blieb nun unwidersprochen: Form, Formulierung und Reime, passierten die Zensur des Geschmacks wie ein schlafendes Behördenbüro. Es mag dieses erste Produkt hier stehen, obwohl für die Autorität des «schlafenden Büros» bemerkt werden muß, daß Johannes diese beiden gebrechlichen Strophen erst ein Jahr später, nachdem er von Zustimmung und Teilnahme ermuntert worden, Anderen zu zeigen wagte.

Reseden
⟨vgl. Bd. II, S. 92⟩

Zu dieser Zeit nun – Johannes hatte mit einer allenthalben grassierenden Furunkulose zu tun und blieb deshalb zuweilen auf Anordnung der Ärztin im Lager – geschah es, daß einige Male Hans Ricke ihm seine immer ein wenig formellen Besuche machte.

Sie hatten sich während des Krieges schon in einer im ganzen ein wenig bedrohten Situation kennengelernt, in einem nie ganz geschlossenen Kessel bei Welikije Luki, und keinen sonderlichen Eindruck voneinander empfangen. Wem die damals übliche Schätzung der militärischen Rangstufe noch geläufig ist, sei gesagt, daß Johannes, der sich seiner Uniform gern entledigte, von Ricke als «Herr Stabsfeldwebel» angesprochen worden war; ein grimmiges Vergnügen für den Betroffenen. Und damals wie jetzt legte es Ricke darauf an, ein «geistiges» Gespräch in Gang zu setzen.

So gesellschaftlich-konventionell auch diese Unterhaltung, trotz aller Kunstbeflissenheit, verlief, so wenig sie ernst schien oder verbindlich, sie hatte, wie sich bald herausstellte, nach Rickes Willen eine entscheidende Umgestaltung von Johannes' Existenz zur Folge, die für die Jahre seiner Gefangenschaft alle Tätigkeit in eine gewisse Richtung leitete: Kulturbrigade war der Begriff dafür, und es bezeichnete dieses Wort, bei all seiner barbarischen Häßlichkeit, mehr als Johannes damals ahnte, mehr auch als Ricke davon erwarten mochte. Worum es ihm ging, zeigte sich schnell und hätte unter anderen Umständen wahrscheinlich eine Entzweiung herbeiführen müssen. Jetzt indessen war es besser, mit erkältetem Gefühl in einer Aufgabe und einer Gemeinschaft zu leben als allein und isoliert immer mehr an Substanz aufgeben zu müssen; es war eine Frage der Selbsterhaltung.

Ricke nämlich, der gewandt und versiert im Publikumsverkehr, die auf der Hand liegende Organisation eines Lagerkabaretts übernommen hatte, spielte zwar gut und allerorts fast frappierend die Rolle des Ansagers, Regisseurs (soweit davon vorerst zu reden war) und Chefs, ohne freilich über den unerläßlichen Vorrat an Anekdoten oder die nötige Gewandtheit in Übergängen, Einleitungen etc zu verfügen. Seiner erstaunlichen äußeren Sicherheit nun die Substanz zu geben, Kommentare, Witze, Material für Stimmungsmache zu liefern, diese Funktion sollte also Johannes übernehmen. Ihn selber agierend auftreten zu lassen, hatte eigentlich keineswegs in der ursprünglichen Absicht gelegen und geschah auch erst, als Johannes in dem Kreis der Akteure, Musiker, Sänger und Komiker, freundlichere Aufnahme und Interesse fand, die er nichtmehr vermuten zu dürfen geglaubt hatte – außer bei Otto Baer, der die zweite der selbstgebauten Geigen Alberts strich. Daß sie sich in diesem sehr zufälligen Kreis näher kamen, so unverhofft nahe, daß es ihnen wie ein Geschenk war, geschah zuerst über ein paar Volksliedern, die sie abends bei ihren kümmerlichen Proben sangen. Außer Otto und Johannes fanden sich noch einige, die in früheren Jahren der «bündischen Jugend» zugehört hatten, mit Klampfen und Tornistern gewandert waren und die Verwirrung ihrer Jugend in dem Erlebnis der Fahrt zu einigen ⟨reinigen?⟩, zu klären vermeint hatten, welchen Anspruch ihre Theoretiker als die Absicht formuliert hatten, über diesem Erlebnis eine neue Schau des Lebens zu begreifen. Daß es damit nichts gewesen war, wußten sie nicht erst, seit der Krieg sie geschunden und enttäuscht zur Seite geworfen. Schon der bornierte Kriegerverein, als dessen monströs aufgeblähtes Abbild ihnen die HJ schon früh hatte erscheinen müssen und als der ihnen ihr eigenes Volk, dessen Gestalt ihnen natürlich und ganz und gar durch den Mittelstand dargestellt war, vorkam, hatte sie in die Resignation getrieben. Einzig den Photoalben, unendlichen Erinnerungen und den Liedern, die sie an Feuern gesungen, wußten sie den Rest jener besseren Zeit noch verhaftet. Sie erkannten sich schnell, schon an der Kenntnis alter Volksliedertexte, fröhlicher Kanons, an gewissen bescheidenen Kochkünsten und einer Neigung, vor Landschaften oder Kunstwerken zu schweigen und zu schwärmen.

So bildeten sie auch hier in freudigem Erschrecken sogleich einen Kreis, der die Anderen argwöhnisch stimmte und von ihnen mit Bildungsprimaten erklärt wurde; wider besseres Wissen freilich.

Beim nächsten Programm der «bunten Palette», wie sich die Kulturbrigade auf Rickes Vorschlag benannte, trat Johannes mit einigen Bänkelballaden auf, wozu Otto eine Tafel, das heißt ein Stück Dachpappe, bemalt hatte: blutrünstige Szenen, wie sie die Jahrmarktssänger wohl mitgeschleppt hatten, ihren schrecklichen Gesängen erschütternden Nachdruck zu verleihen.

Sein Auftreten hatte zwar vielen gefallen, andere kalt und verständnislos belassen, den Kommandanten Paul geradezu geärgert. Indessen war er sich nicht sicher genug, um seiner Abneigung diktatorische Maßnahmen folgen zu lassen. Ricke aber hatte bereits erfahren, daß Johannes' Auskünfte und Morgensternverse verwertbar und die anscheinende Unerschöpflichkeit seiner «Bildung» seine, Rickes, Position auch in Zukunft garantieren konnten. Er vertrat Johannes also entschieden, und es hieße ihm unrecht tun, wollte man übersehen, daß er auch Anderes in seinem Hoflieferanten zu vermuten begann. Wie sehr dieser erste Verdacht sich zu einer menschlich-rührenden Zuneigung wandelte, darüber wird später zu sprechen sein, und es sei nur zuvor schon bemerkt, daß es Johannes oft ein schlechtes Gewissen verursachte, den ersten Grund ihrer gegenseitigen Beziehung so genau erkannt zu haben.

Das Programm eines solchen Abends mag andeutungsweise hierher gesetzt sein.

Eine mehr schwung- als klangvolle musikalische Einleitung, ein abgelebter Marsch oder ein kläglicher Walzer, eröffneten den sogenannten «ernsten Teil». Ricke übernahm dann die Begrüßung und die Vorbereitung weiterer Darbietungen meist musikalischer Art, die von der Toselliserenade bis zu Ungarischen Tänzen, dem Boccherini-Menuett und Deutschen Tänzen von Mozart reichten. Vogel und Korn sangen, Bohnen und Zobel spielten Gitarrensätze, bis der zweite Teil des Abends im Stil der Wehrmachtsbetreuung mit groben Witzen, anrüchigen Sketschen und Schlagern hereinbrach und Begeisterungsstürme hervorrief. Lange Zeit wurde vor jedem Programm die Hymne der Sowjetunion gesungen, was den Angestellten der Administration ein penetrant heroisches Selbstgefühl zu verursachen schien, bis ein neuer MWD-Offizier diesen peinlichen Brauch verbot.

Einige dieser «Konzerte», wie man sagte, hatten sich bereits des Beifalls der Lagerinsassen erfreuen dürfen. «Mozart», so nannte man den kleinen Zwickauer Musikstudenten Hofmann, schrieb schon wagemutiger und auf Packpapier seine erschütternden Arrangements und, bei aller Konventionalität, frischen Kompositionen. Die Frauen im Lager wandten ihre Gunst und Irene, die zweifellos klügste unter ihnen, sogar mehr dem Primgeiger und Bariton Vogel, einem Dresdner Kellner von entsprechendem Ehrgeiz, zu. Die Kulturbrigade war zu einer festen Einrichtung geworden und hatte die Verwendungsmöglichkeit ihrer Mitglieder klargestellt, welcher Entwicklung sich Ricke glücklich durch eine Verwendung in der sogenannten WK entzog. Diese «Lagerpolizei», wie man sie fälschlich nannte, denn sie hatte keine Rechte und Amtsbefugnisse dieser Art, war aus unangenehm oder blamabel gewordenen Kompanieführern, Bataillonern usw gebildet worden, deren «Zuverlässigkeit» man der Administration gepriesen hatte. Sie sollte den Posten, die die Garnison der Roten Armee stellte, zur Hand gehen, absperren oder wachen und daher von jeder Arbeit freigestellt sein. Daß auch Otto Baer und manch anderer ähnlicher Artung dazu gesellt wurde, änderte mit der Zeit den ursprünglichen Geist dieser seltsamen Einrichtung so sehr, daß die WK des Lagers 4 unter den Kriegsgefangenen des Nachbarlagers, die zu solchen Beobachtungen auf gemeinsamen Arbeitsplätzen kamen, den Ruf ungewöhnlicher «Menschlichkeit» erhielt. Den Insassen des Lagers 4 war das weder etwas Besonderes noch überhaupt bemerkenswert, während sie sich von den «Russenknechten» die kleinen Einkäufe besorgen ließen, zu denen sie keine Gelegenheit hatten. Daraus freilich entwickelten geschäftstüchtige Kreise innerhalb der WK alsbald einen schwungvollen Handel mit billigem Backwerk, Sonnenblumenkernen, Quark und dem seltenen und schlechten Obst jener Gegend, wobei es weithin weniger ehrlich als nötig zugehen mochte. Die WK-Unterkunft glich allabendlich einem Armenmarkt; ein Zustand, dem die anständigen Insassen mit kaum verhehltem Grimm zusehen mußten, bis ein Edikt der Administration dem ein Ende machte.

Aber wir sind schon zu weit vorausgeeilt.

Arbeit
Arbeitsplatz

Ricke, der inzwischen also einer wahrscheinlich sichereren Position inne geworden war, hatte nicht versäumt, und das war vorerst die folgenreichste seiner Bemühungen um Johannes, ihn dem Übertagekommando des Groß-Schachtes OGPU zuweisen zu lassen. Die mysteriöse Bezeichnung des Schachtes hatte entschieden eine andere Bedeutung, als die Zivilbevölkerung gemeinhin in diesen Buchstaben fand: «O Herr, hilf ausreißen!» Indessen war damit einiges Wahre über Arbeit und Arbeiter dieses Riesenwerkes gesagt. Ein großer Teil der darin Beschäftigten büßte solcherart hier irgendwelche Vergehen ab. Die Anlagen, im Kriege völlig zerstört, die Stollen ersäuft, waren nur langsam wieder in Gang zu bringen und trugen noch jahrelang, wozu auch die russische Neigung zur Improvisation, zum Nicht-so-genau-nehmen, das Ihrige beitrug, einen sehr vorläufigen Charakter. So wurde erst 3 Jahre nach Kriegsende eine einigermaßen erträgliche Abortanlage erstellt; wobei man die rauhen Gewohnheiten des Landes kennen muß, um zu wissen, was hier noch «erträglich» hieß.

Indessen war der Schacht OGPU seit langem das lockende Ziel täglicher und nächtlicher Raubzüge, der Lagerinsassen ebenso wie der Zivilisten. Die ganze Stadt trug Gummisohlen, die aus den (möglichst neu eingesetzten, weil noch unverbrauchten) Förderbändern geschnitten waren. Die Natschalniks und Meister holten sich das Baumaterial für ihre Häuser, Holz, Ziegel, Zement, Nägel usw von hier, und was die Meister durften, war den Arbeitern recht und billig. Ein 60-Tonnenwaggon mit Fensterglas, der am Nachmittag auf OGPU ausgeladen worden war, versorgte zwar nicht die Sortieranlagen des Werkes, aber dafür auf unkontrollierbare Weise ganze Stadtviertel mit Fensterscheiben. Die zur Administration gehörenden Offiziere fanden es ebenso natürlich wie große Teile der Bevölkerung, ihre Bedürfnisse an ihrem eigenen Besitz, am Volkseigentum nämlich, zu befriedigen. Sie hatten dazu die Kriegsgefangenen an der Hand, die ihnen nun also Häuser bauten, mit Badezimmern und Stuckdecken, wozu sie eben das Material gleich mitzubringen hatten. Es ging alles sehr einfach; oft gehörte den Auftraggebern nicht einmal der Bauplatz.

Das alles war natürlich weder vorbildlich noch erlaubt. Aber wer wollte es einem Gefangenen verübeln, daß er darüber ganz bestimmte Meinungen über eine Gesellschaftsordnung bekam, die ihm ihre Würde und Bedeutung erst sehr spät, als vieles, ja das Meiste anders, ganz anders geworden war, beweisen konnte. Vorerst nährte sich das alte Überheblichkeitsgefühl des Deutschen mit ganzer Inbrunst daran. Man sah täglich, daß Obdachlose in den Umkleideräumen der Werke nächtigten, daß einer den anderen, und alle den Staat bestahlen, daß Offiziere in winzigen Lehmbuden hausten, Ärzte ihre Habe in einer Aktentasche mit sich führten, Hunderte sich täglich vor den Brotmagazinen stauten, daß es bei Lohnzahlungen Verletzte und Tote gab.

Daß daneben gleichzeitig großartige Werke, Verkehrsstraßen, Schulen und Heime entstanden – das alles ging unter vor der täglichen Berührung mit einem unvorstellbar schäbigen Lebenszuschnitt, und als sich dieser zwei Jahre nach Kriegsschluß plötzlich und ebenso unvorstellbar zu heben begann, waren Vorurteil und Mißtrauen über jede Anfechtung fast erhaben geworden.

Johannes also hatte auf OGPU zu arbeiten begonnen, wie sich überhaupt in den nächsten Monaten der Großteil der Lagerinsassen dort konzentrieren sollte. Die Brigade Michel, der er angehörte, bestand meist aus 12 oder 15, zeitweilig jedoch auch aus 4 oder 5 Mann. Sie waren mit Kohleverladen, Schieferräumen, Holztragen, Maschinentransporten beschäftigt, wobei der Oberfunkmeister Michel, ein Pfälzer und in allen Dünkeln und Borniertheiten des Berufssoldatentums gefestigter Zwölfender, nie seine Aufsichtspflicht durch gelegentliches Mitzupacken verletzte. Diese sogenannte Transportbrigade stellte im Ganzen soetwas wie ein «fliegendes Kommando» dar, das für alle möglichen Dinge verwandt, keines davon richtig zuende führte und also auch bei ihren Zugehörigen nie ein Bewußtsein vollgültiger oder sinnvoller Arbeitsleistung aufkommen ließ. Gerade für Johannes aber, dem das Besondere gemeinschaftlicher Arbeit erst hätte aufgehen müssen, mußte dies ein seine Entwicklung verzögerndes Moment, ja beinahe ein Hemmnis für eine künftige sinnvollere Lebensführung bedeuten. Er fühlte sich fehl am Platz, überflüssig, unnötig – und sonderte sich ab. Lediglich die Teilnahme an den sogenannten Kulturveranstaltungen mochte ihn zuzeiten seinen Mitgefangenen verbinden, – er war allein.

Es besteht dieses Kapitel, wie es scheint, vorerst aus lauter Abschweifungen, die, so interessant sie vielleicht sein mögen, dem

Gang und der Entwicklung dieser Darstellung, die sich doch immerhin zum Ziel gesetzt hatte, eine, wenn auch zufällige, Gemeinschaft in ihrer sich nach und nach formenden Eigenart zu kennzeichnen, Linien zu verfolgen, die im allgemeinen Gang der Menschheitsentwicklung in dieser ungeheuerlichen Zeit eine bemerkenswerte Stimme eines vielstimmigen und kaum absehbaren Konzertes bedeuten dürfen, abträglich sein könnten. Es muß sich daher, wenn diese Schilderungen hier irgendeinen Anspruch auf Wahrheit machen wollen, das allgemeine Schicksal daran abzeichnen, als welches erst die Voraussetzung alles Schreibens in unseren Tagen erweisen kann: unabdingbare Ehrlichkeit, die erst Ehrlichkeit ist, wenn sie mit dem Willen dargetan wird, die Gestalt der Menschheit von den Wurzeln her zu erneuern, besser und richtiger zu machen.

Es ist nun längst an der Zeit, eine Linie, die wir mehrere Seiten zurück aufgenommen, läßlich verfolgt und wie viele andere leichtfertig wieder aufgegeben, besser zerfließen lassen oder einfach vergessen hatten, wieder aufzunehmen. Zumal sie, zwar ohnehin von jeder Art Leben und Entwicklung im Lager, zunächst sogar geradezu beherrschend und bestimmend auftretend, nicht zu trennen, nun durch ein alle Dinge und Verhältnisse verschiebendes und durcheinanderwirbelndes Ereignis ihre Bedeutung sehr entschieden unterstrichen erhielt. Es hatte sich nämlich plötzlich, durch eine übermäßige Betriebsamkeit des Lazaretts und überhaupt der sowjetischen Lagerverwaltung zur Gewißheit verdichtet, das Gerücht eines bevorstehenden Transportes in Richtung Heimat verbreitet und beherrschte nun mit aller Ausschließlichkeit Gespräche und jede Hantierung, Nachtschlaf und Erwachen. Daß sie nicht alle daran teilhaben sollten, war ihnen mehr und mehr klar geworden; die Informationen durch die Sanitäter besagten vielmehr, daß mehr oder weniger nur Kranke, glückliche Besitzer chronischer Gebrechen, wie man's nun ansah, dafür vorgesehen wären.

Es gab, davon sprachen wir schon, eine Menge Kranke im Lager. Einige Unfälle auf den Arbeitsstellen, nicht zuletzt durch die noch immer grassierende Gleichgültigkeit und Resignation begünstigt, gleichwohl aber auch als Folge der unzulänglichen Verhältnisse in den Schächten, waren zu verzeichnen gewesen, physische Lähmungserscheinungen waren der Lähmung des Willens gefolgt, Mängel in der Ernährung, durch Hemmungslosigkeit gefördert, zogen häufige Fälle von Wassersucht nach sich. Eine große Anzahl körperlich Verfallender, sogenannter OK-Leute, umschlichen eine für sie bereitgestellte Baracke, den Löffel in ständigem Heißhunger nicht aus der Hand legend, auf Jagd nach Eßbarem, Küchenabfälle durchwühlend, bettelnd und stehlend, gleichwohl aber in qualitativ weit besseren Ernährungsverhältnissen als die arbeitenden Lagerinsassen, denen zumeist eine dünne Kohlsuppe die Mahlzeit ersetzte. Die OK-Leute erhielten eine Diätkost, die eine beträchtliche Fettzuteilung in sich schloß, was sie sehr wohl wußten und schätzten, die sie sich darum aber auch um jeden Preis zu erhalten trachteten. Sie mußten also Wege finden, die förderliche Wirkung der genußvoll aufgenommenen Nahrung auf ihren Körper zu verhindern. Dafür bildeten sich schnell Spezialisten heraus und um sie herum ganze Schulen von Nachahmern. Die Rezepte reichten vom Zigarettenstummel-Schlucken bis zum Trinken des eigenen Urins; als unfehlbare Möglichkeit, Ohnmachtsanfälle hervorzurufen, galt dies: Kartoffelschalen in größeren Mengen hinunterzuschlingen und darauf einige Liter warmes Wasser zu trinken. Fälle von Darmverschlingung hatten auf solche und ähnliche Weise schon Todesfälle verursacht.

Es hatte diese unheimlich sich verbreitende Tendenz anscheinend eine sinnverwirrende Kraft der Verführung, denn wer ihr zugefallen war, fand nur selten noch zurück; viele starben, und vergessen war diese entsetzliche Selbstvernichtungswut erst, als ein Transport nach dem anderen auch die letzten dieser bedauernswerten Sektierer in die Heimat befördert hatte, – wenn sie den Anstrengungen der Fahrt noch gewachsen gewesen waren. Dort, in der Heimat, aber gaben sie nun das Muster ab, nach dem man sich den Zustand der Gefangenen in Rußland vorstellen sollte. «Wir sind noch gerade entkommen, zwar für immer gezeichnet, aber die anderen ...» Und sie überließen es den Eltern und Frauen, sich ihre Angehörigen in den sowjetischen Lagern womöglich noch elender vorzustellen. Wer sollte auf den Gedanken kommen, daß diese so bemitleidenswerten «Opfer» einfach Selbstmörder waren, die mit ihrem schändlichen Geschäft nicht ganz zuende gekommen.

Um diesen ersten Transport nun entspannen sich Intrigenkämpfe, Denunzierungen, Bestechungs- und Erpressungsversuche, und es war das in gewissem Maße verständlich. Hier entstanden Todfeindschaften, noch über Jahre schwelender Haß und schnellvergessene Dankbarkeit. Das «goldene Kalb», sit venia verbo, als welches nun die sowjetische Ärztin, eine recht hilflose ältere Frau, und ihre Schwestern galten, umringte nun täglich ein orgiastischer Tanz hemmungsloser Transportwütiger, der, anstekkend und abstoßend in einem, es den Besonneren leicht machte, auf diesen ersten Transport schon von sich aus zu verzichten. Indessen blieben ihre Erwartungen, es möchte bei den nächsten Transporten, die im Abstand von einigen Wochen folgten, gesammelter und zugleich gelassener zugehen, jahrelang, bis zur Entlassung der Letzten unerfüllt. Wie hätte es anders sein können?

III

Die Kapiteleinteilung dieser Blätter ist willkürlich oder vielmehr zufällig genug, als daß sie den Verdacht aufkommen lassen sollte, sie wäre vom Rhythmus besonderer Ereignisse bestimmt, effektvollem Anfang oder nachdrücklichem Beschluß zugetan. Diese Seiten hier werden gleichsam ohne Plan «darauflos» geschrieben, augenblicklichem Einfall folgend, ohne sonderliche Voraussicht, aber auf jeden Fall ohne jede Rückschau auf das schon Geschriebene. So als schriebe ich von einer wohl nichtmehr recht leserlichen Tafel, meiner Erinnerung, einfach ab, wie es in ungefährer zeitlicher Folge dasteht; klären mag es sich beim Schreiben, bis zum Weg in die Hand.

Auch der Vorfall, mit dem dieses Kapitel beginnt, ist ohne große Bedeutung.

Es ging schon auf den Spätherbst und einem bänglich erwarteten Winter zu, als eine größere Anzahl ehemaliger Offiziere, Ungarn, Rumänen und Deutsche, auf Lastwagen herangefahren, im Lager erschienen und zunächst schon durch die Sorglichkeit, mit der sie den einstigen Zustand ihrer Uniformstücke zu bewahren getrachtet, auffielen.

Zwar hatte es auch bislang im Lager nicht an Absichten solcher Art gefehlt. Ja, nach dem ersten Trubel der Auflösungserscheinungen, erlebten sogar die bereits abgelegten Rangabzeichen der Feldwebel und Unteroffiziere eine kurze Auferstehung. Dennoch war dies, im ganzen gesehen, fruchtlos geblieben, denn die Kümmerlichkeit der herübergeretteten Uniformen wurde allzu schnell offenbar, und mehr und mehr mußten die zwar nicht sehr ansehnlichen, indessen doch dauerhafteren Bekleidungsreserven der Lagerkammer, ausgediente Uniformstücke der Roten Armee, in Anspruch genommen werden, herbeitransportierte Naziblusen und italienische Mäntel dazu, was alles zusammen eine eigentümliche Maskierung ergab.

Die Offiziere nun verfügten über strapaziösere Tuche und hatten, zwar ohne Burschen, auch augenscheinlich einige Sorgfalt darauf verwandt. Was sonst mit ihnen los war, enthüllte sich bald, als sich nämlich herausstellte, und das geschah schon in den ersten Tagen, daß sie keineswegs so beständig wie ihre Uniformen geblieben, ja weit weniger widerstandsfähig als ihre einstigen Untergebenen sich erzeigten. Wehleidige Simulanten, Diebe, Angeber gab es gerade unter ihnen, auch die Hungertod-Psychose trieb die meisten von ihnen auf tränenvolle Bettelfahrten.

Das war freilich nicht verwunderlich, wenn man sich des militärischen Kastenwesens erinnert. Wenn man sich nichtmehr in Befehle hüllen und mit ausführenden Organen umgeben konnte, war man allein und sozusagen nackt und ohne die Glorie, mit der die Zunft jeden, den sie aufnahm, bekleidete – nicht als Würdigung von Qualitäten und Verdiensten, sondern einfach Konfektion, die zu nichts als zum Abstandhalten verpflichtete. Die wenigen Beispiele, daß ehemalige Offiziere aus eigener, menschlicher Substanz eine Haltung erwiesen, der auch unter den damaligen Verhältnissen Achtung oder wenigstens nicht Verachtung zukam, sind an den Fingern herzuzählen und stammten sämtlich von Reservisten. Es waren dies zunächst und vor allem ein Major, Kohlenhändler aus Norddeutschland von unbeirrbar sachlicher, gerader Art, und ein Stabsarzt aus der Osnabrücker Gegend, der sich mit erschütternder Ehrlichkeit über alle Dinge Rechenschaft zu geben suchte, sich um Unzähliges sorgte und tätig bemühte, freilich mit ungewöhnlichem Takt und Zurückhaltung begabt und darum in all seinen Absichten ohne augenfällige Schlagkraft, ein wunderbarer Mensch. Von beiden wird noch viel zu berichten sein.

Der anderen Beispiele, der Diebe und Gauner zu gedenken, sei mir erlassen. Die Erscheinung, daß man heute einem ehemaligen Offizier noch immer mit Mißtrauen gegenübertritt, stammt nicht aus dem Jahre 1945, sie war schon während des Krieges mehr und mehr verbreitet und üblich geworden.

Doch sagten wir bereits, daß mit den Offizieren Ungarn und Rumänen im Lager aufgetaucht waren, mehrere Kapitäne und sogar ein Oberst, die sich indessen von den bald darauf gleich zu mehreren Hundert eintreffenden Mannschaften gleicher Nationalität, äußerlich jedenfalls, kaum unterschieden. Indessen fiel bald auf, daß sie das alte Befehlsverhältnis noch nahezu aufrecht zu erhalten vermochten. Auf erstaunte Anfragen erklärten sie das damit, daß die Offiziere aus Budapest, die Soldaten vom Lande stammten, was natürlich wörtlich genommen nicht stimmte, aber dennoch den Kern der Sache traf.

Die Ungarn – das ist eine schwierige Geschichte. Was soll man davon erzählen? Daß es unzählige und unendliche Streitigkeiten um Arbeit, Kleidung, Essen, Unterkunft, Lazarettbehandlung, Theater- und Kulturbetrieb gab? Daß jeder Tag einem unversieglichen Mißtrauen Nahrung bot? Daß das Verständigungsmittel, unter den ehemals Verbündeten die russische Sprache blieb? Daß noch 1948 ein Deutscher von Ungarn erschlagen wurde, eines lächerlichen Anlasses wegen?

Dabei gab es Freundschaften, regelrechte und dauernde Verbrüderungen. Bereitschaft dazu bestand auf beiden Seiten. Es handelte sich eben auch in diesem Verhältnis um den Wettlauf zu den Russen, darum: den Anderen bei der sowjetischen Lageradministration, bei den Aufsehern und Meistern auf den Arbeitsstellen auszustechen, im Einfluß auszuschalten und dergleichen. Dabei besaßen die Ungarn – die Rumänen wurden bald in einem Sonderlager in der Nähe gesammelt – den unbedingten Vorsprung, auf menschlich einfachere Weise organisiert zu sein. Sie suchten die Verständigung mit der Bevölkerung um jeden Preis. Sie kam es nie an, ihren Sprachkenntnissen in etwa zu mißtrauen. Auch konnten sie ebenso gut, wenn nicht besser als die aus allen Himmelsgegenden stammenden Zivilarbeiter fluchen und den Übergang von Schlägereien zu überschwenglichem Hordengesang bewerkstelligen. Was indes den Deutschen zuletzt das Übergewicht verschaffte, war einfach die Überlegenheit gründlicher handwerklicher Ausbildung und durchdachter Organisation über die schwungvolle Improvisierfreudigkeit, die zunächst den Ungarn den Vorsprung verschafft hatte, – weil sie den Maßstäben der Zivilbevölkerung so deutlich entgegenkam.

Länger als man annehmen sollte, blieb es bei der Scheidung der Nationen, selbst auf so engem Raum, und es hieße leichtfertig sein, wollte man für diese Konstellation auch in späterer Zeit, als die Ernährungsfrage nicht so beherrschend mehr erschien, die Schwierigkeit der sprachlichen Verständigung verantwortlich machen, die doch nie ein ernstliches Problem bleibt, wo die Bereitschaft zur Verständigung besteht.

Johannes neigte dazu, bei seinen Landsleuten (und also bei sich auch) den überwiegenden Schuldanteil zu suchen, und fand ihn auch schon in der im besten Falle gaunerhaften Herablassung, mit der diese den betriebsamen Magyaren gegenübertraten, und es war ihm eine grimmige Freude, die so geartete «Menschlichkeit» seiner Bekannten zu zerpflücken. Indessen glückte es auch ihm nicht, besseren Kontakt mit den Bauern und kleinen Handwerkern zu finden, die den Großteil der Ungarn im Lager stellten. Mit den «Budapestern», den Intellektuellen, Unternehmern usw ging es leicht genug, am leichtesten mit denen, die von höherer Lebensart nur flüchtig geschmeckt, dennoch eine geradezu hochstaplerische Fähigkeit zu blenden entwickelt hatten: den Angestellten. Gleichwohl waren alle diese umgänglicheren Spezies, denen an nichts so lag, wie am Anschluß möglichst nach Westeuropa, zusammen eine kleine Minderheit, und ihre zunächst tatsächlich unbestrittene Herrschaft mußte auf die Dauer an Luftmangel leiden. Ihre lange genug bevormundeten Landsleute verhalfen ihnen zu glanzvollen Abgängen, d. h. sie wurden in Schreibstuben, bei der WK, der Küche und sonstwo untergebracht, aber um ihre Führerrolle war es mehr und mehr getan. Die Deutschen indessen begriffen diesen Prozeß schlechthin nicht. Zwar hatten sie sich, und die anfängliche Zusammensetzung des Lagers war ihnen darin entgegengekommen, schnell und schmerzlos der alten militärischen Knechtschaftsverhältnisse entledigt, fielen nun, da die Offiziere verspätet dazukamen, auch nichtmehr zurück, aber das einzige Ergebnis war eben dies: daß sie nun ohne jede Führung, ohne eine andere Richtung als die Witterung des Kochtopfs und der Lohnzahlung blieben – außer der schwachen Gruppe, die sich um die Theatergruppe, um Teile der WK und wenige Freundschaften scharten. Denn, das hatten wir schon gesagt, bei den Antifaschisten, dem sogenannten Aktiv und seinem Ältesten, war in dieser Hinsicht nicht das geringste zu erwarten.

Er war ein braver und stiller Mensch aus Schwaben, der zu diesem Posten wie eine Ballschöne zum Kind gekommen, nämlich unversehens. Und er vermochte das mit vielen Skrupeln begonnene Amt zwar zuzeiten mit schwachatmender Menschlichkeit, nie aber mit gehöriger Einflußnahme und Ansehen aufzufüllen. Er blieb achtbar in den Augen der Meisten, galt aber nicht für voll, weil man die Wirkungslosigkeit seiner Interpellationen bei der MWD und der Lageradministration bald heraus hatte. So hatte Richard Seiter, das war sein Name, in heiligem Eifer den Polit-instruktor, den arg zerschossenen kleinen Leutnant Allimow, auf einen, in seinen Augen untragbaren Mißstand hingewiesen. Es erhielten nämlich die Kompanie- und Bataillonsführer, Dolmetscher, Adjutanten und was sonst noch alles die sogenannte Diätkost, die Lazarettverpflegung, deren Zutaten und Zubereitung die Ingangsetzung aller Mittel, mit denen ein Anrecht darauf erreichbar war, zu rechtfertigen schienen. Seiter, der für seine Person solche Abstufung lediglich Kranken zuzugestehen neigte – und also ein Grundgesetz seiner derzeitigen Umwelt nicht begriffen hatte – nahm Anlaß, den Finger auf diese, wie er meinte, schwärende Wunde zu legen und fand, so schien es, auch sofort volles Verständnis: Denn der Leutnant schoß los, um in kurzem und freudestrahlend wiederzukehren. Es sei nun alles in Ordnung, er habe tüchtig auf den Tisch geschlagen, und ab morgen bekäme er, Seiter, auch Diät.

Seiter zog es denn also auch nach einigen Monaten vor, auf betrübte Art am Rheumatismus zu leiden und fuhr nach Schwaben, seinen Platz zur Disposition stellend, und die sich von ihm zu verabschieden Gelegenheit fanden, nahmen den Eindruck mit, als ahne er, daß den erfolglosen Ausgleichsversuchen seiner Amtsführung der Amoklauf eines monomanen Angebers, eines Zerrbilds von Mensch und notorischen Selbstbefleckers folgte, eines ehemaligen Leutnants und Junglehrers des ewigen Reiches, dessen Name nicht nur die Herkunft dieses Gewürms sondern ebenso die Atmosphäre seiner Lebensgewohnheit bezeichnete. Keller hieß dieses Schoßkind des ebenfalls neu auftretenden Politinstruktors Skaruga, eines ukrainischen Mittelschullehrers, dessen abgrundböses Gesicht keinesfalls eine völlige Einsichtslosigkeit ersetzen konnte. Er mißtraute jedem, seinen Schoßkindern etwas weniger, – aber das war auch schon alles, was er an Einstellungen besaß, darin anscheinend nur noch übertroffen vom Vertreter der MWD, einem 22jährigen Leutnant.

Jerusalemski
Einsperren etc. Theater-Abend, der ihm
mißfiel Joh. Begegn. mit ihm
Otto Baer – Dolmetscherin

Anscheinend, sage ich, und das mag ein wenig später erklärt werden. Jerusalemski nämlich war einige Monate später ins Lager gekommen und hatte, nachdem sein Vorgänger, ein bäurisch-schwerfälliger Oberleutnant, in milder Menschlichkeit regiert und sich mehr auf die Mehrung seines Besitzstandes beschränkt hatte, den «scharfen Besen» vorzuführen. Er tat das, indem er ein undurchdringliches Gesicht zur Schau stellte und die Nächte mit endlosen Verhören ausfüllte. Indessen machte ihm sein Programm einige Schwierigkeit, und es blieb kein Geheimnis, daß er sich mit Drogen aufpulverte und seine Ruhe am Tage wiederum mit Schlafmitteln erkaufen mußte. Sein glasiges Aussehen verriet das bald, und die russischen Schwestern im Lazarett hielten mit ihrer Meinung darüber, ebenso wie mit Gunstbezeigungen, die sie den wohlgenährteren unter den Gefangenen zuwandten, nicht zurück. Der Lageradjutant Bernhard und der Bataillоner Rosellen wurden solcherart sogar zu Vätern. Das nebenbei. Von der Verhörtechnik Jerusalemskis drangen bald aufregende Berichte in die Baracken, und es war natürlich befremdlich genug, wenn nun Kameraden bisweilen für Tage in seine Obhut verschwanden, nachdem so lange Zeit, unter des bäurischen Poda Regie, die Tätigkeit des MWD sich in Spitzeldiensten hatte genug sein lassen, mit denen sich Kümmerlinge Kohlsuppen verdienten. Denn daß es auch im Lager schändliche Verbrechen aufzudecken gab, das konnten die Meisten nichteinmal argwöhnen. Sie entsetzten sich wohl, wenn der oder jener in einer guten Stunde von seiner Aufsehertätigkeit im KZ oder sonstwo ein unbedachtes Wort verlor, hielten es lieber für Angabe – es irgendwohin weiterzugeben, das konnte nur Verächtlichen in den Sinn kommen, so meinten sie. Die Verächtlichen indessen fuhren recht gut dabei, ohne sich freilich die Achtung der «Russen» damit zu erwerben. Auch Jerusalemski machte darin keine Ausnahme; er nahm ihre Meldungen entgegen, wertete sie aus, stand aber nicht an, mit seinen Gewährsmännern ebenso rigoros wie mit den Belasteten zu verfahren. Ja, die sich einmal zu solchem Dienst bereit gefunden, wurden nun immer wieder um neue Ergebnisse angegangen und unter beträchtlichem Druck und Drohungen zu Phantasien und glatten Lügen veranlaßt, schließlich und zu guter letzt in Gewissenskonflikte getrieben, denn durchwegs schlecht zu sein, bedarf es guter Nerven; die aber waren ihnen, nicht zuletzt durch die Verhöre, längst vergangen.

Auch die dilettantischen Bemühungen der Kulturbrigade, der «Bunten Palette», wie sich die Mitwirkenden lieber benannten – bei den Ungarn hießen sie kurzweg Ballett –, mußten Jerusalemski verdächtig erscheinen. Zwar waren Dolmetscher zur Hand, eine zur Dienstleistung bei der MWD verpflichtete Mittelschullehrerin oder eine ganze Anzahl Letten und Oberschlesier, zwar mußten die Texte der Darbietungen übersetzt und schriftlich vorliegen, wurden auch mancher Kürzung oder Streichung unterzogen, dennoch blieb dem Argwohn ein weites Feld, und auch Johannes mußte das gelegentlich erfahren.

Sie spielten einmal eine recht freie Improvisation über den alten «Peter Squentz», wobei sie sich zuletzt mächtig albern mit ungefügen Holzschwertern bedrängten und ihren friedlichen Gemütern mit der Verlästerung des Waffenwesens alle nötige Luft machten. Dem anwesenden MWD indessen war das nichts als der gültigste Beweis für die bei den Deutschen unausrottbare Neigung zum preußischen Militarismus. Otto Baer, der der Schwertschwingendste dabei gewesen, erfuhr allerdings von der insgeheim sehr privaten und unverstanden lyrischen Dolmetscherin, daß Jerusalemski «gar nicht so sei», daß er vielmehr nur mit Anstrengungen seine Bösartigkeit inszenierte aus Angst, sonst keine Ergebnisse vorweisen zu können. «Sie sagen ja sonst nichts», schloß sie die nachmittägliche Unterredung, wozu sie, in Abwesenheit ihres Chefs, den Otto, als einen Künstler, geladen und mit Tee bewirtet hatte, und kam sich unglücklich und deplaciert vor.

Diese schöne Eröffnung über des Gefürchteten menschliche und tragische Seite stieß indessen nicht überall auf Gläubige. Die Terrorisierung hatte schon zu weite Kreise gezogen, auch das reinste Gewissen konnte sich nicht mehr sicher wähnen. Überdies, so sagten sie sich, obwohl es ihnen eher hätte Vertrauen erwecken können, traten auch die doch fast durchweg ranghöheren Offiziere der Administration in merklicher Unsicherheit dem jugendlichen Leutnant gegenüber, und es dauerte nicht sehr lange, bis einer ganzen Anzahl ebenso prominenter wie korrupter Kapitäne, Inspektoren etc nachdrücklich der Prozeß gemacht wurde – zweifellos auf sein Betreiben. – Zu Tätlichkeiten neigte er nicht, was aber hierzulande in dieser Hinsicht möglich war, hatten alle bereits auf den Arbeitsstellen zu sehen Gelegenheit gehabt und oft am eigenen Leibe erfahren. Auch daß sowjetische Offiziere Ausreißer einer stundenlangen Behandlung mit Knüppeln unterzogen hatten, unter besonderer Bevorzugung der Unterleibsgegend, war ihnen bekannt geworden. Das war ihnen wenigstens befremdlich erschienen und veranlaßte manchen, der seinerzeit mit Ekel vernommenen Nazipropaganda nachträglich Glauben zu schenken. In Preußen war die Folter vor fast 200 Jahren abgeschafft worden, und erst die Nazis hatten sie wieder, zudem meist getarnt, eingeführt. Hier sahen sie nun, wie der Schachtnatschalnik, dem doch einige tausend Menschen unterstanden, einen Lehrling zu Boden schlug, wie sich die Abschnittsnatschalniks gegenseitig mit Fäusten ins Gesicht fuhren und gemeinsam mit Stöcken auf die Gefangenen losdroschen. Hier war der Tenor jeder Unterhaltung die unflätigste Flucherei, und es schien nichteinmal dem größten Teil der Frauen möglich, ein Wort ohne eine angehängte Obszönität über die Lippen zu bringen.

Was nutzte es da, wenn ihnen hier und da ein ernsthafter und achtenswerter Mensch begegnete, der mit Abscheu von dieser ganzen Gegend sprach und, daß es woanders – vor allem in Moskau – in nichts so wäre, erzählen konnte? Die Gefangenen, unter den Bedingungen ihres dezimierenden Arbeitsplatzes, assimilierten sich mehr und mehr, lernten vollendet fluchen, lügen und stehlen (die es zuvor schon gekonnt, sahen sorgenvoll ihren Vorsprung sich täglich vermindern) – sie lebten sich ein, und die durch Verlegungen zu ihnen stoßenden Kameraden aus Moskau, Tiflis oder Charkow wußten auch nur zu erzählen, was ihnen längst bekannt war.

Johannes hatte sich als junger Mensch um Tolstoi und besonders, was zu jener Zeit ein Salongespräch gewesen, um Dostojewski bemüht, hatte als Schüler eine Zeit lang und ohne viel Erfolg sich des Russischen befleißigt und war in den letzten Jahren des Krieges manchem Angehörigen seiner Kompanie als roten Anhauchs verdächtig auf die Nerven gefallen. Und er hatte sich auch einige Meinungen über die «Russen» aus jenen Bemühungen bewahrt. Auch er war geneigt, die in jeder Hinsicht gottverlassene Gegend, in die er verschlagen worden, damit zu entschuldigen, daß sie ein bevorzugtes Verschickungsgebiet des alten Rußland gewesen; eine Einstellung, die ihm bekannt erschien, wenn er sich erinnerte, wie seine Lehrer von Australien gesprochen hatten.

Von den Russen hatte es damals geheißen, sie seien von überströmender Güte und wütender Grausamkeit, von entsetzlicher Arglist und quellenreiner Kindlichkeit in Einem. Das war ihm seit je pompös-literarischer Überhöhung verdächtig gewesen, indessen zeigte es sich, daß es, auf eine einfachere Formel gebracht, ungefähr zu stimmen schien, wobei er, was ihn seit längerem bewegte, nicht übersehen mochte, daß Menschen keine Rechenexempel sind und Völker nicht für lange selbst für den hartsinnigsten Betrachter das Gesicht einer Konstruktion beizubehalten vermögen. Er sah Gemeinheit, Lüge und Hartherzigkeit an jedem Tag, aber nicht weniger oft Herzlichkeit, Hilfsbereitschaft und erfuhr aus heiterem Himmel Freundlichkeiten, deren er sich in seinem Vaterlande niemals hätte versehen dürfen. Da teilten Arbeiter, ohne Aussicht, vor dem nächsten Tage an Ersatz zu geraten, ohne Bedenken Brot und den letzten Tabak mit ihm, da rissen sich Mädchen das Hemd entzwei, um ihm eine lächerliche Verletzung am Finger zu verbinden – unzählige Erlebnisse hätte er allein davon berichten können.

Eine Eigenschaft, die indessen mit den eben gerühmten in enger Beziehung steht, machte ihn immer wieder auf fatale Weise ratlos: Alle, Russen, Georgier, Ukrainer, mit denen er zusammen kam, hatten eine unwiderstehliche Neigung, sich als großmütig zu fühlen und sich ihren Großmut auch ausdrücklich bewundern und bestätigen zu lassen. Die Gefangenen selber sollten das beste Beispiel für die Großartigkeit dieser nationalen Besonderheit sein. Überhaupt hat der einfache Russe eine außerordentlich hohe Meinung von seinem Volk und läßt daneben höchstens noch den Deutschen gelten, wobei ihm eigentümlicherweise dessen militärische Fähigkeiten besonders achtunggebietend erscheinen.

Auch die übliche Einstellung zu den Juden wäre, selbst in der Nazizeit, in Deutschland ihrer Heftigkeit wegen aufgefallen. Wurde ein Jude im Gespräch erwähnt, so ging das nie vorbei, ohne daß einer oder mehrere der Anwesenden kräftig ausspuckten und einen gesalzenen Fluch hinterher schickten. Andrerseits allerdings waren die Deutschen gerade deshalb so verabscheuenswert, weil sie die Juden verfolgt hatten, während wir ... siehe oben unter «Großmut». Es paßte überall.

Die Antifa im Lager mußte erst mehrfach darauf hingewiesen werden, ehe sie lernte, sich dieses Zauberwortes zu bedienen, mit dem man, bei einiger Geschicklichkeit, manches und nicht zuletzt die Heimfahrt erreichen konnte. Denn in der politischen Arbeit gab es immer wieder peinliche Unglücksfälle. Da hatte z. B. ein übereifriger Antifaschist namens Schulz, anläßlich einer Versammlung, der Roten Armee für die Befreiung Ostpreußens gedankt und damit den sowjetischen Offizieren ein ironisches Lächeln abgenötigt oder ein hoher Antifa-Funktionär, der dem Marschall Paulus seine durchaus verspätete Kapitulation vorgeworfen, die Quittung in der Antwort des anwesenden Majors und Polit-Instruktors empfangen: «Welcher anständige Soldat tut denn soetwas!» Die Antifa hinkte solcherart auf allen Vieren, und hatte schließlich nur noch die Möglichkeit, entweder zu demissionieren (was sie in den Augen der Russen verdächtigt hätte) oder zur Spitzelzentrale zu werden, nun ganz öffentlich und ausschließlich.

Ich bin über dem Niederschreiben der letzten Seiten dann und wann allzu heftig und also ungerecht geworden, und es ist dies wahrscheinlich auch unvermeidlich bei Dingen und Vorfällen, denen man so nahe und in deren Umkreis und Ablauf man so einbezogen gewesen. Grund ist es aber genug, diese Schilderungen kurz zu verlassen, abzubrechen – wenngleich selbst ihr Ton hier und da und bald schon wieder vernehmlich werden wird und schon die nächsten Ereignisse, die ihre Mitteilung nun dringlich machen, nicht erfreulicher und distanzierter mögen auftreten können. Erfreulicher ... was war schon erfreulich?

Wir sagten es schon oft: Johannes war recht allein. Aber anders als Otto Baer, der Maler, den eine unbestimmbare, eine, ich möchte sagen, isolierende Luftschicht umgab und der sich also immer und ohne Schmerz zu enthalten vermochte, machte ihm dies Sorge. Er empfand sich als einen Hagestolz, wenn er in unzähligen Gesprächen gewisse gesellschaftliche Fähigkeiten entfaltete oder auf der Bühne als Ansager vielbelachte Possen riß und sich dabei gleichzeitig sagen mußte, daß er lieber auf und davon wäre, irgendwo und allein. So hielt er sich beharrlich allen Veranstaltungen fern, für die seine direkte Mitwirkung nicht erforderlich war; freilich waren dies wenige, und auch denen war er irgendwie noch verbunden, weil er bei alten Schlagern und Opernarien die meist in Anfangszeilen und einigen Bruchstücken verfüglichen Texte zu ergänzen hatte. Er fand sich also nicht ab damit, und das muß erwähnt werden, weil hieraus einige spätere Entscheidungen resultieren, die ihn, hätte er sie voraussehen können, damals mehr belastet hätten als sein derzeitiges kümmerliches Leben.

IV

Der Winter war vorbeigegangen, nicht sehr gnädig freilich. Johannes hatte in seinen Gummischuhen entsetzlich gefroren und auch ein paar Tage mit hohem Fieber im Lazarett gelegen. Seine Widerstandskraft, die immer eine mehr kreatürliche, dumpfe und unbestimmte gewesen, hatte ihn die dort herrschende Atmosphäre des Todes kaum wahrnehmen lassen, der die Ärzte bleich und hoffnungslos gegenüberstanden und die Sanitäter durch schnurgerade Ausfüllung ihrer zahllosen Pflichten entfliehen wollten. Die Unzahl der Todesfälle konnte in den höheren Verwaltungen nicht unbeachtet bleiben. Einstweilen aber wurde der Sarg immer wieder zum Begräbnisplatz getragen, dort in eine flache Schneekuhle entleert – im Sommer würde man tiefere Gruben ausheben, mit dem dünnen Blechspaten kam man nicht in die gefrorene Erde.

Bis in den Dezember hatte das Lager Kommandos zu stellen gehabt, die einen riesigen Weizenberg in wochenlangen Tag- und Nachtschichten verladen oder Möhren und Zuckerrüben aus unübersehbaren nicht abgeernteten Feldern schlagen sollten. Daß auch das erfrorene Zeug die Gier nicht hatte zähmen können und den ohnehin Geschwächten alle erdenkliche Untat zufügte, das füllte nun, außer der mangelhaften Bekleidung, in kurzem die Lazarettstuben bis in den letzten Winkel, und bald belegten die Kranken auch schon Teile der übrigen Baracken, mit der in dieser Situation unsäglich verführerischen Aussicht auf Ruhe, auf Bett und Schlaf und Wärme, die Demoralisierung aufs Äußerste treibend. Schließlich war mehr als das halbe Lager krank oder wenigstens arbeitsunfähig gewesen, und das gab sich auch noch lange nicht, als der grundlose Lehmboden, darin die Gummigaloschen und Fußlappen der Schachter immer wieder hängen geblieben waren, Ende März fest zu werden begann und die Mittagssonne den sehnsüchtig erwarteten Sommer ankündigte.

Noch immer freilich reichte das Schuhzeug nicht, noch immer wechselten sich die Schichten im Gebrauch der Galoschen ab, und erst auf den nächsten Winter zu hatte ein neuer Bekleidungsnatschalnik, ein ehemaliger Matrose, den man dankbar Admiral nannte, eine hinreichend befriedigende Ausstattung mit zahllosen Anträgen, Suchaktionen und Bittfahrten zusammengebracht. Ein feiner Kerl, der der allgemeinen Atmosphäre dumpfer Korruption nach wenigen Monaten bereits weichen mußte. Allerdings schlug die Tätigkeit Jerusalemskis in diesen Urwald einige Lichtungen. So wurde Karew, der einige Zeit Arbeitsoffizier gewesen und besonders die Kommandos auf 3/35 um die gar nicht so geringen Zusätze an Fett, Zucker usw auf offenkundigste Weise betrogen hatte, einer Stellung als Torwächter im Lager 2 zugeführt, wo solche Neigungen einfach durch Mangel an Gelegenheit eingeschränkt wurden. Indessen machte vor seinem Weggang noch eine Anekdote die Runde, die, wäre sie nicht wahr gewesen, nicht besser hätte erfunden werden können.

Es ist gegen zwölf Uhr mittags. Aus der Tür der kleinen Holzbude am Tor tritt der Wachtior und brüllt über den Platz nach einem Tischler. Der erscheint in kurzem und wird von dem dort wartenden Karew beauftragt, in seine, Karews, Wohnung zu gehen – und zwar schleunigst –, die Frau des Leutnants würde ihm sagen, was er zu tun hätte. Nun sind solche Aufträge nicht selten, jeder weiß, daß sie vom Zuschneiden einer Leiste bis zum Bau einer Scheune reichen können, immer aber ohne Genehmigung durch die Lageradministration geschehen, und von Karews Haushaltung ist zudem bekannt, daß dort auf irgendeine Bewirtung keinerlei Aussicht besteht. So ißt der Tischler, denn es ist ja Mittagszeit, erst einmal seine Krautsuppe und wandert dann zu Frau Karew, deren kürzlich von der Lagertischlerei fertiggestelltes Haus am Weg nach Schacht 4 hinauf steht. Freilich haben Karews es schon wieder verkauft und wohnen unter dem Dach zur Miete, jedenfalls aber erwartet Frau Karew rotgesichtig vor Empörung den Tischler schon unten an der Tür und schickt ihn, unter einem Hagel erbitterter Schimpfworte ins Lager zurück. Auf der Wache klärt sich der Sachverhalt: Frau Karew hatte ihrer Nachbarin, die zum Basar gegangen, ein Brett entwendet und vom Lager einen Tischler angefordert, der das ungehobelte Holz in ein Garderobenbrett verwandeln sollte. Da der Tischler aber erst gegessen hatte und also einige Zeit hingegangen war, fand die Nachbarin, inzwischen zurückgekehrt und ihr Brett vermissend, ihr Eigentum bei Karews wieder und entführte es hohnlachend. Es war also ganz klar! Wäre der Tischler schneller zur Stelle gewesen, hätte die Nachbarin ihr Brett nicht mehr erkannt, so aber hatte der säumige Handwerker verursacht, daß Karews kein Garderobenbrett ihr eigen nennen konnten. Das war, meinte der Leutnant, nicht einfach mit ein paar Tagen Karzer zu sühnen. Indessen, Karew siedelte nach 2 über, und der Tischler blieb verschont. Auch Awertschenko, der Natschalnik der Administration, wurde abgesägt, offenbar weil er in seinem Geschäftsgebaren nicht erfinderisch genug gewesen. Otto Baer erfuhr davon auf lustige Weise.

Er hatte nämlich für den «Dicken», wie der Natschalnik kurz genannt wurde, ein Bild in Auftrag gehabt, ein ordenübersätes Marschallsporträt, und es gerade vollendet, als Allimow, der treuherzige kleine Leutnant eintrat, das Bild kurzerhand als sein Eigentum bezeichnete und auf den Hinweis, es wäre vom Natschalnik bestellt, losjubelte: «Natschalnik kaputt, Natschalnik kaputt!»

Park Kriebel (Waldi)

Der Sommer 1946, in der Erinnerung als «Graupensommer» aufbewahrt, weil nämlich ein offenbar lange vergessener Graupenspeicher auf Monate hin das Lager ernährte – und zwar ausschließlich er –, begann für Johannes mit einer unverhofften und geradezu unglaublichen Nachricht. Es sollte nämlich die Kulturbrigade, unter welch befremdlichem Namen die «Palette» amtlich lief, von nun an dem Arbeitseinsatz entzogen und mit allen Kräften auf dem Gebiet kultureller Betätigung angesetzt werden. Das ist sogar vier Wochen, von kurzen Unterbrechungen wie Schindelschneiden, Gartenarbeit usw. ⟨abgesehen⟩, geschehen. Es wurden also Bunte Abende vorbereitet, täglich spielten die Kapellen, die ungarische und die deutsche nämlich, aber immerhin abwechselnd, weil nur ein Satz Instrumente vorhanden war. Die Deutschen brachten vor allem Operetten- und Opernquerschnitte, die Ungarn angebliche Volksmusik, worunter die Magyaren die billigste Ausfertigung internationaler Halbweltschlager verstanden. Aber auch Schubert und «La Paloma» konnte man als eifersüchtig verteidigten Nationalbesitz hören, nie allerdings Liszt. Der Zar, eben jener Kommandant Paul, befahl alltäglich Tisch- und Abendmusik in seinen Räumen, auch blühte die Sitte nächtlicher Tanzvergnügen auf, wozu sich die Lagerbourgeoisie mit den sowjetischen Schwestern verband und auch die weiblichen Lagerinsassen ihren vorurteilslosesten Beitrag lieferten. Die im Lagergelände herumstreunenden OK-Leute waren hinlänglich mit ihrem Elend und den Küchenabfällen beschäftigt, um daran vorbeizudösen, die in den Schächten und Werken arbeitenden Männer aber sahen mit Erbitterung das Treiben und empfingen allabendlich ihr Essen am Hintereingang der Küchenbaracke, denn der Speisesaal war zur Tanzdiele ernannt worden.

Übrigens sei gleich vermerkt, daß die Frauen im Lager kein Problem darstellten. Meist junge Dinger, hatten sie schon im Kriege (und einige wahrscheinlich schon vorher) gelernt, alle Dinge auf die Frage der Versorgung zu beschränken. Sie wurden also für den Großteil der Gefangenen erst erreichbar, als eine grundsätzliche Regelung «von oben» die Auszahlung der monatlich verdienten Summen an die einzelnen Arbeiter bestimmte und also Rubel ins Lager rollten. Zwar schalteten sich eine Anzahl Buchhalter und Listenführer mit Geschick und Gewinn ein, so daß die Löhne nur mit erheblichem Schwund in die Hände der Empfänger gelangten, immerhin aber war bares Geld das in dieser Situation erfolgreichste Lockmittel, und der Arbeitseifer stieg in geradezu unvorhergesehener Weise; ein Erfolg, den die Antifa ihrer Aufklärungstätigkeit zuschrieb. Indessen wußte jeder, wie wenig politische Einsicht dazu nötig gewesen war.

Geld, das war ein Zauberwort. Und es wurden jetzt, statt der

Lebensmittel, Rubelscheine gestohlen. Den Fall eines Leutnants gar, der auf die Kunde, ein ihm befreundeter Offizierskamerad sei eben verstorben, spornstreichs ins Lazarett lief, den Nachlaß seines noch nicht kalten Freundes mit der Forderung eines Rubels zu belasten, empfanden nur Großverdiener oder abseitige Naturen als eine Pietätlosigkeit. Sahen sie doch täglich auf den Arbeitsstellen, wie das Geld unvorstellbare Leidenschaften entfesselte, ganz zu schweigen von den Lohnauszahlungen im Schacht OGPU, wo der Andrang zur Kasse gelegentlich Todesopfer zu verursachen pflegte.

Vor den Magazinen, den Läden und Warenhäusern also, waren die Käuferschlangen ein gewohntes Bild. Vor den Brotverkaufsstellen besonders sammelten sich am frühen Morgen, lange vor der Eröffnung, hunderte von Frauen und Kindern an, vor den Lebensmittelmagazinen richtete sich das Interesse nach der Seltenheit der gerade eingetroffenen Waren. So sprach es sich wie ein Lauffeuer herum, wenn Zucker oder Margarine zum Verkauf kam, weil, wer nicht rechtzeitig dazukam, ohne diese begehrten Güter blieb, denn mit Sicherheit war dann wieder für einige Wochen kein Gramm zu haben. Dieser Zustand hatte freilich erst mit der Aufhebung der Rationierung begonnen, und manch einer hatte Grund, jene starre Regelung zurückzusehnen, die ihm immerhin eine regelmäßige und ungefährliche Zuteilung sicherte.

Einen Bewußtseinswandel – im Sinne einer gerühmten moralisch-politischen Einheit der Einsichten, die von Grund auf die neue gesellschaftliche Ordnung auszeichnen sollte – mitzuerleben, blieb dem Betrachter noch auf Jahre hin, eben solange er Augenzeuge war, verwehrt; wiewohl er oft genug daran war, sich dies Erlebnis zu wünschen wie eine Rettung und zuzeiten, später, es wird noch erzählt werden, bedenkenlos die dargereichten Konstruktionen an dessen Stelle hinnahm. Doch sei bemerkt, daß er gleichzeitig einer Einsicht zuzuneigen begann, die ihm hier und da Sorge machte, wenn wieder einmal die Historie sich so großartig wissenschaftlich zu ordnen schien: Menschen sind keine Rechenexempel. So gerieten Kenntnisse, von denen er ein halbes Jahr später ausführlich hören sollte und deren erste Bekanntschaft ihm nun einige Nummern der Gefangenenzeitung aus Moskau und ein Leninband zu vermitteln begannen, immer gleich in Verruf: jene Lehren nämlich, nach denen eine Revolution eine Sache der Taktik, das irdische Glück, und also die Künste auch, eine Frage der Parteilichkeit und Haß und Verrat Heroismus waren, geschahen sie nur im Interesse der Klasse. Nun gut, das begann erst für Johannes. Im Augenblick durfte er sich Erlebnissen überlassen, die unbegreiflich ungeschlacht auftraten.

So überzeichneten die Bürger des Landes, wie alle Zeitungen berichteten, die hin und wieder ausgeschriebenen Staatsanleihen in bereits zwei Tagen um ein Beträchtliches. In Nowoschachtinsk jedenfalls kam das so zustande: Wer nicht zeichnen wollte (oder konnte), durfte nicht an den Arbeitsplatz; es fiel ihm also für den Tag der Lohn aus. Am ersten Tag waren es viele, die deswegen mit den Fahrstuhlführern bei den Schächten, den Meistern und Natschalniks stritten, am zweiten Tag beträchtlich weniger, am dritten ergaben sich unter Gejammer auch die letzten. Eine einfache Sache und nur ein Beispiel für viele.

Das Jahr schleppte sich hin. Einem heißen Sommer, der von Windhosen durchrast, von wilden Regengüssen bestürzt und Nächten voller Reif erfolglos gekühlt worden war, folgte ein kurzer Herbst mit Nässe und Schlamm und ein früh einbrechender Winter.

Johannes hatte einige Monate auf einer Baustelle in der schattenlosen, vor Dürre knisternden Steppe mit Kalkrühren und Mörtelschleppen verbracht. Es fiel ihm, wie den meisten, diese Tätigkeit schwer, weil sie ihn zwang, unausgesetzt auf den Beinen zu sein, Beinen, die unförmig geschwollen und mit eiternden Wunden bedeckt waren. Johannes selber, und er war nicht am schlimmsten daran, zählte an seinem rechten Bein mehrere Dutzend offene Stellen. Schreckliches Gefühl, sich morgens vom Lager zu erheben. Das Blut schien in die Beine zu schießen, als wollte es sie auseinandersprengen. Noch im Herbst überfiel Johannes ein heftiges Fieber, mit über 40° einsetzend. Mit Fieber aber, als dem einzig glaubwürdigen Krankheitserweis, kam man sofort ins Lazarett. Ihm war's wohl dabei, zumal ihn das Fieber aller Wünsche und Beschwerden überhob. Da er zunächst nicht essen mochte, erhielt er Milch, die ihm Werner Zintgraf, seit kurzem Sanitäter, herbeibrachte. Ricke kam oft gegen Abend mit einem Kochgeschirr Bohnenkaffee, und Dr. Grundmeier führte ihn in den fünf oder sechs Wochen, die er lag, mit langsamen Gesprächen in eine so lange schmerzlich vermißte Ausgeglichenheit des Gemüts zurück. Er ging danach heiter nach OGPU, wo der Pastor Kriebel mit Ohrfeigen, Drohungen und geistlichem Zuspruch eine große Gruppe Dreiviertelslebendiger zu leichter Arbeit anhielt. Sie sollten aus der Kohle, die aus dem Schacht kommend auf Förderbändern an ihnen vorüberfuhr, die Schieferbrocken oder z. B. dazwischen geratene Stücke, Einzelteile, Brüche usw., des sich immer schnell ramponierenden Förderungsmechanismus herauslesen. Im Winter eine kühle Geschichte, wobei auch die aufgestellten offenen Tonnenöfen nicht viel vermochten.

Anfang 47 Lazarett
Rostow
Brigadier/Theater
WK

Immerhin war die Arbeit nicht schwer, das Stehen dabei schon das schlimmste Übel. Und die Kameraden Sortirowitschike, wie alle Wehleidigen zu endlosen Gesprächen aufgelegt, sammelten sich, in schneller Erkenntnis aller nur denkbaren Anlässe, immer öfter um die Öfen, wo es, zumal während der Nachtschichten geradezu weihnachtlich zuging: christlich mit Gesprächen, gefühlvoll mit Liedern, familiär mit gestohlenen Kartoffeln, die man sich röstete.

Den Militärposten schien diese schläfrige Atmosphäre zuzusagen. Sie wechselten ungern, störten das Idyll nicht sehr und schliefen sich an den Feuern weidlich aus, angewiesen auf die Aufmerksamkeit der Gefangenen, die sie bei überraschenden Kontrollen rechtzeitig weckten. Ab und zu nur fuhr Kolja Owodow aus Archangelsk in großartiger Napoleonspose die Förderbänder ab und zählte die Häupter seiner Lieben.

Das Weihnachtsfest geriet diesmal ein wenig freundlicher, nahrhafter, auch wartete die Kulturbrigade mit einem richtigen Programm auf, Händelmusik und mehrstimmigem Gesang, Gedichten und sogar allen bekannten Weihnachtsliedern, was zu verbieten noch im Jahre vorher die NKWD-Dolmetscherin Anlaß gefunden hatte, – ohne Erfolg freilich, denn Irene Freiberg hatte sie empört davongeschickt: Das könnten Juden nicht beurteilen. Ein gewaltiges Wort, das allen Ohrenzeugen, aber eben auch der kleinen Jüdin, den Atem ausgeschlagen.

Johannes schrieb für diese Weihnachtstage eine Reihe Gedichte, die auf den Stuben von Hand zu Hand gingen, gelernt wurden, eben weil sie konventionell waren und ihren ganzen Wert von ihrem unerschöpflichen Thema empfingen.

Doch waren ihm inzwischen auch ganze Gedichte gelungen, ein längeres auf die Vaterstadt darunter, und Hans Ricke nahm daran teil wie keiner, mit Gesprächen und liebevoll arrangierten Teestunden den Eifer befördernd. So durfte ihm Johannes auch einen guten Teil seiner Gemütsruhe verdanken, die ihm bislang Eugen Elbers aus Freiburg bereitet mit brüderlicher Herzlichkeit. Der war aber nach Hause gefahren mit dem letzten Transport, und man erfuhr bald, daß er die Heimat recht und gut vorgefunden, und kaum ein Jahr später, daß ihm ein Kind geboren worden. Johannes und er hatten lange allmorgendlich im NT gelesen, das Johannes zwar seinerzeit abgenommen, ihm aber durch seltsame Zufälle nach eineinhalb Jahren genau an der gleichen Stelle wiedergegeben worden war.

Doch blieb freilich diese Gemütsruhe eine gefährdete Verfassung, wie es sich immer wieder zeigte und schließlich bewies, als Johannes mit der Krankheitsbezeichnung Myokarditis das Lazarett bezog. Er war auf das neue Jahr hin auffällig teilnahmslos geworden, einer scheinbar grundlosen Traurigkeit verfallen, und Doktor Grundmeier mühte sich besorglich um ihn. Auch hatte die neue Ärztin ihm, den sie noch kürzlich in einer abenteuerlich kitschigen, auf des Primgeigers Vogel, des sangesfreudigen Oberkellners, Betreiben hin zusammengedrehten Operette als eine Art Soubrettenpapa beklatscht, ihr Interesse zugewandt. Sie bestand, und hatte damit wohl recht, auf einer Liegekur bis zum März, die Johannes schließlich, nachdem er acht Wochen ziemlich teilnahmslos dagelegen war, ein wenig sauer wurde, weil sich das Frühjahr diesmal rasch aufgetan und mit herrlichen Sonnentagen durchzusetzen begonnen hatte.

Doch stand er nun, nachdem er entlassen worden, als arbeitsunfähig auf der Gesundheitsliste und begann nach kurzer Schonzeit, von der Ärztin ausdrücklich Kriebels Nachsicht empfohlen, wieder bei des Pastors lammfrommer Brigade eine bedachtsame Tätigkeit – in begründeter Hoffnung, mit dem Juni-Transport davonzufahren, heimwärts, wo alles fast wieder geordnet zu sein schien, Vater und Mutter am Leben und in ihrer Wohnung, Schwester Ursula mit Mann und Kind in Thüringen. Einzig Johanna war, wie es hieß, im früheren Ostpreußen festgehalten, – aber sie lebte! Man hatte durch Eisenbahner gewisse Nachricht und auch Schriftliches erhalten.

Von der Erwartung zu reden, die ihn bis in die Träume bewegte – von der Aufregung zu berichten, die jede neue Parole verursachte – es ist eine dumme Sache damit. Johannes nämlich fuhr nicht nach Hause, obwohl seine Papiere bereits beim Transportoffizier lagen.

Eines Vormittags ließ ihn der Polit-Instruktor, der erwähnte ukrainische Schulfunktionär Skaruga rufen, durch Keller natürlich, und hielt dem Überraschten einen Vortrag: er sei doch wohl ein homme de lettre, humanistischen Idealen und demokratischer Gesinnung zugeneigt und so fort. Ein wenig mehr davon zu erfahren, als es hier im Lager möglich sei, Theater und Museen zu besuchen, werde er sich wohl wünschen, nähme er, Skaruga, an – kurz: er, Johannes, sei neben einigen verdienten Antifaschisten ausersehen, nach Rostow zu fahren, um dort einen dreimonatigen Kursus der Gebietsschule zu absolvieren.

Johannes' Hinweis, er stünde auf der Transportliste, machte gar keinen Eindruck, offenbar war er, denn auch den anderen Erwählten ging es so, gerade wegen seiner Untüchtigkeit zur Arbeit im Schacht zu diesem Behuf erwählt worden. Sie könnten ja dann anschließend heimwärts fahren, hieß es, und seien dann gerüstet, ihrer Heimat besser aufzuhelfen, gerüstet mit Einsichten und Kenntnissen. Anschließend allerdings fuhren sie ins Lager zurück.

V

ZUR GESCHICHTE DER FAMILIE BOBROWSKI

Der Sippenverband der Jastrzębiec, zu dem die Bobrowski gehören, scheint ungewöhnlich lebenskräftig gewesen zu sein; nicht weniger als 578 Familienverbände gehören ihm an. («Herbarz Polski»).

Sie gehen zurück auf die Jastrząb (Habichte), welche wiederum zu den Lachiti (Lechen, Lechiten) gehören, die nach der Sage einen um 566 unter dem Führer Lech vor dem Ansturm der Awaren nach Norden und hinter die Karpaten abgezogenen Teil der slavischen Bjelo-Chrobaten, die an der unteren Donau saßen, darstellen. Ein andrer ebenfalls nach Norden gezogener Haufe unter Tschech bildet den Ursprung der Tschechen. Der Name Lachiti ist noch in der Bezeichnung Szlachta vorhanden. In den folgenden ca. 400 Jahren, in denen die Lech, Krakus, Leszek, Piast, Ziemovit u. and. regierten, kommen die Lechiten in den um 400 von Germanenvölkern geräumten Gebieten mit den ebenfalls slavischen Polanen in Berührung.

Ende des 10. Jahrh. tritt der Piastenfürst Mieczyslaw (962 bis 992) zum Christentum über; er heiratete eine Tochter des christlichen böhmischen Fürstenhauses, Dąbrówka. In dreißig Jahren waren die Lechiten christianisiert, während die Polanen am Heidentum festhielten. Im Verlauf der bald einsetzenden Kämpfe wird 999 die Lysa Góra, auf der sich die Polanen verschanzt hatten (zwischen Kielce und Opatów), erobert. Dabei tut sich ein Jastrząb hervor, der nach der Sage auf die Idee kam, den Pferden Hufeisen unterzuschlagen, und damit den Sturm auf den 593 m hohen Berg ermöglichte. Diesem Jastrząb verlieh König Boleslaw Chrobry (992–1025) das Hufeisen als Wappenbild. Der bisherige Habicht wird nun zur Helmzier und aus den

Jastrząb (Habichte) werden die Jastrzębiec (Habichtswappenträger).

Vgl. E. v. Zernicki-Szeliga: «Die polnischen Stammwappen, ihre Geschichte und ihre Sagen». Hamburg 1904. Verlag von Henry Grand.

In den folgenden Jahrzehnten sind die J. auf verschiedenen Kriegsschauplätzen anzutreffen. Um 1080 werden Angehörige ihres Stammesverbandes, und zwar Borzywoj, Zbiluta, Dobrogost und Zema, als Mörder des Bischofs von Krakau, Stanislaw, genannt. Der Mord geschah in der Kathedrale, wohl nicht ohne Einverständnis des Königs Boleslaw II. Doch wurden die Güter der Genannten vom Adelsrat eingezogen, und die Jastrzębiec mußten seither ein Kreuz im Hufeisen ihres Wappens tragen. Aber schon Wladyslaw I gab ihnen 1084 ihre Besitzungen zurück. (Vgl. Zernicki-Szeliga a. a. O.).

Die J. waren auch bei den von Boleslaw Chrobry zwischen 1000 und 1025 geführten Kriegszügen gegen die heidnischen Pruzzen (Preußen) beteiligt. Boleslaw soll nach der Sage bis in die Südwestecke des Samlandes gelangt sein. Fest steht, daß er 1015 an der Ossa einen Grenzobelisk setzte und ständige Wachtposten, besonders im späteren Kreis Strasburg einrichtete (Holzburgen).

Um 1210/15 verstärkte sich der Druck der Pruzzen gegen die Grenze Masowiens. Der damals regierende Herzog Konrad nahm mit dem deutschen Orden in der Person des späteren Bischofs Christian Fühlung, der sich für die zugesagte Hilfeleistung im Vertrag von Lonycz (richtig Lowicz) am 5. April (August) 1222 100 Dörfer und 8 Burgen verschreiben ließ. Sie waren freilich von den Pruzzen (mit den Galindern und Sudauern) zerstört worden.

Unter diesen 8 Burgen nun war auch eine namens Bobrofh. Sie lag 14 km ostsüdöstlich dem späteren Ksiąski (Ksionsken) und 10 km nordwestl. dem späteren Strasburg.

Vgl. dazu:

Brauns, «Geschichte des Culmerlandes», Thorn 1881.

Dr. Hans Plehn, «Ortsgeschichte des Kreises Strasburg». Königsberg 1900.
Derselbe, «Geschichte des Kreises Strasburg». Leipzig 1900.
Xaver Froelich, «Geschichte des Graudenzer Kreises». Danzig 1884.
E. Blech, «Der Preussenbischof Christian und seine Zeit». Histor. Verein Marienwerder 1909, 47. Heft.
Dr. Wojciech Kętrzyński, «O narodowości Polskiej w Prusiech Zachodnich za czasów krzyżackich». Krakau 1874 («Über die polnische Nationalität in Westpreußen z. Zt. des Ritterordens»).
Derselbe, «O ludności Polskiej w Prusiech niegdys Kryżackich». Lemberg 1882. («Über die polnische Bevölkerung des früher zum Deutschen Orden gehörenden Teiles von Preussen»).

Plehn schreibt dazu: «Die Geschichte Bobraus (früher Bobrowo) reicht über die Ordenszeit hinaus. Noch heute ist eine Schanze am See ein Zeuge uralter Befestigungen.»

1246 schenkt Hochmeister Heinrich von Hohenlohe Boberow dem Bischof von Kulm, der es 1251 (Boberowe) seinem Domkapitel überweist. Damals hatte B. 113 Hufen = 6780 preuß. Morgen. Um 1900 umfaßte die Landgemeinde Bobrau noch 1054 ha.

Kętrzyński schreibt dazu, daß die Orte in der Regel den Namen des Gründers tragen. Das bedeutet, daß seit ca. 1010/1020 hier Träger des Namens Bobrofh aus dem Geschlecht der Jastrzębiec saßen. Um 1210/20 spätestens werden sie diese Stellung aufgegeben und sich weiter südlich nach Masowien zurückgezogen haben.

Der Name Bobrofh (Bobrowy) bedeutet «Biberfänger» (Bobr = Biber). Zernicki-Szeliga sagt a. a. O., daß die Lechiten sich die Namen nach ihrer Tätigkeit gaben. Das geschah bei ihnen um 500–700.

Noch im 13. Jahrh. und in den folgenden Jahrzehnten haben Siedler aus dem polnischen Adel (Szlachta) wieder in ihren vormaligen Besitzungen Fuß gefaßt. Wahrscheinlich auch die

Bobrofh, denn es taucht der Ortsname Bobrowo (11 km nordwestl. Hohenkirch, nördlich Rehden, bei dem Dorf Szumilowo auf, dem späteren Kittnau. Im 17. Jahrh. allerdings war der Ortsname bereits untergegangen, nur der dortige Bobrowski-See erinnert an die Familie. Die Endung «-ski» ist erst etwa um 1400 in Gebrauch gekommen.

Im Jahre 1394 wird ein Jo (Jan) Boberaw an der Platäa St. Annae (Platenstraße) in Thorn bezeugt. Ein Grundbesitzer, der in der Handelsstadt den Absatz seiner landwirtschaftlichen Erzeugnisse betrieb. Auch Borow tauchen jetzt mehrfach auf. Zu den Jastrzębiec gehören sie, wie auch die Bobowski u. ähnl., ebenfalls. Der eigentliche Name aller ist Jastrzębiec. Die anderen Namen dienten nur zur Unterscheidung in der zahlreichen Sippe J.

Kętrzyński sagt, daß die Schreibweise der Namen sehr verschieden ist; schon bei den Polen, mehr noch bei den Deutschen. Dafür weiter unten ein schlagendes Beispiel!

Im Jahre 1408 verlieh Herzog Ziemovit IV von Masowien den Jastrzębiec ein Privileg nicht mehr bekannten Inhalts. Doch wurden dabei die J. mit ihren Wohnsitzen einzeln aufgezählt. Über den polnischen Heraldiker Wielądek sind sie in den «Herbarz Polski» des Kasper Niesiecki, herausgegeben von Jan Nepomuk Bobrowicz, Leipzig 1839–46, Breitkopf u. Härtel, 10 Bände, gelangt. (1 Exemplar im Germ. Museum Nürnberg.)

Darin heißt es, daß die Bobrowski seit alters bei Sierpc in Masowien ansässige Erben seien und jetzt auch in anderen Wojewodschaften vertreten. In der nun folgenden (wahllosen) Aufzählung weiterer B's finden sich:

1.) Andreas Bobrowski, er unterschrieb 1632 für die russische Wojewodschaft den Wahlakt des Königs Wladyslaus IV
2.) Theodor Bobrowski, der 1697 den Wahlakt König Augusts II unterzeichnete.
3.) Stanislaus Bobrowski, er wohnte 1705 in Zator bei Auschwitz.
4.) Zur selben Zeit war ein Stanislaus Bobrowski in Brest-Litowsk

Wohltäter der Jesuiten und am Historischen Kollegium daselbst mit Geschichtsforschungen beschäftigt.

5.) Anna Bobrowski, war um 1660 Nonne im Benediktinerinnen-Kloster Allerheiligen in Lemberg.

6.) Nikolaus Bobrowski, unterzeichnete 1700 auf der Generalversammlung der Wojewodschaften, Landschaften und Kreise bei Olkiniki ⟨*darüber:* Olita⟩ im Großherzogtum Litauen eine Entschließung. Er stammte aus dem Kreis Wilkomierc, nordöstl. von Kowno.

7.) Johann Bobrowski, unterzeichnete den Akt der Haupt- und Generalförderation des Herzogtums Litauen in Wilna.

8.) Anton Bobrowski, war 1763 Historiker der Wojewodschaft Halicz, Kr. Stryj in Galizien.

9.) Ignaz Bobrowski von Bobrowken, war 1764–67 Mundschenk des Herzogtums Zator und Auschwitz. Er unterschrieb die Wahl des Königs Stanislaus August.

10. u. 11.) Bei demselben Vorgang treten Gabriel und Anton Bobrowski aus der Wojewodschaft Podolien auf.

12.) Matthias Bobrowski war nach 1795 Truchseß des Herzogtums Zator und Auschwitz.

13.) Michael Bobrowski auf Bobrowo, war nach 1795 K. u. K. Obergerichtsrat von Lemberg und Galizien, Ritter des Stanislaus-Ordens.

Aus Obigem geht jedenfalls hervor, daß neben der masowischen (Haupt) Linie eine galizische und eine litauische Linie Bobrowski existierten. Zur masowischen Linie, anschließend an das Datum 1408:

1414 sind im Culmerland bei Strasburg die von Borow bezeugt, 1440 die Poleschke (Polaski) von Boberow und um 1453 ein Nikolaus Polaski in Bobrowo. Weiteres dazu enthält das «Große Zinsbuch des Deutschen Ordens» und Milewski-Kapica: «Herbarz», Krakau 1870.

Die Polaski waren Grundbesitzer entweder in dem Bobrowo bei Strasburg oder dem bei Rehden. Sie scheinen sich im 13jährigen Krieg 1453–1466 mehr zum Orden gehalten zu haben, denn nach dem für Polen glücklichen Ausgang des Krieges mußte – neben einer großen Zahl Kulmer Adliger – auch ein Hans von Bobrowo dem König einen besonderen Treueid leisten. 1532 wird ein Szymon Ostrowicki alias Bobrowski in Schönsee genannt. (Kętrzyński, «O ludności ... pp»).

Zu dieser Familie gehört wohl auch der adlige Wegelagerer Bartusch Ostrowicki, der sich 1507–1515 als Kommissionär des Bandenführers Matern gegen die Danziger betätigte. Seinetwegen hatte der Danziger Rat Streit mit dem Wojewoden von Culm, der wohl nicht gegen den Schnapphahn vorgehen wollte. Am 26. 12. 1515 wurde Matern, kurz darauf auch Ostrowicki von den Danzigern gefangen, der letztere am 12. März 1516 «abgehauen». Matern erhängte sich in seinem Verlies.

Vgl. dazu «Zeitschrift des Westpr. Geschichtsvereins» Heft 2, Danzig 1880, in der Lebensbeschreibung des Danziger Bürgermeisters Eberhard Faerber.

Die Familie Bobrowski in Masowien wird ausdrücklich als evangelisch bezeichnet. Man muß dazu wissen, daß unter der Herrschaft Zygmunts I (1506–48) und Zygmunts II August (1548–72) das Evangelische Bekenntnis in Polen weit verbreitet wurde. Um 1560 war 2/3 des polnischen Senats evangelisch. Unter Stephan Batory (1576–86) jedoch begann der Druck der Katholischen Kirche sich auszuwirken, und Zygmunt III Wasa ließ den Jesuiten und damit der Gegenreformation alle Unterstützung angedeihen. Von jetzt ab ruhte bei Abfall vom Katholischen Glauben die Staatsbürgerschaft, ebenso gingen Adelsrecht und Fähigkeit, Ämter zu bekleiden, verloren.

Vgl. Dr. Otto Forst-Battaglia, «Stanislaus August Poniatowski und der Ausgang des alten Polenstaates», Paul Franke-Verlag Berlin, Seite 41 ff.

Der masowische Adel griff daraufhin zum sog. Rokosz, der gesetzlich zugestandenen Insurrektion. Darüber Plehn a. a. O. Diese Rebellion gegen die von der katholischen Partei durchgeführten Kirchenschändungen, Verbrennungen etc., mehr noch gegen die Bedrohung der Existenz weiter Teile des Adels brach 1606 aus und griff auch nach Polnisch-Preussen über. 1607/08 gelang es Zygmunt III Wasa (der gleichzeitig König von Schweden war) des Aufstands Herr zu werden.

Hierin ist wahrscheinlich der Grund zu suchen, daß die Nachrichten über die Bobrowski in Masowien selbst aufhören. Die evangelischen B. sind in der Folgezeit im Kreis Rosenberg und Marienwerder zu finden. Über eine katholische masowische Linie weiter unten. Erst jetzt auch dürften die galizische und die litauische Linie sich gebildet haben. Die evangelischen B. hatten ihren Besitz, wenn auch wohl nicht alle Mittel eingebüßt. 1614 wohnt ein Gregor Bobrowski in Grazymowo (Drulitten bei Riesenburg, Kr. Rosenberg). Auch in Herzogswalde und Sommerau waren B's nachweisbar.

Nun ein Kuriosum, das die Überlieferung der Namensform beleuchtet: Kętrzyński schreibt a. a. O. unter «Bistum Pomesanien»: Im Jahre 1572 besitzen die Brüder Stanislaus, Franz, Johann und Kasper Borowski (sic!) wie auch ihre Schwestern Katharina und Christiana Bobrowskie (ie = sog. Kinderendung; sie waren also unter 14 Jahren) die Güter Neudeck und Bialken (Weißensee, südl. Marienwerder).

Sie hatten sich hier auf deutscher Seite angekauft. Doch werden schon bald danach andere – deutsche – Besitzer der Güter genannt. Sie mußten wohl verkaufen; wahrscheinlich wurden sie als Polen «ausgekauft», ein schon damals beliebtes Germanisierungssystem. Daß sie zu den Jastrzębiec gehörten, bestätigt G. A. von Mülverstedt in seinem Werk «Abgestorbener Adel der Provinz Preussen», Nürnberg 1874, Verlag Bauer u. Raspe.

Er schreibt über die B.: «... im Marienwerderschen, besonders auf Neudeck, dann auch im Soldauischen im 16. und 17. Jahrhdt. angesessene altpolnische, in letzterem wieder erloschene Familie ...» und beschreibt (mit Abbildung) dann das Wappen der Jastrzębiec.

«Erloschen» bedeutet allerdings nichts anderes, als daß die Familie durch Verkauf der Besitzungen, soziales Absinken usw. aus dem Adelsstand ausgeschieden war. Jedenfalls sitzen um 1650 in Falkenau und Umgebung Bobrowskis als Eigentümer. Das Weitere aus der Stammtafel.

Neben der evangelischen Linie Bobrowski gab es (siehe oben) auch eine katholische in Masowien. Dazu gehört der Anton Bobrowski auf Ciborz bei Lautenburg, dessen Frau Anna geb. Krajewska in Vertretung ihres verreisten Mannes im September 1772 dem preuß. König Friedrich II huldigte. Anton gehört zu den Jastrzębiec, Anna Krajewska zu den Jasieńczyk, beide zum katholischen weltlichen Adel im Bistum Kulm. Vgl. dazu: Emilian v. Zernicki-Szeliga, «Geschichte des polnischen Adels. Nebst einer Vasallenliste des 1772 Preussen huldigenden polnischen Adels». Hamburg 1905. Verlag von Henry Grand. Derselbe, «Der polnische Adel und die demselben hinzugetretenen ausländischen Adelsfamilien». Hamburg 1900. Verlag von Henry Grand. Derselbe, «Der polnische Kleinadel im 16. Jahrhundert». Hamburg 1907. Verlag von Henry Grand.

Über die litauische Linie (vgl. Seite 3 ⟨= 322⟩) habe ich bisher nichts weiter erfahren, außer daß sie im Anfang dieses Jahrhunderts noch geblüht haben soll.

Über die galizische Linie findet sich etwas im «Allgemeinen deutschen Adelslexikon» von Kneschke. Auf Seite 9 ist da ein Graf Ignaz Edler von Bobrowski-Jastrzębiec genannt, der 1800 das Diplom des galizischen Grafenstandes erhielt. Auch der «Gräfliche Kalender» verzeichnet ein 1805 zum Reichsadel gehörendes Geschlecht der Grafen von Bobrowka-Bobrowski in der Lemberger Gegend, das aber wohl vor dem 1. Weltkrieg erloschen ist. Es wird dort als masowischer Uradel bezeichnet.

Ferner ist jener Graf Bobrowski zu nennen, der im polnischen Aufstand von 1846 der Führer der Insurgenten in Westgalizien war. Ein Joachim Bobrowski findet sich unter den Subskribenten des «Herbarz Polski» von 1839 an 10. Stelle neben König Friedrich Wilhelm IV und einem Mateusz Borowski. Den galizischen B. entstammt, wie mir Frau Ina Seidel 1943 mitteilte, auch der englische Romancier Joseph Conrad (1857–1924). Er heißt eigentlich Teodor Jozeph Konrad Korzeniowski, seine Mutter war eine geb. Bobrowski.

Der polnische Genealoge und Heraldiker Paprocki (gest. 1614) gab neben anderen Werken 1578 und 1584 ein Buch heraus, das im «Herbarz Polski» nur abgekürzt als «Stromat.» bezeichnet wird. Es enthält eine Darlegung der Geschichte der Jastrzębiec. Paprocki gehörte selber dieser Wappengenossenschaft an. Hier dürften wesentliche Angaben zu finden sein.

Auch die Kirchenbücher des Kreises Strasburg, die im Berliner Hauptarchiv, Bln-Dahlem, Archivstr. 12–14 liegen sollen (z. T.), dürften Aufschlüsse ergeben.

Die vorstehenden Angaben verdanke ich im Wesentlichen Herrn Oberkreisdirektor a. D. Georg Bobrowski, Otterndorf U/Elbe, Wittmackstr. 13. Ich habe sie nach seinen Mitteilungen zusammengestellt und um weniges ergänzt.

Berlin-Friedrichshagen, den 21. August 1955.

Johannes Bobrowski.

⟨NOTIZ FÜR KARL SCHWEDHELM / SÜDDEUTSCHER RUNDFUNK⟩

Geboren am 9. 4. 1917 in Tilsit, aus einer Familie, der unter anderem auch Joseph Conrad angehört, aufgewachsen in Dorf und Kleinstadt im ehemals nordöstlichsten Winkel Deutschlands, wo Polen, Litauer, Letten, Reste des untergegangenen Pruzzenvolkes, Russen und Deutsche miteinander und durcheinander lebten – die Zigeuner dazu und mit ihnen allen die Judenheit. Abitur in Königsberg, Studium (Kunstgeschichte) in Berlin, ohne Abschluß. Krieg und Gefangenschaft, die bis zum Atlantik und bis hinter die Wolga führten. Seit 1950 in Berlin. Verheiratet mit einer Bauerntochter aus dem Dorf meiner Großeltern, drei Kinder. Tätig als Lektor in einem ostberliner (privaten) Kinderbuchverlag. Gedichte, nach zunächst stärkerer Neigung zur Musik, seit 1941; veranlaßt durch das Erlebnis der russischen Landschaft um Ilmensee und Nowgorod. Einiges davon wurde 1943 auf Veranlassung Ina Seidels im «Inneren Reich» gedruckt. Seit 1953 mehrfach Veröffentlichungen in «Sinn und Form», einiges im Jahrbuch «Das Gedicht» und im «Eckart».

Eine ursprüngliche Absicht, mit meinen Gedichten zu einer Darstellung der Begegnung meines Volkes mit den Völkern des Ostens zu kommen, einer unglücklichen und schuldhaften Begegnung, ist aufgegeben. So nötig eine solche Bemühung wäre und so sehr mein Leben unter solchen Erfahrungen steht, scheint mir inzwischen eine «lyrische Aufarbeitung» unmöglich. Es bleibt bei gelegentlichen Hervorbringungen, die von der Erinnerung genährt sind, von der unlösbaren Verwurzelung in einer Landschaft, die mit allem Recht verloren ist.

30/4. 59 Bo.

STATUTEN DES FRIEDRICHSHAGENER DICHTERKREISES

Präambel

Der Friedrichshagener Dichterkreis steht auf dem Boden Friedrichshagens und sieht seine Aufgaben in der Beförderung der schönen Literatur und des schönen Trinkens.

§ 1

Der Friedrichshagener Dichterkreis (im Folgenden FD genannt) besteht – vorläufig – aus zwei Mitgliedern. Diese Mitglieder sind

Johannes Bobrowski
Manfred Bieler.

§ 2

Die Mitglieder des FD sind gleichzeitig Präsidenten des FD, auch unter der Voraussetzung, daß sich der FD vergrößert.

§

Gegen Verfügungen und Entscheidungen der Präsidenten des FD gibt es keinen Einspruch.

§ 4

Geeignete, von den Präsidenten gemeinsam bestimmte Personen können Ehrenmitglieder bzw. Korrespondierende Mitglieder des FD werden.

Bisherige Ehrenmitglieder:

Günter Bruno Fuchs
Robert Wolfgang Schnell
Lothar Kusche

Korrespondierendes Mitglied:

Dr. Klaus Wagenbach

§ 5

Die Vollsitzungen des FD finden unter Ausschluß von Familienangehörigen und unter Einschluß der Öffentlichkeit statt.

§ 6

Die Präsidenten des FD treffen sich mindestens einmal wöchentlich zu dringenden Beratungen. An diesen Beratungen dürfen gelegentlich die Familienangehörigen der Präsidenten – bei Einhaltung strengsten Schweigens – teilnehmen.

§ 7

Die Anberaumung von Vollsitzungen oder Teilvollsitzungen liegt im Ermessen der Präsidenten.

§ 8

Das Zentralorgan des Friedrichshagener Dichterkreises ist die Leber. Besondere Mitteilungen erfolgen durch das Herz.

Die Statuten des Friedrichshagener Dichterkreises treten mit ihrer Niederschrift in Kraft.

J. Bobrowski M. Bieler

«O IHR TAGE VON FRIEDRICHSHAGEN» (JULIUS HART)

Befragt, ob es den Friedrichshagener Dichterkreis noch gebe, antworte ich wahrheitsgemäß mit Ja. Es gibt ihn, er hat zwei ordentliche Mitglieder, welche (laut Satzung) gleichzeitig die Präsidenten darstellen und (laut Satzung) immer Recht haben: Manfred Bieler und den Unterzeichneten. Der Kreis hat sich außerdem mit drei Ehrenmitgliedern – Günter Bruno Fuchs, Lothar Kusche, Robert Wolfgang Schnell – und einem Korrespondierenden Mitglied – Dr. Klaus Wagenbach – geschmückt. Wenn ich noch darauf hinweise, daß der Kreis in mehrfacher Hinsicht naturalistischen Tendenzen huldigt*), ist der heutige Kreis, denke ich, dem damaligen nur durch die geringere Mitgliederzahl unterlegen. Damals, also 1890 ff. waren in Friedrichshagen zuständig: Heinrich und Julius Hart, Wilhelm Bölsche, Bruno Wille, Gustav Landauer, der Maler Fidus, Wilhelm Spohr, die Brüder Kampffmeyer als mehr oder weniger Ortsansässige, Peter Hille, Gerhart Hauptmann, Hartleben, Halbe, Przybyszewski, Hans von Gumppenberg, Dehmel, Georg Hirschfeld und Strindberg (wohnte bei mir auf der Ecke), Ola Hansson mit Gattin Laura Marholm, dazu der Maler Leistikow, als Nachbarn oder Dauergäste. Dieser Zug zur Zusammenrottung hat sich übrigens bis heute erhalten.

Friedrichshagen, zwischen Müggelsee und Rahnsdorfer Forst gelegen, bewahrt das Gedächtnis an seine anerkannt große Zeit in Straßennamen auf und in einer schönen Toleranz gegenüber dicken oder bärtigen Männern, welche ein bißchen lärmen, man ist also kulturfreundlich. Der Prießnitzverein freilich besteht nicht

*) was ungefährlich ist, weil es mit dem Naturalismus wie mit dem Realismus steht: es hat (durch Umfragen festgestellt) jeder seinen eigenen.

mehr, die Wiesen, wo in aller Herrgottsfrühe reformberockte Lehrerinnen mit bloßen Füßen «Tau traten», werden nach und nach mit Häusern für fremde Völker zugebaut. Augen- und Ohrenzeugen allerdings gibt es noch. Malerinnen oder Sängerinnen. Sie haben ihre Erinnerungen, jeder für sich, niedergelegt. Nicht zu denken, wie eine Geschichte der Literatur, von Friedrichshagenern geschrieben, aussehen würde.

Johannes Bobrowski.

POETOLOGISCHE TEXTE

DORFGEDICHTE

Ich möchte, ehe ich weiterlese, ein paar Worte sagen. Einige von Ihnen werden vielleicht schon Gedichte von mir gekannt haben, die andern haben jetzt etwas gehört – Sie werden mich also als einen Eurasier, wie es mir kürzlich mal jemand gesagt hat, als einen Heimatdichter einstufen.

Und es ist ja auch ein bißchen verdächtig:

um einen Einfall über ein Holzhaus zwischen Wilna u Rjasan schnell zu notieren, benutz ich den Lift –

um über die Petroleumlampe zu schreiben, brauch ich eine helle Birne –

ich trink einen Whysky und schreib von dem langen Rohr und der einfachen Kühlvorrichtung, mit denen der Großvater seinen Kornschnaps destillierte. Es gibt also erhebliche Diskrepanzen zwischen dem, was ich tue, und dem, was ich schreibe.

Ich bebaue also das Erinnerungsthema und bin eine Art Romantiker – könnte man sagen. Ich hab mir das manchmal überlegt, es ist nicht sehr angenehm, aber ich muß es auf diesen Eindruck ankommen lassen. Weil ich ja die Konzeption, die ich für meine Arbeit habe, mit ein paar Gedichten nicht vorstellen kann. Ich muß sie also mit ein ⟨paar⟩ Worten erklären.

Ich komme aus ......

weiß daher ...... Ostvölker – Deutsche

⟨NOTIZ FÜR HANS BENDERS ANTHOLOGIE «WIDERSPIEL – DEUTSCHE LYRIK SEIT 1945»⟩

Zu schreiben habe ich begonnen am Ilmensee 1941, über russische Landschaft, aber als Fremder, als Deutscher. Daraus ist ein Thema geworden, ungefähr: die Deutschen und der europäische Osten. Weil ich um die Memel herum aufgewachsen bin, wo Polen, Litauer, Russen, Deutsche miteinander lebten, unter ihnen allen die Judenheit. Eine lange Geschichte aus Unglück und Verschuldung, seit den Tagen des deutschen Ordens, die meinem Volk zu Buch steht. Wohl nicht zu tilgen und zu sühnen, aber eine Hoffnung wert und einen redlichen Versuch in deutschen Gedichten. Zu Hilfe habe ich einen Zuchtmeister: Klopstock.

Johannes Bobrowski.

3 GESICHTSPUNKTE

1) Liebe zu den Völkern (Eurasien = Sarmatien)
durch Kindheitserinnerungen gestützt, spätere Erfahrungen → weiter:
2) Verhältnis Deutsche / Ostvölker
als unglücklich + schuldhaft erfahren, daher Verständnis → Abbau der Irrtümer, Aversionen
3) umfassender:
Die im Neolithikum begonnene Seßhaftwerdung der Jäger, Fischer, Sammler, die Inbesitznahme des Bodens, die Bindung an ihn hat bis heute im wesentlichen angedauert. Dieses Zeitalter geht zuende, mit ihm also Vorstellungen wie Heimat, Heimweh, politisch: Nationalstaaten, Nationalbewußtsein, die zu Provinzialismen werden.

Die Kontinente rücken zusammen, Technik ermöglicht ein Denken in Großräumen

Mit diesem Bewußtsein konzipiere ich eine Überschau des unwiderruflich Vergehenden für einen Raum, in dem diese Bindungen an den Lebensraum besonders tief verstanden worden sind: aber als ein Reisender, wenn Sie wollen, Wanderer, ein nicht mehr Dazugehöriger, als einer, der kommt und weggeht

noch einmal gültig darstellen, ehe es ganz vergangen ist.

ZU MEINEM BUCH LEVINS MÜHLE, 34 SÄTZE ÜBER MEINEN GROSSVATER

Das Buch wird angezeigt als ein Roman, mit dem Nachsatz: Der erste Roman des Lyrikers Soundso. Der Autor, verhältnismäßig bekannt als Gedichtschreiber mittleren Schwierigkeitsgrads, gilt als Vertreter eines gemäßigten Exotismus: er hat es mit den östlichen Nachbarvölkern. Man weiß also, was man erwarten kann: ein vielleicht etwas melancholisches Buch, in dem Deutsche mit ihren Nachbarn agieren, diesmal den Polen; zusätzlich Zigeuner, jüdische Leute, Katholiken, evangelische Sekten, ein italienisch-polnischer Zirkus. Da es kein großes Buch ist und nicht von Graß, handelt es zwar im Stromgebiet der Weichsel, aber nicht an dem großen Strom selber. Statt: Die Weichsel ist ein großer Strom, heißt es: Die Drewenz ist ein Nebenfluß – der Weichsel. Übrigens ist es ein Zeitroman, und der Autor meint, er könnte überall spielen, man müßte nur jeweils die Orts- und Personennamen auswechseln: er bietet dazu gelegentlich Vorschläge. Zeit der Handlung: ein paar Sommerwochen, nahezu in der Gegenwart, im Jahr 1874 nämlich, das kein besonderes Jahr war, keine Reichsgründung – nur deren Folgen, kein polnischer Aufstand – nur die Erinnerung daran –, keine Nationalitätengesetzgebung – nur deren Vorbereitung. Und dörfliche Feste, Musikanten, eine fliegende Ratte, ein schreiendes Huhn namens Francesca, eine schwarze Rose und, mit seinen Geistererscheinungen beladen, mein Großvater als ein Mann und Deutscher, – den es nicht gegeben hat. Ähnlichkeiten usw. sind zufälliger Natur.

Wie schön, daß man eine Hose hat, sagt im letzten Kapitel der akademische Maler Philippi: man geht nicht so mit nackten Beinen.

VOR- UND NACHWORTE, BEGLEITTEXTE

GUSTAV SCHWAB
DIE SCHÖNSTEN SAGEN DES KLASSISCHEN ALTERTUMS

Herausgegeben von Johannes Bobrowski
Altberliner Verlag Lucie Groszer 1954 / [2]1956

Vorwort

In den Volkssagen besitzen wir einen unerschöpflichen Schatz. In ihnen wird uns nicht nur die tiefe Weisheit vieler Generationen überliefert, sondern sie geben uns auch Einblick in die früheste Entwicklung der Völker. Diese Dichtungen – die ältesten Dichtungen überhaupt – gehen auf Zeiten zurück, als es noch keine Geschichtsschreibung in unserem Sinne gab, und sie zeigen, wie sich die Menschen einst die Naturkräfte erklärten, welchen Sinn sie ihrem Leben gaben und welche Aufgaben sie sich stellten.

Sturm und Regen, Blitzschlag und Naturkatastrophen hielten sie für das Werk von Gottheiten, die man mit Tier- und Menschenopfern günstig stimmen mußte. Meere und Gebirge, die Luft und das Erdinnere dachten sie sich von ihnen bewohnt. So waren sie in Geisterglauben und Gespensterfurcht befangen, und in den Sagen fand dies seinen Ausdruck.

Aber um so strahlender und sieghafter treten uns in diesen Dichtungen die Gestalten der Helden und Befreier entgegen. In ihnen, den Überwindern der Ungeheuer, der wilden Tiere und unmenschlichen Tyrannen, den Empörern selbst gegen die Götter, schufen sich die Völker hohe Vorbilder. In ihnen sehen wir die besten Kräfte der Menschen jener Zeit, ihre kühnsten Träume und ihre herrlichsten Taten verkörpert. Und gerade die Sagen der Griechen zeigen uns eine Fülle solcher, in unvergänglicher Schönheit erstrahlender Heroengestalten.

In Herakles vor allem und in Theseus, dem Befreier von der Bedrückung durch den Beherrscher der Insel Kreta, stehen wahre Volkshelden vor uns, die unermüdlich alle ihre Kräfte in den Dienst des Menschen stellen. In der Sage von Jason und den Argonauten hält sich die Erinnerung an die kühnen Seefahrten der Griechen bis an die äußersten Gestade des Schwarzen Meeres wach. Das goldene Vlies, das zu rauben Jason auszog, verrät uns, daß einst in der Kolchis Gold gefunden wurde. Wir lernen in diesen Sagen die Bestrebungen der Menschen, die Welt zu entdecken, die Natur zu entschleiern und ihre Kräfte sich dienstbar zu machen, kennen, aber auch die frühesten technischen Errungenschaften und kühnen Entwürfe, wie in der Sage von Dädalus. Aus der Sage von Deukalion und Pyrrha z. B. erfahren wir auch, wie sich die Griechen die Herkunft der Menschen zu erklären versuchten.

So geben die Sagen der Griechen Aufschluß über die früheste Geschichte und die ältesten Vorstellungen eines für die Entwicklung der ganzen Menschheit bedeutsamen Volkes. Darüber hinaus aber führen sie uns in begeisternden Schilderungen die Helden der Befreiungskämpfe vor Augen und zeigen, wie ihre aufopferungsvolle Treue zu ihrem Volk und ihrer Heimat mit Verehrung und Ruhm belohnt wurde. Ihre Taten wurden in Liedern gefeiert. Dichter behandelten sie in Schauspielen und großen Versepen. Dabei faßten sie oft viele einzelne Sagen und Überlieferungen zusammen, die ursprünglich nicht zueinander gehörten, so daß sich in den verschiedensten Sagenkreisen zuweilen ähnliche Partien finden.

«Die schönsten Sagen des klassischen Altertums nach seinen Dichtern und Erzählern», wie der vollständige Titel der 1838 bis 1840 in Tübingen erschienenen Sammlung heißt, sind ein Werk des schwäbischen Dichters Gustav Schwab. Es enthält in seinen ersten sechs Büchern die ursprünglichen Heldensagen des Griechenvolkes. Aus ihnen hat der Herausgeber diese Auswahl zusammengestellt. Sie umfaßt alle wichtigen Sagen und läßt hauptsächlich nur jene Stücke unberücksichtigt, mit denen spätere Herausgeber die Sammlung Schwabs erweiterten. Der Text selber ist in vorsichtiger Weise heutigem Sprachempfinden angeglichen worden. Eine gewisse Schwierigkeit bot dabei die verwirrende Fülle der Namen, Beinamen und Bezeichnungen. Hier hat der Herausgeber, wo es anging, Überflüssiges entfernt und außerdem dem Band eine kurze Darstellung der Götterlehre der Griechen angeschlossen. Auch ist jeweils den heute gebräuchlichen Namen der Vorzug gegeben worden.

Doch sah sich der Herausgeber nicht veranlaßt, die (wie Schwab in der Vorrede zur 1. Auflage seines Buches sagt) in «zwanzigjähriger öffentlicher und häuslicher Beschäftigung» gewonnene Gestalt leichtfertig anzutasten. Gustav Schwab ist ein Meister der deutschen Sprache. Ihm gelingt nicht nur eine klare, übersichtliche Schilderung der oft verwickelten Zusammenhänge, sondern auch die Wiedergabe besonderer sinnfälliger und kraftvoller Wendungen und Vergleiche der antiken Dichtung. Der Leser wird aus der zunächst ein wenig ungewohnt erscheinenden Form der Darstellung Bereicherung und Stärkung im Besitz seiner Muttersprache erfahren. Denn es ist nicht von ungefähr, daß dieses mit liebevoller Treue nach vielen griechischen und römischen Schriftstellern gestaltete Werk seit seinem ersten Erscheinen ein wirkliches Hausbuch geworden ist, das den Ruhm der eigenen Dichtungen Schwabs schon früh überstrahlt hat.

Möge das in einer Zeit der Erhebung der besten Geister unseres Volkes gegen die Mächte der Reaktion entstandene Werk auch mit dieser neuen Ausgabe den Weg zum Herzen unserer (wie es sich Gustav Schwab einst wünschte) «vaterländischen Jugend» finden. Ihr auf rechte und nachhaltige Weise zu dienen, ist es berufen.

Über die Göttervorstellung der Griechen

Die mächtigsten Gottheiten der alten Zeit – wie Gaia (Gäa), die Erdmutter, Okeanos, der Weltenstrom, Zeus, der Wetter- und Himmelsbeherrscher – waren Naturgötter. In ihnen verkörperten sich für die Menschen der Frühzeit die Gewalten der Elemente, denen sie gegenüberstanden. Ihren Willen zu enträtseln, sie durch Verehrung und Opfer günstig zu stimmen, war der Inhalt ihrer Religion. Darauf ist auch im Vorwort dieses Buches näher eingegangen worden.

Im folgenden wird eine kurze Darstellung der Götterlehre gegeben, die den großen Dichtungen der Griechen im ganzen entspricht*), jedoch die in den einzelnen Gegenden Griechenlands verschiedene Wertschätzung, das Zurücktreten einiger und das Hervortreten anderer Gottheiten, natürlich nicht berücksichtigen kann.

Im Anfang herrschte, wie der Dichter Hesiod erzählt, das Chaos, die gestaltlose Leere. Ihm entsprang Gaia, die Erde, und Eros, die Liebe. Gaia erzeugte aus sich selbst Gebirge, Meer und Himmel und mit dem Himmel (Uranos) gemeinsam die Titanen. Der Titan Kronos beraubte seinen Vater Uranos der Herrschaft und verstümmelte ihn mit einer Sense. Aus dem Blut des Verwundeten erwuchsen die Rachegöttinnen (Erinnyen), die Giganten und Nymphen. Kronos, der die Herrschaft an sich gerissen hatte, vermählte sich mit der Titanin Rhea. Unter seinen Kindern ragen besonders Demeter und Hera, Hades und Poseidon hervor. Der jüngste seiner Söhne, Zeus, begann vom Olymp, einem Berg in der Landschaft Thessalien, den Kampf gegen Kronos, der mit dem Sieg des Olympiers endete. Zeus ist von nun an der Weltbeherrscher. Seinen Brüdern Poseidon und Hades überläßt er das Meer und die Unterwelt.

Auf dem Olymp stehen die von Hephästos, dem Gott des Feu-

*) Hier ist auch die griechische Schreibweise der Namen gegeben worden. Wo sie sich von der im Buch gewählten stärker unterscheidet, ist diese in Klammern hinzugefügt.

ers und der Schmiedekunst, errichteten Götterpaläste. Sie ragen in den Himmel, an dem täglich der Sonnengott Helios und die Gestirne auf- und niedersteigen. Die Erde ist eine Scheibe und wird von Okeanos, dem Weltstrom, umflossen.

Zeus, als Sohn des Kronos der Kronide genannt, lenkt Wolken, Regen, Schnee, Hagel, Donner und Blitz und ist der Ordner und Erhalter der Welt. Als Vollstreckerinnen seines Willens erscheinen Themis, die Ordnung und Sitte erhält, und Dike, die die Gerechtigkeit bewahrt.

Seine Gemahlin Hera ist die Beschützerin der Ehe und der Familie.

Athene, die Lieblingstochter des Zeus, ist besonders durch Klugheit und Mut ausgezeichnet. Sie lenkt die Geschicke der Völker in Krieg und Frieden, während die rohe Gewalt mehr durch den Kriegsgott Ares verkörpert wird.

Phöbos Apollon ist der Gott der Weissagung, des Gesanges, des Saitenspiels und der Dichtkunst. Ihm verdankt außerdem das Gesetzwesen seinen Ursprung, er gründet Städte und Staaten und befreit die Welt von Ungeheuern.

Seine Schwester Artemis ist die Göttin der Jagd, die Beschützerin der Herden und des Wildes.

Aphrodite gilt als die Göttin der Schönheit und der Liebe; sie ist die Gemahlin des lahmen und häßlichen, dafür aber kunstreichen Hephästos.

Hermes, der listigste und gewandteste der Götter, beschützt Handel und Verkehr, die Wanderer und Boten, aber auch die Diebe.

Zu den Nebengöttern werden Helios (Sonne), Selene (Mond) und Eos (Morgenröte) gezählt. Ebenso die Winde: Boreas (Nord), Euros (Ost), Notos (Süd) und Zephyros (West).

Der Liebesgott Eros, die neun Musen, die Mundschenke Hebe und Ganymed, die drei Parzen und eine Reihe weiterer, weniger bedeutender Gottheiten bewohnen ebenfalls den Olymp.

Tief im Meer thront Poseidon, der Beherrscher der Wogen, mit seiner Gemahlin Amphitrite. Unter einer Unzahl von Meer- und

Wassergottheiten, zu denen Okeanos, Tethys, Pontos, Nereus und die Nereïden gehören, ist er der mächtigste.

Im Totenreich gebieten Hades und seine Gemahlin Persephone. Hier sind auch Hypnos (Schlaf), Thanatos (Tod), der Höllenhund Kerberos (Zerberus) und Charon, der Fährmann am Unterweltsfluß Acheron, zu finden.

Demeter ist wie Gaia die Göttin der Erde. Sie ist die Stifterin des Ackerbaus, der Feldfrüchte und des Gedeihens, aber auch der Sitten.

Dionysos (Bacchus) wird als der Gott des Rausches, der Begeisterung und als Gebieter über den Wahnsinn verehrt. Von dem dicken Zecher Silenos, von Satyrn und Mänaden begleitet, zieht er durch die Lande und verwirrt die Menschen. Auch einige der Zentauren, jener seltsamen Pferdemenschen, gehören zu seinem Gefolge.

Der bocksfüßige Pan und Priapos sind ebenfalls ausgelassene, zu derben Späßen aufgelegte Gestalten, aber eigentlich eher Fruchtbarkeit verleihende Feld- und Herdengottheiten.

Unter den Nymphen gibt es auf Bergen die Oreaden, an Gewässern die Najaden, in Bäumen die Dryaden. Von ihnen dachte man sich Berge und Täler, Flüsse und Quellen und die Wälder und Haine belebt.

GUSTAV SCHWAB
DIE SAGEN VON TROJA UND VON IRRFAHRT UND HEIMKEHR DES ODYSSEUS

Herausgegeben von Johannes Bobrowski
Altberliner Verlag Lucie Groszer 1955

Vorwort

Unser Buch setzt die Herausgabe griechischer Sagen fort, die im gleichen Verlag begonnen wurde.*)

*) Gustav Schwab «Die schönsten Sagen des klassischen Altertums», Altberliner Verlag Lucie Groszer 1954.

Waren es zunächst die alten, ursprünglichen Götter- und Heldensagen, in denen das Volk der Griechen seinen Vorstellungen von der eigenen Herkunft, von den Göttern und von der Welt und den Menschen überhaupt Gestalt gab, so ist es diesmal im wesentlichen die Nacherzählung der beiden gewaltigen Dichtungen «Ilias» und «Odyssee».

Beide werden seit je einem nur dem Namen nach bekannten, vielleicht aus Smyrna stammenden blinden Sänger, dem Homer, zugeschrieben, der in ihnen ältere Sagen und Überlieferungen mit beispielloser Kunst vereinigte und dichterisch ausgestaltete. Sie waren die großen nationalen Dichtungen des Griechenvolkes, sind seit langem über die ganze Welt verbreitet und bilden auch Hauptteil und Höhepunkt der Nacherzählung antiker Sagendichtung, die Gustav Schwab vor mehr als hundert Jahren geschaffen hat.

Dem gelehrten Schulmann und Dichter, dem rührigen Herausgeber der «Deutschen Volksbücher» und Förderer und Berater vieler Schriftsteller und Dichter seiner Zeit, gelang damit ein Werk, das in seiner Anschaulichkeit und Schönheit nicht leicht übertroffen werden kann.

Die Sagen von Troja bilden den ersten Teil unseres Buches. Sie schildern die Heerfahrt der Griechenstämme gegen das an der Westküste Kleinasiens gelegene Troja, das Reich des mächtigen Königs Priamus. Um die Stadt entbrennt ein zehn Jahre währender Krieg, in den auf beiden Seiten sogar die Götter eingreifen und der schließlich durch eine List entschieden wird.

Nach der Zerstörung Trojas segeln die Griechen wieder ihrer Heimat zu. Und wir lesen nun im zweiten Sagenkreis, wie einer von ihnen, der listenreiche Odysseus, viele Jahre in der Fremde umhergetrieben wird. Erst nach langen abenteuerlichen Irrfahrten findet er auf seine Insel Ithaka an der Westküste Griechenlands zurück, und auch dort erwarten ihn noch Kämpfe.

Von all dem erzählt uns Schwabs Buch in einer Sprache, in der Waffenlärm, Donner, Sturm und Meeresrauschen ebenso wie die Bläue des griechischen Himmels und die Lieblichkeit südlicher

Inseln eingefangen scheinen. Leid und Not des Krieges stehen uns vor Augen, aber auch Heldenmut und Treue zur Heimat, wie sie wohl am schönsten der Trojaner Hektor verkörpert. In Achilles und Patroklus aber sehen wir ein Beispiel der Freundschaft, wie es uns in der Dichtung aller Völker nicht erhebender geschildert worden ist.

Die Sage läßt keinen Zweifel daran, daß der Heerzug der Griechen ein Raubkrieg war. Wir wollen das nicht übersehen, auch wenn der Grieche Homer, aufseiten seines Volkes stehend, die Taten der Griechenhelden mit besonderer Liebe erzählt. In Hektor und seinem Vater, dem ehrwürdigen Priamus, in Pandaros und Äneas jedoch hat er uns auch den Heldenmut der Verteidiger Trojas geschildert. So werden uns in den Sagen von Troja frühe, durch die Dichtung verklärte Ereignisse der griechischen Geschichte überliefert. Und in den Berichten über die Irrfahrten des Odysseus erkennen wir den Drang der Griechen, über das Meer in ferne Länder vorzudringen und die Seltsamkeiten der Fremde zu enträtseln.

Die Zeit, in der G. Schwab seine Nacherzählung schuf, ist nicht mehr die unsere, und auch die Sprache hat sich seither gewandelt. Dem hat der Herausgeber durch eine vorsichtige Bearbeitung, durch einige Straffungen und wenige Ergänzungen Rechnung zu tragen versucht. Über die Gesichtspunkte, von denen die Bearbeitung ausging, ist im Vorwort des Bandes «Die schönsten Sagen des klassischen Altertums» das Nötigste berichtet worden.

Schwab hat uns die Homerischen Epen, ergänzt um die Vorgeschichte des Krieges und die Kampfjahre bis zum Eingreifen Achills, mustergültig erzählt. Er hat aber dadurch nicht die Bekanntschaft mit der «Ilias» und der «Odyssee» ersetzen wollen. Sie sind und bleiben immer einer der Gipfel der Weltliteratur. Treffliche Nachdichter, allen voran Joh. Heinrich Voß und in unserer Zeit R. A. Schröder und Thassilo v. Scheffer, haben sie uns auch in unserer Sprache geschenkt. Mögen recht viele Leser dieses Buches den Weg zu ihnen finden!

WER MICH UND ILSE SIEHT IM GRASE ...

Deutsche Poeten des achtzehnten Jahrhunderts
über die Liebe und das Frauenzimmer
(Herausgegeben von Johannes Bobrowski)
Eulenspiegel Verlag (Berlin 1964)

Nachbemerkung

Die vorstehende Sammlung ist nicht die erste ihrer Art, aber seit langem wohl die erste, die mehr auf Lebenslust, Laune und Witz aus ist als auf poetischen Glanz. Der gravitätische Haller, der ja ein berühmter Arzt war, der Major von Kleist, Lessings Freund, auch der gelehrt-ironische Professor Kästner, der Zittauer Barde Kretschmann und der so freundliche wie martialische Gleim – alle verraten sie auf liebenswürdige Weise einschlägige Erfahrungen und Kenntnisse; wenn es vielleicht auch wahr ist, daß sich der letztgenannte (ein Selbstzeugnis!) seine Liedchen in der Frühe bei einem Glas Wasser, auf nüchternen Magen also, zusammengesungen hat.

Die großen Namen des Jahrhunderts durften in diesem Konzert nicht fehlen. Sie sind mit einigen Kron- und Musterstücken, aber auch mit ein paar weniger bekannten vertreten. Daß Lessing, Wieland, Goethe allerdings noch weit mehr zum Thema gewußt haben, wird der Leser leicht selber herausfinden können. Es lag mir daran, die Kleinmeister und sogar völlig vergessene wie Wolson oder Scheffner, der mehr für seine Verdienste bei der Vorbereitung der Erhebung von 1813 bekannt ist, gebührend vorzustellen. Und es lag mir auch daran, mit Heinse, Schubart und anderen über das unverbindlich niedliche Gezwitscher der Anakreontiker hinauszugehen.

Daß bei ihnen allen, obwohl manchmal die Muster – Marot, Grécourt – deutlich hervorscheinen und die immer wieder zum Bade sich entkleidenden Damen gelegentlich schon ein wenig ermüden könnten, Feuer und Grazie sich mit frischem Witz vereinen, das wird, meine ich, über den heiteren Spaß hinaus auch ein literarisches Vergnügen bedeuten können. Aber, siehe oben: Die erste Absicht zielt auf ein Vergnügen, das auch die kräftige Pointe nicht scheut.

JEAN PAUL
LEBEN FIBELS, DES VERFASSERS DER BIENRODISCHEN FIBEL
(Herausgegeben von Johannes Bobrowski)
Union Verlag (Berlin) 1963

Nachwort

Hermann Hesse hat einmal berichtet, wie er auf den zu seiner Jugendzeit längst vergessenen Jean Paul aufmerksam geworden sei. Seine Mutter habe von den Dichtern ihrer Jugend gesprochen. «Da sprach sie», berichtet er, «den wunderlichen Namen Jean Paul aus, und dabei leuchteten ihre Augen in einer so schönen Liebeswärme auf, daß der fremde Name und der Blick der Mutter mir im Gedächtnis haften blieb, so daß ich später, als ich in der Fremde zum erstenmal irgendwo ein Buch von Jean Paul zu Gesicht bekam, es sofort kaufte und las.»

Dieser damals geweckten Liebe, sagt Hesse, sei er treu geblieben, aber er fügt hinzu, daß es mit dem ersten Lesen nicht gar so einfach gegangen sei.

Vor dieser Anfangsschwierigkeit wird sich auch heute der Leser befinden, wenn er eines der oft dickleibigen Bücher Jean Pauls zur Hand nimmt. Die wuchernde Fülle skurriler Floskeln, minutiöse Beschreibungen, die mit Einzelzügen überladenen Charakterisierungen, die Mitteilung oft belangloser Titel, Namen, Daten, die beiläufig hingestreuten Zitate haben ihm den Ruf einer wahllosen Zettelkasten-Gelehrsamkeit, wo nicht gar einer Neigung zu Taschenspielereien eingetragen, der die verdienstlichen liberalen Literaturhistoriker des 19. Jahrhunderts achselzuckend oder offen ablehnend gegenüberstanden.

Dagegen wissen wir von den anerkennenden, wenn auch mehr auf Jean Pauls pädagogische Bestrebungen gerichteten, Worten Goethes und vieler anderer Zeitgenossen, und heute beginnt sich eine neue Schätzung Jean Pauls abzuzeichnen, allerdings nicht mehr die schwärmerische Verehrung einer empfindungsseligeren Epoche, der Jean Paul als der geliebteste Dichter überhaupt galt. Wir bewundern zwar heute noch ebenso seine kunstvoll zwischen legato und staccato nuancierende Behandlung der Sprache wie seinen zwischen grotesker Stilisierung und herzhaft volkstümlicher Frische wechselnden großartigen Humor, doch wir bemerken wohl mehr als frühere Generationen den deutlich kritischen Zug, der ihn in die Nähe der deutschen Aufklärung, aber auch in die etwa Smollets oder gar Swifts stellt. Wir sehen nicht nur den übersprudelnd einfallsreichen genialen Erzähler, sondern mehr noch sein in Herders Sinne auf die Humanisierung der Gesellschaft gerichtetes Streben, wie es sich besonders in den Romanen der Reifezeit («Titan», 1800/03, und «Flegeljahre», 1804/05) oder auch in dem Werk «Levana oder Erziehlehre» (1806) bekundet.

Jean Paul oder, wie er mit vollem Namen hieß, Jean Paul Friedrich Richter, vor nunmehr zweihundert Jahren, am 21. März 1763, in Wunsiedel geboren als Sohn eines früh verstorbenen Lehrers, aufgewachsen in dürftigen Verhältnissen, von 1790 ab als Lehrer an einer von ihm selbst gegründeten Elementarschule tätig, tritt, nach den weniger beachteten «Grönländischen Prozessen», mit zwei Erziehungsromanen – «Die unsichtbare Loge» (1793) und «Hesperus» (1795) – in die Literatur ein, sofort mit dem für jene Zeit ungeheuren Erfolg, der ihm bis zu seinem Tod (1825) treu geblieben ist. Vor allem der zweite, von republikanischem Freiheitspathos und unverhohlener Ironie gegen die höfisch-adligen Kreise erfüllte Roman zeigt schon jene nachdenklich spöttische Einstellung zur deutschen Kleinstaaterei, die anderthalb Jahrzehnte später das anmutig-kleine, doch mit spürbarer innerer Beteiligung geschriebene «Leben Fibels» enthält.

«Kein Werk wurde von mir so oft angefangen und unterbrochen als dieses Werkchen», schreibt Jean Paul in seiner Vorrede zum «Fibel», und in der Tat: von November 1806 bis Juli 1811, also zur Zeit der Napoleonischen Besetzung Deutschlands, worauf in der Erzählung mehrfach Bezug genommen wird, zog sich die Arbeit an dem, an der Fülle der Einfälle und an Jean Pauls sonstiger erzählerischer Breite gemessen, wirklich wenig umfangreichen Buch hin. Und wenn es auch für die vielen Unterbrechungen äußere Gründe gibt, wird man doch nicht fehlgehen in der Vermutung, hier habe sich der Dichter, glücklich über seinen Fund, nicht so schnell von dem verführerischen Vorwurf trennen wollen. Zwar erklären sich aus der langen Arbeitszeit und vor allem aus den Unterbrechungen einige kleine Unstimmigkeiten, im ganzen aber ist das langsamere Tempo der Fertigstellung dem kleinen Werk offensichtlich zugute gekommen. Was der Dichter im «Fibel» an anzüglicher Apostrophierung der Verhältnisse wie auch an selbstbiographischem Detail, andererseits an straffer als sonst geführter Handlung und genauer Konturierung der vorwiegend dem einfachen Volk zugehörigen Personen, nicht zuletzt an besinnlich-heiterer Schilderung komischer Situationen und auch, mehr als gewöhnlich, in der Einbeziehung der Natur gibt, das sichert dem Büchlein seinen Rang unter den Meisterwerken Jean Pauls. Es enthält im 9. und im 11. Kapitel vor allem einige der schönsten Partien, die der Dichter geschaffen hat. Die Sterbeszene des Vaters hat vielleicht an Eindringlichkeit und Tiefe im ganzen Werk Jean Pauls nicht ihresgleichen.

Es geht im «Fibel» um das Abc-Buch, um die Fibel, genauer gesagt: um eine fingierte Geschichte ihrer Entstehung.

Jenes mit unbeholfenen Holzschnitten und zum Teil noch heute bekannten Zweizeilern ausgestattete Werkchen, im 18. Jahrhundert in den fränkischen und sächsischen Schulen gebräuchlich, hatte auch Jean Paul seinerzeit das Tor zur Literatur eröffnet, und seine unbekannte Herkunft (nach einem Gerücht ging es auf einen Subrektor Bienrod in Wernigerode zurück) veranlaßte ihn nun, dem Büchlein seine pietätvolle Anhänglichkeit zu bezeigen, bei liebevoller Unterstreichung seiner unfreiwillig komischen Züge, versteht sich. Und es ist wirklich ein sonderbarer Kauz, dieser Gotthelf Fibel, der nach Jean Paul der Vater des Abc-Buchs ist: einfältig, unerfahren, leichtgläubig, gutherzig, dabei freilich ruhmsüchtig – jedenfalls recht eine Figur nach des Dichters Herzen, für eine skurrile Idylle geeignet und doch ein Beförderer handfesten, brauchbaren Wissens, für jene zumal, denen die Pforten zur nötigsten Bildung noch kaum geöffnet waren.

Daß Jean Paul mit dieser «Biographie» auch den Stil zeitgenössischer Lebensbeschreibungen, etwa Jachmanns minutiöse, im Unwesentlichen schwelgende Darstellung Kants, persiflieren wollte, sei erwähnt, wie überhaupt auch dieses im ganzen einfachere und übersichtlichere Werkchen gleichwohl für den heutigen Leser eine ganze Anzahl Hinweise und Erklärungen verlangt. Der Leser wird, um in den ganzen Genuß des Buches zu kommen, ein wenig Geduld aufbringen müssen. Er wird dafür Entdeckungen machen: zum Beispiel die Herkunft mehrerer Motive der Handlung aus den Fibelversen selber oder die fein dosierten Anklänge an Cervantes und Grimmelshausen. Die Anmerkungen wollen den Leser auch in dieser Hinsicht unterstützen. Für ihre Abfassung verdanke ich vielfältigen Aufschluß den Hinweisen Eduard Berends, auf dessen Verdienste als Betreuer der Historisch-kritischen Ausgabe der Werke Jean Pauls dankbar hingewiesen sei.

Der «Fibel» erschien im Herbst 1811, mit der Jahreszahl 1812 versehen, zu Nürnberg im Verlag von Schrag, im gleichen Verlag, in dem 1813 Fouqués «Zauberring» und 1814 Chamissos «Peter Schlemihl» herauskamen. Die ursprüngliche Absicht, die Jean Paul ausdrücklich erwähnt, dem Büchlein ein Exemplar der Bienrodischen Fibel voranzustellen, war schon damals nicht durchzuführen. Das Buch, das «in keiner Bibliothek fehlen sollte» und doch wenige Jahrzehnte vorher noch weit verbreitet gewesen sein muß, scheint heute vollends unauffindbar zu sein. Freuen wir uns darum auch, daß Jean Paul uns wenigstens in Beschreibungen und Versen die Erinnerung an das Grundbuch der Lese- und Schreibkünste früherer Zeiten aufbewahrt hat.

ÜBER DEN MALER EBERT

Es gibt einen Kaffee und danach einen schönen Schnaps, von dem Schnaps etwas mehr als von dem Kaffee, und es gibt Gespräche: denn Albert Ebert ist gekommen, Gespräche, nachmittags, abends, bis weit über Mitternacht hinaus. Viel zu erzählen, Gegenwärtiges und Vergangenes, beides, weil da keine Grenzlinie ist, weil alles zusammenrückt, alte Dinge, Begebnisse von gestern.

Ebert hat einmal, für seine Familie, einiges aus seinen Kindheitserinnerungen aufgeschrieben, eine lose Folge kleiner Szenen, eigentlich lauter Bilder. Da liest man: «Die Bäume, das schwere Gewitter, bei dem die kleinen Vögel aus dem Nest gefallen waren und in der Gosse angeschwemmt kamen. Wir fischten sie heraus und setzten sie wieder auf die Bäume.» Oder: «An einem schönen kalten Wintertag kamen ein Mann und eine Frau, beide ganz dick vermummt. Sie rollten vom Schmied und vom Stellmacher alle nur erreichbaren Wagenräder, große und kleine, heran. Dann rumpelte ein großer Wagen mit Weihnachtsbäumen um die Ecke. Die Bäume wurden in die Radnaben gesteckt, und im Nu hatte sich unser Spielplatz in einen herrlichen Tannenwald verwandelt. Unsere Rufe klangen, als hallten sie in einem richtigen Wald wider.» So schreibt er, so erzählt er, ruhig, Satz für Satz, kein Wunder, daß man ihm immer zuhört, auch weit nach Mitternacht.

Ebert mag nachts nicht schlafen, da malt er, da sitzt er in seinem Haus in Kröllwitz, das noch zu Halle gehört, auf der anderen Saaleseite, Frau und Kinder schlafen, da sitzt er und malt wie er spricht: ohne Vorzeichnung, ohne Entwurf, eine Farbe, sorgfältig aufzutragen auf den Kreidegrund der Holztafel und für mehrere Bilder ausreichend, an denen er gleichzeitig arbeitet, «altmeisterlich» sagt man da wohl: mit dem kurzen Borstenpinsel, eine Farbe, dann eine zweite. Bis sich alles «gerundet» hat und auch nichts mehr fehlt.

Da hängen bei ihm dreißig oder mehr Bilder zusammen an der Wand, als hätte er ein bißchen Angst vor der unbelebten Fläche.

Da hängen sie und leuchten in einem miniaturenhaften Glanz. Da entdeckt Ebert, wie eine Farbe auf die andere zugeht.

So rücken auch die Bilder zusammen: Kinderfest, Zirkus, die Flucht nach Ägypten, das Begräbnis des Freundes, ein Ständchen, Spaziergänge, das Paradies, es rückt alles zusammen, eins gehört zum anderen, wie im Gespräch.

Er hat ein Bild mitgebracht, eine kleine Tafel, auf einen versilberten Holzblock geleimt; da verläßt er sich nicht einmal auf seine Freunde, wenn es um die Rahmung geht, der Rahmen gehört zum Bild, manchmal ist er schon vorher da, und manchmal macht er Sorgen, wie bei den kleinen medaillonhaften Rundbildern der letzten Zeit. Aber das mitgebrachte Bild: Da ist es Abend, man sieht ein paar Bäume, halb hinter den Stämmen oder davor Pärchen, im Gras, ein kleiner Mond, vorn geht eine Frau, allein, mit schön aufgetürmtem Haar, ein rotes Band darin, um den Hals eine Kette, allein. «Das gibt es», sagt Ebert, «sie hat niemanden.» So erzählt er seine Bilder.

«In der Sylvesternacht», das steht in einem Brief, «habe ich unser Familienbild mit dem Alten und dem Neuen Jahr gemalt. Es ist ganz klein, 8 mal 10 cm, und wenn ich schreiben sollte, was alles sich darauf befindet, brauchte ich Seiten dazu.» Von den jungen Mädchen spricht er, die so unleidlich affektiert seien, wippender Rock, eingeübte Haltung, aber eben doch so sehr liebenswert. Es muß überhaupt auffallen, mit welcher Verehrung Ebert die Frauen malt: Mädchen, junge Frauen, am schönsten die Mütter. Es gibt zwei Atelierbilder von ihm, «Das junge Modell» und «Das alte Modell». Beide sehr schön, der Maler im Hintergrund, vorn auf dem herrlich gemalten rötlichen Fußboden stehend das nackte Modell, beide Bilder sehr schön, aber «Das alte Modell» von einer erschütternden Zärtlichkeit: der welke Körper einer alten Frau.

Er berichtet einmal von einem kleinen Paradies-Altar, den er besonders kostbar ausgestattet habe, mit Gold und Steinen. Eine Zeichnung ist dabei, da kann man ihn sich ein bißchen vorstellen. Ebert sagt: «So sieht er aus, aber noch schöner.» Er hat gern schöne Dinge um sich, also sollen die Bilder schön sein, und vielleicht ist das auch einer der Gründe dafür, daß man in Ebert einen Naiven hat sehen wollen.

Gewiß, der 1906 in Halle geborene Maurer ist erst spät, im Krieg, an die Malerei gekommen, er hat einfach einmal angefangen, hat mit dem ihm eigenen handwerklichen Geschick probiert, hat sich dies und jenes abgeguckt und sich seine Technik zurechtgemacht, so wie sie ihm paßt. Aber bei dem Grunderlebnis der Naiven, dem blanken Erstaunen darüber, daß sich die Welt auf einer Fläche wiederfinden läßt, bleibt es bei ihm nicht. Es ist das Miteinander der Menschen, das ihm gleich von Anfang an zum Gegenstand der Darstellung wird: so wie es sich ihm zeigt, jeden Tag, wie er es erfahren hat, in Jahrzehnten, und wie er es ansieht mit jener vertrauensvollen Hinwendung zum Anderen, zum Nächsten, die jedem, der Ebert kennt, als eine ganz und gar Ebertsche Sehweise erscheint.

Freilich, man kann diese Bilder durchaus auch als Kunstfreund oder Kenner betrachten, sie halten das sehr gut aus, und gewiß haben sie manches von dem eigentümlichen Charme der Laienmalerei: zum Beispiel schon in der unbeirrbaren Sicherheit des Stils, aber eben wieder auf eine besondere Ebertsche Art: klare, fest umrissene Flächen, mit denen sich die Komposition aufbaut, aber dann wieder flackernde Farben, ineinander laufende Tönungen, und beides durchaus nebeneinander, nicht als Ausdruck einer Entwicklung, wie man annehmen könnte, wenn man die Tafeln vor sich hat. Aber ich fürchte doch, man könnte sich mit einer Suche nach solcherlei Dingen womöglich den Zugang zu den Bildern verstellen, da wäre der Verlust jedenfalls viel größer als der Gewinn. Es ist so, daß die Freunde von Eberts Malerei seine Bilder vor allem erst einmal lieben. Dieser Zug der Bilder zu persönlicher, zu intimer Wirkung führt ganz selbstverständlich dazu, daß sie sich, soweit Ebert sie nicht in seinem Haus um sich, und natürlich um seine Frau, versammelt hält, meist in privatem Besitz befinden. Doch das hat glücklicherweise nicht verhindert, daß Eberts auch in Galerien – Dresden, Magdeburg, Halle, Burg Gnandstein, Berlin (Nationalgalerie), Frankfurt am Main

(Städelsches Kunstinstitut) – gewandert sind. Dort kann man sie anschauen. Nur leider man darf sie nicht in die Hand nehmen, und das ist schade, denn diese Bilder reizen beinahe unwiderstehlich dazu. Da erfahren wir also von unseren Händen, daß wir auch für schöne, für schön gearbeitete Dinge empfänglich sind.

«Wenn Sie des Nachts», schreibt er einmal, «an Ihrem Schreibtisch sitzen und arbeiten, gedenken Sie, daß ich da an meiner Staffelei sitze und auch arbeite.» Ebertsche Gedanken. Wie die Gespräche. Wie seine Bilder. Ich denke, wir haben sie schon ein bißchen nötig: diese Ebertschen Bilder.

FREYDOUN FAROKHZAD
ANDERE JAHRESZEIT
Gedichte
(Mit einem Nachwort von Johannes Bobrowski)
(Hermann) Luchterhand (Verlag GmbH Neuwied
und Berlin 1964)

Zu diesen Gedichten

Freydoun Farokhzad, 36 geboren, ein Mann mit klaren, sicheren Bewegungen, kommt aus einem Land großer dichterischer Traditionen, von dem wir indessen seit langem durchaus anderes und selten Gutes hören –, Dinge, die sich auf sehr europäische Weise sehr orientalisch gerieren: als sei es aus mit den Rosen und Nachtigallen.

Seit sechs Jahren lebt er in Deutschland, nicht der einzige Perser hier, wie man weiß. Er schreibt deutsch, in einer Sprache also, die er erlernt hat und als eine erlernte handhabt. Aber, das ist der erste Eindruck, den man bei ihm bekommt, er hat Vertrauen zu dieser Sprache, also setzt er die Vokabel, den Begriff ohne große Zweifel oder Bedenken an der Verfügbarkeit, ohne das lähmende Zaudern, das einem die eigne Sprache als ein Museum von Entwicklungsreihen, Einflüssen, Bedeutungswandel etc. vorstellen will, das sich dazu nun eben noch aus nicht völlig übersichtlichen Arsenalen mit neuen Beständen anfüllt. Er nimmt also, was er in die Hand bekommen kann, es ist nicht wenig, wie wir sehen. Ein Vorgehen, denke ich, dessen Nutzen – für uns jedenfalls – auf der Hand liegt. Für ihn auch, doch darüber ist nun zu reden.

Sprache als Medium des Gedankens – eine allzu vereinfachte Formel. Die nicht viel einträgt, nicht viel mehr als Erfahrungen mit den Distinktionen zwischen Sprache und Denken; der alte Hamann hat darüber geredet, gegen seinen Herder gewandt.

Aber Sprache, derer sich die Wünsche bemächtigen: hier geht es auf das Gedicht zu.

> Langsam steigen die Wünsche
> aus dem Boden
> und setzen ihre Segel
> über dem Herzen

heißt es in Farokhzads *Kindermarkt.* Wir sehen Zutrauen am Werk, Boden, Segel, Herz werden gesetzt, ihre Evokationskraft ist nicht angezweifelt, folgerichtig heißt die Welt am Schluß des Gedichts ein Bilderbuch. Nun gewiß: kein Kind, das seinem Bilderbuch mißtraute, aber Farokhzad fügt, als letzte Zeile, hinzu:

> ohne Wolken und Verbotstafeln,

und das ist schön und führt uns auf die Wünsche, aus denen sein Gedicht aufgestiegen ist, und also auf die Konstellationen, die sein Verhältnis zu seinem Herkunftsland bestimmen könnten. Was gar keine Berechtigung für ein Gastland bedeuten kann, sich als eine Alternative zu empfehlen. Hier sagt die *Erfahrung* betitelte Abteilung genug: uns gewöhnlich gewordene Situationen, gesehen von einem, der in sie eintritt und gleichwohl den Anblick nicht vergißt, den sie aus der Entfernung boten.

Ich meine, es liegt mit diesen Gedichten etwas Neues vor, worüber schnell feststellbare Beeinflussungen nicht hinwegtäuschen sollten: Die Unbefangenheit, die wir an der Sprache konstatierten, erstreckt sich völlig auf die Metaphern, auf die Bildvorstellungen, sie gewinnen aus der Anfangssituation sofort Leben und

Spannung, daß sie sich zu Handlungen fortzuentwickeln, daß sie zu wachsen, zu laufen, zu fliegen vermögen: der Frühling, der – ein grüner Käfer – in den Träumen hängt, auf Zehenspitzen läuft, den Geruch des Grases zu begleiten. Das Schmetterlingsnetz ist schon bereit, für den Fang *(Der Frühling)*. Das heißt nun nicht, daß das, was wir Zutrauen oder Unbefangenheit nannten, einfach blank und frisch, ausgeruht, historisch zu reden: in einer Anfangssituation wäre. Man wird bei der Betrachtung dieser Gedichte manches Grundmuster erkennen, das den Perser Farokhzad unlösbar seinem Herkunftsland verbindet. Gedichte wie *Nachtbeginn* oder *Der Wind* wollen auch daraufhin angesehen werden. Oder Zeilen wie

Die Wolken
die die blauen Emaillen
des Himmels
weiß färben

in *Herbst in Persien.*

Auch das kommt diesen Gedichten zugute: die Melancholie dessen, der erklärtermaßen in zwei Ländern lebt und zwischen diesen zwei Ländern auf einem geschwungenen Bogen, dessen Spannweite sich in einem Zittern unter den Füßen verrät.

Ich habe hier weniger die Gedichte der zweiten Abteilung herangezogen, so schön sie sind. Sie verweisen zurück, ihre sinnliche Fülle und Anschaulichkeit lebt als erzählte Zeit, der Brückenbogen ist nicht verlassen, nur der Scheitelpunkt der äußersten Spannung – und nur für ein paar Schritte.

Freilich, das ist für den Band unerläßlich, es bezeichnet seinen offen selbstbiographischen Zug. Den wir entgegennehmen können – als die Erfahrungen eines ernsten Mannes, dem wir glauben, der mit festen, klaren Bewegungen auf uns zu kommt. Den wir herzlich begrüßen.

REZENSIONEN, PUBLIZISTISCHE UND VERWANDTE ARBEITEN

HENRICH STEFFENS
WAS ICH ERLEBTE

Herausgegeben und mit einem Nachwort versehen
von Willi A. Koch
437 Seiten Dünndruck, 1956, Ganzleinen 12,80 DM
Winkler-Verlag, München

Henrich Steffens (1773–1845), der dänische, seit seinem Jenaer Aufenthalt 1798 in Deutschland heimisch gewordene Naturphilosoph, um dessen Breslauer Katheder sich die studentische Jugend drängte, als er in seiner berühmten Vorlesung von 1813 die nationale Erhebung miteinleitete, der selber als freiwilliger Jäger bis zur Einnahme von Paris am Kriege teilnahm, gehört als Philosoph wie als Schriftsteller der Romantik an. Seine ausgedehnte Tätigkeit als Universitätslehrer in Halle, Breslau und seit 1831 in Berlin steht im Schatten Schellings. Seine Schriften zur Naturphilosophie sind zwar ohne dauernden Einfluß geblieben, dafür aber haben seine Erinnerungen, 1840–44 erstmalig in 10 Bänden erschienen, unveränderte Wertschätzung erfahren. Wer sich ein Bild von den Jahrzehnten zu machen sucht, in denen die Wirkung Kants und Fichtes, Goethes und Schillers, Novalis' und der Schlegels über die Grenzen Deutschlands hinaus die Völker bewegte, wird immer zu dieser reichhaltigen und dabei glänzend geschriebenen Darstellung greifen müssen.

Das Werk in einer neuen, ungewöhnlich sympathischen, handlichen Ausgabe zugänglich gemacht zu haben, ist eine schöne Leistung des verdienstvollen Verlages.

Willi A. Koch hat den umfangreichen Text klug gekürzt, wobei er durch knappe Überleitung den Zusammenhang der Darstellung wahrte und in einem lesenswerten Nachwort das Nötige über Steffens und seine Zeit nachtrug.

So ist eine anregende Neuausgabe entstanden, die der Leser nicht mehr wird missen wollen, macht sie ihn doch aufs anschaulichste mit einer der reichsten Epochen deutscher Geschichte und Geistesgeschichte vertraut.

DAS GEDICHT
JAHRBUCH ZEITGENÖSSISCHER LYRIK
1956/57

Herausgegeben von Rudolf Ibel
167 Seiten, Pappband, 5,50 DM
Christian Wegner Verlag, Hamburg

Der Hamburger Verlag legt hier eine neue, die dritte Folge des in Westdeutschland weithin geschätzten Jahrbuches vor. Dem Herausgeber R. Ibel braucht man die Verantwortlichkeit nicht erst zu bescheinigen. Daß eine Lyrik-Auswahl heute wie immer von der Persönlichkeit des Herausgebers bestimmt ist, bleibt natürlich bestehen. Aber das ist in diesem Fall durchaus gut: es soll ausdrücklich bemerkt sein, daß hier die Maßstäbe echter Tradition nicht aufgegeben und dennoch neuen Bestrebungen Raum geboten wurde.

Einer repräsentativen Vorstellung der Älteren: Britting, Leip und Barth, schließen sich jüngere Lyriker an, von denen Doris Müringer, eine Österreicherin, besonders beeindruckt.

Interesse dürfte in der Bundesrepublik eine Zusammenstellung «Junge Lyrik aus der DDR» erregen, die, von der Autorität Peter Huchels getragen, zur Revision verbreiteter Ansichten beitragen sollte. Mir scheint es nicht so wichtig, Maßstäbe der Qualität nach Ost und West festzustellen. Bemerkenswerter ist, daß hier die oft zitierten Unterschiede in der Thematik und in den Formen nicht auf eine angeblich gangbare Mitte abgemäßigt wurden, sondern – im gegebenen Rahmen – «das Wort erteilt» wurde. Es erweist sich da, daß die jungen Lyriker aus der DDR keineswegs schablonenhaft und «unmodern» erscheinen.

Der Band enthält weiter eine informierende Lese aus westdeutschen, österreichischen und Schweizer Gedichtsbänden des Jahres 1956. Ihr folgen einige Aufsätze zu «Form und Gebärde» neuer Dichtungen. Hier kann man den Herausgeber zur Aufnahme eines Artikels des unrühmlichen L. Fr. Barthel nicht beglückwünschen. Barthel hat seine Unbelehrbarkeit, die sich im vorliegenden Text zwar vorsichtig äußert, erst kürzlich wieder in einer Kontroverse mit Hermann Kesten zur Schau gestellt.

Im ganzen ein inhaltsreicher Band, der Beachtung finden sollte.

GERHART HAUPTMANN
DER GROSSE TRAUM

Herausgegeben von H. Reisiger
Mit einem Vorwort von R. A. Schröder
287 Seiten, 1956, Leinen 19,– DM
Bertelsmann-Verlag, Gütersloh

Das große «Weltgedicht», das Hauptmann durch drei Jahrzehnte seines Lebens begleitete, und an das er 1942 noch einmal die Hand legte, nähert sich über die Jahrhunderte hinweg in Form und manchen Zügen bedeutsam der Göttlichen Komödie Dantes. Seine, Erfahrungen des eigenen Lebens und deutlichen Zeitbezug (Sir Walther = Rathenau z. B.) mit gnostischer, synkretistischer Überlieferung vereinenden, vielgestaltigen Inhalte aufzuweisen, wird Gegenstand der Wissenschaft sein müssen. Im besonnenen Vorwort Schröders findet sich manches dazu angedeutet; aber auch der Hinweis, daß Hauptmanns Hinneigung zur schlesischen Mystik eine Berührung mit Haeckel und Bölsche nicht ausschloß. Es gibt im großen Traum kein Dantesches Paradies.

Das Werk erschien 1943 in 22 Gesängen in der Ausgabe letzter Hand. Es wird nun, auf 25 Gesänge erweitert und um 6 Teile und Bruchstücke vermehrt, in einer sorgfältigen, in Druck und Ausstattung vorzüglichen Ausgabe vorgelegt – noch immer ein Fragment, aber eine Dichtung von unvergeßlichem Klang der Terzinen und ein Vermächtnis des Dichters, der sich von diesem Werk nicht einmal im Grab getrennt wissen wollte.

SIMON GLAS
JEDER WIE ER KANN

164 Seiten, 1956, Ganzleinen 8,80 DM
Westermann-Verlag, Braunschweig

Simon Glas ist ein neuer Autor. Der Verlag Westermann brachte schon zwei Bücher von ihm, die auffielen. Dieses dritte ist ein vorzüglich komponierter kleiner Roman, darüber hinaus ein Buch, das den Leser unfehlbar fesselt, schon durch seine Fragestellung.

Da leistet ein Mann zwei Verletzten eines Autounfalls, die er im Gebüsch vor seinem Haus fand, Hilfe. Er tut es weder aus Mitleid, noch um Geld oder weil er es für richtig hält. Er erkennt sogar, daß er sich strafbar macht, denn die Frau Morland in seiner Wohnung ist schuldig an dem Unfall, der ihren Mann das Leben und den Händler Schiers seinen Tempowagen kostete. Warum tut Brasch das? Sein Chef Wiczorek, die Beteiligten und Betroffenen und Herr Pantelmann, der alles ordnet – mit Geld natürlich, fühlen sich dadurch sehr bedroht. Dieser Brasch will weder ein Geschäft machen, noch ein edler Mensch sein. Der Autor hat seine Frage nach allen Richtungen gesichert. Niemand kann ihr ausweichen: Warum tut Brasch das? Und der Leser – was würde er tun?

Es wäre ein Irrtum, das Buch nur für aufschlußreich für ein bundesrepublikanisches Klima zu halten. Brasch existiert. Wo? Das soll der Leser sagen.

FRIEDRICH HÖLDERLIN
DICHTUNGEN UND BRIEFE

Herausgegeben und mit einem Nachwort versehen
von Hannsludwig Geiger
791 Seiten, 1952, Leinen 12,80 DM
Winkler-Verlag, München

Die Neigung zu schön gedruckten, solid gebundenen, handlichen Ausgaben besonders der Werke der Weltliteratur besteht bei dem deutschen Leserpublikum nach wie vor. Die Dünndruckausgaben des Winkler-Verlages verdienen hier über die sorgfältige äußere Formgebung hinaus ein besonderes Lob wegen ihrer überlegten, die Erfahrungen früherer Ausgaben klug berücksichtigenden Textgestaltung. Hier ist erreicht, worum es dem Herausgeber der vorliegenden Hölderlin-Ausgabe offenbar zu tun war: eine das Wesentliche vereinigende, gut lesbare – eine schöne Taschenausgabe, wie sie gerade Hölderlin angemessen ist. Rund 250 der fast 800 Seiten des Buches gehören den Gedichten. Und man muß Geiger eine glückliche Hand bei der Auswahl bescheinigen. Der Hölderlinfreund wird kaum einen seiner Wünsche unberücksichtigt finden. Auch die Hymnen der Frühzeit sind aufgenommen worden. Höchstens das Diotima-Gedicht «Lange tot und tief verschlossen...» oder das an Landauer gerichtete «Sei froh! Du hast das gute Los erkoren...» hätten noch Platz finden können. Und das, von Waiblinger mitgeteilte, wohl kaum mehr strittige «In lieblicher Bläue...». Dafür aber trifft man bei den bedeutendsten späten Hymnen mehrfach verschiedene Fassungen an. Und dann ist es eine Freude, durch das nicht zu schmale Format und eine schmallaufende Schrift begünstigt, die Langzeilen fast durchweg wirklich auf einer Zeile untergebracht zu finden.

Der Band enthält weiter den Hyperion mit dem oft übersehenen Fragment aus der Neuen Thalia von 1794, den Empedokles (mit Zweitfassung, Plänen und Entwürfen), die Pindar-Übertragungen und über 100 Seiten Briefe, die in der Orthographie der Originale mitgeteilt werden. Ein Nachwort des Herausgebers und knappe Anmerkungen beschließen das Bändchen, dem man höchstens eine schärfere Profilierung bestimmter Züge im Schaffen Hölderlins gewünscht hätte, wie sie das Gespräch um die kürzlich aufgefundene «Friedensfeier», die hier leider noch nicht hat Aufnahme finden können, erneut vor Augen gestellt hat.

NB. Im Nachwort ist auf Seite 772 ein Versehen zu berichtigen: Im zitierten Klopstock-Vers heißt es richtig: «... schöner, *stiller* Gefährt der Nacht.»

HERBERT A. FRENZEL
DATEN DEUTSCHER DICHTUNG

444 Seiten, 1953, Ganzleinen 12,80 DM
Kiepenheuer & Witsch, Köln–Berlin

Das Werk von Frenzel verspricht im Untertitel einen chronologischen Abriß der deutschen Literaturgeschichte von den Anfängen bis zur Gegenwart. Es ordnet sich also nach annalistischem Prinzip, wobei es nicht nur die jeweiligen Veröffentlichungsdaten der einzelnen Literaturwerke aufführt, sondern auch Druckort und Entstehungsjahr, Datum der Uraufführung bei Dramen usw. Der Inhalt wird knapp skizziert, über Aufnahme beim Publikum, Vorgänger und Nachfolge berichtet. Im übrigen werden Kurzbiographien der bedeutenderen Dichter und Schriftsteller ebenso gegeben wie größere zusammenfassende Darstellungen entsprechend der noch weithin gebräuchlichen Epocheneinteilung. Man muß sagen, daß der Herausgeber umsichtig und gründlich den Stoff gegliedert und, ohne lexikalischen Ehrgeiz, ein sehr gut brauchbares Werk geschaffen hat, das jeder ein wenig «Bewanderte» einer womöglich mehrbändigen Literaturgeschichte vorziehen wird, zumal es in Literaturgeschichten oft nicht ganz einfach ist, präzise Angaben, Daten usw. herauszufinden, – Dinge, deren nicht nur der Lehrende oder Lernende, Bibliothekar oder Publizist bedarf.

Die gewählte Periodisierung, die z. B. dem «Jungen Deutschland» ein literarisches «Biedermeier» (nach P. Kluckhohn u. a.) parallel setzt, ebenso manche Einschätzung und die wohl recht reichliche Berücksichtigung Bindings, Kolbenheyers oder E. Jüngers sind allerdings fragwürdig, ausgezeichnet dagegen die ausführliche Darstellung der älteren Epochen und auch die Chronologie von Goethes und Schillers Leben.

Ein handliches, übersichtliches und sauber gedrucktes Nachschlagewerk also, das, von den Merseburger Zaubersprüchen bis zu Rehfischs «Eiserner Straße» reichend, eine wirkliche Hilfe bedeutet und das man daher gern empfiehlt. Ein Versehen: Auf Seite 139 und 140 sind die Vornamen Johann Georg Hamanns mit Johann Gottfried angegeben.

JEREMIAS GOTTHELF
ERZÄHLUNGEN

Auswahl und Nachwort von Heinz Helmerking
634 Seiten Dünndruck, 1956, Ganzleinen 11,80 DM
Winkler-Verlag, München

Albert Bitzius (1797–1854), der sich als Schriftsteller Jeremias Gotthelf nannte, lange Zeit als unkünstlerisch verschrieen und noch von Erich Schmidt als Schmutzdarsteller bezeichnet, gewinnt immer mehr die ihm gebührende Schätzung. Des streitbaren Pfarrherrn von Lützelflüh Romane und Erzählungen sollten freilich nicht in erster Linie Kunstwerke sein, vielmehr wollte er, dem sein Auftreten gegen soziale Nöte und Mißstände Schwierigkeiten, Strafversetzung und Maßregelung eingebracht hatte, mit ihnen helfend und bessernd wirken. Seit der historisch-kritischen Ausgabe von Hunziker und Bloesch 1911 ff. (27 Bände) und vor allem der 20bändigen von W. Muschg 1948 ff. gehört Gotthelf, auf den Gottfried Keller schon hinwies, jedoch unbestritten zu den großen Realisten unserer Literatur, deren bedeutendster Bauernschilderer ⟨er⟩ gewesen ist.

Die hübsche Dünndruckausgabe des Winkler-Verlages bringt sieben Erzählungen in einem bequemen Bändchen: neben den bekannten wie «Elsi, die seltsame Magd» oder «Die schwarze Spinne» auch die großartige Geschichte «Barthli der Korber». Ein Büchlein, das man gern mit sich trägt.

Gotthelfs Sprache freilich ist häufig durchsetzt mit schwyzerischem Dialekt, eine Tatsache, die sich aus der Absicht seiner Schriften erklärt, des Dichters Verbreitung jedoch behindert hat. Hier ist so verfahren worden, daß jeweils eine hochdeutsche Fassung in eckigen Klammern dem Originaltext eingefügt wurde. Sofern es sich da um einzelne Wörter handelt, ist das ausgezeichnet. Schwieriger wird es, wenn längere Redewendungen oder ganze Sätze betroffen werden, weil dann die Übersichtlichkeit leidet. Im ganzen allerdings wird man dieser Form wohl den Vorzug vor «Übersetzung» oder Fußnoten und Anmerkungsteil geben.

Das Nachwort ist ein bißchen ausgedehnt. Doch wird hier die Absicht, dem noch nicht genug geschätzten Schriftsteller neue Freunde zu gewinnen, die Ursache sein. Das aber wünschen auch wir.

JOHANN GEORG HAMANNS HAUPTSCHRIFTEN ERKLÄRT

Herausgegeben von Fritz Blanke und Lothar Schreiner
Band 1: Die Hamann-Forschung, 1956, 184 Seiten,
Leinen 23,– DM
Band 7: Johann Georg Hamann «Golgatha und Scheblimini»,
erklärt von Lothar Schreiner, 1956,
176 Seiten, Leinen 22,– DM
C. Bertelsmann Verlag, Gütersloh

J. G. Hamann (1730–88), der Königsberger Weise, Freund und Antipode Kants und Herders Lehrer, erlebt wieder – zum wievielten Male wohl? – eine Renaissance. So scheint es jedenfalls, denn die langerwartete kritische Ausgabe der Schriften liegt,

1949 begonnen, vor, es erscheint eine vervollständigte Ausgabe der Briefe. Dazu sind zahlreiche deutende oder biographische Arbeiten getreten. In Wirklichkeit allerdings ist die Beschäftigung mit dem Werk und der Gestalt des «Magus in Norden» seit seinen Lebzeiten nie eigentlich unterbrochen gewesen.

Daß Hamann nur immer eine Domäne der «Stillen im Lande» zu bleiben bestimmt sei, ist zwar die landläufige Ansicht, wer sich indessen ernstlich mit dem seltsamen Aufklärer, wie ihn Ernst Bloch wohl genannt hat, beschäftigt, wird die Bedeutung, ja die Aktualität seiner Gedanken zu Sprache und Ethik, Naturrecht und Glaube, Geschichte und Gesellschaft erfahren. Freilich, Hamann ist ein schwieriger Autor, seine dem Umfang nach kleinen Schriften stecken voller Bezüge und Anspielungen; schon Lessing hat bemerkt, sie scheinen zu Prüfungen der Herren aufgesetzt zu sein, die sich für Polyhistores ausgeben.

Hier nun kommt das verdienstvolle Unternehmen des Bertelsmann-Verlages erwünscht. Es wird in 7 Bänden und 1 Registerband die Hauptschriften, von zuverlässigen Kennern erklärt, vorstellen und damit – so ist zu hoffen – den Weg zu besserem (und breiterem) Verständnis freimachen. Die Bände 1 und 7 liegen vor. Der Verlag kündigt für jedes Jahr zwei weitere Bände an.

Der erste Band nun behandelt Geschichte und Ergebnisse der Hamann-Forschung.

Nachdem Fritz Blanke in seiner Einführung die Absicht des Unternehmens klargestellt hat, gibt Karlfried Gründer eine umfassende, glänzend fundierte «Geschichte der Deutungen». Hier wird nach einer Editionsgeschichte dem Bild Hamanns, bei Goethe und Hegel beginnend, durch das 19. Jahrhundert bis zu Unger und Nadler mit einer Sorgfalt nachgegangen, die alles Lob verdient. Von besonderem Interesse dürfte die Behandlung von Hegels berühmter Hamann-Rezension von 1828 sein und die Darstellung von Hamanns Einfluß auf Kierkegaard. Den Band beschließt eine, von Lothar Schreiner erarbeitete Bibliographie, bei der, soweit ich es übersehe, nur die kleine, zwei Bogen starke Auswahl aus der «Aesthetica in nuce» und den «Biblischen Betrachtungen» in Meyers Groschen-Bibliothek der deutschen Classiker für alle Stände, 314. Bändchen, Hildburghausen o. J., der Aufsatz von Justus Finger in «Deutsches Volkstum» 18. Jahrgang, 8. Heft (1936) und eine mir nicht zu Gesicht gekommene Schrift, betitelt: «Weisheits-Sprüche und Witzreden aus J. G. Hamanns und Immanuel Kants sämtliche Schriften, mit einleitenden Charakteristiken beider Männer», Müller, Amberg 1828, von einem Thaddäus Anselm Rixner, übersehen zu sein scheinen.

Der 7. Band gibt eine Erläuterung von «Golgatha und Scheblimini», einer der drei großen Schriften aus Hamanns letztem Jahrzehnt. Ihr geht eine ausführliche und instruktive Einführung voraus. Hier ist allerdings ein kleines Versehen unterlaufen: Für die Aufnahme der Schrift im zeitgenössischen Königsberg wird «der Jubel des 68jährigen Superintendenten de Marees» angeführt, den Hill an Hamann berichtete. De Marees war aber tätig in Dessau. Dort hat ihn Hill aufgesucht, der sich auf seiner großen Wanderung befand; Hill erreichte Mitte Oktober 1784 Zürich, wovon Lavater nach Königsberg berichtet.

Das Werk, von Hegel als Hamanns wesentlichste Schrift verstanden, wird in dem von Nadler nach den erhaltenen Korrekturen und Zusätzen Hamanns hergestellten Text vollständig geboten und durchgehend kommentiert. Hier sind auch für die Kenner der Schrift überraschende Aufschlüsse zu gewinnen. Hervorgerufen durch Mendelsohns «Jerusalem», geht sie weit über den gegebenen Anlaß hinaus und wird immer das Interesse verdienen, das ihr nächst Herder und Hufeland vor allem Goethe im Brief an Frau von Stein unter dem 17. September 1784 zuwandte. Wir möchten dem so verheißungsvoll begonnenen Unternehmen zur Fortführung Glück wünschen und zu einer Aufnahme, die den allzulange ausschließlich als überwundenen Vorläufer Herders angesehenen, von den oberflächlichen Urteilen bei Gervinus, Hettner u. a. verzeichneten Magus endlich ins Licht rechten, begründeten Verständnisses stellen möge.

ROY DE CARAVA / LANGSTON HUGHES
HARLEM-STORY

Übersetzung: Paridam v. d. Knesebeck
100 Seiten, 130 Abbildungen, 1956,
Pappband cellophaniert 6,80 DM
Langewiesche-Brandt, Ebenhausen bei München

«Ich war immer mitten im Leben», sagt die Negergroßmutter, die in diesem Bildband von Harlem, dem Negerviertel New Yorks, erzählt. Sie zählt einfach auf, was am Tag geschieht, beobachtet an Kindern, Schwiegersöhnen, Enkeln, und man lernt ihren ganzen zahlreichen Anhang und dabei auch das Leben dieser schlichten, tapferen Frau kennen. Da ist Jerry mit seinen Kindern. Dort wird jeden Samstagabend mit Freunden und Nachbarn gefeiert. Und da ist der Tunichtgut Rodney, Omas Lieblingsenkel. Und: «Wir haben Leute, die Musik machen – andere, die Bilder malen oder Theater spielen – andere, die an der U-Bahn arbeiten, und den Schilder-Maler im Keller ...» Und weiter heißt es dann: «Ich bin stolz auf mich und meine Leute.»

Ein großartiger Band! Ein Negerfotograf hat ihn geschaffen. Der berühmte Negerdichter Langston Hughes schrieb den ergreifend schönen Text.

Ein guter Auftakt für eine zweisprachige Reihe des Verlages: «Die neue Edition», die bisher englische, russische, französische, italienische und spanische Texte (u. a. von Lesskow, Giraudoux, Conrad, Flaubert, Calderon) vorsieht.

PETER GAN
SCHACHMATT
(Neue Gedichte)
136 Seiten, 1956, Leinen, 11,50 DM
Atlantis-Verlag, Zürich/Freiburg

Peter Gan's Dichtungen haben seit dem Erscheinen des Bandes «Die Windrose» in den dreißiger Jahren eine große Zahl von Bewunderern gewonnen. Es ist wohl die innen und außen noble Helligkeit und Klarheit seiner Versgebilde, die Fähigkeit, leicht und elegant, dabei mit äußerster Präzision, zu formulieren, die Gan's Verse so unnachahmlich erscheinen läßt.

Der Dichter, seit langem in Paris heimisch, doch seiner norddeutschen Heimat spürbar verbunden, gehört inzwischen schon zur älteren Generation. Wüßte man es nicht, man könnte es schließen aus der sparsamer gewordenen Verwendung spielerischer, artistischer Elemente. Es ist deutlicher geworden, daß zur Ahnenreihe dieser Gedichte Lessing und Heine, aber auch Matthias Claudius gehören. Und es ist eine Wohltat, in unserer Literatur, die so oft – nicht nur von Rilke bis Weinheber – in der Gefahr räuchernden Tiefsinns stand, diesen klugen, überlegenen Künstler am Werk zu wissen.

Wo gibt es so bezaubernde lyrische Gebilde wie das Gedicht «Sprich, lieber Morgen, sprich ...», in dem ein so feiner Spannungsbogen geführt und ganz sicher gehalten wird auf den Schluß zu:

«Mit seinen Lauertatzen
schleicht rasendicht
die jüngste unserer Katzen
zum Epheu, wo die Spatzen
bereits geschäftig schwatzen,
und spielt blutdürstigen Mord;
vergißt nach kurzer Weile
ihr finstres Unterfangen,
fühlt sanfteres Verlangen
und läuft mit jäher Eile,
husch, vor sich selber fort.»

Wie leicht ist das gesagt! Wie bei aller Schlichtheit reich an Zwischentönen, an Farbe, Bewegung, Luft! Ein neuer Gan und eine neue, große, bleibende Freude!

GERHARD OBERLÄNDER
KRÄHLINDE, DIE AUFGEPLUSTERTE UND ANDERE KREATUREN

32 Seiten, 1956, Halbleinen 6,80 DM
Verlag Heinrich Ellermann, Hamburg

Dieses ungewöhnliche Bilderbuch muß man ein bißchen beschreiben, um seine Wirkung auf den Beschauer verständlich zu machen.

Auf dem Einband prangt auf blauem Grund Krählinde, die pechschwarze Krähe mit dem knallroten Schnabel. Ihr Name steht in gelber Schrift darüber, und man sieht dann außerdem ein Segelboot, bewimpelt und von Fischen umspielt. Krählinde, diesmal weiß – «bleich vor Angst», heißt es im Text –, klammert sich an den Mast. Und auf dem Vorsatz ist dann in Wort und Bild vorgestellt, was im Buch außer Krählinde noch auftreten wird. Und nun, nach einem reizvollen Titelblatt, die Geschichte: In einem Spielzeugschrank ... Ja, Krählinde und die anderen «Kreaturen» (ein unglücklicher Ausdruck für ein Kinderbuch!) sind vier Stofftiere und ein Nußknacker. Und von ihren Träumen handeln die Geschichten. Krählinde macht eine Seereise, Negerpuppe Sambino fährt mit dem Blechauto durch die Stadt, die Plüschgiraffe Gigine fliegt zu den richtigen Giraffen nach Afrika (im Flugzeug), der grämliche Nußknacker Schnipp-Schnapp will den immer lustigen Kasper beißen; es geht aber nicht. Und die Maus Fernando fliegt mit dem Drachen zu den Himmelsmäusen, die alle rote Himmelsliederbücher haben. Der Drachen ergreift bei diesem Anblick die Flucht.

Das ist alles, und es wäre nicht sehr viel, wenn die Bilder nicht wären! Der Text bietet kaum mehr als die Stichworte für den Zeichner, der hier mit Feder, Pinsel und Schere ganz prächtig farbenreiche und natürlich ziemlich raffinierte Bilder gestaltete. Da gibt es Doppelblätter, die von allen guten Geistern moderner Malerei belebt sind, und unbekümmerte Anschnitte und allerhand Künste mit der weißen Fläche.

Und dann ruft man seine Kinder, 4 bis 6 Jahre, und die finden das Buch großartig und schön und ganz deutlich und übersichtlich. Bei den Geschichten genügt der Text, der kurz, aber einfach ist, kaum. Es bleibt einiges zu erklären, manches anders zu formulieren. Es könnte leicht einfacher und wirkungsvoller gemacht werden.

Ein prächtiges Buch ist es aber trotzdem. Man muß dem für seinen Mut schon rühmlich bekannten Verlag dankbar sein, wenn man die anscheinend unsterblichen Bilderbücher im Seifenreklamestil in den Papier- und Spielzeugläden sieht.

GÜNTHER GRASS
DIE VORZÜGE DER WINDHÜHNER

64 Seiten, 9 Federzeichnungen, 1956, broschiert 4,80 DM
Hermann Luchterhand Verlag, Neuwied

1927 geboren, Bildhauer, Graphiker, Schriftsteller, Schüler Karl Hartungs – das verrät der Klappentext über den Autor, der sein Bändchen auch mit eigenen Zeichnungen ausstattete.

Zweifellos sind diese Gedichte, eine erste Veröffentlichung, interessant, weil hier auf eine gewisse, in den letzten Jahren in der Lyrik Westdeutschlands erfolgreich gewordene, ein wenig parfümierte, unverbindliche Melodik verzichtet wird. Grass setzt seine Bilder recht hart ein. Freilich scheint mir das einstweilen doch weniger auf Konzentration zu deuten, als auf eine vorhandene «kunstgewerbliche» Neigung, – ein Spiel, dem sich die Sprache nicht sehr gefügig zeigt.

Auf jeden Fall ist Grass aber eine Begabung, auf die man achten sollte. Ein Gedicht wie «Vogelflug» ist entschieden mehr als ein Versprechen. Er wird sich noch wandeln, das steht in den Gedichten, deutlicher noch in den vier Seiten Prosa «Fünf Vögel» und in den Zeichnungen, die entfernt einiges von Gromaire haben.

GÉRARD DE NERVAL
TÖCHTER DER FLAMME

(Das ausgewählte Werk)
429 Seiten Dünndruck, 1953, Leinen 14,– DM
Verlagsanstalt Hermann Klemm, Freiburg

Nerval, von seinen Zeitgenossen Baudelaire und Gautier hoch gerühmt, Freund Heines, von Goethe für die Übersetzung des Faust I mit höchster Anerkennung bedacht («Ich habe mich niemals so gut verstanden wie beim Lesen Ihrer Übertragung»), ist noch heute weithin nicht mehr als ein Name. Zwar nennen ihn Symbolismus und Surrealismus als einen ihrer Vorläufer, es gibt eine kritische Werkausgabe, mehrere deutsche Teilübertragungen und zahlreiche Arbeiten über ihn, – sein an Umfang nur schmales Werk aber sucht noch immer den Widerhall, der ihm ohne jeden Zweifel gebührt. Nerval, der 1855 seinem von Krankheit überschatteten Leben ein Ende setzte, ist einer der geheimnisvollen Großen, mit denen das Frankreich des 19. Jahrhunderts uns beschenkt hat.

Die vorliegende reiche Auswahl vereinigt Reiseschilderungen, Erinnerungen, Erzählungen und Gedichte (Die «Chimères» von 1854 u. a.) und gibt mit der unterrichtenden Einleitung G. M. Daibers eine Ausgabe von wesenhafter Vollständigkeit. Der vorzügliche Ernst Sander hat die Prosa übersetzt, als Nachdichter der auch im Original gegebenen Gedichte finden wir, neben Daiber, Felix Braun, Max Riegler, Wilhelm Hausenstein u. a.

Der gefällige Band wird jedem empfohlen, der sich mit dem

Dichter beschäftigen möchte, einem Dichter übrigens, der von Jean Paul, Novalis, E. T. A. Hoffmann starke Anregungen empfangen hat.

MARC CHAGALL
ARABISCHE NÄCHTE
26 Lithographien zu 1001 Nacht
48 Seiten, 1956, Pappband 3,50 DM
R. Piper & Co. Verlag, München

Marc Chagall, der heute fast siebzigjährige französische Maler russischer Herkunft, gehört zu den größten Künstlern unseres Jahrhunderts. Sein umfangreiches Werk wird gespeist von der Kraft des Chassidentums, in dessen Umkreis er aufwuchs und dessen Legendengestalten immer wieder in seinen Bildern auftauchen, von der Erinnerung an die östliche Heimat und der Liebe zu seiner Wahlheimat (vor allem zu Paris). Es umfaßt Gemälde, Wandbilder, Theaterdekorationen, in den letzten Jahren auch Keramiken und eine große Zahl graphischer Arbeiten.

Aus der Reihe der graphischen Illustrationsfolgen, unter anderem zu Gogols «Toten Seelen», zu La Fontaines «Fabeln» und zur Bibel, bringt das ausgezeichnet gedruckte Bändchen 26 Lithographien (davon 13 farbig) zu Geschichten aus 1001 Nacht. Hier bewährt sich die unerschöpfliche Phantasie des großen Märchen- und Legendenerzählers mit wahrhaft orientalischer Pracht. Die komplizierte, den Zufall als Anreger der Erfindungskraft wirksam machende Technik des Farblithos hat hier Blätter entstehen lassen, die in ihrer Poesie beispiellos sind. Den Reiz der übereinandergelegten Farben wird natürlich nur das Original wiedergeben können. Dennoch bietet das Büchlein einen überwältigenden Eindruck von der märchenhaften Farbenwelt dieser Blätter.

Ich gestehe, daß ich eine besondere Liebe für diesen Maler hege, dessen Bilder so oft weltabgekehrt scheinen und doch von so tiefer, erlebter Menschlichkeit sind – ohne Verbitterung, obwohl den Juden Chagall das Leid seines Volkes bis ins Herz getroffen hat (wie viele seiner Bilder aus den dreißiger und vierziger Jahren zeigen). Ich glaube aber, daß sein Werk das meiste der Kunst unseres Jahrhunderts überdauern wird – und daß es heute schon in seiner Tiefe aufgefaßt werden kann, daß es sich nicht an ein vorgebildetes Publikum wendet, sondern allen erreichbar, volkstümlich im echten Sinne ist. Die beigegebene Einführung von Kurt Moldovan enthält dankenswerte Erläuterungen zur Farblithographie und ist für Chagalls spezielles Verhältnis zu dieser Technik aufschlußreich.

NIKOLAI LESSKOW
HERREN UND KNECHTE

Russisch und deutsch: Übersetzung Johannes v. Günther
162 Seiten, 1956, Pappband cellophaniert 4,80 DM
Edition Langewiesche-Brandt,
Ebenhausen bei München

In seiner zweisprachigen Reihe bringt der Verlag hier zwei Erzählungen Lesskows, den man den russischsten unter den großen russischen Erzählern des 19. Jahrhunderts genannt hat. Der in Jahrzehnten rühmlich bewährte Übersetzer hat sie mit bewundernswerter Treue in ein ausgezeichnet zu lesendes Deutsch gebracht. Originaltext und Übersetzung stehen sich gegenüber, und so ist – selbst bei lückenhafter Kenntnis der Sprache – Gelegenheit geboten, der in ihrer Einfachheit großartigen Sprachführung des Originals nachzugehen. Ein leider seltener Genuß, für den man dem Verlag dankbar sein sollte.

Der Inhalt beider Erzählungen ist durch den Titel des Bändchens angedeutet. In beiden werden Vertreter des Landadels, Gutsbesitzer, ihren Leibeigenen gegenübergestellt. Aber während im «Toupetkünstler» – in einem weit über Raabe hinausgehenden tragischen Humor – die gnadenlose Grausamkeit einer gesellschaftlichen Formation vor Augen gestellt wird, endet die zweite Erzählung, «Das Tier», in einer, freilich utopisch anmutenden, versöhnlichen Wendung: der in seinen schrecklichen Grundsätzen erstarrte Gutsherr wird durch einen leibeigenen Bärenwärter zur Menschlichkeit «bekehrt».

Beide Erzählungen gehören zu den schönsten – «Das Tier» (1883) auch zu den bekanntesten – in der langen Reihe der Meistererzählungen Lesskows. Beide spielen überdies in der engeren Heimat des Dichters, im Gebiet von Orel.

ALBERT CAMUS
DER FALL (LA CHUTE)

Roman
Ins Deutsche übertragen von Guido Meister
156 Seiten, 1957, Ganzleinen 9,50 DM
Rowohlt-Verlag, Hamburg

Ein seltsames, ein unbequemes Buch ist dieser neue Roman des vielgenannten französischen Autors. Daß man es nicht mehr aus der Hand legt, wenn man die ersten zwei, drei Seiten gelesen hat, liegt nicht einfach an der Faszinationskraft einer ungewöhnlichen literarischen Form, die einen einzigen, immer wieder fortgeführten Monolog zu einem erregenden, geradezu spannenden Roman gestaltet.

Der Erzähler, Johannes Klamans, ständiger Spelunkenbesucher des Amsterdamer Hafenviertels, war ehemals ein bekannter Pariser Anwalt, ein in jeder Beziehung erfolgreicher Mann, wohltätig, zuvorkommend, vielgereist usw. Jetzt hat er nichts anderes im Sinn, als anderen Kneipenbesuchern – diesmal, wie sich herausstellt, einem Pariser Kollegen – das eigene, durch Jahre glänzend verlaufene Leben als einzig von Eigenliebe, von Verachtung der anderen Menschen bestimmt vorzustellen: damit zu erreichen, daß der Gesprächspartner schließlich sich selber als schuldbeladen erkennt.

Eine Desillusionierung des anständigen Menschen also, wenn man so will, aber doch wohl einiges mehr. Fragen an den Leser, deren untergründiger Humor, deren Sarkasmus und blitzende Formulierung den Ernst der erhobenen Zweifel unausweichlich erscheinen lassen. Camus ist ein Moralist, aber einer, der wie seine berühmten französischen Vorgänger sein Anliegen mit ungewöhnlicher Kunst vorträgt.

Nebenbei: die Übersetzung ist vorzüglich. Und das Buch zeigt sich auch äußerlich, in Papier, Druck, Einband und Umschlag als eine Meisterleistung.

HERMANN ERPF
NEUE WEGE DER MUSIKERZIEHUNG

120 Seiten, 1953, Ganzleinen 4,80 DM
Verlag Curt E. Schwab, Stuttgart

Die begrüßenswerte Schrift des seit den zwanziger Jahren als Komponist und Theoretiker bekannten Verfassers gibt auf 120 Seiten eine klare Darstellung des Verhältnisses von Gesellschaft und Musik und leitet daraus eine Reihe wesentlicher Forderungen und Vorschläge für die Praxis ab, die auf eine Intensivierung der Beziehungen zur Musik abzielen. Nachdem Erpf zunächst festgestellt hat, daß es eine Unabhängigkeit von der Musik nicht gibt, kennzeichnet er die Stufen des Musikerlebnisses. Wenn er als verbreitetste Form der Aufnahme das elementar-ästhetische Erlebnis – als unterste ästhetische Stufe – bezeichnet, ist damit nicht das Ausdruckserlebnis gemeint. Ja, derVerfasser betont, daß der Versuch, sich der emotionellen Dynamik eines Kunstwerks zu entziehen, ein Vorbeihören an der Musik bedeutet. Im folgenden Kapitel wird nun die Musik als Lebensbegleiterin gezeigt, wobei die Entwicklungsstufen vom Kleinkind bis zum reifen Menschen in enge Verbindung mit der praktischen Musikausübung gebracht werden. Dabei tritt der Verfasser nachdrücklich für das Laienmusizieren ein. Im weiteren beleuchtet er Fragen des Musikerberufs, wobei er sich gegen eingeengte fachliche Spezialisierung wendet und den sogenannten Universalismus der Hochschule als eine Lebensfrage für die Musik als Kunst nachweist. Das Schlußkapitel «Musik und Gemeinschaft» vertritt gegen die häufigen Argumente der «rettungslosen Vereinzelung» die gemeinschaftsbildende Kraft der Musik. Erpf, der sich an dieser Stelle auch gegen Überhitzungen in der Wiedergabe musikalischer Werke wendet, formuliert als Resultat seiner Überlegungen Ansprüche an die Gesellschaft, die Möglichkeiten musischer Erziehung zu sichern. Das Wertvollste an der anregenden Schrift scheint mir zu sein, daß die Musik in ihrer zentralen Funktion im menschlichen Leben überzeugend nachgewiesen wird.

JAROSLAV HAŠEK
DIE ABENTEUER
DES BRAVEN SOLDATEN SCHWEJK

Eingeleitet von Alfred Polgar
508 Seiten, 1956, Leinen 7,80 DM
Verlag Kiepenheuer & Witsch, Köln

Der brave Soldat Schwejk ist heute schon eine legendäre Gestalt, an deren Unsterblichkeit so wenig zu zweifeln ist, wie an der des Don Quichote und des Eulenspiegel. Sein Schöpfer Jaroslav Hašek, der sein Werk seinerzeit in Einzelheften herausgebracht hatte, lebte in Prag. In seinem Buch «Marktplatz der Sensationen» zeichnet Kisch ein lebendiges Bild dieses genialen Volksdichters, der sich als Journalist durchschlug und 1923 mit vierzig Jahren allzu früh starb.

Schwejk, der brave Soldat, dieser unerschöpfliche Geschichtenerzähler, der mit seiner Sanftmut und Gutwilligkeit, mit seiner

Methode, jedem Befehl, jeder Anordnung die wörtlichste Auslegung zu geben, Vorgesetzte und Behörden zur Weißglut, ja zur Verzweiflung bringt, wird gewöhnlich als der «ewige kleine Mann» mit seinem Privatkrieg verstanden. Daß er für Hašek aus dem nationalen Haß des Tschechenvolkes gegen die Donaumonarchie erwuchs, steht jedoch außer Frage. Die Bearbeiter der vorliegenden Ausgabe haben – wohl in dem Bestreben, die oft uferlos wuchernde Redelust des braven Soldaten Schwejk zu dämmen und damit eine übersichtlichere, leicht lesbare Fassung zu gewinnen, – eine erhebliche Anzahl von Streichungen und Straffungen vorgenommen. Jedenfalls zeigt das der Vergleich mit einer früher erschienenen Ausgabe. Dabei sind leider auch so schöne Partien wie z. B. die Offiziersbesprechung bei Oberst Schröder und die ausführlichen Charakterisierungen des Feldkuraten Katz und des Leutnants Dub weggefallen, mit den entsprechenden Bildern Ladas. Das muß man bedauern, zumal damit auch einiges von Hašeks Anliegen undeutlich wird, wenn z. B. aus «bürokratischen Raubtieren» schlicht «Herren auf der Polizeidirektion» werden. Natürlich bleibt dieses Buch ein unerschöpfliches Labsal. Den hübschen Einleitungstext Polgars liest man gern. Statt des beigegebenen Vorwortes hätte man allerdings lieber Hašeks eigenen Epilog zum I. Teil gefunden, doch soll man die erstmalig einbändige Ausgabe des Kölner Verlages dankbar begrüßen. Sie ist handlich, im Druckbild angenehm und vor allem als Sonderausgabe in der Reihe «Die Bücher der Neunzehn» durchaus erschwinglich.

HANS HENNY JAHNN
DIE NACHT AUS BLEI
Die Mainzer Reihe, Band 2
118 Seiten, 1956, Pappband 4,50 DM
Christian Wegner Verlag, Hamburg

Hans Henny Jahnn ist mit seiner Tragödie «Thomas Chatterton» gegenwärtig so etwas wie eine literarische Sensation. Er war es schon einmal mit den Schauspielen der zwanziger Jahre, dem «Pastor Ephraim Magnus» etwa und der «Medea». So bedeutend der Dramatiker Jahnn sein mag, ungleich wichtiger ist der Romancier. Seit «Perrudja» (1930) und der 1952 beendeten Trilogie «Fluß ohne Ufer» gehört er zu den großen Erzählern unserer Literatur. Was der Surrealismus nach 1945 an Ergebnissen erbrachte, findet sich anderthalb Jahrzehnte früher bei ihm, aber das ist nicht das Wesentliche. Bleiben wird, daß dieser Dichter mit der äußersten Schonungslosigkeit den Menschen unserer Zeit mit sich selber konfrontiert hat, mit seinem vorgefaßten Bild wie mit seinem Existenzgrund.

Der vorliegende Roman, dessen Handlung in wenigen Sätzen erzählt werden kann – ein Mann gerät in eine nächtliche, offenbar schlafende Stadt, begegnet zweien ihrer Bewohner, aufgeschminkten körperlosen («schwarzen») Wesen, und findet dann einen Jungen, sein eigenes Ebenbild: sich selber, wie er vor Jahren war –, bietet dennoch ein atemloses Geschehen von grandioser Eindringlichkeit, das den Leser nicht mehr loslassen wird. Das Schicksal des Mannes Matthieu erfüllt sich in der Begegnung mit sich selber, ausweglos. In dieser Konsequenz liegt das Anliegen Jahnns, lag es schon immer. Man möchte aber meinen, daß es hier mit aller Knappheit und Deutlichkeit gestaltet wurde. Insofern kann dieser neue Roman den Zugang zu der faszinierenden, bilder- und bedeutungsreichen Welt des Dichters erleichtern. Man sollte die Besucher der «Chatterton»-Aufführungen hüben und drüben darauf hinweisen.

IPPOLITO NIEVO
PISANA ODER DIE BEKENNTNISSE EINES ACHTZIGJÄHRIGEN

Aus dem Italienischen von Charlotte Birnbaum
972 Seiten, Leinen 19,80 DM
Suhrkamp Verlag, Frankfurt am Main

Die Herausgabe dieses großartigen Romans kommt einer Entdeckung gleich. Das Buch wird sich – wenn nicht alles täuscht – schlagartig einen festen Platz in Deutschland erobern. Es ist ein Geschenk, das noch bedeutender wird, weil es völlig unvermutet kommt. Zwar hat Isolde Kurz vor Jahrzehnten Teile daraus übersetzt, für Paul Heyses Sammlung «Italienische Novellisten», aber erst mit dieser vollständigen, übrigens ausgezeichneten Übersetzung tritt Nievo wirklich ins Bewußtsein des deutschen Lesers.

Nievo schrieb das Werk als Siebenundzwanzigjähriger in wenigen Monaten nieder. Drei Jahre später (1861) kam er bei einem Schiffbruch ums Leben. Er hat unter Garibaldi gekämpft, und das mitreißende Feuer überströmender nationaler Hoffnungen gibt seinem Buch den herrlich jugendlichen Atem. Der Leser wird den manchmal fast zu unbedenklich breit daherflutenden Schilderungen dieses geborenen Erzählers mit nicht nachlassender Freude folgen. Und er wird reich belohnt sein. Denn diese «Confessioni» unternehmen es, in einer weitgespannten historischen Schilderung – dem Untergang der Republik Venedig im Ansturm der Napoleonischen Heere und den ganz Italien ergreifenden Erschütterungen – die Geschichte einer ein ganzes Leben erfüllenden Liebe zu gestalten: der Liebe des in gedrückten Verhältnissen heranwachsenden jungen Adligen Carlino Altoviti zu Pisana, deren Name der deutschen Ausgabe des Romans mit Recht den Titel gibt.

Diese Pisana, Grafentochter, einem Milieu entstammend, das uns Cervantes nicht hätte eindringlicher malen können, ist eine der interessantesten Frauengestalten der Weltliteratur. Unberechenbar, kindhaft naiv und von äußerstem Raffinement zugleich, derb und kapriziös, unbegreiflich in den Ausbrüchen ihres Temperaments wie in der Ursprünglichkeit des naturnahen Landkindes – so weiß sie der Dichter mit immer neuen Zügen darzustellen, ohne daß ihm je die Gestalt zur Studie, zu einem Modell geriete. Sie ist ganz Leben, wie dieses Buch überhaupt, und so völlig italienisch wie etwa Manzonis «Verlobte». Hinreißend, wie sich das Italien der ersten Jahrzehnte des vorigen Jahrhunderts in Gestalten und Handlungen, historischen und erdichteten, sichtbar zeigt, mit jenen komödienhaften Zügen auch, die den Niedergang einer ausgelebten Ordnung begleiten.

Ein großer Gewinn ist dieses Buch, für den man nicht viele Vergleiche finden wird, ein Geschenk, das dankbar begrüßt sein soll.

HANS WILHELM SMOLIK
WANDERN MIT OFFENEN AUGEN
Reihe: Praktische Ratgeber
475 Seiten, 1957, Leinen 9,80 DM
C. Bertelsmann Verlag, Gütersloh

Ein so rundherum in Text, Bebilderung, Format usw. wohlgelungenes Werk wie dieses, das einfach alle zumutbaren Wünsche erfüllt, ist auch im Zeitalter der Hand- und Taschenbücher selten. Es gehören schon die reichen Erfahrungen, die souveränen Kenntnisse, aber auch das schriftstellerische Können eines Autors vom Range Smoliks dazu, der ja den Lesern in Ost und West bekannt sein dürfte. Das Buch hat nichts geringeres vor, als in der handlichsten Form eines stets zuverlässigen und stets bereiten Nachschlagebuches und Ratgebers ein umfassendes Bild der Natur unserer Heimat zu geben. Es ist daher zweckmäßigerweise nach den Lebensstätten und natürlichen Lebensgemeinschaften – z. B. Feldweg und Straßenrand, Wiese im Flachland, Felder, Quelle und Bach, Fluß und Strom, Teich und Tümpel, Buchenwald im Mittelgebirge, Hochgebirge, Heide, Moor, Küste, Park usw. – gegliedert worden, in denen neben Pflanzen- und Tierwelt auch ausdrücklich vom Wirken des Menschen berichtet wird, von Holzwirtschaft, Fischerei, Weinbau, Viehzucht, Deichen, Kleingärten usw. Eine Einleitung von rund 50 Seiten behandelt die «Werkstatt der Natur», Erdgeschichte, Luft und Wasser, den bestirnten Himmel, während ein ebenso ausführliches Schlußkapitel die «Gesetze des Lebens» darstellt und auch praktische Ratschläge für den Wanderer bereithält.

Das ist ein Reichtum, den nur ein ausgezeichneter Schriftsteller so übersichtlich und immer interessant und anregend zu vermitteln vermochte. Ich habe schmökernd angefangen, auf lauter Bekanntes gefaßt, und habe dann doch, von der lebendigen Darstellung gepackt, von Anfang bis Schluß gelesen. Nun geht das Buch in der Familie herum. Zu diesem Reichtum gesellt sich eine Bebilderung aus Farbtafeln, Fotos, Textzeichnungen, Holzschnitten, die in dieser Fülle, Präzision und künstlerischen Qualität vorbildlich genannt werden muß. Übersichtlicher Satz, Papier, Einband, das mit hundert Stichproben erprobte Register – es ist wirklich auch eine verlegerische Leistung, dieses Hand- und Hausbuch. Man wird einfach nicht mehr darauf verzichten können.

FRANK ELGAR / ROBERT MAILLARD
PICASSO

316 Seiten, 320 Abbildungen, 1956, Leinen 11,80 DM
Droemersche Verlagsanstalt,
Th. Knaur Nachf., München

Freunde der Kunst schätzen es gewöhnlich nicht, wenn Kunstwerke Sensationen hervorrufen, weil daraus Verabsolutierungen zu resultieren pflegen oder Ressentiments, die einer gerechten Einschätzung der Absichten des betreffenden Künstlers lange und manchmal für immer im Wege stehen. Diese Gefahr besteht für den wohl am leidenschaftlichsten umstrittenen Künstler unseres

Jahrhunderts, den gebürtigen Spanier Pablo Picasso, in besonderem Maße, weil sein Lebenswerk von den unterschiedlichsten Impulsen betroffen zu sein scheint. Man pflegt eine ganze Anzahl von Schaffensperioden zu unterscheiden und sich eine von ihnen, die klassizistische, die kubistische oder die deutlicher sozialkritische «blaue», als verbindlich herauszusuchen.

Das vorliegende Werk nun verdient vor den zahlreichen Veröffentlichungen über den großen Maler insofern den Vorzug, als es den «Gesamtkomplex Picasso» möglichst umfassend darzustellen unternimmt. In ausführlichen, gründlich unterrichteten Texten wird das künstlerische Werk und parallel laufend das Leben des Malers in seinen vielfältigen Stationen – übrigens in durchaus allgemeinverständlicher Sprache – sichtbar gemacht, an Hand von 320 meist farbigen Reproduktionen. Und es zeigt sich, daß der große Experimentator, der Entdecker künstlerischer (und malerischer) Grunderkenntnisse, eine überwältigende Folgerichtigkeit der Entwicklung repräsentiert. «Ich kann mit Stolz sagen, daß ich die Malerei nie als Kunst zum eigenen Vergnügen oder als Zeitvertreib angesehen habe; ich habe mit Zeichenstift und Farbe, meinen Waffen, immer tiefer eindringen wollen in die Erkenntnis der Welt und der Menschen, damit uns diese Erkenntnis täglich freier mache», äußert er 1944 nach der Ausstellung seiner Werke, die zu den ersten Taten des befreiten Paris gehörte.

Diese von schockierenden Wirkungen einzelner Werke immer wieder verdeckte Einheit in Leben und Werk Picassos vermag das schöne Buch überzeugend klarzustellen. Der Leser wird vielleicht in dieser oder jener Hinsicht zu einer anderen Einschätzung gelangen. Aber das ist angesichts des dargebotenen Reichtums wohl unvermeidlich. Auf jeden Fall sollte das vorzüglich gedruckte und außerordentlich preiswerte Buch, an dessen Entstehen Picasso selber Anteil genommen hat, in ganz Deutschland weiteste Verbreitung finden.

FRANZ MOLNÁR
DIE JUNGEN DER PAULSTRASSE

Aus dem Ungarischen von Edmund Alkalay
Illustriert von Kurt Schmischke
208 Seiten, Halbleinen 5,80 DM
Cecilie Dressler Verlag, Berlin

Ein klassisches Jugendbuch ist diese vor Jahrzehnten geschriebene, in viele Sprachen übersetzte und immer wieder die Zwölfjährigen wie die Erwachsenen erobernde Jungengeschichte des einst viel gespielten Autors.

Um einen Holzplatz geht es, den die Jungen der Paulstraße beherrschen, und den sie gegen die Eroberungsabsichten der «Inselleute», einer anderen Jungengruppe, verteidigen müssen. Da gibt es nun alle jene begeisternden Dinge wie nächtliche Erkundungszüge, Verfolgungen, große Heldentaten, aber auch Verrat und Hinterlist. Und dann kommt es zur Entscheidungsschlacht, die in eine allgemeine Versöhnung mündet, und die alle die prächtigen Eigenschaften der Jungen beider «Heere» offenbar macht.

Es ist ein tragisches Ereignis, der Tod eines Jungen, das den Anlaß zu der großen Versöhnung bietet. Und hier muß die bewunderswerte Kunst Molnárs betont werden, der in die turbulenten Ereignisse hinein jenen Jungen, den schwächlichen, kleinen Nemecsek, stellt, der von allen nicht für voll genommen, der wirkliche Held des Buches wird, der sich immer neu überwinden muß, tapfer zu sein, und der dafür alle Kräfte aufbietet. Eine der unvergeßlichsten Gestalten der Jugendliteratur überhaupt. Ein echtes, herzbewegendes Jugendbuch, das man für seine Kinder bereithalten muß, weil es ganz wahrhaftig ist, ohne jede tränenselige Gefühligkeit. Ein echtes Stück Literatur überdies, in einer wohlgelungenen Übersetzung. Jeder sollte es kennen.

PAUL ALVERDES
SIEBENSOHN
Mit bunten Bildern von Beatrice Braun-Fock
32 Seiten, 1956, Halbleinen 6,80 DM
Herold-Verlag, Stuttgart

Diese Märchenerzählung zum Vorlesen und für Leser bis zu zehn Jahren darf man schon heute dem klassischen Bestand unserer Literatur zurechnen. Sie erzählt von sieben Brüdern, den «sieben Singerlein», die zuerst acht an der Zahl waren (vier Zwillingspaare), von denen aber einer in den Brunnen fiel, so daß der übriggebliebene Zwillingsbruder – eben Siebensohn – ohne sein Brüderlein auskommen soll. Darüber ist er ganz traurig und gleichgültig gegen alles geworden, kann nicht mehr schön singen wie die anderen Brüder, – bis er vom Mann im Mond erfährt, wo sein Bruder ist: bei den Wassergeistern nämlich, und nun mit allen Brüdern gemeinsam die Herausgabe des achten Singerleins erwirkt. Und dann sind sie alle wieder glücklich und machen Mensch und Tier nur Freude.

Mehr soll man vom Inhalt nicht sagen, denn es ist nicht möglich, ihn so kaltsinnig abzuziehen, wenn es sich um eine Geschichte von solcher Schönheit und künstlerischen Vollendung handelt. Hier sind alle guten Kräfte der deutschen Sprache, von Claudius her, über Hebel und die Grimms bis zu Storm, lebendig. Ein großer Sprachmeister ist am Werk, der auf jede Manieriertheit des «Märchentons» verzichten kann und eine letzte Einfachheit und Anschaulichkeit erreicht. Was hier in der Versinnlichung von Atmosphäre, Farben, Duft geschieht, ist auch – über die vorzügliche Prosaleistung hinaus – dem kindlichen Aufnahmevermögen so angepaßt, daß dieser «Siebensohn» in allen Häusern heimisch sein sollte, in denen Kinder aufwachsen.

MIRIAM SCHLEIN
UMI WIRD JÄGER

Ins Deutsche übertragen von Monika Uellenberg
Einband und Illustrationen von Lieselotte Einsdorf
80 Seiten, 1956, Pappband cellophaniert 4,80 DM
Georg Lentz Verlag, München

In farbenprächtigem Einband, auf festem Papier sorgfältig gedruckt, präsentiert sich die aus dem Amerikanischen übersetzte schöne Geschichte vom Eskimojungen Umi, die sicher zu den wertvollsten Büchern für die jüngeren Leser gehört, die in den letzten Jahren in Deutschland erschienen sind.

Umi ist ein tüchtiger Junge, der schon dies und jenes Nützliche tun kann, beim Fischfang helfen, Vögel schießen und den Erwachsenen zur Hand gehen. Aber er kann es nicht erwarten, ein richtiger Jäger zu werden, mit dem Vater und den anderen Männern hinauszuziehen. So nimmt er jede Gelegenheit wahr, seinen Mut, seine Entschlußkraft und Ausdauer zu üben, zu festigen. Seine Kräfte nehmen zu, er wird größer, und eines Tages ist er dann ein Jäger, der mit auf Robbenfang geht und mit dem Vater die Verantwortung für die Familie trägt.

In einfachen Sätzen wird diese ganz lebensechte, drängende, Kinder zutiefst beteiligende Entwicklung Umis erzählt, die sich den ganzen Umkreis des Eskimolebens erobert und ihn damit dem kleinen Leser eindringlich nahe bringt. Kinder wollen auf rechte Weise belehrt sein. Hier ist das beispielhaft getan. – Das Buch sollte zum festen Bestand der Kinderliteratur werden.

HANS BAUMANN
DIE HÖHLEN DER GROSSEN JÄGER
110 Seiten, Halbleinen 5,20 DM
Verlag Ensslin & Laiblin, Reutlingen

Baumann, der uns in den letzten Jahren eine ganze Reihe großartiger Jugendbücher geschenkt hat, nimmt sich mit dieser, bereits im 31. Tausend vorliegenden Erzählung eines Themas an, das schon von sich aus mit weitverbreitetem Interesse rechnen darf: der Entdeckung eiszeitlicher Kunstwerke.

Baumann hat die Höhlen in Spanien und Frankreich besucht – das merkt man seinem Buch allenthalben an – und hier die Entdeckungsgeschichte der berühmten Höhle von Lascaux geschildert, mit jenem glücklichen Griff und der Frische und Anschaulichkeit, die diesen Erzähler auszeichnen.

Eine richtige Jungengeschichte ist daraus geworden, herzlich und flott, in der sich Spannung und Vermittlung zuverlässiger Kenntnisse stets die Waage halten, mit jenem Schuß Unbekümmertheit in der Erzählweise, ohne den die Jugendliteratur vertrocknet. Vier Jungen und ein Hund – das sind die Entdecker. 1940 ist es geschehen in der Gegend von Montigny. Zahlreiche Textillustrationen geben einen Eindruck von der überwältigenden Großartigkeit der gefundenen Bildwerke, die vielleicht durch 20 000 Jahre kein Mensch zu Gesicht bekommen hatte. Eine herrliche Gelegenheit, den Rätseln urzeitlicher Lebensformen nachzugehen, die Baumann klug und umsichtig nutzt. Zwölfjährige werden begeistert sein, und nach oben gibt es keine Grenze; das hat echte Jugendliteratur so an sich.

JOSEPH VON EICHENDORFF
WERKE IN EINEM BAND

Herausgegeben von Wolfdietrich Rasch
1590 Seiten, 1957, Leinen 19,80
Carl Hanser Verlag, München

Es ist gerade 100 Jahre her, daß Eichendorff in Neiße starb. Über ein paar verstreute Gedenkartikel ist es bei diesem Anlaß nicht hinausgekommen. Um so erwünschter ist die sehr schöne Neuausgabe der Werke des Dichters, mit der der Verlag seine vorbildliche Klassikerreihe bereichert.

Wie schön ist sie geraten! Von der klugen Zusammenstellung, die alles nur Wünschbare vereinigt, dem Nachwort, den Lebensdaten bis zum Papier, Druck, dem hellgrauen Leineneinband mit sparsamem Gold und grünem Rückenschild. Ja, so muß man Eichendorff herausbringen, diesen Erzpoeten, der zum echtesten Besitz seines Volkes gehört – mit Erzählungen, wie dem «Taugenichts», dem «Marmorbild» oder «Schloß Dürande», und vor allem mit den Gedichten, von denen viele zum Allerbekanntesten gehören, ja zu Volksliedern geworden sind. Was ist das für ein Reichtum!

Prof. Wolfdietrich Rasch, der die Herausgabe betreute, stellt in zwei Abteilungen die Gedichte an den Anfang des Bandes. Zunächst Eichendorffs eigene Zusammenstellung von 1841 in der originalen Reihenfolge und dann die verstreuten oder zu Lebzeiten des Dichters ungedruckt gebliebenen. Damit vereinigt der Band sämtliche Gedichte und ermöglicht trotzdem einen Eindruck von Eichendorffs eigener Absicht. Anzumerken: daß sich in der Abteilung der verstreuten oder ungedruckten Gedichte einige der schönsten Perlen befinden. Den Gedichten folgt – nach der Verserzählung «Robert und Guiscard» und dem noch manchmal gespielten Stück «Die Freier» – der Roman «Ahnung und Gegenwart» und die umfangreiche Erzählung «Dichter und ihre Gesellen». Und ihnen schließt sich die Reihe der prächtigen Erzählungen an, – makellose Prosa, die man immer wieder einmal lesen sollte. Teile aus autobiographischen Schriften schließen den Band ab, der damit, bis auf ein paar Verserzählungen der Spätzeit, frühe Schauspiele und theoretische Schriften etc., das gesamte Werk des Dichters vereinigt.

Eichendorffs schon bei Lebzeiten umstrittene Stellung zu seiner Zeit hat bis heute ihre Problematik. Seine Befangenheit in aristokratischen und auch in klerikalen Vorstellungen, sein Unverständnis für die heraufkommenden Kräfte in seinem Jahrhundert sind nicht zu übersehen. Aber dieser echte Romantiker war durchaus kein verstiegener Melancholiker, der einer versunkenen Zeit nachtrauerte. Er hat seinen Standesgenossen ernstliche Mahnworte zugerufen, hat sich als Beamter durchaus praktischen Dingen zugewandt und stand ja nicht zuletzt als Offizier im Befreiungskrieg. Man sollte Gelegenheit nehmen, seine Vorstellung von diesem Dichter zu überprüfen: an Hand der oft herben Kritik Eichendorffs an dem «romantischen Unwesen» etwa des Grafen Loeben, an der Weltabgewandtheit literarischer Gesellschaften jener Zeit, ihrem affektierten, verschwommenen Geschwätz.

Und man sollte vor allem lesen! Sollte wieder entdecken, daß eine Fülle der schönsten deutschen Gedichte und Erzählungen eigentlich mit einem recht begrenzten Vokabular, mit einer Handvoll Bilder, die einander immer wieder gleichen, zustande gekommen ist. Man versuche nur festzustellen, wie oft auf diesen rund 1600 Seiten die gleiche Landschaft geschildert wird, mit nahezu gleichen Worten, – wenn das möglich ist, wenn man darüber nicht einfach mitgenommen wird, bezaubert von der Schönheit der Heimat: Berg, Wald, der Fluß in der Ferne, ein einsamer Reiter und die Jäger, Hörnerklang zur Burg hinauf, und dann die Nacht. – Ja, man sollte wieder Eichendorff lesen.

ZU VADEMECUM W. BUSCH
(1958)

Es ist schon eine lange Zeit her, daß sich ein hoher und zudem geistlicher Herr über die Possierlichkeit eines Affen sein lebensgefährliches Geschwür aus dem Hals lachte. Aber nicht von daher haben wir die Weisheit, daß Lachen gesund mache. Sie ist weit älter und eigentlich unbestritten. So unbestritten, daß sich gegen die Mitte unseres Jahrhunderts – aus reichlich vorhandenen Gründen – das Bedürfnis zu lachen so kurzerhand und gründlich durchsetzte, daß es an Gelegenheiten nicht hat fehlen können. Es war aber – um unseren Faden weiterzuspinnen – diese Zeit der Jahrhundertmitte eine Zeit, in der – aus reichlich vorhandenen Gründen – weithin Selbstprüfungen, Bestandsaufnahmen unternommen worden sind, meist wohl im Blick auf den Leib, auf die Physis, wobei dann nicht so sehr die Ärzte, sondern vielmehr die Patienten Leiden über Leiden entdecken mußten, an andern und noch mehr an sich – – eine Zeit also, in der man sozusagen nichts zu lachen, d. h. wohl richtig: das Lachen nötig hatte. Nicht so sehr das überdrehte, überhitzte Lachen, zu dem uns leicht gerade jene Interessenten bringen möchten, denen wir anders vielleicht nicht so schnell trauen würden, – vielmehr jenes Lachen, das – ob laut oder beherzt oder leicht, in den Augenwinkeln sozusagen – jene besondere unnachahmliche Domäne des großen Nationalheiligen der Deutschen, Wilhelm Buschs, ist.

Diese Zeit – unser Faden ist lang geworden – scheint noch nicht vorüber. Zu besinnen brauchen wir uns auf den Weisen von Wiedensahl nicht, wir kennen dies und das, auswendig sogar, aber vertrauen wir uns doch einmal ihm an.

ALTRUSSISCHE KUNSTDENKMÄLER
KONRAD ONASCH
IKONEN
Union Verlag Berlin

Die großartige russische Ikonenkunst begegnet in den letzten Jahrzehnten einem ständig steigenden Interesse. Maler wie Matisse und Picasso haben auf sie hingewiesen, und das Werk Marc Chagalls ist ohne den Einfluß der Ikonenmalerei nicht denkbar. Einer breiteren Wirkung stand bisher allerdings entgegen, daß selbst die bedeutendsten Leistungen dieser durch Jahrhunderte lebendig gewesenen Kunst nur in geringer Zahl und in unzureichenden Reproduktionen der Öffentlichkeit zugänglich gewesen sind. Um so erwünschter wird den zahlreichen Freunden der Ikone ein Werk sein, das mit der reichen Fülle seiner Farbtafeln erstmalig einen umfassenden Überblick über die gesamte russische Ikonenkunst von ihren frühen Kiewer Anfängen bis zu ihrer von der allgemeinen Säkularisation bewirkten Auflösung im 17. und 18. Jahrhundert bietet. Und zwar handelt es sich durchweg um ganzseitige farbige Reproduktionen nach Fotos, die in zweimonatiger Arbeit in den Museen von Leningrad, Moskau, Nowgorod, Kiew, Pskow und in einer Moskauer Privatsammlung aufgenommen worden sind. Nach Fertigstellung der Ätzungen erfolgte ein Farbvergleich mit den Originalen in der Sowjetunion. Die Bildtafeln haben also den bei dieser so stark von der Ausdruckskraft der Farbe bestimmten Malerei unschätzbaren Vorzug äußerster Originaltreue und Unmittelbarkeit. Ein großer Teil der gezeigten Ikonen wird hiermit überhaupt zum erstenmal in Reproduktionen zugänglich gemacht.

Die vorgenommene Auswahl wird die Ansprüche des Kenners wie des interessierten Laien vollauf befriedigen. Zusammen mit dem aus souveräner Kenntnis umsichtig und anschaulich erläuternden Text des Hallenser Universitätslehrers Professor Dr. Konrad Onasch ergibt sich hier ein überwältigender Eindruck von einer Kunst, die – ohne ihren Charakter als Kultbild aufzugeben – eine Fülle künstlerischer Leistungen hervorgebracht hat, die in dieser Form nur ihr möglich gewesen sind. Onasch verfolgt in seiner Einführung ihren Entwicklungsgang in ständigem Hinblick auch auf die Profangeschichte im alten Rußland. Von hier aus weiß er die Sonderleistungen der einzelnen Malerschulen, das Einfließen außerreligiöser Inhalte und nicht zuletzt die – im Gegensatz zur strengen byzantinischen Kunst – außerordentliche Volkstümlichkeit der Ikone sichtbar zu machen. So stellt sich dieser Entwicklungsgang als eine fortschreitende Humanisierung der formalen und inhaltlichen Elemente dar, welche der Darstellung des Menschen, der Natur, des «irdischen Lichts» immer überzeugender zu ihrem Recht verhilft.

Die Erläuterungen zu den einzelnen Tafeln orientieren ausführlich über die auch dem Kenner häufig Schwierigkeiten bereitenden Bildinhalte und berücksichtigen die vorhandene ausgedehnte Literatur. Sie gehen außerdem in vieler Hinsicht, auf Grund neuer Forschungen, über die bisher bekannten Ergebnisse hinaus, so daß das mit Nachweisen und Registern vervollständigte Werk im In- und Ausland Aufsehen erregen dürfte – als eine Darstellung, die dem Rang und der Würde ihres Gegenstandes gerecht wird.

⟨LITERATUR OHNE UNVERBINDLICHKEIT⟩
⟨Die Jahrestagung der westdeutschen Gruppe 47⟩

Anfang November ⟨1960⟩ tagte die Gruppe 47, diesmal in Aschaffenburg. Das ist so üblich, jedes Jahr, für zwei, drei Tage. Tagung ist beinahe zuviel gesagt, denn diese Gruppe, die auch bei uns – wenigstens durch einen ihrer Angehörigen, Heinrich Böll, – bekannt ist, stellt keine Vereinigung mit Statuten und eingetragenen Mitgliedern dar, sondern eben nur eine Gruppe. Daß sie zusammenhält, und schon seit 13 Jahren, legt allerdings die Vermutung nahe, es möchten, wenn nicht schon ein Engagement, so doch gewisse Gemeinsamkeiten der Blickrichtung, der Ansichten und Absichten bestehen.

Zunächst also sind es Schriftsteller – Romanciers, Lyriker, Hörspielautoren – die zusammenkommen, um sich neue (noch ungedruckte) Arbeiten vorzulesen, und Kritiker von Rang und Gewicht, die dann darüber herfahren, daß es schallt und raucht. Das ist für den Neuling ungewöhnlich und beinahe erschreckend, aber es ist auch staunenswert, denn auf das letzte Wort der Lesung setzt schon der erste Kritiker ein – und oft ein so profunder wie Walter Jens aus Tübingen oder Hans Mayer aus Leipzig (leibhaftige Universitätsprofessoren also).

Über 30 Autoren beteiligten sich an den Lesungen im Rathaussaal vor weit über 100 Kollegen, die aus ihrer Zustimmung oder Ablehnung kein Hehl machten und einige – selbst bekannte, «durchgesetzte» Vorleser – zum Abbrechen zwangen. Hans Werner Richter, der Leiter der Gruppe, machte das dann mit der melancholischen Sachlichkeit eines Familienvaters, die dem Außenstehenden aufs Herz schlug: es möchten sich hier auch manchmal kleine Tragödien abspielen. Aber daß hier alles andere als irgendein Literatenkränzchen tagte, mit aller Unverbindlichkeit solcher Klubs, machte schon die Anwesenheit zahlreicher Verleger deutlich. Die Gruppe hat den Ruf, daß hier Talente zu entdecken seien. Es soll damit diesmal nicht rosig ausgesehen haben, heißt es.

Aber Unverbindlichkeit, so etwas war auch diesmal «nicht drin». Oder ist ein Protest deutscher Schriftsteller, der auf der Tagung zirkulierte und unter anderem von Heinrich Böll, Hans Magnus Enzensberger, Christian Ferber, Wolfgang Hildesheimer, Walter Jens, Walter Kolbenhoff, Siegfried Lenz, Hans Werner Richter, Peter Rühmkorf, Martin Walser und Wolfgang Weyrauch unterschrieben wurde, unverbindlich, mit dem sich die Unterzeichner an die Seite der französischen Intellektuellen stellen, die von der Regierung de Gaulle wegen ihrer Stellungnahme gegen die Algerienpolitik mit Repressalien bedroht werden? Oder der Entschluß zahlreicher Teilnehmer der Tagung – jedenfalls aller, mit denen ich darüber sprach –, die Mitarbeit an Adenauers höchsteigenem Zweitem Fernseh-Programm abzulehnen? Doch wohl nicht.

ÜBER HUBERT GERSCH

Jeder hat seine Sprache, zumindest sein Vokabular, das ist keine Weisheit von heute, und das Vokabular der Lyriker ist – entgegen üblichen Ansichten aus Laienkreisen und Rilkegemeinden – üblicherweise, weil auf die Gegenstände der Darstellung bezogen und als ein Vehikel der Selbstverständigung, begrenzt. Gersch, als ein Lyriker, der dabei ist, sich mit sich zu verständigen, weil die Gesellschaft solche Absichten nicht schätzt, hat auch sein Vokabular, und dieses auch in Grenzen. Er entnimmt es (wofür der Beweis nicht zuletzt auch aus dem Tonfall seiner Gedichte zu erbringen wäre) dem ausgegangenen Barock, jenem verlästerten und zu Ehren kommenden Rokoko, das ja bekanntlich weithin die Szene der Aufklärung war. Ein solcher Rückgriff kann nicht anders als ironisch sein. Das bezeichnet seine Position.

Ironie als Verhaltensweise beinhaltet zunächst Distanzieren, Beobachten, Registrieren. Das ist vorhanden, zweifellos. Jene bedeutsame Position von Kästner bis Martin Kessel. Doch hat dies ironische Selbstverständnis Gerschs den leidenschaftlichen Zug, sich auf die Gesellschaft hin zu orientieren; nicht so sehr, um Ergebnisse am Verhalten der Umwelt zu überprüfen, sondern wegen der unverschenkbaren Möglichkeit, Spannungen zu evozieren, Ungelegenheiten zu schaffen, ein Feld, auf dem das Getreide der Fernsehgesellschaft nicht reift. Was reift dann dort?

Gersch wird nicht einfach sagen wollen: Meine Gedichte. Aber es ist etwas dran. Es ist ja nicht Gersch allein. Womit der junge Mann also eingeordnet wäre; und darum geht es ja bei Kritikanten.

Trotzdem: Gersch ist allein, scheint mir, jedenfalls da, wo er die oben angedeutete Position konsequent behauptet: eine (in einem, mein ich, erfreulichen Konzert) unverwechselbare Stimme von munterer Bitterkeit, eine vermutlich auch im germanistischen Seminar angereicherte Eloquenz, der mitten in der Tirade, mitten in einer Holzkasperei die Rede stockt.

Mit Grund, mein ich, denn Gersch hat eine unpopuläre Angewohnheit: er macht, während er spricht, die Augen nicht zu, sondern sogar auf. Und was erblickt er da? Unsere Gesellschaft, – und er sagt nicht bloß: Ach du lieber Gott...

⟨ÜBER JESSE THOOR⟩

Berlin-Friedrichshagen, den 28. 11. 63
Ahornallee 26

Lieber Michael,
wir denken gern an Ihren leider kurzen Besuch und trösten uns, daß es noch einmal einen längeren geben wird. Und nun sollen Sie auch endlich den Jesse-Thoor-Bericht bekommen. Ich war ein bißchen krank, doch jetzt hab ich den Herrn Leo Höfler besuchen können und hab in ihm einen sehr zugänglichen, lebhaften, erzählfreudigen Mann gefunden, einen richtigen alten Arbeiter, Werkzeugmacher. Ich schreib hier auf, was ich erfahren konnte.

Peter Höfler heißt also richtig Karl, genannt Karli. Geboren wird er als der zweite Sohn (14 Monate nach Leo, der noch in Rohrbach in Oberösterreich, wo die Familie herkommt, geboren wurde) im Januar 1905 in Berlin, Friedrichstraße 11. Der Vater arbeitet als Tischler, geht mit der Familie 1912 wieder nach Österreich, arbeitet in Linz und in Steier (Waffenfabrik) und kehrt kurz vor dem Krieg allein nach Berlin zurück. Die Familie hält sich bei Verwandten in Rohrbach auf, bis sie nachkommen kann. Die lange Fahrt, durch tschechisches Gebiet, von Munitionszügen, Truppentransporten aufgehalten – inzwischen ist der Weltkrieg ausgebrochen –, bringt für die Kinder die ersten tiefen Eindrücke von Krieg und Völkerhaß. Erste Unterkunft in Berlin ist eine

Kochstube. Später Umzug nach Berlin-Weißensee. Der Vater wird zum Militär eingezogen. 1916 übernimmt die Mutter eine Hauswartstelle in der Charlottenburger Straße (2 Höfe, 2 Aufgänge). Die Kinder besuchen die 4. Gemeindeschule, die sogenannte «Graue Laus», das Gebäude steht heute noch. Auf die Volksschule folgt für Peter (Karl) eine Dentistenlehre. Hier muß sich Peter vor allem gegen die Mutter durchsetzen, die für eine richtige Arbeit, wie sie Bruder Leo aufgenommen hat (Schlosser), ist, weil da schneller und mehr zu verdienen ist. Er schafft es auf seine besondere Art: mit vielen und freundlichen Reden und hier und da einer Tafel Schokolade, bricht die Lehre aber doch bald wieder ab. Nun lernt er Feilenhauer bei Wenk in Weißensee.

Früh fällt, außer der geringen Körpergröße, Peters ungewöhnliche Kraft auf, er kann einarmig fünf Klimmzüge machen, läuft im Handstand die Treppe hinauf. Und geschrieben hat er schon immer, sagt Leo Höfler, bei der Petroleumlampe, nachts, zum Ärger vor allem des Vaters. Früh zeigen sich auch seine Freigebigkeit und seine Wanderlust. Er geht immer wieder auf die Walze, jedenfalls sommerüber, wozu er sich stets das Geld zu verschaffen weiß – und wenn beim Weißenseeer Bürgermeister persönlich, dem er vorrechnet, daß er ihm die Unterstützung für den ganzen Sommer doch gleich auszahlen könnte, was dann auch geschieht. In den Zwischenzeiten ist er dann als Vertreter, unter anderem für eine Rauchwaren-Zurichterei tätig. Längere Zeit muß er in einer Lungenheilstätte verbringen. Auf der Walz kommt er nach Österreich, zieht fechtend über Land, klappert in Graz sämtliche Klöster ab, wird einmal als Fechtbruder festgesetzt, gelangt nach Oberbayern, ins italienische Südtirol und bis nach Mailand hinunter, wo er den Campo santo sieht, macht per Frachtschiff einen Abstecher nach Budapest, findet Verbindung zu österreichischen Künstlern und wird übrigens auch, auf diesen Sommerwanderungen, seine Tuberkulose los. Dazwischen hat er versucht, zur See zu fahren. Zuerst als blinder Passagier, wozu er sich stundenlang in einer mit einer Plane verdeckten Taurolle an Bord versteckt hält, er wird aber noch vor Abfahrt entdeckt. Natürlich gelingt es ihm doch, auf ein Schiff zu kommen. Die Seeleute nehmen ihn, wie Bruder Leo sagt, zur Unterhaltung mit: den kleinen Kerl, der viel erzählt und singt, den unerschütterlichen Bruder Leichtfuß. So kommt er bis nach Spanien. Eine Zeit lebt er in Rotterdam, er kommt unter anderem bei einer Dirne unter. Als er, mittellos, nach Deutschland zurückwandert, schleppt er von Rotterdam bis zur deutschen Grenze einen Sack Kaffee mit, den er irgendwoher hat, um ihn zu Geld zu machen. In Berlin ist er im Proletarischen Künstlerbund und im Arbeitersport tätig, wo Bruder Leo sich im Gewichtheben hervortut. Seinen Aufzug in dieser Zeit schildert Leo Höfler so: Immer offenen Hemdkragen, aber flotten Mantel auf Taille (auf Abzahlung), den er dann allerdings kurzentschlossen an einen Bedürftigen verschenkt, ohne an die noch ausstehenden Raten zu denken, ein Stöckchen, einen runden Hut (sogenannten «Spucknapf»), Lackschuhe. Er versucht sich auch erfolgreich als Plastiker, wozu Bruder Leo Modell steht. Ohne der KPD anzugehören – Leo Höfler: Er war nicht organisiert, aber was er tat, war immer für die Arbeiter –, ist er als Roter bekannt, macht niemals ein Hehl daraus, wagt sich zu Diskussionen in SA-Sturmlokale. 1933 sofort arbeitslos, wie Vater und Bruder, von der Wohlfahrtsstelle wie die anderen Arbeitslosen mit der bekannten schwarzen Jacke beliefert, der «Schwarzen Armee» zugehörig, wie er sagt, ist er sofort unter der besonderen Aufsicht der Nazis. Zwar gelingt es ihm, an einer hohen Stange auf dem Dach eines mehrstöckigen Weißenseeer Hauses eine rote Fahne anzubringen (besonders fest, mit Draht) und das auf dem Gebäude der Sparkasse zu wiederholen, aber er wird gejagt, muß sich versteckt halten. Von einem SA-Mann gewarnt, taucht er bei der Familie auf, entgeht den ausgestellten SA-Posten einmal, indem er sich, ein bißchen mit Gewalt, Zutritt in eine fremde Wohnung verschafft, ein zweites Mal dadurch, daß er sich im obersten Geschoß des Hauses aus dem Treppenhausfenster hinaus an die Dachrinne hängt und dort solange hängen bleibt, bis die Verfolger abgezogen sind. Nach einer Verfolgung durch das Weißenseeer Rennbahngelände sieht Leo den Bruder das letzte Mal auf dem Pistoriusplatz.

Nach einer Zeit in Österreich, wo sich Peter bei Tante Josefine in Wien aufhält, als Goldschmied arbeitet, auch seine Plastiken ausstellt, mit der antifaschistischen Presse zusammenarbeitet, wobei ihn die Dollfuß-Regierung vorübergehend in Haft nimmt, hört die Familie in Berlin wieder von ihm, als er im Londoner Radio einen Vortrag hält.

Leo Höfler schließt seinen Bericht: Das Übrige weiß Karlis Frau alles. Er soll ja nachher noch fromm geworden sein, man kann es sich gar nicht denken, nach unseren Kindheitserlebnissen. Aber wenn das stimmt, wird es schon irgend einen Grund haben.

Leo Höfler bewahrt eine Menge Familienphotos auf, auch solche von Peter Höflers Plastiken. Die wenigen Briefe des Bruders, in einer feinen Handschrift, sind inhaltlich belanglos. Kritiken über eine Berliner Lesung und über die Ausstellung in Wien konnte Herr Höfler nicht so schnell finden. Zwei mehrfach vorhandene Photos schenkte er mir. Das eine stellt Peter Höfler im Einsegnungsanzug dar und ist durchaus reproduktionsfähig, das andere ist ein Brustbild des etwa Sechzehnjährigen.

Das ist also das, was ich habe erfahren können. Hoffentlich können Sie es brauchen. Herr Höfler stellt die Verwendung des Mitgeteilten frei, ist auch zu weiteren Auskünften bereit.

Wir alle grüßen Sie herzlich, bitten auch um schönste Empfehlungen an die Familie.

WALTER DIETZE
QUIRINUS KUHLMANN, KETZER UND POET

(Neue Beiträge zur Literaturwissenschaft, Band 17)
Rütten & Loening, Berlin 1963, 19,80 DM

Unter den bis weit ins 18. Jahrhundert hinein in Deutschland auftretenden religiösen Schwärmern darf Quirinus Kuhlmann ein besonderes Interesse erwarten. Erstens tritt er mit einem selbst für einen fanatisierten Schwärmer ungewöhnlichen messianischen Anspruch auf und hält diesen, mit geringen Schwankungen, bis zu seinem Feuertod, in Moskau 1689, aufrecht, zweitens aber handelt es sich bei ihm um einen Dichter von originaler Kraft, wovon sein Hauptwerk «Kühlpsalter», aber auch schon die von Johannes R. Becher in seiner Anthologie «Tränen des Vaterlandes» vorgestellten Gedichte einen deutlichen Begriff geben.

Eine solche absonderliche, durch Lebensgang wie künstlerische Leistung faszinierende Gestalt darf nicht einfach literarischen oder theologisierenden Kuriositätensammlungen überlassen bleiben. Da kommt die Arbeit des Leipziger Germanisten, dessen Habilitationsschrift sie darstellt, sehr erwünscht, zumal sie, über die Erhellung von Leben und Werk Kuhlmanns hinaus, geeignet ist, das von Cysarz, Peuckert und anderen arg verräucherte Bild der Literatur zwischen Dreißigjährigem Krieg und Frühaufklärung energisch zu entlüften.

Dietze hat eine die Stationen (Wrocłav, Jena, Leiden, Amsterdam, Lübeck, London, Konstantinopel, Paris, Genf, Moskau) umsichtig erläuternde, die literarischen Arbeiten wie die theoretischen Schriften, darunter eine Art republikanischer Staatstheorie von 1682, interpretierende Darbietung geleistet, die sich außerdem vorzüglich liest. Freilich – die Meinung, es handle sich bei Kuhlmann nur um eine Privatmythologie, ist wohl nicht völlig zutreffend. Zwar ist die Teilnahme, die Arnold ihm in seiner «Kirchen- und Ketzerhistorie» zuwendet, durchaus von dessen Protest gegen Verketzerung überhaupt getragen, aber die weitreichende Wirkung Kuhlmanns auf besonnene Zeitgenossen, auf die

Anhänger Böhmes und Arndts, die nicht insgesamt Konventikler genannt werden können, dürfte so nicht völlig erklärbar sein. Hier liegt ein Arbeitsfeld für religionsgeschichtliche Untersuchungen. Dietze liefert selber hierzu ausgezeichnete Anregungen.

Die reale historisch-gesellschaftliche Situation jedoch, die Dietze hervorragend darstellt, wird jeder Beschäftigung mit der so vielfältig schillernden Gestalt dieses «Prinzen Gottes» künftig als Grundlage dienen müssen. Wenn also mit Dietzes Monographie auch nicht das letzte Wort über Kuhlmann gesprochen ist, halte ich die Arbeit doch für geradezu unentbehrlich – nicht nur für die gerechte und nutzbringende Einschätzung Kuhlmanns selbst, sondern auch für die nötige Differenzierung der literarhistorischen Darstellung des deutschen Barock.

ÜBER DEN AUTOR (BIELER)

Manfred Bieler ist Hörspielautor, Manfred Bieler ist Erzähler, Manfred Bieler ist Lyriker, Manfred Bieler ist Parodist, Manfred Bieler ist 31 Jahre alt, Manfred Bieler ist Diplom-Germanist, Manfred Bieler ist Preisträger (international), Manfred Bieler ist ein bekannter Reisender (international), Manfred Bieler ist lustig, Manfred Bieler ist der Freund vieler Freunde, Manfred Bieler ist ernst, Manfred Bieler ist verheiratet, Manfred Bieler singt gern. Das reicht erst einmal.

Die meisten dieser Angaben stammen aus Nachschlagewerken. Einiges wußte ich selber, vor allem das mit der Freundschaft.

Ein bißchen kopfscheu von dieser Art Bestandsaufnahme eben, stellen wir zu den obigen Behauptungen fest: sie treffen alle zu. Na und?

Also fragen wir, wer oder was Manfred Bieler wirklich ist. Darüber reden heißt Legenden korrigieren. Zum Beispiel die, daß der Mann ein Berserker sei, daß er, wie behauptet, in der Kneipe mehr zuwege bringe als auf dem Papier, und dergleichen hübsche Dinge.

Zugegeben: er ist eine imposante Erscheinung, sein Frohsinn erstreckt sich durchaus auch auf den Konsum geistiger Getränke (obwohl es da sicher übertriebene Vorstellungen gibt), seine Stimme ist kräftig, aber seine Rede ist einfallsreich, er ist überdies der gelehrten wie der volkstümlichen Zunge mächtig. Und er ist ein strenger und genauer Arbeiter auf dem Felde der Literatur. Die in den seltensten Fällen aus Schnapslaunen entsteht, sondern eben durch Arbeit, – auf der Grundlage von Kenntnissen, die man sich bekanntlich als Produkt leidenschaftlicher Mittäterschaft am Leben unserer Gesellschaft zuzieht.

Also das tut er, und wo kämen denn sonst auch die für sein Alter außerordentlich zahlreichen Werke her: die Hörspiele «Karriere eines Klaviers», «Die achte Trübsal», «Die linke Wand», «Drei Rosen aus Papier», um nur wenige zu nennen, die gesammelt einen stattlichen Band ergäben; die vielen Erzählungen, die bisher verstreut gedruckt, endlich einmal zusammengefaßt werden sollten; der Roman «Bonifaz oder Der Matrose in der Flasche», der ein bitterernstes Thema auf die heiterste Weise durchführt; die Parodien «Der Schuß auf die Kanzel», leider längst vergriffen, aber unbedingt in einer durch neue Texte erweiterten Auflage erwünscht, geradezu benötigt. Von einem Film, der bereits gedreht wird, erwähne ich nichts, ich werde den Bieler doch nicht fortgesetzt loben. Wo käme ich da hin?

Zu Feststellungen, die alle wahr sind: daß er ein junger Autor ist, der wie ein erfahrener, alter Hase schreiben kann – oder besser; daß das, was er schreibt, durchaus neu, durchaus von heute oder schon von morgen ist; ohne daß er dazu Formexperimente oder was weiß ich nötig hätte, – zu solchen Feststellungen. Und hätte doch immer noch nicht ausreichend gesagt, wer Manfred Bieler wirklich ist. Kann man das überhaupt?

Also grüße ich ihn hier als meinen Freund und sage: Bleib gesund, Manfred, ad multos annos!

Das heißt dann nämlich auch: Schreib noch viel, weil wir dann viel Gutes zu lesen, zu hören, zu sehen kriegen werden.

VORTRÄGE UND REDEN

⟨DAS KINDER- UND JUGENDBUCH⟩

Ausstellung
KB Tucholskystr.

Donnerstag, 20. 12. 51, 20 Uhr
(Bobrowski)

Meine Damen und Herren! Liebe Freunde!

Ich soll heute abend zu Ihnen über das Kinder- und Jugendbuch sprechen. Erwarten Sie aber bitte keinen erschöpfenden, grundlegenden Vortrag. Das Gebiet, mit dem wir uns heute beschäftigen wollen, ist so vielgestaltig und weiträumig, daß ich Ihnen im Rahmen dieses Abends lediglich einen ungefähren Umriß geben kann, der der Erweiterung und Vertiefung durch eine Diskussion, durch Ihre Mithilfe bedarf. Es wird sich also dies Referat, wenn ich es so nennen darf, auf einen Überblick beschränken, dem sich einige Überlegungen, wie sie in meiner Arbeit als Redakteur eines Kinder- und Jugendbuchverlages täglich auftauchen, anschließen sollen.

Nach einem bekannten Wort von Heinrich Mann sind die Bücher von heute die Taten von morgen. Damit ist die Bedeutung gerade des Jugendbuches klar bezeichnet. Und Sie als Berliner werden die Wichtigkeit einer fortschrittlichen, nach Inhalt und Form sauberen, positiven Jugendliteratur besonders klar erkennen. Ich brauche Sie nicht erst auf die blutrünstigen Gangsterschwarten hinzuweisen, mit denen die Kinder in den Westsektoren unserer Stadt überschwemmt und die auch in unseren Schulen allzu häufig eingeschleppt werden. Und wir können diese ganz bewußt betriebene Verseuchung unserer Jugend nicht einfach nur konstatieren. Auch in Westberlin und in Westdeutschland mehren sich die Fälle, daß Erzieher und Eltern gegen die Schundliteratur Einspruch erheben, doch was Ihnen statt der Groschenhefte als wirkliche, gute Jugendliteratur in den Buchhandlungen geboten wird, ist sehr oft keineswegs besser.

Und wie es mit dem, unseren Landsleuten in Westdeutschland immer wieder angebotenen amerikanischen Vorbild steht, dafür möchte ich Ihnen ein Beispiel geben.

In den USA werden im Jahr durchschnittlich rund 800 Millionen Stück Bücher, Broschüren usw. gedruckt. Das klingt zunächst imponierend. Wenn man aber erfährt, daß von diesen 800 Millionen 700 Millionen auf die sogenannten Comics entfallen, sieht die Sache wesentlich anders aus. Mit Komik haben diese Comics nichts zu tun. Es sind primitive Bildergeschichten mit dürftigen Texten und stellen im wesentlichen das Lesematerial für die Jugend dar.

Über ihren Inhalt urteilt ein amerikanischer Buchkritiker:

«Gewalttaten sind ihr Hauptinhalt. Auf Gewalt in Form von Schlägereien, Schießereien, Erwürgungen und allen möglichen Torturen beruht ihre Verkaufskraft. Man hat geschätzt, daß jedes Kind in Amerika, das im Jahre 1938 (als die Comics ihren Siegeszug begannen) sechs Jahre alt war, heute mindestens 18 000 bildliche Darstellungen von Prügelszenen, Erschießungen, Bluttaten und ähnlichen Dingen verschlungen hat. Man hat ausgerechnet, daß heute das Papier, das aus jedem dritten in Kanada gefällten Baum gewonnen wird, dem Druck von Mörder- und Verbrechergeschichten gewidmet ist.»

Soweit der amerikanische Kritiker.

Es sollte dies eine ernsthafte Mahnung sein, über die Lektüre unserer Kinder zu wachen. Denn wozu Schund- und Schmutzliteratur, zusammen mit den Gangsterfilmen – meist amerikanischer Herkunft – führt, beweist schlagend die Jugendkriminalität in den Westsektoren unserer Stadt. Ich brauche Sie nicht auf den Gladowprozeß und ähnliches hinzuweisen. Sie wissen das.

Sie wissen aber auch, und wer es noch nicht weiß, sollte sich davon überzeugen, welche Bedeutung der Kinder- und Jugendliteratur in unserer Republik, in unserem demokratischen Sektor beigemessen wird. Die Ausstellung des Kulturbundes, die Sie hier sehen und die in den Wochen vorher in mehreren Bezirken gezeigt wurde, ist keineswegs die erste ihrer Art. Der demokratische Frauenbund, das Zentralhaus der Jungen Pioniere, das Hauptschulamt machten solche Ausstellungen der Öffentlichkeit zugänglich. Verlage wandten sich an die Schulen, Kindergärten an die Mütter. Darüber hinaus beschäftigte sich die Presse, vor allem die Tägliche Rundschau, mit den Problemen des Jugendbuches. Der Beirat für Kinderbibliotheksfragen, die Deutsche Gemeinschaft zum Schutze der Kinder, schließlich die Jugendbuchkonferenz im vorigen Jahr haben für die Entwicklung und Verbreitung wirklicher Kinder- und Jugendbücher mit Erfolg gearbeitet. Und besonders kommt die Unterstützung, die unsere Regierung diesem wesentlichen Gebiet unseres kulturellen Lebens zuwendet, in den zweimal jährlich stattfindenden Preisausschreiben für Jugendliteratur zum Ausdruck. In der gestrigen Preisverteilung für das zweite diesjährige Preisausschreiben konnte wieder eine ganze Anzahl Erzählungen, Spiele, Gedichte ausgezeichnet werden, die unsere Jugendliteratur merklich bereichern werden. – Wenn die Bedeutung des Kinder- und Jugendbuches so hoch angeschlagen wird, ist damit schon über Art und Inhalt unserer neuen Jugendliteratur ganz Bestimmtes ausgesagt. Und wir sagen es auch ganz klar und offen: Kinderbücher sind eine pädagogische Angelegenheit. Sie sollen erziehen, sie haben eine Funktion, eine Tendenz. Für den Fall, daß jemand vor dem Wort Tendenz erschrecken sollte, möchte ich daran erinnern, daß Literatur als eine Äußerung einer gesellschaftlichen Ordnung oder als der Ausdruck der Widersprüche innerhalb dieser Gesellschaft, ob beabsichtigt oder nicht, immer tendenziös ist. Ich möchte dafür nur den alten Karl May anführen, dessen Indianerbücher ja letztlich den Kolonialgedanken des Imperialismus propagierten. Auf die Kriegserzählungen, wie ich sie noch aus den Bibliotheken meiner eigenen Schulzeit kenne und wie sie auch heute wieder in Westdeutschland gang und gäbe sind, brauche ich nicht erst hinzuweisen. Aber selbst die so friedlichen Nesthäkchenbände einer vermotteten Mädchenliteratur hatten mit der Schönfärberei, die sie betrieben, einfach eine Vernebelung der gesellschaftlichen Situation vor. Wem ging es denn schon so, wie den darin geschilderten Mädchen aus gutem Hause? Und es ist in diesem Zusammenhang der Brief der kleinen Ursula aus einem mecklenburger Dorf interessant, den sie an unseren Verlag richtete.

Sie schreibt: «Ich lese gern vom Wald, von Stiefmüttern, die so gehässig sind und ihre Kinder in den Wald schicken, wo sie dann nachher arm leben und dann nachher einen Prinzen oder Grafen heiraten und es gut haben. Ich lese solche Bücher zu gerne. Ich habe dann Mitleid mit denen. Ich denke immer, die müßten jetzt noch leben.»

Hier ist der Inhalt einer ganzen literarischen Epoche in kürzester Form ausgedrückt und jene erschütternde, resignierende Absicht, wenigstens im Buch das zu finden, was im Leben versagt bleibt. Man kann nicht einfach sagen, das wäre unkindlich und wahrscheinlich von Erwachsenen inspiriert. Es ist dies die Vorstellung eines kleinen Mädchens von Büchern, die sie gerne lesen möchte. Und dieser Brief zeigt darum, daß wir mit unserer Kinder- und Jugendliteratur auf dem richtigen Wege sind. Unsere Jugendbücher wollen nicht in ein Traumland entführen, sie wollen unsere Kinder nicht über ihre Umwelt hinaustragen, sie unserer Gegenwart entfremden. Unsere Jugendbücher wollen kein Ersatz sein. Im Gegenteil, sie wollen unsere Kinder in unsere Zeit, in unsere Gesellschaft, in die großen lohnenden Aufgaben unserer Gegenwart hineinführen, sie zum rechten Verständnis unserer Gesellschaft anleiten, sie zu allseitig entwickelten positiven verantwortungsbewußten Menschen unserer Zeit erziehen helfen. Eine wunderbare Aufgabe! Und der Einwand mancher Eltern, die, auf den schädlichen Einfluß der Schundliteratur hingewiesen, sagen: «Ich habe die Dinger früher auch gelesen, und bin doch ein anständiger Mensch geworden», ist durch den historischen Verlauf der letzten Jahrzehnte hinreichend widerlegt.

Unsere Literatur ist erzieherisch. Ihre Themenkreise, von denen ich Ihnen einige nennen möchte, geben den Rahmen für eine großartige, vielfältige, optimistische, fröhliche, wirklich jugendliche Literatur, die unerschöpflich sein wird.

Einige Themen also:

Unser Leben, die verschiedenen Berufe und ihre Aufgaben in unserer Gesellschaft, andere Völker, oder im Hinblick auf unser besonderes Gebiet: wie die Kinder in anderen Ländern leben.

Gestalten aus der Geschichte, einfach Biographien nationaler Helden, Künstler und Wissenschaftler, die den Kindern ein begeisterndes Vorbild vor Augen stellen, wobei nie vergessen werden sollte, daß diese Männer und Frauen durch Fleiß und Zähigkeit zu ihren Erfolgen kamen.

Die Natur, und damit auch die Entwicklung der Liebe zur Heimat, einfache Darstellungen populärwissenschaftlicher Art, auch utopische Erzählungen, soweit sie die tatsächlichen Ergebnisse der fortschrittlichen Wissenschaft zum Ausgangspunkt nehmen und viele andere.

Die Form dieser Bücher kann sehr verschieden sein, kann vom kurzen Bilderbuchtext zum Märchen und bis zur Erzählung reichen. Doch in allen diesen so verschiedenen Büchern wird sich die Sorge ausdrücken, mit der wir über die Heranbildung unserer Kinder wachen wollen – die Sorge, die unser Präsident zum Beginn des letzten Schuljahres ausdrückte: «In unseren Kindern liegt die Zukunft unseres Volkes. Deshalb muß die Erziehung und die Entwicklung der jungen Generation die Sorge des ganzen Volkes und eine der Hauptaufgaben unserer Republik sein.»

Diese Sorge ist nicht zu trennen von jener heute entscheidenden Frage: von der Erhaltung des Friedens und der Erringung unserer nationalen Einheit, ohne die alle unsere Arbeit vertan wäre. Und man kann davon nicht sprechen, ohne die entscheidende Hilfe der Sowjetunion dankbar zu nennen. Wie uns die Sowjetmenschen in wirtschaftlicher und politischer Hinsicht unterstützen und weiterhelfen, hat auch unser kulturelles Leben, und damit unsere Kinder- und Jugendliteratur Anregungen, Impulse, Vorbilder und direkte Hilfe erfahren.

Gorki hat, nach einem viel zitierten Wort, gesagt, daß man für Kinder wie für Erwachsene schreiben müsse, nur besser. Das ist eine große und schwerwiegende Forderung, wenn man sich vergegenwärtigt, von wie vielen Menschen, Schriftstellern und Lesern, Jugendbücher als eine mindere Sorte Literatur angesehen werden! In der Sowjetunion, aber auch in der Tschechoslowakei und Volkspolen z. B. sind es gerade die besten, die begabtesten Schriftsteller, die sich um das Jugendbuch bemühen. Bei uns ist dies alles im Anfang. Noch nicht alle unsere dafür geeigneten Schriftsteller finden sich bereit, Kinderbücher zu schreiben. Aber wir können andererseits darauf hinweisen, daß Schriftsteller mit Pioniergruppen in Verbindung stehen, daß sie die Ferienlager besuchen, daß sie vor Kindern lesen. Wir können darauf hinweisen, daß die Jugendbuchverlage mit ihren Patenschulen ihre Pläne besprechen, und vieles andere. Wir haben bereits eine ganze Reihe brauchbarer und durchaus achtbarer neuer Kinder- und Jugendbücher. Sie brauchen sich nur umzusehen. Aber natürlich lange nicht genug. Und auch noch nicht immer die richtigen. Vor allem die Heiterkeit, die Freude entfachende Frische fehlt unseren Büchern noch häufig.

Doch möchte ich nicht nur von den Schriftstellern sprechen, zumal vor allem beim Kinderbuch oft die Arbeit des Illustrators, des Malers und Zeichners überwiegt. Wir kennen die Illustrationen sowjetischer Kinderbücher. Sie werden auch in dieser Ausstellung manche Beispiele dafür finden. Und Sie werden bemerken, wie ungemein sorgfältig die sowjetischen Künstler, wie zuverlässig richtig sie die Wirklichkeit darstellen. Es kommt in sowjetischen Büchern nicht vor, daß etwas naturwissenschaftlich falsch dargestellt oder verzerrt wird. Sie finden hier ebenfalls Bücher, die von Künstlern der Volksdemokratien, der Tschechoslowakei und Polens, ausgestattet wurden. Und Sie werden sich über die farbenfreudigen Bilder, Einbände und Vorsätze freuen, gegen die unsere deutschen Bücher oft ein wenig freudlos wirken. Das ist nur natürlich, denn die polnischen und tschechischen Künstler können auf eine lebendige, in Farben und Formen vielfältige Volkskunst zurückgreifen, die bei uns aus oft genug längst verschütteten Quellen wieder erweckt werden muß.

Trotzdem ist bei uns eine Fülle von Temperamenten für die

Kinderbuchillustration am Werk. Freilich, die Meinungen über die Wirkung, z. B. Hegenbarthscher Illustrationen gehen stark auseinander. Auch andere Bilderbücher, z. B. der bekannte «Affe Oswald» erfahren starken Widerspruch. Doch sollte man hier bedenken, daß Kinder an ihre Bücher andere Ansprüche stellen als Erwachsene.

Der Erwachsene neigt dazu, die Auffassungsfähigkeit des Kindes entweder zu unterschätzen oder sich selber für das Muster anzusehen. Ich möchte auf jeden Fall den Eltern, die mit einer Bilderbuchzeichnung von Hegenbarth nichts anzufangen wissen, raten, sich von ihrem Kind über den Inhalt dieses Blattes unterrichten zu lassen. Erst ein solches Eingehen auf die Vorstellungswelt des Kindes wird es möglich machen, die kindliche Phantasie zu lenken und förderlich zu entwickeln. Man sollte auch darüber vielleicht in der Diskussion sprechen.

Doch möchte ich jetzt schon, ehe ein solcher Eindruck entsteht, als wären die Leser, eben unsere Kinder, die einzigen und allein entscheidenden Richter über den Wert und die Richtigkeit eines Buches oder eben einer Illustration; einschränkend zitieren, was der ausgezeichnete sowjetische Jugendschriftsteller Leo Kassil dazu in einem interessanten Aufsatz in der Zeitschrift «Sowjetskoje Iskusstwo» sagt, – nachdem er zuvor gefordert hat, der Buchillustrator müsse die Vorstellung, die in der kindlichen Phantasie bei der Lektüre dieses oder jenes Buches entsteht, feinfühlig erraten. Es bereitet dem jugendlichen Leser eine große Freude, wenn dieser seine Vorstellungen bestätigt findet und sagen kann: «Ja, gerade so habe ich mir diesen Helden auch vorgestellt.» Doch fügt Kassil hinzu – und darauf möchte ich Ihre Aufmerksamkeit lenken –: Hierbei darf sich der Künstler wiederum nicht zu sehr nach seinen Lesern richten, deren Vorstellungen, infolge ihrer Jugend und der mangelnden Lebenserfahrung natürlich nicht ganz zutreffend sind und die daher mit dem wahren Gefühl des Menschen, den Erscheinungen und Dingen nicht übereinstimmen. Der Künstler, der an der Illustration von Kinderbüchern arbeitet, ist ein Erzieher, der den guten Geschmack der jungen

Leser und eine richtige Vorstellung über die in dem Buch verkörperten Gestalten bei den Kindern entwickeln soll. Das ist eine wichtige und verantwortungsvolle Arbeit, die sich auf keinen Fall mit einer schematisierten leichtfertigen Routine verträgt.

In unserem Verlag ist in den letzten Tagen ein tschechisches Bilderbuch «Mischa Kugelrund» erschienen, das geradezu vorbildlich zeigt, mit welcher Liebe und welchem Einfühlungsvermögen ein bedeutender Künstler dem kindlichen Vorstellungsvermögen entgegenkommt und es dennoch führt und anleitet. –

Das Kinderbuch ist eine Aufgabe für Künstler und Schriftsteller. Aber wie wir heute abend gesehen haben, nicht nur für sie. Die Entwicklung einer neuen Jugendliteratur bedarf der Mitarbeit, der Teilnahme der Eltern und der Erzieher, der Kindergärtnerinnen und ebenso der Kinder und der jungen Menschen selber. Und wenn wir mit allem Ernst und aller Freude daran arbeiten, ist uns der schönste Lohn, den es geben kann, gewiß. Es wird auch durch unsere Mühe eine Jugend heranwachsen, die frei, innen und außen gesund, und von hohen Idealen beseelt sein wird, eine Jugend, wie sie unsere Zeit braucht.

ÜBER ILLUSTRATION IN KINDER- UND JUGENDBUCH

Über Illustration zu sprechen, scheint nicht so schwierig. Es wird viel davon gesprochen (freilich, noch längst nicht genug). Wir im Verlag – und ich weiß das auch von den Kollegen der anderen Verlage – wollen uns dieser Auseinandersetzung nicht entziehen, wir könnten es auch gar nicht.

Unsere Leser äußern sich gern und heftig dazu, die Patenschulen haben ganz bestimmte Wünsche, und auf Leserkonferenzen, z. B. kürzlich in Döbeln, ist das ein Hauptthema. Am streitbarsten sind erfahrungsgemäß die Kindergärtnerinnen; bei ihnen handelt es sich um die Bilderbücher, aber ich bin ganz froh, daß sie Kindergärtnerinnen und nicht Säuglingspflegerinnen sind, weil sie oft dazu neigen, das Kind mit dem Bade auszuschütten. Nun gut, lieber etwas mehr als zu wenig. Die Bibliothekare z. B. machen von dieser Möglichkeit, direkt an die Verlage und damit eben auch an die Illustratoren heranzukommen, weniger Gebrauch. Doch bin ich davon überzeugt, daß sie im Rahmen ihres Arbeitsgebietes sehr entschieden und ausführlich gerade in dieser Frage Stellung beziehen. Im Bibliothekar stand manchmal etwas darüber: Affe Oswald.

Wir bekommen also Zuschriften, und Sie können überzeugt sein, daß wir sie nicht einfach abheften. Es kommen dabei die verschiedensten Richtungen zutage. Die beiden Hauptrichtungen, die allein schon zahlenmäßig den Hauptanteil haben, sehen etwa so aus: Da gibt es

a) die Pädagogen (in Anführungszeichen). Sie weisen vor allem darauf hin, daß das Kinderbuch eine pädagogische Angelegenheit sei, eine ernsthafte Sache, womit sie zweifellos recht haben. Nur ziehen sie daraus den Schluß, daß Kinderbücher konzentrierter tödlicher Ernst sein müßten, daß jeder Spaß schon die Disziplin gefährde usw. Es sind eben ernsthafte Leute. Hörte man nur auf sie, so wäre das deutsche Volksmärchen ausgerottet, und wahrscheinlich würden sie auch Goethes Werke einer umfangreichen Bearbeitung unterziehen. Dabei sind es keinesfalls ältere Kollegen, deren Härte man vielleicht physiologisch erklären könnte. Ich hörte kürzlich einen FDJ-Funktionär. Der sagte, er hätte nach mehrtägiger gründlicher Prüfung selbstkritisch festzustellen, daß er die Entfaltung fröhlichen Jugendlebens nicht ernst genug genommen habe. Er war nämlich ohne Kostüm zum Kostümfest gegangen.

Die andere große Gruppe ist viel bunter. Hier gibt es einfach alle Meinungen. Ich nenne sie trotzdem eine Gruppe, denn ihnen allen ist gemeinsam, daß sie nichts weiter als ihre persönliche Geschmacksrichtung zur Geltung bringen wollen.

Sie wissen, auf wie komplizierten Wegen sich der individuelle Geschmack bildet. Dementsprechend variieren die Einwände und Zustimmungen. Im allgemeinen liegen solchen Schreiben eigene Versuche bei.

Alle diese Schreiber der beiden Gruppen sind sich aber auf jeden Fall darin einig, daß sie den Verlagen oder dem Amt für Literatur keineswegs Überlegungen und gute Absichten zugestehen. Und es ist schon müßig, sie überzeugen zu wollen, daß wir uns bei der Wahl gerade dieses Illustrators oder dieser Illustrationen etwas gedacht haben. Nun, das ist wohl auch nicht so wichtig. Es ist nötig, über die Illustration zu sprechen, beim Jugendbuch jedenfalls ebenso, wie man sich über die Forderungen an den Text klar werden muß. Ich möchte das, aus meiner Arbeit in einem Jugendbuchverlag heraus, versuchen.

Zunächst also: Illustration – das ist kurz gesagt die Verdeutlichung, die Unterstreichung oder Ergänzung eines fixierten oder vorgestellten Inhalts mit Mitteln der bildenden Kunst. In diesem Sinne ist also auch das Bilderbuch, sobald es über das Sachbilderbuch für das Kleinkind hinausgeht, Illustration. Wir werden darüber noch sprechen.

Die Illustration ist aber deshalb nicht ohne weiteres gleich bildende Kunst. Man kann sagen, daß ein Kunstwerk, ein Werk der bildenden Kunst, z. B. eine Plastik, ihren Inhalt, ihr Anliegen durch sich selber ausdrückt. Ja, die Qualität eines Kunstwerks ist umso höher, je tiefer, umfassender und andererseits ergreifender, beteiligender sein Inhalt sich dem Betrachter vermittelt. Überdies hat ein Kunstwerk, ein freies Kunstwerk, wie man sagt, die verschiedensten technischen Möglichkeiten.

Die Illustration dagegen ist schon äußerlich an Formate, an den Umfang des jeweiligen Textes und eben – an den Textinhalt gebunden. Man kann sie also der angewandten Kunst zurechnen. Die Geschichte der Illustration, also der Verbildlichung eines Inhalts, führt uns zurück bis zu den frühesten Zeugen der Menschheitsgeschichte, bis zu Höhlenbildern und Ornamenten. Sie ist also viel älter als jedes Buch. Auch die frühen Formen der Schrift gehören dahin, z. B. die Bilderschriften. Und bis in unsere Zeit hinein ersetzt das Bild die schriftliche Mitteilung. Wir denken dabei nicht nur an Bilderbücher, Bildgeschichten (die Adamson-Serien z. B.), sondern ebenso an die Zinken der Landstreicher, die auch ganz einfache zur Formel gewordene Bilder sind, oder die schauerlichen Comics in Amerika.

Wir denken aber auch an die Laienbibeln des Mittelalters, an Totentänze und vor allem an die Flugblätter des beginnenden 16. Jahrhunderts und die Holzschnittfolgen Albrecht Dürers. Wir bewundern die Klarheit und Eindringlichkeit solcher Darstellungen, die es vermögen, selbst komplizierte Inhalte ohne weitere Erklärung zugänglich zu machen. Und dabei sind wir bei einem Wesenszug der Illustration:

Wenn Illustration Verbildlichung bedeutet, dann müssen wir von ihr Verständlichkeit fordern.

Das ist eine schwierige Sache. Es zeigt sich nämlich bei unserer längst nicht abgeschlossenen Formalismus-Diskussion, daß weithin mit Verständlichkeit Flachheit und Primitivität und ein öder Naturalismus gleichgesetzt werden. Bei vielen solchen Gesprächen kommt es so heraus, als wäre eine kolorierte Lithographie von

1870 oder die Leipziger Illustrierte der gleichen Ära der Idealfall. Das ist natürlich ein Unfug. Realismus, der sozialistische zumal ist eine Methode, bei der die unterschiedlichsten Auffassungen und Techniken möglich sind. Es spielt also gar keine Rolle, ob ein Künstler Vollständigkeit der Darstellung anstrebt, während der andere die Kunst des Weglassens übt. Wir wollen uns damit nicht aufhalten. Uns geht es hier um die Illustration im Kinderbuch. Und wir müssen, wenn wir nun Verständlichkeit von ihr fordern, feststellen, daß ein solcher Anspruch in gewissem Sinne relativ ist, – insofern nämlich, als die Ansprüche des Betrachters in den verschiedenen Phasen seiner eigenen Entwicklung unterschiedlich sind. Ein Kind sieht ein Bild anders an als ein Erwachsener, und – nun wird es schwierig – ein 6jähriger anders als ein 12jähriger. Ja, man kann noch immer sagen, daß der Unterschied zwischen Junge und Mädchen auch hier ein Rolle spielt. Wir müssen also, um unser Thema richtig anzufassen, eine Differenzierung der Lesealter vornehmen.

Das ist Ihnen allen bekannt. Ihre ganze Arbeit geht davon aus. Und ich werde Ihnen darum nichts Neues sagen. Zudem weiß ich aus unzähligen Besprechungen gerade dieser Frage, wie fließend solche Abgrenzungen sind, wie sehr sie schwanken müssen, denn unsere Kinder sind keine normierten Apparate, und wie sehr sich die Ansprüche mit der gesellschaftlichen Entwicklung ändern.

Trotzdem kann man sich sicher auf einige Gesichtspunkte einigen:

Für die Jüngsten, etwa bis 2 Jahre, wird man möglichst stabile Bilderbücher fordern mit in Form und Farbe klaren Sachdarstellungen, auf denen das Kind die Gegenstände seiner nächsten Umwelt wiederfinden kann.

Vorgang: Wiedererkennen, kompliziert, Übersetzung Dreidimens.-Fläche.

Wenn mehrere Gegenstände dargestellt werden, müssen sie in den Größenverhältnissen zueinander richtig sein, z. B. Obstsorten. Für die 3jährigen etwa wird man diese Gegenstände (Ofen,

Kamm, Ball) schon in einen einfachen Zusammenhang stellen, eine kleine Handlung geben (Ofenheizen, Ballspiel).

Die 5jährigen wird schon die weitere Umwelt interessieren, das Setzen von Pflanzen im Garten z. B., oder eine kleine Reise und ähnliches, Verschiedenheit der Berufe, ihre Bedeutung – damit breiterer Einblick in das Gefüge unserer Gesellschaft.

Das sind alles Bilderbücher, denen man einfache kurze Texte, aber auch umfangreichere Vorlesetexte beigeben kann.

Mit dem Schulbesuch gewinnt dann mehr und mehr der gedruckte Text Bedeutung. Die Illustration, die solange dominierte, unterstützt nur noch und kann auch entfallen.

Für die künstlerische Ausführung der Illustration kann man etwa festhalten:

Die Formen sollen klar erkennbar sein, ohne daß der Kontur übertrieben dick gezeichnet wird. Erklärung. Kubische Form? Bei den Farben wird man zunächst ungebrochene Töne, später erst eine reiche Skala von Mischfarben verwenden. Trotzdem sollen die Illustrationen nicht einfach sein im Sinne von «primitiv» und auf keinen Fall schematisch. Gefälschte Kinderzeichnungen, Karikaturen usw. soll man ausschalten. Und auf jeden Fall den süßlichen Postkartenkitsch und die kalten Routiniers. Prämiierung «Ürps der Erpel».

Hegenbarth Kinderbuch oder nicht? Künstlerische Qualität.

Erkennbarkeit: 3jähriger Junge. Aber zu einer Frage: Hegenbarth beschränkt sich. Vollständigkeit oder?

Meine Ansicht: Peinliche Ausführlichkeit schränkt die Phantasie ein. Beispiel *Gaba* Bild Vater im Fjord. Überhaupt Gaba?

Filmbuch Kinderbuchverlag. Wir sehen das als Bild, von Form, Aufteilung, Farbenreiz her und sind durch die notwendige Starrheit befremdet.

Kind wird sicher in Bewegung sehen – dann bekommt die Geschichte ein anderes Gesicht.

Ich habe nun also Einiges zur künstlerischen Form, zur Möglichkeit bestimmter Themenkreise, zur Frage der Faßbarkeit und ihrer Differenzierung gesagt. Ich habe mich also mehr auf äußere

Dinge beschränkt – und das ist natürlich nicht gut möglich, weil das Bilderbuch (wie jedes andere Buch auch) davon lebt, daß es Absicht verdeutlicht und eine Wirkung, eine Funktion ausübt. Indem ich Themata nannte, habe ich natürlich schon etwas zum Inhalt angedeutet. Dazu muß noch mehr gesagt werden.

«Die Sorge um die junge Generation», sagt unser Präsident Wilhelm Pieck, «muß die Sorge des ganzen Volkes und eine der Hauptaufgaben unserer Republik sein». Bei der Lösung dieser Aufgabe fällt dem Bilderbuch eine entscheidende Rolle zu.

Das Bilderbuch, als Aufgabe recht verstanden und von wirklicher, echter Liebe zum Kind her entwickelt, ist eine unserer Möglichkeiten, unsere Jungen und Mädel vom frühesten Alter an zu aktiven, tätigen Schöpfern unserer neuen Welt zu erziehen. Es kann uns helfen, die Entwicklung unserer Kinder und ihr Verhalten bewußt zu lenken und ihnen die notwendigen Kenntnisse und Fähigkeiten ergänzend hinzuzufügen. Darum muß schon das Bilderbuch in gründlich überlegtem, vollständigem Einklang mit den Zusammenhängen und Notwendigkeiten unseres gesellschaftlichen Lebens stehen. Es muß wissenschaftlich richtig sein, d. h. die Erfahrungswelt richtig wiedergeben und richtig erweitern, kurz und zusammengefaßt:

Es soll dazu beitragen, unser Erziehungsprogramm zu erfüllen.

All das gilt natürlich nicht nur für das Bilderbuch. Ich betone es aber gerade an dieser Stelle, weil bekanntlich die ersten Eindrücke naturgemäß besonders tief haften. Und weil wir bei der Heranbildung unserer Kinder zu allseitig entwickelten Menschen nicht früh genug anfangen können. Nur damit nämlich können wir ihnen Umwege, Entwicklungsschwierigkeiten, Ressentiments usw. usw. aus dem Weg räumen. Diese besonders tiefgreifende Wirkungsmöglichkeit der Jugendliteratur überhaupt ist nicht heute oder gestern erkannt worden. Gewiß macht die Kinderliteratur z. B. des ausgehenden 19. Jahrhunderts weithin den Eindruck, als wäre sie lediglich zur Unterhaltung und Ablenkung geschaffen. Ich brauche nicht darüber zu sprechen, daß auch die Ablenkung schon eine politische Absicht haben kann. Aber sieht man sich diese sonderbare Kinderliteratur näher an, so findet sich bald, daß sie die gesellschaftliche Struktur ihrer Epoche, die Bevorrechtung einer Klasse, schließlich sogar einer Rasse, das Überlegenheitsbewußtsein der ihr Angehörigen und vieles andere bereits im Kind verankern sollte, daß sie andererseits Mystizismus und Ergebenheit in das Schicksal predigte, daß sie den imperialistischen Kriegszielen in der Form der Pflege des «Kolonialgedankens» und in der barbarischen Vergröberung des kostbaren Kulturerbes unserer Volksmärchen und Volkssagen diente. Diese Züge sind im Bilderbuch ebenso nachweisbar wie im Karl May.

Ich habe absichtlich ausführlicher zur Rolle des Kinderbuchs gesprochen. Erst von hier aus erhalten alle Gesichtspunkte und alle Forderungen ihr Gewicht. Und es erklärt sich erst von hier aus mit ganzer Dringlichkeit, daß unsere Kinderbücher der Gegenstand ernsthaftester Bemühung sein müssen. Auf unser eigentliches Thema angewandt heißt das, daß wir der Qualität unserer Bilderbücher und der Buchillustration außerordentliche Aufmerksamkeit schenken, daß wir um die Verbesserung des Niveaus ständig bemüht sein müssen.

Ich darf nun noch ergänzend auf die Illustration der Bücher für die etwa 12jährigen eingehen. – Hier unterstützt die Illustration die Handlung, ohne sie vollständig zu begleiten. Sie unterstreicht besondere Höhepunkte, erläutert fremdartige Begriffe, fremde Landschaften, Pflanzen, Gerät, Kleidung und kann die handelnden Personen in ihrer Umwelt zeigen.

Dabei bleibt die Frage offen, ob man den «positiven Helden» darstellen soll. Bei Leserkonferenzen ist mir schon mehrfach gesagt worden: sie (die Leser) hätten sich den Helden viel schöner vorgestellt, als er auf dem Bild zu sehen war.

Alle diese Forderungen, die wir auf Grund der Differenzierung der Lesealter vorgenommen haben, sind natürlich nutzlos, wenn wir mit ihnen nicht an die Maler und Graphiker herankommen.

Das ist oft versucht worden, ohne viel Erfolg. Gewiß haben wir schon eine ganze Anzahl brauchbarer Illustratoren gefunden. Wie viel da aber noch im Argen liegt, beweist schlagend ein Besuch auf einer unserer Kunstschulen. Ich weiß nicht, ob sich das durchführen läßt, doch wäre es sicher gut, wenn die Kinderbibliothekare unseren Kollegen Künstlern in Weißensee, Leipzig und sonstwo ihre praktischen Erfahrungen vermittelten. Wir werden dabei natürlich immer davon ausgehen müssen, daß die Illustration nicht nur die Funktion der Texterklärung, sondern darüberhinaus auch der künstlerischen Erziehung und Geschmacksbildung hat.

Doch mache ich Sie hier schon auf einen Einwand aufmerksam, mit dem unsere Künstler jedem kritischen Hinweis begegnen möchten. Sie sagen einfach: «Ich hab es meiner Tochter gezeigt, die findet es herrlich». Nun, es gibt sicher nicht wenige kleine Töchter, die genau wissen, daß der Papa gelobt sein möchte. Aber auch eine solche Probe mit Lesern, mit Pionieren ist nicht der Weisheit letzter Schluß. Selbstverständlich ist es dumm, das Urteil der Kinder ausschalten zu wollen. Das kann man nicht, wenn man nicht an ihnen vorbeireden will. Andererseits aber ist ein Buch (und damit die Illustration) ein Erziehungsmittel, das eben eine bewußte Anwendung voraussetzt. Die Illustration soll also die Wünsche und das Aufnahmevermögen der Kinder mit unseren Erziehungszielen verbinden.

Der ausgezeichnete sowjetische Jugendschriftsteller Leo Kassil sagt dazu in einem interessanten Aufsatz in der Zeitschrift «Sowjetzkoje Iskusstwo» – nachdem er zuvor gefordert hat, der Buchillustrator müsse die Vorstellung, die in der kindlichen Phantasie bei der Lektüre dieses oder jenes Buches entsteht, feinfühlig erraten. Es bereitet dem jugendlichen Leser eine große Freude, wenn dieser seine Vorstellungen bestätigt findet und sagen kann: «Ja, gerade so habe ich mir diesen Helden auch vorgestellt». Doch fügt Kassil hinzu – und darauf möchte ich Ihre Aufmerksamkeit lenken –: Hierbei darf sich der Künstler wiederum nicht zu sehr nach seinen Lesern richten, deren Vorstellungen infolge ihrer Jugend und der mangelnden Lebenserfahrung natürlich nicht ganz zutreffend sind und die daher mit dem wahren Gesicht der Menschen, den Erscheinungen und Dingen nicht übereinstimmen.

Der Künstler, der an der Illustration von Kinderbüchern arbeitet, ist ein Erzieher, der den guten Geschmack der jungen Leser und eine richtige Vorstellung über die in dem Buch verkörperten Gestalten bei den Kindern entwickeln soll.

Kollegen, ich habe hier Forderungen gestellt, die auf Verständlichkeit, künstlerisches Niveau, Wahrheit, ideologische Höhe, kurz: auf Qualität der Illustration im Kinder- und Jugendbuch abzielen. Es sind das Forderungen, die denen, die wir an unsere Schriftsteller richten, keineswegs nachstehen. Wir müssen mit der überall feststellbaren Unterschätzung der Rolle der Buchillustration und überhaupt der Buchgestaltung, zu der Vorsatz, Einband, Schutzumschlag gehören, ein Ende machen. Die Illustration ist eine ernsthafte Sache, eine schöne und lohnende.

Sprechen wir darüber, wo sich eine Möglichkeit bietet, geben wir unsere Anregungen weiter – Unsere Künstler sind eine besondere Sorte Menschen. Sie neigen oft zur Übelnehmerei, aber sie lassen sich auch für etwas begeistern. Wer von Ihnen mit dieser eigentümlichen Spezies zu tun hat, wird es mir bestätigen: Sind sie erst einmal begeistert, dann brausen sie los, dann verschlägt uns nicht selten ihre Arbeitswut, ihr Tempo den Atem. Eine solche Arbeitsatmosphäre ist unseren Künstlern noch weithin unbekannt; helfen wir mit, sie zu entfachen.

Ich habe hier nun eine ganze Menge erzählt und kann nicht annehmen, daß Sie in allen Punkten meiner Ansicht sind. Ich weiß auch nicht, ob ich alle für unser Thema nötigen Gesichtspunkte gefunden habe. Ich glaube es jedenfalls nicht. Und ich weiß, daß Ihnen allen gerade dieses Thema auf den Nägeln brennt. Sie werden mich also ergänzen und berichtigen wollen. Am besten vielleicht mit praktischen Beispielen. Ich habe Ihnen hier ein paar ausländische Kinderbücher mitgebracht, über die wir dabei auch gleich sprechen könnten.

Mischa Tschechisch
Papagei Polnisch
Samba USA
Gaba Dänisch
Filmb. (Kinderbuchverlag)

⟨LYRIK DER DDR⟩

I.

Ich bin aufgefordert, hier zu Ihnen zu sprechen über ein Thema, das im Veranstaltungskalender mit «Lyrik der DDR» angegeben ist. Ich bin also gehalten, Ihnen etwas zu erzählen über Gedichte, wie sie hierorts geschrieben und vor allem: veröffentlicht werden. Und ich muß mich wohl an dieses mir zunächst nicht sehr erfreuliche Thema halten – schon deshalb, weil hier ein Vortrag über die Prosa in der DDR vorangegangen ist, gehalten von einem leibhaftigen Professor und also wahrscheinlich methodisch und präzis.

Zu stark persönlich an diesem Thema interess. engagiert, daß ich Ihnen meine Neigungen u. Abneigungen ersparen könnte.

Nun also – wir wollen über Gedichte sprechen. Ich meine, daß Sie als direkt mit dem Buch, mit dem fertigen Buch Befaßte über mehr Namen und Titel verfügen werden als ich. Aber das ist natürlich kein unbedingter Vorzug, denn

1. kann man grundsätzlich seine Zeit nützlicher verbringen als mit dem Lesen von Gedichten und
2. ist ja nicht alles Gedicht, was sich einen lyrischen Anstrich gibt.

Ich sollte – das steht fest – Ihnen etwa einen Überblick über den Bestand und den Stand, den derzeitigen Stand der Lyrik in der DDR geben. Ich will das auch durchaus versuchen. Aber zunächst scheint es mir wichtig zu sein, erst einmal einige Fragen zu formulieren:

Was ist ein Gedicht?

Woran erkennt man es?

Wobei notwendig auch eine solche Frage anklingen wird:

Wodurch ist ein Gedicht modern?

oder z. B.: Gibt es *christliche* Lyrik, und was wäre darunter zu verstehen?

Eine ganze Reihe von Themen also. Wie wir damit hinkommen wollen? –

Man muß es versuchen.

Es gibt einen alten Spruch:
musica est exercitium arithmeticae occultum – nescientis se numerare animi – die Musik ist eine geheimnisvolle Ausübung der Arithmetik, bei welcher die Seele ihres Zählens sich nicht bewußt wird.

Setzen wir statt Musik – Dichtung, so trifft die Feststellung durchaus ebenso zu. Sie besagt, daß der Genuß an einer Dichtung – wie am Kunstwerk überhaupt – zunächst unmittelbar ist. Das heißt: Man läßt ein Gedicht auf sich wirken, ohne daß man ihm gleich die Versfüße nachzählt, die Reinheit der Reime prüft, die Beziehung zwischen der Komposition (Anlage) und dem gemeinten Inhalt feststellt, die Neuheit der Vergleiche und der dichterischen Bilder beurteilt.

Es ist diese Reaktion gemeint, die auftritt, wenn man vor einem Kunstwerk steht, einem Bild, einer Plastik z. B. und – ohne den Künstler zu kennen, oft ohne die angewandte Technik zu verstehen – einfach sagt: das ist schön.

Wir sagen das so: das ist schön.

Wobei zu ergänzen wäre, daß der Begriff «Schönheit» inzwischen für uns nicht mehr so völlig den Meinungen entspricht, die die alten Aesthetiker – von Baumgarten zu Winckelmann und bis Adolf von Hildebrandt und Konrad Fiedler – damit verbanden. Wir meinen mit «schön» nicht durchaus die Harmonie der Verhältnisse, des Bildaufbaus, der Farben, die Gefälligkeit des Gegenstandes oder womöglich die Beherrschung der perspektivischen Gesetze. Das ist nicht mehr so. Wir empfinden z. B. im modernen Jazz, der unseren Eltern als eine heillose Anarchie erscheinen mag, durchaus Elemente des Schönen. Wir empfinden in der zwar noch gegenständlichen, aber nicht mehr die Naturformen abbildenden, sie durch Zeichen ersetzenden Malerei etwa Paul Klees oder Picassos durchaus Schönheit. Wir weisen es nicht nach, wir sagen: das ist schön. Und ich halte das für eine ganz echte, für eine legitime, für eine zuverlässige Aussage.

Eine bedeutende amerikanische Lyrikerin der älteren Generation, Emily Dickinson, hat gesagt, daß *ihr* Kriterium für die Feststellung eines echten Kunstwerks darin besteht, daß es ihr davor kalt wird. Und unser lieber alter Adalbert Stifter sagt, es sei das Wesen eines Kunstwerks, daß es im Betrachter alle vorhandenen Stimmungen auslösche und seine eigene hervorrufe. Wenn wir jetzt beide Aussagen zusammenhalten, kommt es uns nicht so sehr darauf an, die Verbindlichkeit dieser Beurteilungsmaßstäbe festzustellen, sondern eine Antwort auf die Frage zu bekommen: was ist ein Gedicht?

Gedicht, sagt man im Volksmund, ist, was sich hinten reimt. Damit können wir nichts anfangen. Denn es gibt – nicht erst seit neuestem – auch reimlose Lyrik. Was ist also ein Gedicht?

Wir sagten vorhin: wir halten die Feststellung «das ist schön» für eine echte Reaktion auf ein Kunstwerk. Wenn wir so antworten, sagen wir: «dieses Kunstwerk, vor dem wir hier stehen oder das wir eben gelesen haben, hat uns getroffen» – aus Gründen, über die wir im Augenblick gar nicht erschöpfend Auskunft geben könnten. Es hat uns unmittelbar angerührt. Wir haben nicht unser erlerntes, in Vergleichen erprobtes, mit theoretischen Erörterungen ernährtes Kunstverständnis zwischen uns und das Kunstwerk eingeschaltet – wir haben uns also nicht eine Art künstliches Gebiß eingesetzt, um dieses Kunstwerk hier durchzukauen. Es hat direkt auf uns gewirkt, es hat uns, wie man sagt, angesprochen – offenbar nicht nur, wahrscheinlich nicht einmal vordringlich, über den Verstand. Damit sind wir bei einer Wesensbestimmung des Kunstwerks angelangt, die etwa so lauten muß:

Das Kunstwerk – für uns also hier: das lyrische Gedicht – ist ein komplexes Gebilde, in dem sich Inhalt, Sprachführung, Laut-

stand, rhythmische Bewegung usw. usw. miteinander unlösbar verbunden haben. So unlösbar, daß die einzelnen Elemente nicht austauschbar sind. Wir benutzen eine bekannte Formulierung Lessings und sagten: lyrische Dichtung ist *vollkommen sinnliche Rede*. Das müssen wir uns einen Augenblick überlegen. Ich möchte Sie fragen, was Sie sich darunter vorstellen: «Vollkommen sinnliche Rede» –?
Dazu:

Klopstock: *Wingolf* 2 Strophen

Die Wasser Hebrus' wälzten mit Adlereil'
Des Zelten Leier, welche die Wälder zwang,
Daß sie ihr folgten, die den Felsen
Taumeln und wandeln aus Wolken lehrte.

So floß der Hebrus. Schattenbesänftiger,
Mit fortgerissen folgte dein fliehend Haupt
Voll Bluts, mit toter Stirn, der Leier
Hoch im Getöse gestürzter Wogen.

(Zelten = Thraziers = Apollos)

P. Huchel: *Havelnacht*

Hinter den ergrauten Schleusen,
nur vom Sprung der Fische laut,
schwimmen Sterne in die Reusen,
lebt der Algen Dämmerkraut.

Lebt das sanfte Sein im Wasser,
grün im Monde, unvergilbt,
wispern nachts die Büsche blasser,
rauscht das Rohr, ein Vogel schilpt.

Nach dem Geist, der nachtanbrausend
noch in seinem Flusse taucht,
in dem Schilf der Schleusen hausend,
wo der Fischer Feuer raucht:

Duft aus wieviel alten Jahren
neigt sich hier ins Wasser sacht.
Wenn wir still hinunter fahren,
weht durch uns der Trunk der Nacht.

Die vergrünten Sterne schweben
triefend unterm Ruder vor.
Und der Wind wiegt unser Leben,
wie er Weide wiegt und Rohr.

Fritz Pratz: *Rot Sache Wann*

Sie fliegen an

Die Mißweisung
spielt ein

haben die Schallmauer
durchbrochen

Wann schrein

die Muschelreden?
im Verlies
Knopf rot
ein Ton nur nur
Kommandosache Rot

Rot Sache
wann

Vollkommen sinnliche Rede – das heißt: dieses Gedicht, dieses lyrische Gebilde erfassen wir mit unseren Sinnen. Indem wir lesen, nicht unbedingt laut, – ergreift es uns über die Sinne, die Organe der Wahrnehmung: wir hören die Bewegung – in der Klopstockstrophe vorhin einen Strom, rauschend mit Wirbeln sich fortwälzend – in dem Huchelgedicht die Stille eines fast stehenden Flusses; aber auch die Gerüche nehmen wir wahr, den ein wenig bitteren Duft der Wasserpflanzen, und den Wind. In dem Gedicht von Pratz haben wir die Vorstellung eines rasenden Fluges. – Gewiß, das sind Assoziationen. Wir geben sie aus unserem Vorstellungsfundus dazu. Aber sie gehören insofern zu diesen bestimmten Gedichten, weil sie sich dem für Lyrik empfänglichen, empfindlichen Leser notwendig aufdrängen. Am Erlebnis dieser Gedichte können wir sagen, werden unsere Sinne beteiligt. Das also halte ich für das Kennzeichen eines echten Gedichtes. Und wenn wir das für ein Kriterium setzen, können wir – bei einiger Geduld – von Fall zu Fall feststellen, ob wir ein Gedicht vor uns haben, das nicht nur so heißt. Verständlich, daß wir als Beurteiler von Lyrik, als die wir uns nun also hier ansehen, uns nicht ausschließlich auf die Sinne, auf das Gefühl verlassen möchten. Wir werden also nicht ohne Verstand lesen. Wir werden nachprüfen, worin die Wirkung des betreffenden Gedichts auf uns besteht, mit welchen Mitteln sie hervorgerufen wurde. Nehmen wir noch einmal die Klopstockstrophen

Die Wasser Hebrus' …

Wir sagten, in ihnen wäre das Strömen eindrucksvoll vorhanden. Wir können jetzt sagen: die Bewegung, die den Inhalt der Strophe ausmacht, ist im Rhythmus, in der Sprachführung, in der Wortwahl und -stellung ebenfalls da. Der Aktion des Inhalts entspricht die Aktion, die heftige, aufgeregte Bewegung, in die die Grammatik hier versetzt ist. Klopstock hat die alkäische Strophe gewählt. Benannt nach dem alten griechischen Dichter Alkaios, stellt sie ein vollkommenes Muster für eine feierlich-bewegte Strophe vor:

v – v – v – vv – v –
v – v – v – vv – v –
v – v – v – v – v
– vv – vv – v – v

In dem Gedicht von Huchel haben wir einen ganzen anderen Versrhythmus:

– v – v – v – v
– v – v – v –
– v – v – v – v
– v – v – v –

Ein sehr ruhiges, gleichmäßiges Versmaß, das der abendlichen Stille des Gedichts völlig entspricht.

In dem Gedicht von Pratz sind alle Festlegungen des Versmaßes aufgehoben. Der Dichter verläßt sich auf sein Ohr, mit dem er allein noch nachprüft, ob der Zeilenfall seine Vorstellung von den Vorgängen im Gedicht genau wiedergibt.

Wir könnten diese Art der prüfenden Betrachtung fortsetzen und den Lautstand, die Verwendung bestimmter Vokale z. B. untersuchen. Aber ich glaube, das führt hier zu weit.

Wir werden, meine ich, auch die Fragen zurückstellen, die auf Tradition oder Moderne zielen. Einiges davon wird sich bei der nun anstehenden Behandlung des lyrischen Aufkommens der DDR ergeben. Davor machen wir am besten eine Pause.

II.

Wir leben in der DDR. In einem Staat, der als Antwort auf die Jahre der Naziherrschaft und die Katastrophe von 1945 neue, grundlegend veränderte Wertsetzungen politischer, wirtschaftlicher, geistiger Art durchzusetzen bemüht ist, die er zu einem wesentlichen Teil aus der Auseinandersetzung mit der Vergangenheit gewinnen muß, aus der Aufarbeitung einer verfehlten Entwicklung unseres Volkes. Daß diese Vergangenheit von weitesten Teilen unseres Volkes als richtig und natürlich verstanden worden ist und von vielen Älteren noch häufig so verstanden wird, erschwert diese Arbeit erheblich. Verständlich daher, daß nach 1945 auch im Bereich der Literatur vor allem jene Dichter und Schriftsteller das Wort erhielten, die entweder schon vor 1933 gegen Faschismus und Krieg geschrieben hatten, oder solche, die sich infolge ihrer Erlebnisse von ihrer eigenen Vergangenheit getrennt hatten und dies zum Ausdruck brachten. Das soll heißen, daß mir ein gewisses Primat politisch wirksamer Literatur angebracht erscheint, – wobei allerdings von der künstlerischen Qualität nicht abgesehen werden sollte. Anzumerken: Als politisch wirksame Literatur betrachte ich z. B. auch die bei uns erschienenen Werke von Albrecht Goes und Heinrich Böll.

Gehen wir aber zur Betrachtung einzelner Dichter über.

Zunächst der Älteren, bei denen ich mich kurzfassen kann, da sie Ihnen allen geläufig sein werden:

Johannes Robert Becher ist ohne Zweifel ein bedeutender Lyriker gewesen. Ob man seinen Anspruch, für die Nation zu sprechen, annehmen muß, ob man seiner Kreierung zum größten Dichter des Jahrhunderts zustimmen soll, darüber brauchen wir nicht zu sprechen. Feststeht, daß er mit einer Reihe seiner Gedichte zur Nationalliteratur gehört, daß er durch seine Tagebücher und Schriften zur Theorie der Dichtung Erhebliches beigetragen hat. *Sonett*? (Glück, Tübingen)

Der Buchhändler wird feststellen, daß sich seine zahlreichen Gedichtbände nicht sehr gut absetzen, aber so etwas ist bei Lyrik ohnehin selten, wenn man nicht gerade

Bertolt Brecht zum Beispiel nimmt. Brecht ist vor allem als Dramatiker hervorgetreten. Es gibt Leute, ernsthafte Leute, die ihn noch mehr als Lyriker schätzen. Ich bin für solche Trennungen nicht. Aber wir reden natürlich, unserem Thema entsprechend, von dem Lyriker Brecht.

Sieh jene Kraniche in großem Bogen!
Die Wolken, welche ihnen beigegeben
Zogen mit ihnen schon, als sie entflogen

Aus einem Leben in ein andres Leben.
In gleicher Höhe und mit gleicher Eile
Scheinen sie alle beide nur daneben.
Daß so der Kranich mit der Wolke teile
Den schönen Himmel, den sie kurz befliegen
Daß also keines länger hier verweile
Und keines andres sehe als das Wiegen
Des andern in dem Wind, den beide spüren
Die jetzt im Fluge beieinander liegen.
So mag der Wind sie in das Nichts entführen
Wenn sie nur nicht vergehen und sich bleiben
So lange kann sie beide nichts berühren
So lange kann man sie von jedem Ort vertreiben
Wo Regen drohen oder Schüsse schallen.
So unter Sonn und Monds wenig verschiedenen Scheiben
Fliegen sie hin, einander ganz verfallen.
Wohin ihr? – Nirgendhin. – Von wem entfernt? – Von allen.
(Aufstieg und Fall der Stadt Mahagonny)

Hier haben wir ein vollkommenes lyrisches Gedicht, auf das sich unsere Formel «vollkommen sinnliche Rede» durchaus anwenden läßt. Das Gedicht handelt vom Fliegen und bringt den gemeinten Inhalt rhythmisch und sprachlich genau zum Ausdruck – nicht den technischen Flug wie vorhin bei Pratz, sondern den kreatürlichen, den wogenden, fließenden, harmonischen Flug der Vögel.

Es gibt andere Gedichte bei Brecht, die das Wasser oder den Wind zum Inhalt haben, oder z. B. das Wachsen eines Baumes. Wir haben also keinen Zweifel an der dichterischen Leistung Brechts. Und wir rechnen seine ausgesprochen politisch gerichtete Lyrik durchaus hierher. Auch auf die Gefahr hin, daß unsere Formel da ein bißchen versagt. Auf jeden Fall wirkt auch die politische Lyrik Brechts unmittelbar. Sie erzeugt auf direktem Weg Emotionen, Bewegungen in uns. Sie wirkt bei aller Nüchternheit und Schärfe nicht nur auf den Intellekt. Ob wir uns bei dieser Feststellung im Einklang mit den Theorien Brechts befinden, soll uns jetzt nicht kümmern. Der westdeutsche Lyriker und Essayist Holthusen sagt dazu ungefähr: Auch der nackte Gedanke kann, wenn er von einer starken rhythmischen Bewegung ergriffen wird, vollkommen sinnliche Rede sein.

Wenden wir uns einigen anderen Dichtern zu.

Peter Huchel

Er nimmt in der zeitgenössischen Dichtung einen unbestrittenen Rang ein, und zwar hüben wie drüben. Er ist im wesentlichen Naturlyriker, obwohl seine Gedichte nichts zu tun haben mit der sogenannten Dorfteichlyrik. Sie sind herber, atmosphärischer. In den anschauungsgesättigten Bildern wie in der körnigen, jede Glätte, jede Routine vermeidenden Sprache ist eine starke Verwandtschaft mit Annette v. Droste-Hülshoff – mit ihren Heidebildern – zu bemerken.

Kolonne (H. Lange, Oda Schäfer, G. Eich → Krolow) – in der DDR wenig Wirkung – Vertretung im Ausland (Knocke, Venedig, London)

Etwas älter als Huchel ist *Erich Arendt*, der nach langen Emigrationsjahren in Südamerika in Berlin ansässig geworden ist.

Trug doch die Nacht den Albatros – Gesang der sieben Inseln – Flugoden

Übersetzer von P. Neruda u. R. Alberti.

Stefan Hermlin halte ich für einen sehr bedeutenden Dichter – vor allem in seinen 22 Balladen, weniger in dem Band Flug der Taube. Er verfügt über eine wesentlich härtere Sprache als z. B. Arendt, auch als Becher, seine Strophen muten oft an wie gehämmert. Eine Verwandtschaft zu den französischen Nachsymbolisten – zu Eluard oder zu Aragon – ist nicht zu übersehen. Allerdings hört Hermlin das nicht gern, verweist auf den älteren Swinburne.

Über *Georg Maurer* spreche ich nicht gern. Angenehmer kluger Mann; Oberlehrerpoesie, bei der ein gewisser «moderner» Zug erzwungen, künstlich wirkt. Die Redlichkeit ist ihm nicht abzusprechen. Literaturinstitut. «Lob der Venus», 42 Sonette, Elefanten. Naturgedichte ohne Natur.

Kuba. Gedicht vom Menschen (Majakowski, mehr noch Nežval). Frühe Gedichte weisen auf seinen Lehrmeister

Louis Fürnberg und weiter zurück auf R. M. Rilke, zu dem wenigstens Fürnberg sich stets bekannt hat.

Von den Älteren noch: Zimmering,
Walter Dehmel,
Friedrich Schult,
René Schwachhofer.

Ich komme nun zu einer Gruppe jüngerer Lyriker, von denen, seiner offenbaren Begabung entsprechend, zuerst

Franz Fühmann genannt werden soll.

Die Nelke Nikos, Aber die Schöpfung soll dauern, Die Fahrt nach Stalingrad.

Paul Wiens

Hanns Cibulka

Günter Deicke

Uwe Berger, Heiner Müller, Manfred Streubel, Kipphardt
(Shakesp. dr. gesucht)

Werner Lindemann

Lee Masters / Preißler, Walter Werner, Adelheid Christoph, H. H. Kraze / Babel

Alle mehr oder weniger traditionell. Einzig scheint bei

Christa Reinig, Günter Kunert, Heinz Kahlau modernes Bewußtsein, eine Empfindlichkeit für die veränderte Zeit wach zu sein.

Reinig: *Der schwere Traum*

der fluß war rot und tränkte tote pferde
ich flog den weg auf schweißbedeckter erde
und ich sah münder fliegenüberkrochen
und sah das blut aus offnen stirnen pochen

und trat zwei augen unter meine sohlen
und flog zum fluß und mußte wasser holen

der tag war glas: – ich sah mir selbst entgegen
und sah mich schwer durch gottes traum bewegen

ich legte meinen kopf auf einen stein
und die ich liebte ließen mich allein
da lächelte ich müd in seine schrecken
und rief ihn leise an ihn aufzuwecken.

Hier wäre nun einiges anzuschließen über moderne und traditionelle oder traditionalistische Dichtung.

Worin unterscheidet sich ein modernes Gedicht – z. B. das zitierte von Fritz Pratz – von einem traditionsbewußten – etwa einem Gedicht von Peter Huchel.

Das Äußere sieht man auf den ersten Blick. Das Gedicht von Pratz erscheint ungeordnet, willkürlich, zerrissen – jedenfalls äußerlich. Aber: Konzentration, strenge Ökonomik, keine Füllsel.

Und dann: ich sagte bei Christa Reinig spricht sich modernes Bewußtsein aus, dabei hat R. doch eine betont traditionelle äußere Form. Es liegt also nicht – oder nicht nur – an der Form.

Also liegt es am Inhalt.

Um es gleich zu sagen: weder Rilke noch Hesse noch Bergengruen, Gertrud von le Fort, R. A. Schröder sind moderne Dichter. Warum nicht? Gottfried Benn hat einmal geäußert: «Gemüt habe ich keines.» Das stimmt, wenn man seine Altersdichtung kennt, für ihn selber nicht ganz, wohl aber trifft es auf moderne Lyrik zu.

Das moderne Gedicht heimelt nicht an, es erlaubt nicht, sich's in einem Vers gemütlich zu machen, es nimmt den Leser nicht in ein Bewußtsein der Kommunikation, der Gemeinschaft mit dem Dichter auf. Es ist beunruhigend, manchmal beängstigend, bedrohlich. Man kann an ihm das persönliche Ich des Dichters nur schwer, oft überhaupt nicht ablesen. Selbst wenn der Dichter sich selber im Gedicht einführt, wird er nicht faßbar.

Es fällt Ihnen sicher auf, daß ich nur negative Kategorien setze. Das ist m. E. dem Phänomen moderne Lyrik einzig angemessen.

Diese Dichtung ist beunruhigend, dissonant, sie idealisiert nicht, sie verschönt nicht. Es ist die Frage, ob sie dem Leser etwas gibt. Verursacht sie Gefühle? Kaum.

Verursacht sie einen aesthetischen Genuß? Nicht durchaus und vor allem: nicht vordringlich.

Was also tut sie? Sie beunruhigt, sagte ich. Sie ist oft unangenehm, weil sie unbequeme Fragen stellt. In einem Aufsatz, der 1918 unter dem Titel L'esprit nouveau im Mercure de France erschien und zu den Grundschriften der modernen Dichtung gehört, sagte Apollinaire, der Unterschied der neuen zur älteren Dichtung liege im Moment der Überraschung. Und Cocteau hält, darüber hinausgehend, für das Kennzeichen moderner Dichtung, daß ihre Wirkung einem Schock gleichkomme. Es ist also ein Überfall zu konstatieren, den das moderne Gedicht auf den Leser verübt. Seltsam, daß bereits Adalbert Stifter, wie heute schon erwähnt, mit seiner Formulierung, das Kunstwerk lösche die vorhandenen Stimmungen im Leser aus und bringe seine eigene hervor, sich in ähnlicher Bahn bewegt. Wenn wir eine Goethesche Rezension über Gedichte (etwa von J. P. Hebel) lesen, fällt uns auf, daß Goethe den Inhalt der Gedichte nacherzählt. Das ist bei moderner Lyrik nur in verschwindendem Umfang möglich. Man kann einen gewissen Tatbestand, eine Ausgangssituation, manchmal eine Tendenz feststellen. Für das betreffende Gedicht selber ist damit verhältnismäßig wenig ausgesagt. Das liegt daran, daß eine unlösbare Identifikation, eine äußerste Verquickung von Inhalt und Sprache angestrebt ist, die es nicht erlaubt, den Inhalt sozusagen abzuziehen. Sie erinnern sich an das Fluggedicht. Ich kann Ihnen weitere solcher Gedichte vorlesen.

Fuchs, Enzensberger, Meckel (Expeditionen u. Nebelhörner) Man kann nicht sagen, daß hier eine Fehlentwicklung der Dichtung vorliegt. Sie erinnern sich, daß die französische Lyrik seit 100 Jahren schon dieses beunruhigende Bild bietet. Von Baudelaire, Rimbaud, Mallarmé, Lautréamont bis zu Apollinaire, Breton, Reverdy usw. Und daß alle europäischen Literaturen von ihr starke Antriebe erhalten haben: die deutschen Expressionisten wie die sowjetischen, tschechischen, ungarischen, polnischen Lyriker. Die Italiener, Engländer, Amerikaner, Spanier.

Man kann hier vielleicht noch ein weiteres Merkmal moderner Kunst anführen, das in der engen Verbindung, die die Künste heute untereinander haben, zu finden wäre.

Wenn man bedenkt, mit welcher herben Abweisung z. B. Goethe den Kompositionen seiner Gedichte durch Franz Schubert begegnete, welche Vorbehalte er gegen Beethoven äußerte, fällt die enge Freundschaft auf, die moderne Künstler – Dichter, Maler, Musiker – vereint.

Picasso, Bracque, Jean Gris – Apollinaire,
Max Jacob, Gertrude Stein;
Garcia Lorca – Manuel de Falla – Salvador Dali.

Die Literaturkritik entnimmt z. B. ohne Bedenken Maßstäbe für die Beurteilung von Lyrik aus der Malerei und umgekehrt; man spricht von einem Einfluß Chagalls auf zeitgenössische Dichter, man stellt die Übernahme bestimmter Motive von einer Kunstgattung in die andere fest. Noch weiter: Picasso, Klee, Kandinsky, Kokoschka dichten; Cocteau, Lorca u. a. malen; andere sind ausübende oder schöpferische Musiker. Das ist nicht einfach mit dem Vorhandensein von Doppelbegabungen zu erklären, sondern bezeichnet eine vorhandene Austauschbarkeit der künstlerischen Darstellungsmittel und läuft auf eine tatsächliche Struktureinheit in der modernen Kunst hinaus.

Wir können annehmen, daß sich eine so hartnäckige Erscheinung wie die moderne Lyrik nicht gut als Fehlentwicklung wird bezeichnen lassen. Wir sind freilich gut daran, bei uns in der DDR. Denn – mit wenigen Ausnahmen, wie schon gesagt, existiert moderne Lyrik hierorts nicht. Trotzdem sollten wir uns mit ihr befassen, wo sie uns zugänglich wird, z. B. in der Anthologie, die vor ein paar Jahren der Verlag Neues Leben herausbrachte, von Jens Gerlach zusammengestellt. Wir sollten uns mit ihr befassen, es passiert sonst, daß wir Dinge für neu und gar sensationell halten, die schon längst woanders vorhanden waren.

So hat der mit Recht gelobte Franz Fühmann einige sehr deutliche Anklänge an Gottfried Benn verraten. Und ebenfalls der vielgerühmte Hanns Cibulka; letzterer ist überhaupt ein Talent, was Entlehnungen anlangt. Es finden sich bei ihm wörtliche Übernahmen nicht nur aus Benn, sondern auch aus Huchel, Peter Gan, sogar Rudolf G. Binding, C. F. Meyer, Annette von Droste usw.

Wir haben hier also im ganzen gesehen einen beruhigend traditionellen Stand der Lyrik festzustellen, der an Gottfried Benns Gedicht «Destille» erinnert, wo es im letzten Teil heißt:

Ich will mich nicht erwähnen,
doch fällt mir manchmal ein
zwischen Fässern und Hähnen
eine Art von Kunstverein.

Die haben etwas errichtet,
eine Aula mit Schalmei,
da wird gespielt und gedichtet,
was längst vorbei.

Aber wir wollen natürlich nicht ungerecht werden. Wir haben auch in der Lyrik zum guten Teil andere Sorgen, als jede Richtung – von Surrealismus bis Hermetismus usw. – nachzubeten. Und schließlich sind so bedeutende ausländische Lyriker wie Pablo Neruda, Raffael Alberti und Nicolas Guillen bei uns in Übersetzungen erschienen. Außerdem hat die außerordentliche Zeitschrift Sinn und Form immer wieder auch Proben jüngster westdeutscher Lyrik veröffentlicht: von Helmut Heißenbüttel, Hans Magnus Enzensberger, Peter Hamm z. B. –

Die vorstehenden Anmerkungen und Hinweise werden Sie, vor allem was die vom Thema her gebotene Beschäftigung speziell mit der Lyrik der DDR anlangt, wohl nicht sehr befriedigen. Das liegt natürlich bei mir und daran, daß ich erstens nicht übermäßig viel vom bisherigen lyrischen Aufkommen bei uns halte, und zweitens eine deutliche Zweiteilung der neueren deutschen Literatur, die sich aus ersichtlichen Gründen natürlich abzeichnet, nicht gern wahrhaben möchte. Ich habe mir deshalb immer wieder erlaubt, westdeutsche Beispiele heranzuziehen. Immerhin will ich versuchen, diese fragmentarische Darstellung wenigstens mit einem Überblick über die allgemeine Situation in der DDR-Lyrik zu ergänzen:

Zunächst erscheinen hier die Gedichtbände vor allem Johannes R. Bechers, Peter Huchels, Stefan Hermlins, zu denen sich dann der inzwischen aus der Emigration zurückgekehrte Erich Arendt gesellte. Daneben kamen die stärker politisch gerichteten Bände von Zimmering, Lorbeer, Fürnberg, Kuba heraus – alles Dinge, die – wenn man von den erfolgreichen Terzinen des Herzens der Frau Bostroem absieht – sozusagen in Niveau oder Gesinnung sichere Fakten darstellten. Das blieb so, bis sich auf 1956/57 zu eine stärkere Bemühung um die Lyrik, speziell die junge Lyrik, einstellte.

Der Mitteldeutsche Verlag brachte, neben ein paar Westdeutschen, mehrere neue DDR-Lyriker heraus: Cibulka, Rainer Kunze, Werner Lindemann, Hädecke usw.

Volk und Welt begann die Reihe Antwortet uns, die ja noch heute existiert.

Neues Leben brachte Kunert, den inzwischen republikflüchtigen Peter Jokostra und die schon genannte Anthologie.

Auch der Aufbau-Verlag beteiligte sich an dieser Entwicklung mit Paul Wiens, Uwe Berger, Günther Deicke, Franz Fühmann.

Erschien damals einiges, was sich zum mindesten in formaler Hinsicht als modern klassifizieren ließ, so erfolgte dann mit der bekannten Propagierung der Agit-Prop-Dichtung – vor allem durch Rose Nyland – eine gewisse Veränderung, bis zu jener Konferenz, die die Parole «Kumpel, greif zur Feder» ausgab.

Seither gibt es schon eine ganze Anzahl dichtende Arbeiter, Förster und Bauern. Aufbau-Verlag, Volk und Welt, seit neuestem auch Greifen, bringen ihre Arbeiten heraus. Ich nenne Jupp Müller und Rudolf Bahro. Naturgemäß treten, selbst bei offenbarem Talent, hier zunächst die Vorbilder deutlicher in den Blick. Aber Vorbilder hat jeder Künstler. Literatur wird geschaffen, weil es bereits Literatur gibt. Niemand ist sofort aus sich selber da. Da die Vorbilder von Weinert bis zu Majakowski, von Brecht bis zu Rilke reichen, ist immerhin eine gewisse Vielfalt möglich. Hüten wir uns also, hier summarisch zu urteilen, erwarten wir aber auch nicht gleich Offenbarungen. Das also zum Abschluß der Darlegungen über die DDR-Lyrik. Wir haben nun noch eine Frage zu behandeln: nämlich die nach der spezifisch christlichen Lyrik.

III

Wir könnten es uns einfach machen und die hierorts gedruckte religiöse Lyrik als Pastoren- oder Goldschnittpoesie abtun. Das trifft gewiß auch auf manche Lyriker zu. Trotzdem wäre es ungerecht. Wir müssen da doch ein bißchen tiefer gehen und fragen deshalb schlicht und klar: Gibt es christliche Lyrik? Und: Was wäre unter christlicher Lyrik zu verstehen? Nun, ganz gewiß gibt es christliche Lyriker. Wir denken an Jochen Klepper, an R. A. Schroeder, Gertrud von le Fort, – von denen ich vorhin sagte, ich rechnete sie nicht zu den Modernen. Ganz gewiß bedeutet das kein Werturteil. Einem Kunstwerk wird nichts genommen, wenn man seine Verpflichtung an bestimmte Traditionen feststellt.

Vor ein paar Jahren hat Günther Steinbrinker in den Neuen Deutschen Heften einen Aufsatz veröffentlicht, der sich mit diesem Thema befaßt. Steinbrinker setzt, um zu Ergebnissen zu kommen, erst einmal einen Trennungsstrich zwischen Dichtung und Literatur. Er bedient sich dabei eines zunächst etwas verspielt wirkenden Hilfsmittels. Er sagt:

Sache der Dichtung ist es, die Dinge *leuchtend*
zu machen,
Sache der Literatur (also der Erzählung, des Romans usw.),
die Dinge *einleuchtend* zu machen.

Die zweite Feststellung ist sofort klar. Sie besagt, daß man die

Botschaft des Christentums in einem literarischen Werk unterstreichen, pointieren, aktualisieren, durch Beispiele plausibel machen kann. Kurz gesagt: Literatur kann eine legitime Form darstellen, auch den Missionsauftrag der Christen zu einem Teil auszurichten. Das ist so, und darum gibt es eine respektable christliche Romanliteratur.

Wie aber steht es mit der Lyrik?

Hier müssen wir uns mit aller Vorsicht bewegen, denn zweifellos gibt es nicht nur christliche Lyriker, deren Gedichte den christlichen Standort ihres Dichters verraten, sondern es gibt auch christliche Lyrik – vom Sonnengesang des heiligen Franz bis zu Paul Gerhardt und weiter, wobei wir absehen von einer Gedankenlyrik mit christlichen Motiven. Es geht uns um das primär lyrische Gedicht, das wir unter der Formel «vollkommen sinnliche Rede» interpretierten.

Wir bemühen an dieser Stelle die vorhin genannte Begriffsbestimmung:

Sache der Dichtung (also der Lyrik), die Dinge
leuchtend zu machen.

Leuchtend machen, das heißt doch: einer Sache, einem Motiv, einem Inhalt Glanz verleihen. Das kann der Lyriker mit einer hochgestimmten Sprache, mit kühnen Bildern, mit Vergleichen – also mit einem künstlerischen Aufwand, der dann auf das gemeinte Motiv zurückstrahlt, es sozusagen poetisiert. Ein solches Verfahren mag überall richtig sein, in unserem Falle ist es m. E. nicht angängig. Es ist möglich und durchaus legitim, die zentrale Botschaft des Christentums, die Fleischwerdung Gottes, einleuchtend zu machen, nicht wahr, aber sie *leuchtend* machen, das liefe in der Konsequenz auf Zynismus, auf Blasphemie hinaus. Man kann das am hellsten Leuchtende nicht noch leuchtender machen.

Diese Auffassung ist in der Praxis zu belegen: Warum gibt es zum Goetheschen Prometheus kein ebenso mächtiges Gegenstück, über das Karfreitagsgeschehen etwa?

Nun, es gibt Kirchenlieder – von Notker oder Ambrosius bis

zu Jochen Klepper – großartige Kirchenlieder. Es gibt Bereimungen der Psalmen. Mein Freund Ad den Besten hat mir berichtet, daß z. B. die Holländische Kirche eine neue Bereimung der Psalmen durch junge Lyriker durchführen läßt, ganz offenbar mit Erfolg. Wir haben in Deutschland ebenfalls Versuche in dieser Richtung. Aber das ist wohl nicht Lyrik in dem von uns bestimmten Sinne. Das ist – bei der Psalmenbereimung – der Versuch, einen unveränderlichen Inhalt in eine neue Form zu bringen, die den Menschen heute besser erreicht. Wir erleben das gleiche, wenn wir eine moderne Bibelübersetzung lesen. Die uns von Kindheit an vertraute altertümliche Sprache der Lutherbibel hat uns hier und da verhindert, den tatsächlichen, aktuellen Inhalt bestimmter Verse oder Kapitel aufzunehmen. In einem neuen, ungewohnten sprachlichen Gewand trifft uns eine längst bekannte, auswendig gewußte Bibelstelle plötzlich mit unvermuteter Gewalt. Das ist also möglich, und in dieser Richtung liegt der unbestreitbare Wert solcher Neufassungen vorhandener Texte, wie wir das auch vom Kyrie-Band Kleppers und von R. A. Schroeder kennen.

Zum zweiten gibt es ein freies Feld für das in unserem Gesangbuch glorios und unbegreiflich mächtig angestimmte Lob Gottes. Das ist ein wunderbarer, unerschöpflicher Besitz unserer Kirche. Aber christliche Lyrik ist es nicht.

Dem Begriff christliche Lyrik nähern sich allerdings Choräle Paul Gerhardts, nicht alle, aber doch z. B. das Karfreitagslied «O Haupt voll Blut und Wunden». Auf vergleichsweise minderer Ebene das Weihnachtslied «Stille Nacht». Hier wird mit Bewegungen des Gemüts umgegangen. Und es ist interessant, daß die Richtung, in der diese Lieder und z. B. der größte Teil des Bestandes an den sogenannten geistlichen Volksliedern liegen, heute von vielen Christen als nicht in das Gesangbuch gehörig betrachtet wird. Ich bin da nicht so streng. Ich weiß aus Erfahrung, was solche Lieder im rechten Zeitpunkt bedeuten können. Aber auch sie sind ja noch nicht christliche Lyrik. Sie sind eine praktikabel gemachte, singbar gemachte Andacht. Sie erheben nicht den Anspruch der Dichtung, frei, autonom, über den Anlaß des Gedichts hinaus, etwas Neues, bisher nicht vorhanden Gewesenes zu schaffen.

Christus aber – und damit fassen wir zusammen – ist für den Christen niemals bloß ein Wort. Christus «bedeutet». Diese «Bedeutung» kann man immer neu sagen, wiederholen, aber man kann sie nicht zum Material für Dichtung benutzen. Damit würde man sie degradieren. Und fiele unter das Verbot: du sollst den Namen des Herrn, deines Gottes, nicht unnützlich führen.

Es gibt aber christliche Lyrik. Ganz gewiß. Tersteegens «Andacht bei nächtlichem Wachen», Claudius' «Abendlied» usw. usw. Aber das ist Lyrik aus christlicher Haltung, aus einem christlichen Lebensgrund heraus. Sie ist vorhanden, wo es Christen gibt.

Sie kennen die Bändchen von Stehmann, Otto von Taube, Lotte Denkhaus, Gottfried Unterdörfer usw. Aber das christliche Gedicht, das die Botschaft Christi aufnähme, sie in einem selbstherrlichen Umschmelzungsprozeß verwandelte, in ihren Dimensionen womöglich veränderte, in überraschenden Richtungen vorstoßen ließe – wie das Lyrik eben tut – das ist für mich undenkbar.

Im Prometheusgedicht Goethes tritt das Motiv, das der Sage entnommen wurde, letztlich ohne die direkte Bindung daran auf. Das Gedicht historisiert nicht, es bewegt sich frei, es verallgemeinert, es geht auf eine Suggestivwirkung aus – insofern ist es echtes lyrisches Gedicht. Ein christliches Gedicht dieser Art wird es nicht geben. Wie ich gezeigt zu haben glaube, mit vollem Recht.

⟨BENANNTE SCHULD – GEBANNTE SCHULD?⟩
⟨Vortrag in der Evangelischen Akademie Berlin-Brandenburg⟩

Der Herr Akademievater hat mich hier von sich aus aufs Programm gesetzt, aber er hat es mir immerhin nachher gesagt. Er hat mich hier also einfach mit einem Thema verheiratet, was auch ein Pastor nicht dürfen dürfte, er hat gemeint, ich sei – was dieses Thema anlangt – nicht völlig im Stande der Unschuld. Ich hoffe, er hat recht, ich bekenne mich als einschlägig vorbestraft. So weit, so gut, nur eben, er hätte wissen können, daß Referate von mir nicht zu erwarten sind, höchstens solche Fünfminutenbrenner.

Ich werde also einfach sagen, was mir zum Thema eingefallen ist, *mir* eingefallen ist.

Benannte Schuld – gebannte Schuld. Das ist nicht sehr hübsch formuliert, finde ich, aber das Fragezeichen dahinter, das versöhnt mich. Daran werde ich mich halten. Ich sage also die erste These auf:

Literatur ist machtlos.

Bei Johann Gottfried Herder, in den Ideen, lese ich: Der Mensch im 10000sten Jahr seiner Geschichte mit den gleichen Leidenschaften geboren wie im zweiten ... nun braucht das, was H. hier mit den Leidenschaften gemeint hat, nicht durchaus mit der hier in Rede stehenden Schuld zu tun zu haben. *Aber* ich bin da nicht so sicher. In den gleichen Ideen aber findet sich die Konzeption einer fortschreitenden Humanisierung. Was hat das mit unserem Thema zu tun? Das Thema ist bezogen auf jüngste Vergangenheit, denke ich, und auf Gegenwart. Sage ich also, was mir eingefallen ist.

Literatur, d. h. die Literatur, von der wir hier handeln –, arbeitet Vergangenheit auf, Vergangenheit im weitesten Sinne, also auch ihre überständigen Erscheinungsformen. Das tut sie also, und sie tut es im Blick auf Gegenwart, meinetwegen auf Zukunft. Sie will also etwas ausrichten.

Nun werden die jungen Leute, die das gelernt haben, Beispiele anführen, wo Literatur das angeblich geleistet hat: Bücher von vorgestern also, die (wie es ungefähr heißt) Taten von gestern geworden sind. Oder bescheidener: vorgestrige Bücher, die gestrige Taten ausgelöst oder befördert haben. Also z. B. die Wirksamkeit der französischen Aufklärer im Zusammenhang mit der Revolution von 1789.

Ich leugne diesen Zusammenhang keineswegs, ich finde nur, daß er in den gängigen Darstellungen monumental dasteht, und daß diese Monumentalität eine Konstruktion ist, daß die Fakten anders aussehen, so sehr anders, daß sie den, der sich mit der tatsächlichen Wirkung der Literatur auf die Zeit befaßt, kleinmütig machen müssen.

Erst einmal ein bißchen in die historischen Fakten: Der Sturm auf die Bastille war kein Sturm. Man ging in ein unbewachtes Gebäude und ließ ein paar Leute heraus. Man brauchte dazu keine Waffen.

Der Zorn der Pariser richtete sich gegen die Monarchie, weil es hieß, der König habe die Überführung von Brotgetreide und Mehl in die hungernde Hauptstadt verhindert usw. usw.

Da die Literatur dieser Zeit keine Massenwirkung hatte, und wann hat Literatur das? – ist die Revolution von 1789 also eine Intellektuellenrevolution. Gibt es das?

Nun gut, das Beispiel liegt weit zurück, es hat seine Stilisierung erfahren, es ist praktikabel. Wie soll man auch sonst Geschichte lehren! Und warum sollten wir so alte Geschichte *umschreiben*?

Geschichtsschreibung ist – in Frankreich, England, Deutschland wenigstens – Literatur. Literatur ist machtlos.

Nehmen wir ein etwas näher liegendes Beispiel. Onkel Toms Hütte. Das Buch, so lese ich, hat nicht nur eine außerordentliche Verbreitung, sondern auch direkte Wirkungen gehabt. Angesichts des Farbigenproblems in den Staaten heute scheint das übertrieben. Die Sklaverei hat es nicht beendet. So etwas geschieht nicht als Folge von Literatur. Analog: Die Bauernbefreiung im vorigen Jahrhundert war keine Angelegenheit der Humanität, sondern eine der Industrialisierung. Der Junker mußte seine Verfügungsgewalt über den Leibeigenen aufgeben, weil der Lohnarbeiter gebraucht wurde und also freizügig werden mußte. Das ist bekannt. Es bedurfte dazu keiner Literatur. Aber Literatur, die benutzbar ist, Konstruktionen der genannten Art (über die gesellschaftliche Wirkung von Literatur) zu illustrieren, ist vorhanden. Wozu dient sie wirklich? Zur Verschleierung? Zur Beruhigung des schlechten Gewissens? Gibt es soetwas?

Nehmen wir ein neueres Beispiel: Die Kollektivierung der Landwirtschaft in der SU ist, so lese ich, durch den Roman «Neuland unterm Pflug» entscheidend befördert worden. Das Buch erschien 1932, d. h. der erste Teil. Der zweite erst lange nach dem Kriege. Hier gibt es nun eindrucksvolle Auflagen, die Ausleihziffern der Bibliotheken usw. Besagen solche Ziffern etwas über die Wirkung? Sicher. Über die Wirkung Scholochows als Romanautor auf die literarisch Interessierten. Sie stellen fest: der Roman ist nicht so gut wie der «Stille Don». Wir brauchen uns auch mit diesem Beispiel nicht aufzuhalten.

Veränderungen in der Gesellschaft – und dazu gehört die Aufarbeitung der Vergangenheit – geschehen auf andere Weise, nicht durch Literatur.

Weiter:

Die Beschäftigung der Literatur mit dem Antisemitismus hat diesen nicht überwunden. Er ist da. Auch bei Lesern von Goes und Rinser. Auch bei Lesern von Martin Buber. Die Beschäftigung der Literatur mit den Juden hat etwas hervorgebracht, was man als Philosemitismus bezeichnet.

Da wird also ein Idealtyp hergestellt, eine romantisierte Gestalt von abgeklärter Weisheit und unbegreiflicher Leidensfähigkeit, und damit ist es geschafft. Der betreffende Philosemit hat sich salviert: er hat seinen Juden bronciert und hinter Glas gesetzt, nun soll ihm einer sagen, er hätte nichts getan; er ist außerdem fein raus, hier bei uns, – es gibt ja kaum Juden, es wird ihm keiner auf den Pelz rücken. So liegen die Dinge denn beruhigend einfach.

Und noch etwas:

Auf einer Literaturtagung kürzlich hörte ich zwei Texte, die sich mit der Darstellung des zweiten Weltkrieges befaßten. Beide spulten das Thema unter anderem in der Sprache höherer Militärstäbe ab, der eine gab noch eine Fassung in Heideggerscher Terminologie dazu. Beide Texte waren vorzüglich, meine ich, in künstlerischer Hinsicht. Möglich, daß sich das Grauen der letzten Kriegswochen mit solchen Techniken auf besonders grausige Weise zeigen läßt. Möglicherweise war das so beabsichtigt.

Aber ich werde den Verdacht nicht los: hier geschieht das, oder ähnliches, was der Philosemit mit seinem Juden macht. Hier verselbständigt sich der Anlaß, das Motiv, das Thema, indem es sich als Kunstwert, als literarisches Experiment entdeckt, es wird interessant, es begreift sich als in Form- und Bewegungsgesetzen stehend, in Gesetzen, die der Kunst rechtens angehören. Zum Schluß hat sich der Anlaß verflüchtigt, das Kunstwerk hat sich ausschließlich als Kunstprodukt an die Stelle des vorhanden gewesenen Anliegens gesetzt. Es kann abgeschmeckt, gemessen, beurteilt werden – von Deschner wie von Sieburg. Übrigens schläft der Zeitgenosse, wenn er sich tatsächlich aufgeregt haben sollte, danach besonders leicht und ruhig ein.

Warum sage ich das alles?

Mit dem Thema ist die Frage nach der Wirkung von Literatur gestellt. Wenn ich nun der Ansicht bin, daß Literatur machtlos ist, dann erübrigten sich eigentlich die beiden folgenden Fragen, aber ich stelle sie doch:

a) Ist Literatur geeignet, Schuld zu verringern, Schuld abzubauen oder gar zu tilgen?

b) Kann Literatur selber, also ein Literaturwerk, sozusagen unabhängig von seiner Auswirkung, als eine Art Wiedergutmachung angenommen werden?

Das zweite halte ich für ausgeschlossen, so wichtig ein derartiger Versuch für den Schreibenden selber sein kann. Davon zu sprechen, führt jetzt zu weit; wir meinen hier, denk ich, Literatur als Kommunikationsmittel. Über das erste allerdings müssen wir reden.

Denn warum sollte ich mich hier so unübersichtlich und unmethodisch in allerlei Bereichen herumbewegt haben, wenn ich nicht Absichten dabei gehabt hätte?

Als das für mich einfachste biete ich meine eigene literarische Bemühung zum Beispiel an:

Ich befasse mich, nach meiner Ansicht, mit dem Verhältnis der Deutschen zu ihren östlichen Nachbarvölkern. Ich benenne also Verschuldungen – der Deutschen –, und ich versuche, Neigung zu erwecken zu den Litauern, Russen, Polen usw. Da ein solches Thema von historisch gewachsenen Vorurteilen und von aus Unkenntnis oder Voreiligkeit resultierenden Ressentiments weitgehend verdeckt ist, kann eine einfache Propagierung von Ansichten oder Empfehlungen nichts ausrichten. Ich beziehe mich also möglichst auf das, was ich selber kenne, ich will möglichste Authenzität, weil ich denke, daß «wahre Geschichten» noch immer eher überzeugen: weil ich eine Wirkung wünsche.

Diese Wirkung kommt mir bisher nicht oder nur in verschwindendem Umfang aus den Rezensionen und Artikeln der Kritiker oder, meinetwegen: Literaturbetrachter entgegen. Da befaßt man sich mit meiner Biographie oder bemüht sich um eine Einordnung in die Traditionen der deutschen Naturlyrik. Liegt das am allgemeinen Schwachsinn der Literaturkritik in Deutschland oder ist mein Thema suspekt?

Ich habe mich auch – das liegt nicht so fern – gefragt, ob es nicht an der Art der Zubereitung bei mir liegt, an der Verschlüsselung oder an einer heimlichen Neigung zum Hermetismus. Das kann schon sein, ich habe deshalb auch mehrfach eine direktere Form der Aussage versucht.

Gegen solche Besorgnisse stehen nun wieder viele Briefe, die ich bekomme. Die Briefschreiber haben durchaus verstanden, was ich vorhabe. Sie verlangen meistens weitere Aufschlüsse über Namen und Fakten. Die Anmerkungen genügen ihnen nicht. Und die Lexika auch nicht.

Das ist nicht viel an Wirkung, zugegeben, aber es ist, glaube ich, gerade das, was man erwarten kann.

Ich möchte also, daß Literatur etwas ausrichten soll. Aber man verlangt zuviel, wenn man gleich immer die Ergebnisse kassieren will. Also «Schlacht unterwegs» in 45 000 Exemplaren, und das Produktionsaufgebot ist gesichert.

Wirkt Literatur langsamer? Das wird vielleicht so sein. Aber dann bin ich gegen die großen Worte, gegen die überdimensionierten Ansprüche, gegen das «Benannt und also auch schon gebannt».

Ich bin dafür, daß alles immer neu genannt wird, was man so ganz üblich als «unbewältigt» bezeichnet, aber ich denke nicht, daß es damit «bewältigt» ist. Es muß getan werden, nur auf Hoffnung.

Das ist die zweite These.

Der Schreiber hat es mit dem Menschen zu tun, der im 10 000sten Jahr seiner Geschichte noch ein Mensch ist, was stolz klingen soll, wie es heißt, aber nicht so stolz ist, – der aber doch wohl erreichbar bleibt für die direkte Anrede, für die dringliche Befragung. Und wenn Kunst nicht geeignet ist, Massenbewegungen hervorzurufen, – zu befragen und dringlich zu befragen, dazu sollte sie geeignet sein. Sie soll also benennen, aber nicht auf den Kurzschluß verfallen, das Resultat gleich einzufordern, diesen Kurzschluß «benannt – gebannt»,

der sich wenigstens offen und ehrlich gleich als ein Paarreim prostituiert – und also in jedem Sinne nicht nur das Fragezeichen verdient, sondern schlicht: die Streichung.

⟨DIE KOEXISTENZ UND DAS GESPRÄCH⟩

⟨Rede bei einer Tagung des Präsidiums des Hauptvorstandes der CDU mit Kulturschaffenden in Weimar⟩

Meine sehr verehrten Damen und Herren!
Liebe Freunde!

Ich möchte hier zu Fragen sprechen, die mich im Zusammenhang mit dem in letzter Zeit viel zitierten Begriff «ideologische Koexistenz» beschäftigen.

Auf dem VI. Parteitag der SED, auf der bekannten Beratung mit Schriftstellern und Künstlern vom Ende März und auf den beiden Berliner Konferenzen des Schriftstellerverbandes wurde ernsthaft und, denke ich, präzis genug auf gewisse bei uns in Literatur und Kunst zutage getretenen Erscheinungen hingewiesen und an ihnen die Gefahr einer Verwischung der Grenzlinie zwischen friedlicher Koexistenz und ideologischer Koexistenz exemplifiziert. Es haben aber nachfolgende Gespräche manchmal den Verdacht aufkommen lassen, es sei nun zum Beispiel die gesamte Literatur Westdeutschlands unter das Verdikt der Dekadenz, des Modernismus, des Abstraktionismus gefallen.

Es bestand daher durchaus Veranlassung zur Klarstellung, wie sie Alexander Abusch auf der letzten Plenartagung der Akademie der Künste und auf der Kulturbundtagung gegeben hat.

Wenn man unter einer Literatur die Summe des literarischen Aufkommens in einer Sprache versteht, dann gibt es nur eine deutsche Literatur. Wenn wir nun aber, was nötig ist, die Literatur auf ihren ideologischen Gehalt hin ansehen, dann ergibt sich, daß es eine starke humanistische Strömung in der deutschen Literatur gibt, andererseits eine antihumanistische, und daß diese beiden sich unvereinbar gegenüberstehen. Die humanistische deutsche Literatur hat wiederum hüben und drüben verschiedene gesellschaftliche Voraussetzungen, sie ist somit in sich ideologisch unterschiedlich. Das ideologische Hauptgewicht liegt, dem Charakter der sozialistischen Literatur entsprechend, bei uns. Das hat Freund Götting hier sehr gut klargemacht.

In der Entschließung der Delegiertenkonferenz des Schriftstellerverbandes heißt es dazu:

«Unser Streben nach hoher künstlerischer und ideologischer Qualität der sozialistischen Nationalliteratur liegt auch im Interesse der westdeutschen humanistischen Literatur. Mit ihr verbindet uns ein gemeinsames politisches Anliegen, das humanistisch und demokratisch, zugleich antifaschistisch und antiimperialistisch ist. Unsere Gesellschaft, die Gestaltung der Menschen unserer sozialistischen Epoche stellt jedoch höhere Anforderungen an die Schriftsteller der DDR. Unsere sozialistischen Ziele sind weiter gesteckt als die der westdeutschen humanistischen Schriftsteller.»

Das heißt also: Es gibt in Westdeutschland humanistische Schriftsteller, es gibt oppositionelle Kräfte in der Literatur, freilich in den verschiedensten Nuancierungen, mit verschiedenen Positionen, Freunde, Verbündete, Sympathisierende, solche mit Vorbehalten gegen unsere Ordnung, solche, die ein noch unklares Unbehagen an Erscheinungen im Bonner Staat zu einer kritischen Haltung veranlaßt. Und es ist wichtig, daß wir unsere Freunde unter den westdeutschen Schriftstellern – auch unsere potentiellen Verbündeten – in den Blick bekommen, daß wir Verbindung halten, daß wir uns, wo es nötig wird, Möglichkeiten der Unterstützung überlegen.

Welche Möglichkeiten bieten sich hier an?

Ich meine: zuallererst das Gespräch. Und ich setze es an die erste Stelle, weil ich aus Erfahrung weiß, daß es manchmal nützlicher ist und nachhaltiger wirkt als ein Artikel in der Presse. Sie wissen sicher auch, wie eifrig entsprechende Artikel unserer Presse drüben zum Rufmord und zur Schädigung der materiellen Existenz ausgenutzt werden.

Natürlich werden wir unsere Meinungen, also auch unsere Zustimmung für den oder jenen Künstler oder Schriftsteller in Westdeutschland der Öffentlichkeit nicht verschweigen. Aber es ist dann nötig, genau zu formulieren und Versimplungen zu vermeiden. Freilich sollten wir dabei nicht gleich überängstlich sein und vor lauter Feingefühl schließlich auch das Nötige unterlassen. Unsere Dokumentationen, wie sie zahlreiche Pressekonferenzen geboten haben, waren durchaus wirkungsvoll. Das läßt sich beweisen.

Ich darf hier vielleicht einmal von eigenen Erfahrungen sprechen. Das letzte Jahr hat mich ein bißchen in den Blick der westdeutschen Öffentlichkeit gebracht. Die Reaktion dort war sehr verschieden. Da wird zum Beispiel die auch für uns in einer ganzen Anzahl ihrer Angehörigen durchaus reputierliche Gruppe 47 als eine Terroristenorganisation bezeichnet, die sich nun auch noch damit entlarvt habe, daß sie ihren Preis an einen Kommunisten verleiht.

Andere setzen meine Person betrübt in Vergleich mit dem bekannten Daniel in der Löwengrube. Die letzte Meinung hört man auch von durchaus Wohlgesinnten. Ich will solche Regungen wie die zuletzt genannte hier gar nicht lächerlich machen. Wer mit westdeutschen Künstlern ins Gespräch kommt, ist oft erschrocken über das Ausmaß der Fehlinformation – durch die dortige Presse, durch Radio, Fernsehen, sogenannte Enthüllungsliteratur. Selbst gutwillige, um Verständnis und Verständigung bemühte Kollegen kommen da zu ganz erstaunlichen Vorstellungen über die Wirklichkeit unserer Gesellschaft.

Hier kann gerade das persönliche Gespräch viel tun. Deshalb habe ich immer gern an Begegnungen mit westdeutschen Kollegen teilgenommen, wie sie der Schriftstellerverband oder der Kulturbund durchführten, und ich glaube, daß ich in den letzten Jahren bei den meisten dieser Treffen dabei war. Ich meine außerdem, daß solche Begegnungen nicht nur wichtig und nützlich für die westdeutschen Freunde sind – sie sind es auch für uns selber.

Ich weiß, daß man manchmal bei Veranstaltungen dieser Art versucht ist, dieHöflichkeit als Gastgeber oder als Gast so weit zu treiben, daß man Dinge unwidersprochen läßt, auf die man eigentlich sofort hätte antworten müssen. Man entschuldigt sich dann vor sich selber damit, daß man sich sagt: das mach ich bei besserer Gelegenheit ab. Man denkt also, ein taktisches Verhalten zu wählen, aber dann ergibt sich diese Gelegenheit nicht gleich, die Sache bleibt im Raum stehen, unkorrigiert, unwidersprochen, man fährt nach Hause, man hat unterlassen, was man hätte tun müssen. Dann sagt man sich vielleicht: Nun gut, das nächste Mal also! Oder man nimmt sich vor, einen Brief zu schreiben, was man vielleicht tut, aber vielleicht auch vergißt.

Was will ich sagen?

Friedliche Koexistenz – das wissen wir – ist nicht identisch mit ideologischer Koexistenz. Das Gespräch mit westdeutschen Freunden und Kollegen kann also nicht unter der Devise «Ich kenne keine Parteien mehr» laufen, sondern muß sich gerade an Mißverständnissen, aber mehr noch an verschiedenen oder gegensätzlichen Meinungen entfalten. Also das Gespräch! Geführt aber von einer sicheren Position aus, der Position eines bewußten Bürgers unserer Republik, der Position eines Sozialisten!

Nun haben wir gerade im letzten halben Jahr die grundsätzliche Aussprache über Erscheinungen des Modernismus in Kunst und Literatur in verstärktem Maße aufgenommen. Wir haben sie in direkten Zusammenhang mit dem Prinzip der Parteilichkeit gebracht und konfrontiert mit der Forderung nach Volkstümlichkeit. Werden – so möchte ich fragen – durch eine so präzise Stellungnahme nicht unsere Verbindungen zu westdeutschen Künstlern beeinträchtigt? Zahlreiche westdeutsche Schriftsteller, mit denen wir uns in wichtigen Fragen verbunden wissen, sind – von unserer Position her gesehen – in ihrem künstlerischen Schaffen durchaus nicht unproblematisch. Selbst im Werk des Ihnen allen bekannten Heinrich Böll gibt es inhaltlich ein Zurückweichen in bestimmten Problemstellungen, gibt es gestalterische Techniken, die ihre Herkunft von James Joyce nicht verleugnen, ja dieser Einfluß ist in neueren Werken Bölls eher noch stärker geworden.

Sollen wir nun die Augen davor verschließen? Sollen wir ganz unsere eigene Diskussion mit Rücksicht auf solche zweifellos wichtigen Autoren abblasen oder nur heimlich führen? Ich bin nicht dieser Meinung. Gewiß, ich bin gegen jede Verengung des Realismus-Begriffs. Das Stehenbleiben auf künstlerischen Techniken der Realisten des 19. Jahrhunderts, wie es manchmal von Kritikern empfohlen worden ist, widerstreitet der Weite und Vielfalt unseres Lebens und unserer Perspektiven. Ich bin auch gegen eine Apothekenliteratur, die, unter Verzicht auf die eigene, individuelle Auseinandersetzung mit Thema und Material, lediglich auf Grund von Ratschlägen und Empfehlungen zustande kommt. Ich sehe aber aus der Diskussion der letzten Monate, daß dies ganz und gar nicht gefordert ist, daß vielmehr der Ruf nach Übereinstimmung von objektiver Richtigkeit und innerer Wahrhaftigkeit immer wieder erhoben worden ist, weil das eine Voraussetzung für das Entstehen von echten Kunstwerken ist.

Und noch ein Punkt, ohne daß er eine Einschränkung des Vorhergesagten bedeuten soll: Es ist in den Diskussionen der letzten Monate mehrfach auf eine Unsitte bei uns hingewiesen worden. Sie besteht darin, daß halbgare literarische Erzeugnisse allzu bereitwillig mit dem Signum der Meisterschaft bedacht werden. Das ist ein verständlicher Übereifer. Er entsteht aus der Ungeduld, die Ergebnisse unserer Diskussion möglichst sofort einzustreichen. Verständlich, aber doch nicht gut. Wir sollten lernen, ehrenwerte Absicht und tatsächliche Qualität als zwei Dinge zu sehen.

Dieser Punkt gehört durchaus zu meinem Thema. Weil wir nämlich, wenn wir mit westdeutschen Freunden am konkreten Objekt diskutieren – wie das kürzlich hier in Weimar geschehen ist –, auch ein künstlerisch diskutables Werk dafür wählen müssen. Sonst rutscht die Diskussion von der grundsätzlichen Erörterung auf eine Zersplitterung der literarischen Machart ab, und das Gespräch ist vertan. Wir haben Werke, die für solche Dinge geeignet sind, wir sollten also sorgfältig prüfen.

Ich denke also – wieder im Blick auf unsere westdeutschen Freunde –, wir sollten unsere künstlerischen und ideologischen Auffassungen deutlich und klar formulieren und getrost Ansprüche erheben. Nicht nur deshalb, weil sich ein heilloses Durcheinander unter den Abstraktionisten abzuzeichnen beginnt, weil zum Beispiel der nouveau roman in Frankreich, also eine experimentelle Richtung der Literatur, seine vor allem in Westdeutschland gewonnene Anziehungskraft verlorengeben muß, weil eine deutliche Schwenkung zur gegenständlichen Kunstauffassung sogar bis in den Kunsthandel hinein sich abzeichnet. Wir sollten es auch um der Künstler willen tun, die wir als unsere Freunde und Verbündeten schätzen. Wir sind, denke ich, verpflichtet, auch in den grundsätzlichen ästhetisch-künstlerischen Fragen unseren Freunden zu Hilfe zu kommen. Ich weiß, das führt manchmal zu Mißverständnissen oder zu Verärgerung. Eben deshalb auch plädiere ich für das Gespräch.

Zum Schluß nun aber die Überlegung: Was sollte speziell von uns in dieser Hinsicht getan werden? Nun, wir können erstens das Gespräch speziell mit den christlichen Autoren Westdeutschlands suchen und führen. Die Verlage der CDU können zweitens westdeutsche christliche Autoren zu Mitarbeitern gewinnen und also, wo es geht, auch materiell stützen. Aber was heißt «christliche Literatur» in Westdeutschland? Gibt es das? Zweifellos. Wer die Frankfurter Buchmesse kennt, weiß, daß dort eine Unzahl von Verlagen vertreten ist, die sich schon im Firmenschild als christlich vorstellen. Wenn man sich ihre Produktion ansieht, stellt man allerdings schnell fest, daß sie mit geringen Ausnahmen genau das vertreten, was wir mit Klerikalismus bezeichnen und als absolut identisch mit Absicht und Praxis des Bonner Staates. Das aber ist nicht gemeint, wenn wir nach christlichen Autoren in Westdeutschland Ausschau halten. Es bleibt also bei Albrecht Goes, Heinrich Böll, dessen letzten Roman ich nicht für sein Abschiedswort halte, bei Weidenheim, Weismantel, Luise Rinser, Bäte. Sämtlich Autoren, die der Union Verlag bereits vorgestellt hat oder deren Veröffentlichung er eben vorbereitet. Ist das genug? Ich denke nicht. Aber ich habe auf diesem Felde, was die persönliche Bemühung, über meine Arbeit im Verlag hinaus, anlangt, bisher wenig getan; weil meine Freunde und Bekannten in Westdeutschland zwar durchweg zu den Kritikern der

Bundesrepublik gehören, aber keiner von ihnen ein christlicher Schriftsteller genannt werden kann. Das hängt damit zusammen, daß meine eigene literarische Arbeit auch nur sehr bedingt ein solches Etikett verträgt.

Aber ich denke auch nicht, daß ich mich als Christ auf das Gespräch mit Christen zu beschränken hätte. Unsere Vorstellung von christlicher Lebensführung basiert ja gerade darauf, daß wir nicht eine verborgene Sekte sind, sondern in der Gesellschaft zu stehen haben. Das muß unser Gespräch und unsere Kontakte mit westdeutschen Kollegen bestimmen. Ich habe oft erlebt, daß es gerade eindrucksvoll für den Gesprächspartner ist, wenn ein Nichtmarxist sich zu Gestalt und Zukunft der sozialistischen Gesellschaft bekennt. Wir dürfen nicht vergessen: der Prozeß des Umdenkens ist bei unseren westdeutschen Kollegen gerade in letzter Zeit sichtlich beschleunigt worden. Der Sieg der Bergarbeiter in Frankreich, der Erfolg der Kommunistischen Partei Italiens, nicht zuletzt der Metallarbeiterstreik in Westdeutschland selbst und zum Beispiel die Aufdeckung bestimmter Praktiken im Gefüge des Bonner Staates haben ihren Eindruck nicht verfehlt. Wenn wir das richtig einschätzen, werden wir zu der Einsicht kommen, daß gerade eine klare, prinzipielle Standortbestimmung unserer kulturpolitischen Situation und unserer Absichten nötig und dem Gespräch nützlich ist.

Das sind die Überlegungen, die ich hier vortragen wollte. Ich danke Ihnen, daß Sie mir dazu Gelegenheit gegeben haben.

INTERVIEWS, STELLUNGNAHMEN, ANTWORTEN AUF UMFRAGEN

⟨EIN BUCH VON SCHOLOCHOW⟩

Für einen «belletristischen Lektor» liegt es nahe, daß er ein Buch nennt: Scholochows Kriegsroman «Sie kämpften für die Heimat», den ich in zwei Heften der Zeitschrift «Sowjetliteratur» las. Ein großes Buch, Erschütterung und Stolz untrennbar verbindend, Partien darin, die den Vergleich mit «Krieg und Frieden» nicht zu scheuen haben –, das wir zu unserem eigenen Besten lesen müssen: um die Echtheit unserer Beziehung zu den Völkern der Sowjetunion in der Tiefe der Beschämung und, durch sie hindurchgehend, im Glück der Freundschaft zu erfahren.

⟨LANDSCHAFT UND MENSCHEN SARMATIENS⟩
⟨Gespräch mit dem Preisträger der «Gruppe 47» Johannes Bobrowski⟩

Vor wenigen Monaten erst, im Juli, hatte Johannes Bobrowski in Wien den Alma-Johanna-Koenig-Preis entgegennehmen können; nun wurde ihm der Preis der Gruppe 47 zugesprochen, der, als einer der wichtigsten der in Westdeutschland zu vergebenden Literaturpreise, das Schaffen des in der DDR lebenden Autors noch weit stärker in den Blickpunkt der literarisch interessierten Öffentlichkeit des deutschsprachigen Raumes rückt.

Die unter ihrem Namen «Gruppe 47» bekannte Schriftstellervereinigung, die den Preis an Bobrowski auf ihrer Jubiläumstagung zum fünfzehnjährigen Bestehen in Westberlin vergab, hat schon bei den Preisverleihungen früherer Jahre ihr genaues Gespür für außerordentliche Begabungen bewiesen; den Preis, der nicht dazu dienen soll, anerkannte Schriftsteller zu ehren, sondern eben erst hervortretende Talente zu ermutigen und zu fördern, erhielten fast durchweg Schriftsteller, die heute Träger bedeutender Namen sind, zur Zeit der Preisverleihung aber weithin unbekannt und mit ihren Hauptwerken noch nicht hervorgetreten waren, so Heinrich Böll, Günter Eich, Martin Walser und, bei der letzten voraufgegangenen Vergabe des Preises 1958, Günter Graß.

Einen aufschlußreichen Einblick in die Arbeitsweise der Gruppe 47 während ihrer jährlich einmal stattfindenden Zusammenkünfte und in die Art, wie der Preisträger ermittelt wird, gab uns ein Gespräch, das wir mit Johannes Bobrowski in seinem Arbeitszimmer im Lektorat des Union Verlages hatten. Das Hauptgeschäft der Tagungen, sagte Bobrowski, sind die Lesungen und die Kritik des Vorgelesenen. Neben namhaften Autoren wie Ilse Aichinger und Heißenbüttel kamen auch diesmal wieder einige Debutanten zu Wort, von denen mehrere mit vielversprechenden Leistungen aufwarteten. Johannes Bobrowski las sieben unveröffentlichte Gedichte, die wiederum – Titel wie «Die Wolgastädte», «Der lettische Herbst», «Kalmus» verdeutlichen es – Variationen sind über das große Thema seiner Lyrik: die Landschaft und die Menschen Sarmatiens, der weiten Ebene zwischen Ostsee und Schwarzem Meer.

Seine Lesung hinterließ, wie aus westlichen Pressestimmen hervorgeht, tiefen Eindruck und fand ungeteilte Zustimmung, die, nach dem Brauch der Gruppe, zuerst von den ihr angehörenden Kritikern formuliert wurde. Professor Dr. Walter Höllerer stellte besonders die Modernität dieser Lyrik heraus, die mit traditionellen Mitteln erreicht werde, und unterstrich die deutliche Zeitbezogenheit dieser Gedichte; Prof. Dr. Walter Jens betonte, daß für Bobrowskis Dichtung der Begriff Naturlyrik zu eng wäre, weil das Thema dieser Dichtung der Mensch sei, er hob die sprachliche und rhythmische Sicherheit der Verse hervor und sagte zusammenfassend, daß die Lyrik Johannes Bobrowskis nur mit den höchsten Maßstäben gemessen werden könne. Ähnlich äußerten sich Ilse Aichinger, Heinz von Cramer, Graß und andere Schriftsteller.

Die geheime Abstimmung über den Preisträger am folgenden Tage erbrachte denn auch eine starke Mehrheit von 43 Stimmen für Bobrowski; der aussichtsreichste Anwärter neben ihm, Peter Weiß, der bisher mit drei bei Suhrkamp verlegten Prosabänden hervorgetreten ist und auf der Tagung eine außerordentliche Talentprobe geboten hatte, konnte 30 Stimmen auf sich vereinigen. Bobrowski, der bei der Abstimmung nicht zugegen war, da er an diesem Nachmittag Hans Magnus Enzensberger in seinem Hause in Berlin-Friedrichshagen zu Gast hatte, sah sich kurz nach Bekanntwerden der Preisverleihung von Fotoreportern umringt, die ihn, seine Frau und seine drei Kinder für Zeitschriften wie «Magnum» und die amerikanische «Life» aufnahmen. Rundfunk- und Fernsehinterviews folgten am nächsten Tage bei dem Empfang, den der Hamburger Verleger H. M. Ledig-Rowohlt in der Bücherstube Marga Schoeller am Kurfürstendamm für die Autoren des bei Rowohlt erschienenen «Almanachs der Gruppe 47» gab. Anschließend signierte, umdrängt vom Publikum, zusammen mit rund 25 Schriftstellern der Gruppe Johannes Bobrowski den Almanach und seine beiden in der Deutschen Verlagsanstalt Stuttgart veröffentlichten Gedichtbände «Sarmatische Zeit» und «Schattenland Ströme».

An dieser Stelle unseres Gesprächs schaltete der Autor den Hinweis ein, daß der Union Verlag Berlin nach dem erstgenannten Band nun auch im kommenden Jahr den zweiten, «Schattenland Ströme», herausbringen wird. Er fügte hinzu, daß er seit einiger Zeit Prosa zu schreiben begonnen habe, vor allem kurze Erzählungen, doch sei er vorläufig noch nicht so weit, um einen Prosaband vorlegen zu können. – Nach den Erzählungen, die wir von ihm kennen, aus «Sinn und Form», aus der «Neuen Zeit» oder den Manuskripten, dürfen wir auch auf diesem Gebiet von Bobrowski Wesentliches erwarten.

Johannes Bobrowski kam dann auf die Eindrücke zu sprechen, die er während seines dreitägigen Zusammenseins mit der Gruppe 47 in Westberlin hatte. Viele Teilnehmer trugen in den Tagungspausen die «Spiegel»-Nummer in der Hand, deren Titelgeschichte dem fünfzehnjährigen Bestehen der Gruppe gewidmet war, und in den Gesprächen wurde die gegen das Hamburger Nachrichtenmagazin gerichtete Polizeiaktion, für die man Strauß verantwortlich machte, einhellig verurteilt. Unter dem frischen Eindruck dieser Gewaltmaßnahme formulierten einige Mitglieder der Gruppe die scharfe Erklärung gegen Strauß, die den Rücktritt des diskreditierten Ministers fordert; sie wurde von den Schriftstellern Alfred Andersch, Enzensberger, Hans Werner Richter, Martin Walser und zahlreichen anderen Autoren und Verlegern unterzeichnet. In einer weiteren Erklärung fordern eine Reihe von Tagungsteilnehmern die Freilassung des in Westberlin inhaftierten Schriftstellers Rolf Haufs.

Das politische Engagement vieler Angehöriger der Gruppe 47 wurde nicht nur in diesen Aktionen, sondern auch wieder in den vorgelesenen Texten deutlich. So las Günter Graß aus seinem neuen Roman «Sieben Hundeleben» Kapitel, in denen die letzten Kriegswochen von einer eindeutig antifaschistischen und antimilitaristischen Position aus beschrieben werden. Die gleiche Tendenz zeigten die Abschnitte, die Jakov Lind, ein vom Faschismus aus Österreich vertriebener Jude, der sich 1944 unter falschem Namen in Berlin versteckt hielt und heute in London lebt, aus einem in Arbeit befindlichen Roman vortrug.

Gegen Schluß der Tagung, erzählte Bobrowski noch, wurde von Walter Jens ein Text eines anonymen Autors vorgelesen, der in höchst amüsanter Weise die modernistischen Sprachexperimente eines deutschen Literaturprofessors ironisch auf die Spitze trieb. Der Text löste viel Begeisterung aus; als sein Autor gab sich, zu allgemeiner Überraschung, Hans Werner Richter zu erkennen, der als Leiter der Gruppe bisher selten Arbeiten vorgelesen hatte.

Gerhard Rostin

⟨DAS MOSKAUER BEISPIEL⟩

Das für mich bedeutungsvollste kulturelle Ereignis: daß in unserer Lyrik einiges in Bewegung gekommen ist. Es zeigen sich, zweifellos beeinflußt vom Moskauer Beispiel, beträchtliche Begabungen, die aufmerksame Förderung wert sind. Eine einsichtsvolle Unterstützung, mit der Stephan Hermlin begonnen hat, wird hoffentlich im neuen Jahr in der Arbeit des Schriftstellerverbandes ihre Fortsetzung finden. Es müßte dazu kommen, daß auch die Verlage geeignete Formen der Publikation entwickeln.

⟨FRIEDEN – EIN AUFTRAG AN DIE CHRISTEN⟩
⟨Beitrag für eine Broschüre
«Christliche Kulturschaffende rufen zur Wahl»⟩

Jemand, der längere Zeit in den Vereinigten Staaten war, hat mir von amerikanischen Wahlvorbereitungen erzählt: vom Stimmenkauf verschiedenster Art, von Massenbeeinflussungsmitteln in den Händen großer Werbefirmen, die den «Wahlkampf» dann durchführen: für die zahlungskräftigste Partei. Ich bin kein großer Freund von Versammlungen. Aber die überfüllte Einwohnerversammlung am 13. September in meinem Heimatort Friedrichshagen und die Straßenversammlung, die mich zum Wählervertreter nominierte und in der ich aus meinen Arbeiten las, haben mir sympathischere Formen der Wahlvorbereitung gezeigt. Sie haben mir gut gefallen. Weil ganz konkret über Schulraum, Fußgängerüberwege, Straßenpflaster gesprochen wurde – und doch alles verbunden war mit der Moskauer Verständigungsoffensive, mit unseren Vorschlägen nach Westdeutschland hinüber, mit dem Frieden also. Der immer auch gerade ein Auftrag an die Christen ist.

⟨SELBSTENTLARVUNG⟩

Ich kenne Herrn Hofé als den Leiter eines Verlages, der sich mit seinen Publikationen in besonderem Maße um die Überwindung überständigen militaristischen und faschistischen Ungeistes bemüht. Eine Justiz, die einen solchen Mann anfaßt, stellt sich in den Verdacht, ihre Selbstentlarvung zu betreiben.

⟨DIE DEUTSCHEN UND IHRE ÖSTLICHEN NACHBARN⟩

⟨Ein Interview des Deutschlandsenders⟩

Helmut Baldauf: Zunächst eine Bemerkung, Herr Bobrowski, um Sie als Autor vorzustellen. Die Hörer des Deutschlandsenders kennen Sie aus verschiedenen Sendungen, in denen Gedichte gelesen oder auch kritisch besprochen wurden. In literarischen Zeischriften der DDR, in der «Neuen Deutschen Literatur» und in «Sinn und Form», in Anthologien und ebenso in verschiedenen westdeutschen Zeitschriften erschienen lyrische Arbeiten von Ihnen. Zwei Gedichtsammlungen, «Sarmatische Zeit» und «Schattenland Ströme», haben Sie im Union Verlag Berlin und in der Deutschen Verlags-Anstalt Stuttgart herausgegeben. In beiden Gedichtbänden ist doch das Land und die Landschaft Ihrer Geburt angesprochen.

Johannes Bobrowski: Ja, das stimmt, denn ich bin zu dem Thema, das ich in beiden Bänden behandelt habe, durch das Erlebnis der Landschaft meiner Jugend gekommen. Das Thema ist sehr einfach: es ist das Verhältnis der Deutschen zu den östlichen Nachbarvölkern, dieses Verhältnis, das also in der Historie durch mancherlei Mißverständnisse, auch durch Schuld, belastet ist und das mir wichtig schien, auch mit diesen Mitteln, auch mit dem Mittel des Gedichtes in etwa für mich zu klären. Ich will mit diesen Mitteln, die ich also da angewandt habe und die ich mir ausgesucht habe, etwas den Deutschen, meinen Landsleuten, erzählen über das, was ich erlebt habe mit diesen östlichen Nachbarn.

Für Ihre lyrischen Arbeiten erhielten Sie 1962 den Preis der «Gruppe 47» zugesprochen, einen Preis, der bekanntlich häufig sehr subjektiven Wertungsprinzipien unterworfen ist, bei dem andererseits aber auch recht hohe Forderungen gestellt werden. Alles Gesagte kennzeichnet Sie aber doch eigentlich mehr als Lyriker, und nun also ein Roman, «Levins Mühle». Wie ist das eigentlich, wenn ein Autor zu anderen Ausdrucksmitteln greift? Es ist ja wohl nicht so, daß der subjektiven Haltung im Gedicht gewissermaßen eines schönen Tages die objektivere Haltung der Prosa folgen müßte.

Das hängt zusammen mit dem Thema, das ich mir gestellt habe. Das mehr summierende oder mehr grundsätzliche Gedicht, wie ich es auffasse, kann ganz bestimmte Sachverhalte nicht vermitteln. Dazu bedarf es des Details, dazu bedarf es der deutlicheren Ausarbeitung der Szenerie, dazu bedarf es der Charakterisierung der Personen. Das ist für mich nur möglich in der Erzählung, und da das Thema für mich so komplex angelegt ist, das Verhältnis der Deutschen zu den östlichen Nachbarvölkern, ergab sich ganz von selber die größere Form des Romans. Ich kann mir denken, daß es auch in Erzählungen abgehandelt werden könnte. Dann müßten sehr viele Erzählungen das Thema von sehr verschiedenen Seiten aufgreifen. Ich habe versucht, das sehr komplex in einem Roman zunächst einmal anzureißen; das heißt nicht, daß ich dieses Thema mit diesem Roman verlassen werde.

Vom Untertitel her, «34 Sätze über meinen Großvater», läßt sich nun auch bei diesem Roman auf eine sehr persönliche Beziehung zum Stoff schließen. Wie verhält es sich damit?

Das Sujet habe ich aus der Familiengeschichte. Es handelt sich allerdings nicht um meinen Großvater, denn die Geschichte, wie gleich am Anfang vorgeführt wird, spielt im Jahr 1874, es kann also rein zeitlich nicht mein Großvater sein. Aber es handelt sich um einen Vorfall, der in der Familie in der weiteren Verwandtschaft passiert ist. Ich glaube, daß man gerade für die Prosa sehr genaue, sehr präzise Sachverhalte braucht, daß man die Erfahrung braucht, die Wirklichkeit, wenn man etwas tatsächlich wahr darstellen will.

Ja, Herr Bobrowski, ich habe das Buch im Manuskript gelesen, und mir ist eben auch in der Tat das Ganze gar nicht historisch vorgekommen.

Natürlich habe ich nicht im Sinn gehabt, einen historischen Roman zu schreiben. Ich habe im Buch mehrfach ausgeführt, daß diese Geschichte, die ich dort mitteile, an sehr vielen verschiedenen Orten hätte geschehen können und zu sehr vielen verschiedenen Zeiten. Ich glaube nicht, daß die Handlung des Romans, so wie sie entwickelt wird, auf das Jahr 1874 notwendig festgelegt ist, sondern ich glaube, daß sie einen Modellfall für das Verhalten der Nationalitäten untereinander darstellt. Deswegen habe ich es geschrieben.

Vielleicht können Sie in diesem Zusammenhang noch eine Bemerkung zur Anlage der Fabel machen?

Ja, die Fabel geht, wie ich schon vorhin sagte, zurück auf einen tatsächlichen Vorfall. Es handelt sich also um einen deutschen Mühlenbesitzer im damaligen Westpreußen an der Drewenz, das ist ein Nebenfluß der Weichsel, der also dort an diesem Fluß eine Wassermühle hat und dem sich also anderthalb Kilometer vorgesetzt hat ein Konkurrent. Das ist der Titelheld, dieser Levin. Der hat sich dort auch eine Mühle gebaut, und diese Mühle versucht dieser Großvater im Roman wegzuschwemmen, das heißt, er will seinen Konkurrenten loswerden. Es hat damals einen Prozeß gegeben. In meinem Roman lasse ich auch einen Prozeß laufen. Es kommt aber dazu ein antisemitisches Ressentiment bei diesem Großvater. Es handelt sich ja n u r um einen Juden. Das ist etwa die Handlung.

Sie lesen aus dem Manuskript Ihres Romans, Herr Bobrowski. Kann man schon sagen, wann das Buch erscheinen wird?

Das Buch ist im Satz. Es wird fertig gebunden und im Buchhandel vorliegen im August hier und gleichzeitig in Westdeutschland.

Kann man noch eine Bemerkung anschließen zu den Hauptfiguren, die in unserem Ausschnitt eine Rolle spielen?

Im Ausschnitt wird zwar dieser Großvater mal ganz kurz erwähnt. Es wird auch sein Konkurrent oder sein Gegner, der Mühlenbesitzer Levin, erwähnt. Die Hauptfigur ist der Zigeuner Habedank, der also ein Gegner des Großvaters ist und der im Dorf zu der Entlarvung dieses Großvaters beiträgt. Deswegen versucht der Großvater, durch eine Brandstiftung den Habedank unschädlich zu machen.

Ich danke Ihnen, Herr Bobrowski.

‹SCHREIBEN IST IDENTISCH MIT STELLUNGNEHMEN›

‹Johannes Bobrowski über ein internationales Autorentreffen in Finnland›

Sie haben kürzlich an einem Internationalen Schriftstellerseminar in Lahti/Finnland teilgenommen. Wer hatte die Tagung einberufen, und welche Thematik stand zur Diskussion?

Die Tagung fand vom 15. bis 19. Juni statt. Es schloß sich noch ein Aufenthalt in Helsinki an. Eingeladen hatte die Eino-Leino-Gesellschaft, ein Zusammenschluß meist jüngerer finnischer Autoren, Kritiker, Publizisten. Das Diskussionsthema «Der Schriftsteller und die Moral» wurde durch Einleitung und Referate von verschiedenen Positionen aus behandelt und ausgiebig diskutiert. Es zeigte sich – zumindest für das Grundproblem: Schreiben = Stellungnehmen – eine weitgehende Übereinstimmung bei den Teilnehmern.

Wie setzte sich der Teilnehmerkreis zusammen?

Zugesagt hatten, wie mitgeteilt wurde, 54 Autoren aus 29 Ländern, allerdings erschienen die polnischen und die lateinamerikanischen Autoren nicht. Anwesend waren aus den USA der berühmte Negerschriftsteller James Baldwin, dessen öffentliche Wirkung der Luther Kings nicht nachsteht und der zweimal unter großer Zustimmung zu grundsätzlichen Ausführungen das Wort ergriff, und der Dichter Richard Wilbur. Aus der Sowjetunion Alexander Tschakowski und der Lyriker R. Roshdestwenski. Aus der ČSSR Pavel Kohout und Bednár. Aus England Jakow Lind. Aus Westdeutschland H. M. Enzensberger und der z. Z. in Helsinki lebende Manfred Peter Hein. Weitere Autoren kamen aus Ungarn, Rumänien, Jugoslawien, Schweden, Norwegen, Israel, Italien (die auch bei uns bekannte Maria Giacobbe), Frankreich, Dänemark.

Die Deutsche Demokratische Republik vertraten Wolfgang Kohlhaase und ich. Verhandlungssprachen waren hauptsächlich Englisch und Französisch, es standen außerordentlich versierte

Übersetzer zur Verfügung. Am vorletzten Tagungstag fand im Beisein der Gattin des finnischen Staatspräsidenten, Frau Silvi Kekkonen, eine öffentliche Autorenlesung statt, bei der jeder in seiner Sprache vortrug; für die DDR kam ich zu Wort.

Wie beurteilen Sie die Möglichkeiten, die kulturellen Beziehungen zwischen der DDR und Finnland auszubauen?

Erst einmal muß gesagt werden, daß es auf der Tagung keine Zusammenstöße gab. Eine beiläufig von Enzensberger geäußerte Gleichsetzung der revolutionären Vorgänge in Angola mit den Ereignissen in Ungarn 1956 wurde von Laszlo Illés mit einer Darlegung des völlig verschiedenen Inhalts beider Vorgänge zurückgewiesen, die die Zustimmung der Versammlung fand. Hier hat sich wohl auch das Klima des Gastlandes als eines strikt neutralen Staates ausgewirkt.

Bekanntlich unterhält die Deutsche Demokratische Republik in der Hauptstadt Helsinki eine offizielle Vertretung. Daß dieser Status durchaus auch in der Öffentlichkeit Geltung hat, konnte ich in zahlreichen Gesprächen und auf einer Cocktail-Party im Kulturzentrum der DDR in Helsinki feststellen, zu der zahlreiche bekannte finnische Autoren, Publizisten und Journalisten erschienen waren. Oft begegnete uns der Hinweis auf Traditionen deutsch-finnischer kultureller Beziehungen und der ausdrückliche Wunsch, diese durch Informationen, Besuche, Literaturaustausch zu fördern. Während der Tagung konnten wir namens des Deutschen Schriftstellerverbandes Einladungen nach Berlin aussprechen, denen eine Delegation der Eino-Leino-Gesellschaft, wahrscheinlich zu den Berliner Festtagen, auf jeden Fall noch in diesem Jahr, folgen wird. Auch von Kai Laitinen, dem Herausgeber der bedeutendsten finnischen Literaturzeitschrift, erhielten wir eine Zusage. Er erklärte sich überdies – wie auch die Redakteurin der dortigen Studentenzeitschrift, Stenius – bereit, Beiträge mit entsprechenden Zeitschriften bei uns auszutauschen.

Eine verstärkte Beschäftigung mit neuerer finnischer Literatur hat der Hinstorff-Verlag in Rostock durch Übersetzungsaufträge bereits eingeleitet. Wie erhielten in Gesprächen zahlreiche weitere Anregungen; auch die persönliche Bekanntschaft mit fast allen bekannten Schriftstellern dortzulande wird sich künftig auswirken. Natürlich kommt es nun darauf an, die geknüpften Verbindungen nicht abreißen zu lassen. Besonders das Berliner Ensemble bedeutet für die jüngere Autorengeneration einen außerordentlichen Anziehungspunkt. Aufführungsmodelle, Vorträge über Brechts Dramaturgie oder die Aufführung des Couragefilms dürften in Finnland auf größtes Interesse stoßen.

⟨ANSICHTEN UND ABSICHTEN⟩
⟨Ein Interview des Berliner Rundfunks⟩

Josef-Hermann Sauter: Herr Bobrowski, ich finde es erfreulich, daß wir unsere Sendung «Autoren kommen zu Wort» in ihrer neuen Form mit Ihnen eröffnen können und daß Sie einige Partien aus Ihrem neuen Roman «Levins Mühle» lesen werden, der im Union Verlag Berlin und im S. Fischer Verlag gleichzeitig erscheinen wird. Ihren Namen in der deutschen Gegenwartsdichtung haben Sie ja eigentlich als Lyriker begründet, und ich finde es deshalb nicht abwegig, erst einige Fragen in bezug auf die Lyrik an Sie zu richten. Worin besteht nach Ihrer Auffassung der Unterschied zwischen einem modernen Naturgedicht und einem klassischen oder romantischen?

Johannes Bobrowski: Ich bin da nicht sehr bewandert, weil ich mich nicht als einen Naturlyriker betrachte, aber ich sage gern etwas dazu, was nach meiner Meinung den wesentlichen Unterschied ausmacht und ausmachen sollte. Das reine Naturgedicht, das auch in diesem Jahrhundert noch gepflegt worden ist, zum Beispiel bei Wilhelm Lehmann gelegentlich, und wie das zum Beispiel bei der «Kolonne» in den zwanziger Jahren versucht worden ist, das halte ich nicht mehr für so erheblich. Ich glaube, daß, wenn heute ein Lyriker ein Naturgedicht schreibt, er nicht nur seine Person, die er ja sowieso als lyrisches Ich in das Gedicht mitbringt, da hat, sondern daß er eine Beziehung sucht zu den Menschen, die in dieser Natur leben, die diese Natur auch gestalten; eine Landschaft, in der Menschen gearbeitet haben, in der Menschen leben, in der Menschen tätig sind. Er soll auch zum Beispiel eine Geschichte menschlicher Arbeit in der Landschaft auffinden.

Also eine aktivere Funktion des Menschen der Natur gegenüber.

Ja, das also, was ich in neueren Naturgedichten sehe, daß der Mensch einbezogen worden ist und nicht wie im Museum, wie im 18. Jahrhundert in der Naturdichtung, betrachtet wird, sondern daß er als aktive Person dort tätig ist und im Gedicht ständig anwesend sein muß.

Es war auch keineswegs meine Absicht, Sie mit meiner ersten Frage etwa ausschließlich als Schöpfer von Naturgedichten zu apostrophieren. Das sage ich gleich vorweg, um mit meiner zweiten Frage nicht mißverstanden zu werden. Denn sie soll das Liebesgedicht betreffen, das ja ebenfalls nicht unmittelbar zentrales Thema Ihrer Arbeit ist. Aber führende spätbürgerliche Lyriker und auch Theoretiker behaupten, daß das Liebesgedicht heute eigentlich gar nicht mehr möglich sei. Wie ist dazu Ihre Absicht?

Ich glaube, daß das Liebesgedicht immer möglich ist und auch immer legitim. Es gibt aber selbst bei uns, zum Beispiel bei einer ganzen Reihe von Lyrikern, eine Aversion gegen Liebesgedichte, die ungefähr darauf ausgeht, daß das Liebesgedicht von sich aus die Ich-Du-Beziehung, eine Angelegenheit zwischen zwei Leuten, zu stark betont und Belange, die der Gesellschaft angehören, zu weit zurückdrückt. Ich bin nicht der Ansicht, daß das ein Argument ist. Diese Ich-Du-Beziehung muß dem Liebesgedicht erhalten bleiben. Es geht nicht an, glaube ich, über die Schulter der Geliebten hinweg dauernd auf die ganze Welt zu sehen. Das ist keine Liebe, das ist etwas anderes. Ich glaube, daß die Gesellschaft durchaus darauf Wert legen muß, daß diese intensive Ich-Du-Beziehung im Gedicht gerettet bleibt. Ich halte es für eine Vorbedingung für Gesellschaft.

Herr Bobrowski, Ihre neue Arbeit, der Roman «Levins Mühle», ist eine umfangreiche Prosaarbeit. Ich kann wohl sagen, Ihre erste umfangreiche Prosaarbeit, denn Sie haben ja bisher nur kleinere Erzählungen geschrieben und veröffentlicht. Auch der neue Roman ist Ihrem zentralen Thema der literarischen Gestaltung, «dem unglücklichen und schuldhaften Verhältnis meines Volkes zu den Völkern des europäischen Ostens vom Auftreten des Deutschen Ritterordens bis in die jüngste Gegenwart», zugeordnet. Wie wurde dieses Thema zu Ihrem Anliegen?

Das ist einmal in meiner Herkunft gegeben. Ich stamme aus einer Gegend, in der die Deutschen mit ihren Nachbarn durcheinander und miteinander gelebt haben, an der früheren deutsch-litauischen Grenze. Ich habe einiges an Kenntnissen und an Erfahrungen mitbringen können für dieses Thema, und sonst ist die Wahl dieses Themas so etwas wie eine Kriegsverletzung. Ich bin als Soldat der Wehrmacht in der Sowjetunion gewesen. Ich habe dort das noch vor Augen geführt bekommen, was ich historisch von der Auseinandersetzung des Deutschen Ritterordens mit den Völkern im Osten und von der preußischen Ostpolitik aus der Geschichte wußte. Ich habe nur wegen dieses Themas angefangen zu schreiben. Ich habe schreiben wollen seit etwa 41 und habe dann 51 damit angefangen. Dieses Thema betrachte ich als mein Thema, als ein Generalthema. Einmal, weil es mir nötig scheint, daß es behandelt wird, und zweitens, weil ich verhältnismäßig viel oder jedenfalls mehr als die meisten meiner Kollegen über dieses Thema weiß. Ich habe das versucht in Gedichten zu gestalten, und ich bin jetzt dazu übergegangen, das auch in der Prosa zu behandeln, in einer ganzen Reihe von Erzählungen und eben auch in diesem Roman. Das ist dasselbe Thema, nur daß es sich in der Erzählung und jetzt im Roman eben anders darstellt. Das liegt einfach an der Wahl der Mittel, die ihre besonderen Gesetze haben. Im Roman wird das einfach etwas breiter auserzählt, trotzdem sind mir in dem Roman auch lyrische Partien unterlaufen. Es gibt die Meinung bei Literarhistorikern, daß lyrische Prosa eigentlich nichts wäre, eine Zwitterform, die nicht zählt. Ich will keine lyrische Prosa schreiben. Ich meine, Prosa erzählen ist eben und bleibt eben e r z ä h l e n. Ich habe gar keine Angst, daß mir lyrische Partien unterlaufen.

Herr Bobrowski, es ist allgemein bekannt, daß Sie sich als literarisches Vorbild bei Ihrer Lyrik Klopstock verpflichtet fühlen. Wenn man «Levins Mühle» liest, dann fallen einem bestimmte volkstümliche Elemente Ihres Realismus – von lyrischen Elementen sprachen Sie ja bereits – und eigenwillige Formen der Syntax auf. Ich fühlte mich zum Beispiel durch die Urwüchsigkeit, Originalität und vielfach auch Derbheit Ihrer Sprache in «Levins Mühle» an Volksbücher erinnert, und da ja eine Ihrer ersten verlegerischen Arbeiten die Herausgabe der Geschichten des märkischen Eulenspiegels Hans Clauert war, kam mir der Gedanke, daß vielleicht diese Volksbücher bestimmte Einflüsse auf Ihren Stil ausgeübt haben?

Das ist möglich. Ich habe die Volksbücher gern gelesen, und ich mag vor allem dieses Eulenspiegel-Buch. Aber das ist es nicht allein. Ich habe ganz bestimmte Befürchtungen für den Zustand der Sprache. Ich fürchte eine gewisse Stagnation in der Entwicklung, wenn wir in dem bisherigen Literaturdeutsch bleiben. Und ich habe mich also bemüht, volkstümliche Redewendungen, sehr handliche Redewendungen, eben volkstümliches Sprechen bis zum Jargon, mit einzubeziehen, um einfach die Sprache ein bißchen lockerer, ein bißchen farbiger und lebendiger zu halten. Außerdem geht das auch auf die Syntax. Ich bemühe mich da um verkürzte Satzformen, um im Deutschen nicht sehr gebräuchliche Konstruktionen, die alle etwas Handliches haben. Ich muß das gut lesen und sprechen können, was ich da geschrieben habe. Darum habe ich mich bemüht, und ich glaube, daß es eine Möglichkeit ist, der Sprache ein bißchen aufzuhelfen.

Vielleicht sagen Sie uns noch einige inhaltliche Gedanken zu Ihrem Roman. Es geht doch in «Levins Mühle», ganz grob und knapp gesagt, um einen Justizfall, um die Frage von Recht und Unrecht zwischen den verschiedenen Volksgruppen, von denen Sie eingangs schon sprachen.

Es handelt sich tatsächlich um eine Art Prozeß, um einen verhinderten und verzögerten Prozeß, eher um einen Kriminalfall, wenn man will. Die Situation ist einfach die: Dieser Großvater, der in dem Buch dauernd erscheint, auch gleich im Untertitel, hat die Mühle seines Konkurrenten zerstört und soll dafür von diesem Konkurrenten, dem jüdischen Müller Levin, vor Gericht gebracht werden. Aber da dieser Großvater ein ganz ausnehmend deutscher ist und nun seine ganze deutsche Sippschaft bis zum Landrat für sich ins Feld führen kann, wird dieser Prozeß so lange vertagt, bis dieser Levin nichts mehr hat und resigniert. Resignieren wollen aber nicht die Mitbewohner im Dorf. Es bildet sich eine Front gegen den Großvater, und damit kommt eine interessante Geschichte heraus. Ich will keinen Nationalitätenkampf schildern. Auf der Seite meines Großvaters stehen die wirtschaftlich stärkeren Leute im Dorf, die Großbauern, Unternehmer und so was alles, und auf der anderen stehen Polen und Zigeuner und die wirtschaftlich schwächeren Bauern und Landarbeiter.

⟨VOM HAUSRECHT DES AUTORS⟩
⟨Ein Interview des Deutschlandsenders⟩

Helmut Baldauf: Herr Bobrowski, in unserer heutigen Sendung stehen drei Geschichten, die Sie vor einigen Wochen in einer öffentlichen Veranstaltung in der Deutschen Staatsbibliothek in Berlin gelesen haben. Zusammen mit anderen Prosaarbeiten sollen sie im kommenden Jahr in einem Erzählungsband erscheinen. Läßt sich vielleicht heute schon etwas Ausführlicheres über die Problematik und die künstlerische Zielsetzung dieser Geschichten sagen?

Johannes Bobrowski: Ja, der Band wird enthalten etwa 25 Erzählungen. Er hat für mich in etwa den Charakter eines Offenbarungseides, weil er also alle kleineren Prosaarbeiten umfaßt, die ich geschrieben habe; mehr ist nicht drin, in der Schublade bleibt nichts. Thematisch zieht sich das über einen ziemlich großen Zeitraum, wenn man so will, über tausend Jahre hin. Nämlich die Geschichte, die das früheste, das älteste Thema hat, spielt etwa um das Jahr 1000, während einige Geschichten, vor allem im zweiten Teil des Bandes, bis in die Gegenwart hineinreichen. Es sind da sehr verschiedene Dinge. Es ist nicht nur die für mich ja als Generalthema stehende Beschäftigung mit dem Verhältnis Deutsche und östliche Nachbarvölker, sondern es sind auch einige – drei oder vier – Geschichten, die sich mit dem Widerspruch revolutionärer Personen und Persönlichkeiten, historischer Persönlichkeiten, mit ihrer Gesellschaft befassen, die Geschichte «Boehlendorff» und auch einige andere Geschichten. Es gibt da noch eine Geschichte, die in Westberlin spielt und dort an einem Bierabend so Revanchisten und alles solche Dinge zusammenführt, eine sehr ironische Geschichte. Es ist also ein ziemlich breiter Rahmen.

Ich möchte nun nichts der Lesung vorwegnehmen, Herr Bobrowski. Mir scheint aber, daß – Sie sagten es ja auch – mit fast jeder Geschichte ein neuer Wirklichkeitsbereich ins Blickfeld gebracht ist. Wie ist da eigentlich das Verhältnis von eigener Erfahrung, von historischen Studien und – sagen wir – künstlerischer eigener Durchdringung, der Intuition?

Ja, ich bin der Meinung, daß man zunächst einmal als zeitgenössischer Autor natürlich in jedem Sinne Gegenwartsliteratur schreibt, auch wenn man eine historische Erzählung macht. Natürlich gehört zur historischen Erzählung die Befassung mit dem Material. Nun, das Material – ich habe da einige Geschichten, bei denen das Material sehr spärlich fließt. Da ist man ohnehin angewiesen, sehr weit zu ergänzen und sehr frei damit zu verfahren. Ich glaube auch, daß es nicht Aufgabe des Schriftstellers ist, vergangene Zeit zu repräsentieren aus sich heraus, sondern immer von der Gegenwart her gesehen und auf die Gegenwart hin wirkend, daß sich also diese Bereiche, der historische Bereich und die zeitgenössische Zeugenschaft, ständig durchdringen. Wie sich das mit der Beziehung zwischen dem aufgefundenen Material und der Intuition, wie Sie sagten, verhält, das ergibt sich einfach daraus, wie das Material auf einen wirkt und wie man in der Auswahl des Materials verfährt. Es muß für den Erzähler Raum bleiben in diesen Dingen zwischen den Fakten, eine lückenlose Anordnung der Fakten tötet, glaube ich, das lebendige Erzählen. Und ich meine ja auch überhaupt, man kann von den Fakten einiges abziehen. Aber indem der Autor schreibt und die Fakten verwendet, fließt notwendig Ideologie ein, die Ideologie des Autors. Das ist mir eigentlich wesentlicher, als daß ich also künstlerische Probleme oder Experimente dabei mache. Das stellt sich auch ein, denn jeder hat seinen Personalstil und setzt sich mit der Sprache, indem er schreibt, auseinander, nicht wahr, er stellt praktisch ja die Sprache, indem er schreibt, her.

Ich glaube, ein gewisses Stilproblem steht damit auch in einem Zusammenhang, das vielleicht von Interesse ist. An dem Roman «Levins Mühle» bereits fiel auf, daß Sie eine gewisse Distanz gefunden haben, ein Hervorheben auch des Erzähler-Standpunktes, der künstlerisch, nebenbei gesagt, sehr reizvoll ist und der eine gewisse neue Unmittelbarkeit schafft. Auch für die neuen Prosaarbeiten scheint mir das zuzutreffen. Welche Notwendigkeit gibt es dafür vom Stoff her, und welche Möglichkeiten gibt Ihnen das als Autor?

Ja, sehen Sie, wenn man schreibt und wenn man also Figuren entwickelt und im Umriß zeigt, also ihr Profil, ihre Art zu wirken, ihre Art zu gehen vorstellt, dann entwickeln die Figuren ein gewisses Eigenleben, das bleibt. Aber weil das so ist, und weil die Figuren einem Konsequenzen aufzwingen können, meine ich, daß es ganz gut ist, wenn der Autor sozusagen das Hausrecht behält in seiner Erzählung, nicht nur der Sprache gegenüber, sondern auch den Fakten gegenüber, auch gegenüber den Figuren. Daß der Autor die Möglichkeit hat, die Figuren zurückzuholen, wenn sie ihm weglaufen wollen in der Erzählung, wenn die Erzählung also Eigengesetzlichkeiten kriegt, die nicht mehr nötig sind und nicht erheblich für den Leser oder für den Autor oder die Konzeption des Autors möglicherweise sehr in Unordnung bringen. Der Autor behält dadurch, daß er sich selbst einführt, nicht nur die Möglichkeit, Kommentare zu geben, ständig Kommentare mitzuliefern zu dem, was die Figuren tun, sondern die Figuren auch an der Hand zu halten. Außerdem ergibt sich, wie ich auch glaube, dann jeweils eine ganz interessante Brechung in der Handlung. Ich halte das für ein Verfahren, das man nicht immer anwenden kann, das aber bei einer ganzen Reihe Geschichten etwas einträgt. Ich habe es auch nicht in allen Geschichten verwendet, ich glaube, nur in dem geringeren Teil.

Das Problem der Wirkung des Autors auf die Gegenwart spielt nun in allen literarischen Gesprächen eine sehr, sehr gewichtige Rolle, auch in dem aktuellen Gespräch zwischen Schriftstellern aus Ost und West. Und Sie selbst, Herr Bobrowski, hatten kürzlich erst bei einer Lesung in Westberlin im Studentenviertel Siegmundshof zu diesem Thema etwas zu sagen. Worum ging es da im einzelnen?

Ja, es wurde dort von einigen Zuhörern in der Diskussion gefragt, ob das Thema, dem ich mich also im wesentlichen zugewendet habe, das heißt, dieses Verhältnis der Deutschen zu den Nachbarvölkern, und eben die Frage der deutschen Verschuldung, ob die noch interessant wäre und überhaupt wichtig. Ein Teil der Zuhörer ist ja nach diesen Ereignissen eigentlich erst aufgewachsen, und sie sind ihm vielleicht fremd, und vielleicht sind die Probleme darüber im wesentlichen gelöst oder die Akten geschlossen, wie man will. Ich habe darauf erwidert, daß ich das schreibe, was ich weiß und was mir nötig erscheint. Und da allerdings befremdet mich manchmal – das habe ich dort gesagt – die Stellungnahme junger Leute, die sich von der Geschichte freisprechen wollen, von der deutschen Geschichte. Man kann sich, glaube ich, von der Nationalgeschichte nicht dispensieren; und da gibt es, wie die Erfahrung zeigt, ja offene Probleme bis heute. Ich habe darauf hingewiesen, daß es in Westdeutschland solche Probleme gibt. Ich habe sie genannt, zum Beispiel die Frage der Verjährung der Kriegsverbrechen und ähnliches, und dann hat mir die Versammlung, glaube ich, auch im wesentlichen zugestimmt. Ja, ich halte also solche Gespräche für sehr nützlich; denn es besteht ja die Gefahr bei vielen Literaturfreunden, daß sie über einer literarischen Qualität, die sie feststellen, das Anliegen des Autors eigentlich beiseite schieben, daß sie das gar nicht hören möchten und sich dann also unverbindlich mit dem Künstlerischen befassen. Darauf lege ich keinen Wert, denn ich bin ja auf Grund dieser Probleme, die ich genannt habe, überhaupt zum Schreiben gekommen, und ich schreibe ihretwegen.

Ich danke Ihnen, Herr Bobrowski, für dieses Gespräch, und ich hoffe, daß unsere Zuhörer in unserer Sendung nun dasselbe Vergnügen haben werden an Ihrer Lesung wie die Zuhörer der öffentlichen Veranstaltung in der Deutschen Staatsbibliothek.

‹MEINEN LANDSLEUTEN ERZÄHLEN, WAS SIE NICHT WISSEN›

‹Ein Interview von Irma Reblitz›

Irma Reblitz: Herr Bobrowski, es ist ja nicht das erste Mal, daß Sie ausgezeichnet wurden in Deutschland – Deutschland hier gesamt gesehen. Sie haben 1962 den Preis der Gruppe 47 erhalten, nun den Heinrich-Mann-Preis der Deutschen Akademie der Künste, und Sie haben darüber hinaus auch in Wien an einem Wettbewerb teilgenommen.

Johannes Bobrowski: Ja nun, Wien. Das ist natürlich nicht Deutschland, sondern die Österreicher legen berechtigten Wert darauf, eine österreichische Literatur zu haben. Ich finde das auch. Es gibt da wirklich Kriterien, wonach man das feststellen kann, ob etwas österreichisch ist oder nicht. Gar nicht so, wie es der Friedrich Torberg meint, sondern ganz ohne Ironie.

Also ich habe zunächst einen österreichischen Preis bekommen, 1962, den Alma-Johanna-Koenig-Preis. Ihn gibt es nur alle paar Jahre mal. Diesmal war er ausgeschrieben für ein Liebesgedicht, für ein einziges Liebesgedicht, das also unter Decknamen und Kennziffer und so etwas eingereicht wurde, ganz anonym. Den habe ich also gekriegt damals. Ja, und im Herbst dann einen deutschen Preis, den ersten deutschen Preis für mich, den der Gruppe 47, bei ihrer Berliner Herbsttagung.

Wofür haben Sie ihn erhalten?

Bei der Gruppe 47 bekommt man den Preis immer für etwas, was man auf dieser Gruppentagung gelesen hat und für etwas, was noch nicht veröffentlicht war. Ich habe dort also zehn oder zwölf Gedichte gelesen, und dafür habe ich ihn bekommen.

Sind diese Gedichte uns heute gedruckt zugänglich?

Ja, die Gedichte sind so alle gedruckt worden, in «Akzente» oder irgendwelchen Zeitschriften. Aber in Buchform liegen sie bis jetzt nicht vor.

Planen Sie, demnächst einen neuen Gedichtband herauszubringen?

Ja, ich hätte einen fertig im Umfang, aber ich möchte lieber noch ein Jahr warten.

Stehen die verschiedenen Dichtformen – des Romans, der Kurzgeschichte, des Gedichts – in Ihrem Werk gleichrangig nebeneinander, oder glauben Sie, daß Sie für eine davon mehr Begabung – oder Zuneigung haben?

Na ja, das ist so: das hängt davon ab, womit man sich gerade befaßt. Im Augenblick bin ich also der Meinung, daß ich einigermaßen gut Geschichten erzähle. Vor zwei Jahren dachte ich, daß ich eigentlich Gedichte schreiben sollte. Die Kritiker mögen das nicht. Die mögen am liebsten so einen reinen Dichter, der dann nur Gedichte macht, – oder einen Prosaschreiber. Und die Literarhistoriker, die mögen das auch nicht. Sie reden dann von «Mischformen» und so etwas allem. Aber ich will es darauf ankommen lassen.

Im Augenblick befasse ich mich mehr mit Prosa als mit Gedichten. Aber ich will nicht sagen, daß mein Hauptgeschäft nun für alle Zukunft die Prosa sei. Ganz sicher werde ich immer wieder Gedichte schreiben.

Mit dieser Mischform stehen Sie ja nicht allein. Denken wir nur an einen Freund von Ihnen, Günter Grass, der sogar bis zur Graphik ausschweift.

Na ja, bei ihm ist die Prosa doch eben stark Prosa und enthält kaum Nebenelemente, wie ich sie mir leiste. Ich halte den Grass zwar auch für einen guten Lyriker, aber doch eher für einen großen Epiker.

So eindeutig läßt sich das bei Ihnen nicht entscheiden?

Nein, das möchte ich auch nicht. Mein Anspruch ist nicht so hoch.

Können Sie uns etwas über Ihren Werdegang erzählen? Wie haben Sie überhaupt angefangen zu schreiben?

Also erstmal: Zur Literatur bin ich ja ganz zuletzt gekommen. Früher habe ich gemalt. Und dann wollte ich eigentlich Musiker werden, das heißt, ich habe so herumkomponiert. – Als nun einer meiner Freunde anfing zu malen und sehr gut malte, und der andere anfing zu komponieren und sehr gut war darin, da habe ich mir gesagt, mir bleibt jetzt nichts anderes übrig, dann werde ich also schreiben.

Die Sache liegt natürlich etwas anders: Ich wollte, und das ist der Anfang meiner Schreiberei, damals – das ist 1943/44 gewesen, im Kriege – die russische Landschaft festlegen. Es gibt da Schilderungen nicht nur bei Paustowski, sondern schon bei Tolstoi, diese Winterschilderungen, wo versucht wird, diese Landschaft wirklich in den Griff zu bekommen, außerhalb der einfachen Beschreibung. Diese Landschaft, die mir vertraut war, weil ich dort oben aufgewachsen bin, die mir aber damals – vor allem unter den Umständen, in denen ich damals wieder reingeführt wurde in den russischen Osten – doch neu und bestürzend vorkam, die wollte ich darstellen. Ich habe es mit Zeichnen und dann mit Prosa probiert. Schließlich fand ich ein Hilfsmittel: die griechische Ode in der von Klopstock bis Hölderlin versuchten Eindeutschung. In dieser Form also, in der alkäischen, sapphischen Strophe entstanden meine ersten Versuche.

Dann habe ich das Schreiben wieder bleibenlassen eine ganze Zeit. Erst nach der Gefangenschaft, also erst 1952, als ich schon eine Weile wieder in Deutschland war, habe ich es noch einmal aufgenommen, nun eigentlich sofort in einer äußerlich freien Form – die allerdings für Leute, die von Metrik etwas verstehen, ziemlich deutlich die griechischen Odenstrophen und Versschemata verrät. So bin ich also dazu gekommen.

Dieser erste Anlaß, die Landschaft zu schildern, hat sich durch die Kriegs- und Nachkriegserlebnisse dahin erweitert, daß ich nun Landschaft und Menschen schildern wollte, um meinen deutschen Landsleuten etwas zu erzählen, was sie nicht wissen. Sie wissen nämlich nicht über ihre östlichen Nachbarn Bescheid. Bis heute nicht. Sie schätzen sie falsch ein; sie sehen sie nicht; sie kennen ihre Historie nicht ausreichend. Sie wissen etwas nicht, was ich glaube zu wissen, wo ich sehr viele Erfahrungen habe. Deswegen begann ich wieder zu erzählen.

Hat Ihr Schreiben auch heute noch ständig das Erlebnis zur Grundlage oder bedient es sich mehr der Fiktion?

Zur Grundlage schon, das Erlebnis, und zum Anlaß auch. Also die Wirklichkeit im Sinne von Hans Henny Jahnn figurierend als Anlaß für die Erzählung. Wie das nachher wird ... Geschichte wird nicht rekapituliert in der Literatur. Sondern es entsteht etwas Neues. Aber die Anlässe und die Szenerie usw. – da kommen einem eben die Dinge zu Hilfe, die man weiß.

Denken wir nun an das «Mäusefest», das jetzt mit anderen Erzählungen bei dem jungen Westberliner Verlag Klaus Wagenbach erscheint. Entstand das aus der Begegnung mit diesem einen Juden?

Nein, gar nicht. Das fing an, so wie die Geschichten bei mir alle anfangen: ohne Plan und ohne Überlegung, einfach mit solch einem Spiel von Licht und Schatten ... Ich pflege Geschichten immer so anzufangen, ohne daß ich eine Handlung vor mir habe.

Und selbst die Gestalt hat kein Vorbild?

Nein, ich kenne sie nicht. Aber sie scheint mir glaubwürdig zu sein.

Auch wenn Sie sich nicht von vornherein Handlungen für Ihre Geschichten zurechtlegen, dienen diese doch ständig gleichen Themen, etwa dem des Kriegs –

Ein bißchen habe ich das schon angedeutet.

Ich habe aus einer bestimmten Absicht heraus angefangen zu schreiben. An der halte ich fest, und ich meine, daß mein Leben nicht einmal dazu ausreichen wird, das alles zu erzählen, was noch da zu sagen ist. Ich habe das damals für Hans Bender, für seine Anthologie «Widerspiel» mal formuliert, daß ich mir bewußt bin der deutschen Verschuldung gegenüber den Ostvölkern, seit dem Auftreten des Ritterordens bis in die jüngste Vergangenheit. Ich kann nun diese Schuld natürlich nicht abtragen, aber ich kann vielleicht versuchen, sie sichtbar zu machen. An sehr handgreiflichen und sehr einfachen Dingen.

Glauben Sie, daß Sie damit eine Wirkung erzielen werden und

Ihre Leserschaft ändern können? Nicht nur in ihrer heutigen Einstellung zum Osten, sondern auch in ihrem Bewußtsein der Vergangenheit?

«Ändern», das ist ein großes Wort. Ich weiß es nicht, da habe ich mindestens Manschetten, so etwas zu sagen.

Ich erinnere daran, daß Beecher-Stowe mit «Onkel Toms Hütte» die Rassengeschichte nicht abgeschafft hat in den Vereinigten Staaten, obwohl sie ein Riesenerfolg war. Und daß die Aufklärer die Französische Revolution nicht durchgeführt haben – daß sie eben nicht in den Stuben der Aufklärer ausgebrochen ist, sondern einfach wegen Mehlmangel in Paris.

Vielleicht war «Onkel Toms Hütte» zu «schön», so daß gerade die Menschen, gegen die sie gerichtet war, sie mit Vergnügen lasen und lesen als ein Stück reiner Literatur.

Nun, ich bin schon sehr dafür, daß Literatur solche Wirkung hätte. Ich würde mich glücklich schätzen, wenn ich möglichst vielen Leuten zumindest ein Nachdenken beibringen könnte – wenigstens über die Dinge, die ich meine. So hoch stelle ich meine Ansprüche nicht. Andererseits bin ich, glaube ich, ganz gut verstanden worden, von sehr vielen Leuten. Ich bekomme viele Briefe, die sich damit befassen, viele Anfragen. Aus beiden Teilen Deutschlands, auch aus Israel, aus den USA. – Und dann freut es mich: es gibt solche Kulturwerke «deutschen Geistes» oder «Deutscher Osten», die schicken mir ab und zu ihre Broschüren. Die können das gar nicht ertragen, daß jemand, der von da her ist, diese deutschen Kulturleistungen etwas kritisch ansieht. Und das, meine ich, ist auch ein Verständnis, an dem mir gelegen ist.

Geht es in diesen Briefen, die man Ihnen zuschickt, vor allem um ein Thema, ein Anliegen?

Es ist natürlich der Komplex des Antisemitismus, der darin eine große Rolle spielt. Es sind vorwiegend junge Leute, die da schreiben und die sich nun mit der «Schuld der Väter», wie sie sich ausdrücken, auseinandersetzen. Das ist sehr schwierig. Ich muß die jungen Leute dann immer ein bißchen ermahnen, nicht so rigoros zu sein, denn die Verschuldungen der Väter sind auch noch unsere Verschuldungen, und man kann sich, gerade als Deutscher, von seiner Nationalgeschichte nicht freisprechen. Man muß das nun schon so akzeptieren, wie es ist, und nun versuchen, die Sache in Ordnung zu bringen ... Man kann nicht einfach Generationen abschreiben. Außerdem liegen die Wurzeln ja so weit zurück. Sie sind verfolgbar.

Glauben Sie, daß zumindest gegenwärtig die Lage etwas hoffnungsvoller ist? Oder würden unter gleichen Umständen schnell wieder gleiche Tendenzen aufbrechen? – Müßte man da starke Unterschiede zwischen den beiden Teilen Deutschlands machen?

Das ist sehr schwierig. Sehen Sie, in dem Staat, in dem ich lebe, gibt es Gesetze gegen ganz bestimmte Erscheinungen. Ich meine, so etwas wie die Soldaten- und Nationalzeitung, gegen die sich dankenswerterweise der Herr Arndt im Bundestag gewandt hat – ich habe mich sehr gefreut darüber –, wäre hier einfach rechtlich nicht möglich. Solch eine Zeitschrift würde hier sofort verboten werden. Und ich halte Gesetze, wo es sich um diese Sauberkeit handelt, wirklich für gut.

Aber wird man mit solchem Verbot auch wirklich die Tendenz ausschalten können und gewisse Ressentiments – nur dadurch, daß man nichts darüber sagt, nichts an die Oberfläche geraten läßt?

Natürlich, solche Dinge müßten ins Gespräch gebracht werden, und sie müßten im Gespräch bleiben und tatsächlich auf eine lebendige Art erledigt werden. Mit dem Verbot aber verhindert man ein Sammelorgan, einen Konzentrationspunkt, das ist schon ganz wichtig. Wenn die Leute tatsächlich die Möglichkeit haben, ihre ganzen Geschichten «vorzuplätten», dann ist es ja leicht, unbedachte Menschen davon zu überzeugen. Vor allen Dingen deswegen, weil die Diskussion, die Unterhaltung über solche Dinge nicht übermäßig kräftig ist. Man rettet sich da sehr leicht in einen Philosemitismus, und mit dem ist auch nichts getan.

Man könnte vielleicht einwenden, daß, wenn solche Strömungen deutlich werden und handgreiflich sichtbar in einer Zeitung, sich ihnen eher entgegenwirken ließe, denn man kann sie eher treffen, als wenn sie nur unterschwellig da sind.

Solche Dinge erscheinen natürlich in den vielfältigsten Formen. Im Grunde sind das aber äußerst simple Dinge. Und man trifft eins mit dem anderen sehr leicht. Es ist gar nicht nötig, so stark zu differenzieren. Es handelt sich da wirklich um Grundverhalten, die behandelt werden müssen.

Setzen jene Briefe, die Sie erhalten, sich auch mit literarischen Problemen auseinander? Gibt es auch Kollegen, die mit Ihnen gewisse Fragen der eigenen Arbeit besprechen?

Das gibt es schon. Nur reden Autoren, sobald sie Autoren geworden sind, gar nicht mehr so viel über solche Schwierigkeiten. Bei den jungen Leuten passiert es natürlich immer wieder, daß sie ihre eigenen Gedichte beilegen und auch ein Urteil darüber haben wollen. Aber sie fragen mich vor allem nach meinen Themen, und das ist schon ganz schön.

Gibt es – sei es nun auf schriftlichem Wege oder im lebendigen Kreis – so etwas wie einen Dichter- und Schriftstellerzirkel um Sie?

Das ist zuviel gesagt. Ich habe vielleicht sehr viele Freunde. Das ist bekannt. Angeblich habe ich so ein Talent dazu. Wir haben zu Hause auch sehr viel Besuch. Das häufte sich manchmal so sehr, daß ich dann lieber in eine Krankheit flüchtete. Aber inzwischen hat sich das normalisiert ...

Also, es kommen viele Leute, oft auch unbekannte, auf Empfehlung von irgend jemand und bestellen Grüße. Dann ergeben sich natürlich solche Gespräche. Aber einen festen Kreis gibt es nicht.

Es hat einmal die Geschichte vom «Friedrichshagener Dichterkreis» herumgegeistert. Der existiert also in dieser Form nicht. Es hat einmal einen gegeben, das war im ausgehenden vorigen Jahrhundert. Das waren die Naturalisten, bis zu Peter Hille etwa, also schon in diesen literarischen Impressionismus hinein. Daran erinnert in Friedrichshagen nicht nur eine, sondern sehr viele Straßen: Es gibt eine Hille-Straße, eine Julius-Hart-Straße und eine Bölsche-Straße und so was alles.

Der Friedrichshagener Dichterkreis existiert allerdings doch, repräsentiert durch zwei Figuren, nämlich durch meinen Freund

Manfred Bieler, der damals zufällig hier in Friedrichshagen wohnte, und mich. – Da haben wir uns also konstituiert und uns auch eine Satzung gegeben: daß dieser Verein zwei Mitglieder hat, welche gleichzeitig immer recht haben; daß die Tagungen des Friedrichshagener Dichterkreises unter Ausschluß der Familienangehörigen und unter Einschluß der Öffentlichkeit stattzufinden haben. Natürlich ein Spaß. Günter Bruno Fuchs haben wir zum Ehrenmitglied ernannt, auch Robert Wolfgang Schnell. Und wir hatten da noch ein korrespondierendes Mitglied, das war der Klaus Wagenbach.

Das ist die ganze Legende vom «Friedrichshagener Dichterkreis».

Nun lebt in Friedrichshagen gegenwärtig noch ein andrer junrer Dichter, Karl Mickel. Stehen Sie mit ihm in ähnlich lokaler Beziehung?

Nein, das nicht. Der Mickel ist eine andere Generation als ich. Ich habe ihn öfter getroffen und vertrage mich auch gut mit ihm. Aber es gibt viele Dinge, wo die Berührungspunkte nicht so ausgeprägt sind. Er ist auch noch nicht lange in Friedrichshagen. – Das, was ich von ihm kenne, finde ich sehr gut, vor allem seine neueren Sachen. Ich halte ihn für eine der tatsächlichen Begabungen bei uns, was ich von vielen anderen Kollegen nicht so freundlich sagen kann.

Das ist ja überhaupt eigenartig: Es sind viele unserer Literaten zum Lesen eingeladen worden, auch von westdeutscher Seite. Und da sind die westdeutschen Zuhörer manchmal ein bißchen konsterniert oder erschrocken, daß es nicht ganz das Grün ist, was sie sich versprochen haben. Das liegt ganz einfach an dieser komischen Optik, die von Westdeutschland gelegentlich hier angelegt wird an das, was hier geschrieben wird. Da gilt es schon als ein Talentausweis, wenn es von dem Mann gerüchtweise heißt, er hätte irgend etwas Unerwünschtes oder Unbequemes gesagt. Das ist, meine ich, ein sehr weit verbreiteter Gesichtspunkt. Dieses Erschrecken müssen die Leute, die solche Gesichtspunkte haben, dann selber ausbaden.

Sagen wir, wir sind noch etwas desorientiert über das, was hier in den letzten Jahren auf dem Gebiet der Literatur geschehen ist. Wird man sich Ihrer Meinung nach auf beiden Seiten um stärkeren Austausch bemühen?

Es hat ja jetzt sehr hübsche Versuche gegeben, wie diese Dichterlesungen im Siegmunds Hof in Westberlin. Das scheint mir doch recht verheißungsvoll, dieses Echo, auch das negative – die Tatsache, daß überhaupt eine derartige Menge zusammenkommt, zuhören will und immer wieder kommt. Dieses Informationsbedürfnis halte ich für die beste Garantie, daß solche Kontakte weitergehen. Da sind auch die hiesigen Leute wirklich sehr dafür, nicht wahr. Das ist eine allgemeine Ansicht hier, daß es solche Kontakte nie genug geben kann.

Wird man auch stärker Literaten aus Westberlin und Westdeutschland in die DDR holen?

Sicher. Es sind schon häufig Autoren hiergewesen. Jetzt läuft wieder diese Lesereihe im Deutschlandsender – als letzter hat wohl Heinz von Cramer gelesen. Dann sind auch schon öfter westdeutsche Autoren bei der Weimarer Akademie gewesen. So etwas gibt es immer wieder, und ich glaube, daß sich das weiter verstärken wird, vor allem, wenn Enzensberger nach Berlin zieht – ich glaube, in diesem Jahr – und wenn auch andere diese Kontakte wirklich als notwendig erkennen. Ich meine, daß es unbedingt nötig ist, daß sich die Autoren auch untereinander kennenlernen. Ich halte das für das Wichtigste. Dieses Diskutieren ist ja ganz schön – aber daß sie sich tatsächlich kennenlernen. Der Grass läuft hier herum im Gerede der Leute als eine Art Buh-Mann, was er wirklich nicht ist. Vielleicht im Äußeren oder in der Art. Aber wenn die Leute ihn besser kennenlernten, könnten sie ihn auch besser beurteilen.

Glauben Sie, daß sich die deutsche Literatursituation in solchen Zusammenkünften etwas klären wird? Es scheint mir gegenwärtig einige Grundprobleme zu geben: daß man etwa junge Leute allzu schnell zu Repräsentanten der Literatur, der Poesie abstempelt, wenn ihnen gerade fünf Gedichte gelungen sind. Das macht sie weder bewußtseinsmäßig noch auch rein handwerksmäßig schon zu einem Dichter.

Ja, da bin ich ganz Ihrer Meinung. Da habe ich auch gar nichts hinzuzufügen.

Ist hier in der DDR die Frage weniger akut, weil der Wettstreit zwischen den Verlagen durch stärkere Spezialisierung gedämpft ist?

Das darf man sich auch wieder nicht so leicht vorstellen. Wir haben auch hier tatsächlich Verlage, die versuchen, den anderen die Autoren wegzukaufen. Man ist hier, genauso wie drüben, hinter Begabungen her. Nur diesen Run, der so jedes Jahr um die Tagung der Gruppe 47 von westdeutschen Verlegern vollführt wird, diesen Indianertanz, den gibt es nicht. Und da bin ich eigentlich ganz glücklich darüber, daß es ihn nicht gibt.

Sie haben mich vorhin (bei der Bemerkung über Mickel) etwas erschreckt mit der Äußerung, das sei eine andere Generation. Ist das Generationsproblem unter Dichtern und Literaten so ausgeprägt? Und bietet es solche Schwierigkeiten in der Verständigung?

Das ist übertrieben. Schwierigkeiten finde ich nicht. In diesem Fall meinte ich es ganz speziell. Die Generation, die ich hier im Auge hatte, die sind alle mehr oder weniger ausgesprochene Brechtianer. Und ich habe kein so starkes Verhältnis zu Brecht. Ich mag ihn natürlich sehr, vor allem als Lyriker. Sonst bin ich kein so überschwenglicher Bewunderer.

Das scheint mir überhaupt eine Gefahr hier zu sein, in der Dramatik wie in der Poesie, daß man sich von diesem einmal als klassisch anerkannten Vorbild nicht mehr lösen kann.

Ja, nun ist Brecht ein außerordentlich faszinierender Mann. Und es ist ja wirklich kein Schade, von einem Meister etwas zu beziehen. Immer noch besser, als wenn sie sich irgend jemand anderen zum Muster nähmen – wenn sie schon solche Muster brauchen.

Außerdem kann man ja jahrelang in die Schule gehen und dann doch noch selber etwas Gutes machen ... Das sind ja auch noch junge Leute.

Brecht kann man also nicht zu Ihrer Tradition rechnen. Aber sicher gibt es andere, die Sie beeinflußt haben?

Ja, das gibt es zweifellos. Und ich bekenne mich dazu immer sehr offen: zu meinem Meister – Klopstock. Darüber müßte ich einen ganzen Vortrag halten, was ich an Klopstock sehe: Verlebendigung der Sprache, ein Ausnutzen der sprachlichen Möglichkeiten, Neufassung der Metrik ... Das ist für mich ein Meister, der, ich bin sicher, in seiner Wirkung in Deutschland alles überholen wird, was nachher gekommen ist.

Aber es gibt noch andere Leute, die ich bewundere. Nicht nur den Mörike, nämlich den ganz späten Mörike, sondern zum Beispiel auch Robert Walser. Das ist für mich etwas sehr Schönes. Ansonsten hänge ich meinem sagenhaften Urgroßonkel an, dem Joseph Conrad. Von dem möchte ich noch einiges lernen, was die Technik der Perspektive in der Erzählung anlangt.

Gibt es auch unter den Lebenden Vorbilder? Und sind Sie mit ihnen persönlich zusammengetroffen?

Peter Huchel natürlich. In der Gefangenschaft habe ich zum ersten Mal ein Gedicht von ihm gesehen, in einer Zeitung, und das hat mich ungeheuer beeindruckt. Da habe ich es her, Menschen in der Landschaft zu sehen, so sehr, daß ich bis heute eine unbelebte Landschaft nicht mag. Daß mich also das Elementare der Landschaft gar nicht reizt, sondern die Landschaft erst im Zusammenhang und als Wirkungsfeld des Menschen.

Und haben Sie Huchel dann kennengelernt?

Ja. Ich habe ihm damals, 1952, meine ersten Gedichte geschickt. Er ist sofort darauf eingegangen und hat mich zu sich bestellt. Und mir gesagt, daß er sie gut findet. Das war der erste, der mir etwas dazu und etwas Gutes gesagt hat.

Ja, das ist es.

⟨POSITIONSBESTIMMUNGEN⟩
⟨Ein Interview von Eduard Zak⟩

Eduard Zak: Während ich Ihren Roman «Levins Mühle» las, hatte ich immer wieder die Empfindung, an dem Vergnügen teilzunehmen, mit dem Sie das Buch offenbar geschrieben haben. So etwas ist bei größeren Prosaarbeiten recht selten durchgehalten. In den günstigen Fällen schlägt sich die Arbeitsmühe in Manier nieder, in den günstigsten sublimiert sie sich zu einer Artistik der Bewältigung. Von Romanen geredet. So möchte man schon nach den ersten Seiten Lesens voraussagen, daß man es mit einer Erzählung im eigentlichen Sinne – etwa wie bei Eichendorffs «Leben eines Taugenichts» oder auch Barlachs «Seespeck» –, nicht mit einem Roman zu tun hat. Anlage und Durchführung bestätigen das dann. Der Erzähler ist immer gegenwärtig, er leistet seinen Figuren Gesellschaft, mit wohlwollendem Humor dem Musikanten-, Gaukler- und Bettelvolk, mit bissigem dem «ehrsameren» Lumpenpack, dem alles gehört, also auch der Gendarm, das Gericht und der liebe Gott.

Johannes Bobrowski: Ich kann wohl sagen, ich hatte wirklich Spaß am Erzählen.

Mir kommt vor: Weil Sie sich Ihren Standort als Erzähler erst mal mit Verstand und Bedacht eingerichtet haben wie das Zimmer hier, in dem wir sitzen. Alles, was Sie brauchen: Schreibtisch, Clavichord, Bücherschrank und der große Tisch, wo wir mit einer kleinen Handbewegung am Pflaumenschnaps sind, ist an die Wände gerückt, und in der Mitte ist viel Platz wie auf den Bauernhöfen in dem Dorf Neumühl Ihrer Erzählung. Da kann sich dann das Leben abspielen.

Wenn Ihnen das so vorkommt! Übrigens sollte ich wirklich Bauer werden, ursprünglich in der Gegend, wo ich herstamme. Und weil Sie schon davon sprechen, wie ich's mir eingerichtet habe, von der Vorarbeit also: Die ganze Reihe von Schwarten dort auf den drei Regalen ist Literatur über Land und Leute in der Weichselgegend, in der ich meine Geschichte spielen lasse,

Dokumentarisches vor allem: Prozeßberichte, Chroniken, Beschreibungen aus dem vorigen Jahrhundert.

Wer «Levins Mühle» kennt, wird sich über so umfangreiche dokumentarische Vorarbeit wundern, weil er aus dem Buch den Eindruck mitbekommen hat, der Autor erzählt eine überlieferte Anekdote – der wohlhabende deutsche Mühlenbesitzer und Kirchenälteste, der die Mühle des Juden weggeschwemmt hat, wird durch die Solidarität der armen Leute, die ihn zum Gespött machen, wenn auch nicht der Strafe zugeführt, so doch davongetrieben – und daß sich das alles in einem Milieu und unter einer Art von Menschen abspielt, die der Erzähler selbst erlebt hat.

Der aufmerksame Leser allerdings würde sich über die Vorarbeit nicht wundern können. Ihm wird nicht entgehen, daß meine Geschichte nicht bloß in einer Zeit spielt, aus der mir nur Anekdotisches, in meiner Jugend schon Legendäres bekannt sein kann, sondern auch in einer Gegend, die ich nur vom Hörensagen kenne. Auf der letzten Seite der Geschichte, als sie schon aus ist, steht das: daß ich dort sowenig gewesen bin, wie ich in den siebziger Jahren auf der Welt war. Um den Erzählerstandort so einzurichten, wie ich ihn brauchte, mußte ich mir nicht bloß meine eigenen Erlebnisse, sondern auch meine Gegend aus dem Kopf schlagen, die speziellen Verhältnisse dort, in denen ich aufgewachsen bin. Ich mußte mir – zeitlich wie topographisch – eine Art von neuer Heimat erarbeiten, damit sich meine Figuren in i h r e r Geschichte bewegen konnten, unabhängig von der meinigen.

Sie wollen sich also nicht auf Ihre Phantasie verlassen?

Ganz gewiß nicht in diesem vorgeburtlichen Stadium der Arbeit, von dem wir sprechen. Sie kann Kenntnisse nicht ersetzen. Sie kann die Kenntnis der wirklichen Verhältnisse, wie immer sie erworben sein mag, nur auswerten. Sie muß die Möglichkeiten ausnutzen, die sich unter genau bestimmten Verhältnissen für die Verhaltensweisen der Menschen bieten. Da allerdings beginnt die poetische Arbeit und, wenn Sie wollen: die Domäne der Phantasie, scheint mir.

Im Grunde könnte man sagen, Sie haben sich's erst einmal schwer gemacht und für Ihre erste große Erzählung das Autobiographische möglichst ausgeschaltet, um Ihre Erzählung über Ihren «Großvater» um so unbeschwerter zu schreiben, als wären Sie nicht der Enkel, sondern damals mit dabeigewesen als einer von denen, die ihm's heimgezahlt haben.

Für Autobiographisches, in dem alles den Geschmack und die Bewertung hätte, mit der es von mir selbst erlebt ist, und die eine andere Art von Auseinandersetzung erfordert, wäre ich, kommt mir vor, noch zu jung.

Aber die meisten von unseren Erzählern, weitaus jüngere, beginnen doch mit offen oder auch verdeckt Autobiographischem. Gewiß nicht zufällig. Der eigene Erlebnisstoff erscheint am geeignetsten, Probleme aufzugreifen, die den Menschen bei uns zu schaffen machen. Man könnte sagen, daß Sie, Johannes Bobrowski, mit dem Verzicht darauf auch auf die Wirkungsmöglichkeiten dieser Literatur verzichten. Zum Beispiel darauf, daß sich der Leser mit einem Ihrer Helden identifizieren kann.

Eben ja. Aber das ist ja für die Wirkung einer Erzählung auch nicht unbedingt erforderlich. Man kann sich auch mit dem Geschichtenerzähler identifizieren – ich meine natürlich nicht mit dem, der als Verfasser von «Levins Mühle» bezeichnet ist, sondern mit dem, der, wie Sie vorhin sagten, dabeigewesen ist und eine Meinung zu dem hat, was er erzählt, und der seine Kunstfertigkeit dafür aufwendet, zu überzeugen, daß die Dinge so sind, wie er sie sieht – ob diese Wirklichkeit dem Leser nun paßt oder auch nicht. Darüber steht am Anfang meiner Geschichte etwas, meine ich.

In der Einleitung, wo Sie den Leser ein wenig an Ihrer Positionsbestimmung als Erzähler teilhaben lassen. Da werfen Sie die Frage auf, ob es «anständig» ist, die Geschichte dieses Großvaters zu erzählen, eines Deutschen in der ehemaligen Provinz Westpreußen, denn diese Deutschen haben sich als Herren in dem vorwiegend von Polen bewohnten Land entsprechend aufgeführt. Damals schon. Und dann schreiben Sie: «Ob etwas unanständig ist oder anständig, das kommt darauf an, wo man sich befindet.» Und dann die Antwort: «Ich sitze einige hundert Kilometer westlich von jenem Weichseldorf.» Das ist, scheint mir, nicht allein eine moralische, sondern auch politische Positionsbestimmung. Und die «Andeutung einer Besorgnis», mit der Sie die Einleitung abschließen, drückt eindeutig aus, wie Sie Ihr Buch aufgefaßt wissen wollen: «Und es könnte ja sein, daß es völlig nutzlos wäre, die ganze Sache jetzt zu erzählen, genauso nutzlos, wie wenn ich sie damals meinem Großvater aufgetischt hätte ...» Sie hoffen, daß Ihre Besorgnis «grundlos» ist.

Aber ich wußte ja, daß es Leute gibt, die die Rolle der Deutschen im Osten nicht angetastet sehen wollen. Wenn man die Nazis auch noch nicht offen zu verteidigen wagt, um so weniger soll man an die «Mission» Preußens rühren. Und prompt und entsprechend schockiert haben sich diese Leute auch schon gemeldet. Wie Sie wissen, ist «Levins Mühle» gleichzeitig auch in Westdeutschland erschienen. Und jetzt habe ich schon eine kleine Sammlung von Zuschriften beisammen, die mir die Ehre antun, meine Haltung oder mein Buch als eines Deutschen unwürdig zu bezeichnen.

Die haben ja sozusagen feinere Ohren als manche Literaturkritiker in der Bundesrepublik, die in Ihrer Erzählung eine «Idylle» zu sehen meinen oder rühmen, Ihre Dichtung bringe «das Wunder zuwege, das politisch Verlorene menschlich-persönlich wiederzugewinnen». Womit so ein Mensch es fertigbringt, Leute, die noch Hans Grimm im Hause haben, zu veranlassen, «Levins Mühle» neben «Volk ohne Raum» ins Regal zu stellen. Ein anderer wieder, ganz im Gegenteil, behauptet, die Besinnung auf die Verbrechen der Deutschen im Osten sei bei Ihnen in «Polenverherrlichung» umgeschlagen.

Was soll man da machen? Da es mir wie mehr oder minder jedem Poeten um Gerechtigkeit geht, wäre es ungerecht von mir, «zum Ausgleich» vorzuführen, daß auch ein Pole oder irgendein Angehöriger eines anderen unterdrückten Volks unter Umständen eine Schurkerei begeht, für die er sowieso ins Zuchthaus gekommen wäre. Nicht die Moral der Menschen interessiert, sondern hinzuweisen war auf die Immoralität der politischen Zustände, wo sich Verbrechen auf Macht und Macht schließlich auf Verbrechen stützt. Daß der Schurke meiner Erzählung ein Deutscher ist und ich mich gezwungen fühle, ihn «meinen Großvater» zu nennen, ist eben leider wahr, wenn es auch erfunden ist.

⟨ZUM INTERNATIONALEN SCHRIFTSTELLERTREFFEN IN BERLIN UND WEIMAR IM MAI 1965⟩

Daß es ein ausgezeichneter Einfall war, zum 20. Jahrestag der Befreiung, gleichzeitig zum 30. Jahrestag des Pariser Kongresses, Schriftsteller aus aller Welt nach Deutschland einzuladen, gerade nach Berlin und gerade nach Weimar, bedarf keiner Erörterung. Ich habe, als Zeit und Ort feststanden, sofort in persönlichen Gesprächen und in Briefen mir bekannte Autoren, vor allem Westdeutschlands und der skandinavischen Staaten, darüber informiert, was ich mir unter dem Treffen vorstelle und was ich von ihm erwarte.

Nicht so sehr einen auf Repräsentanz und imponierende Zahlen erpichten Kongreß, sondern vielmehr Gespräche, Gespräche der Autoren untereinander, über Sprach- und weltanschauliche Grenzen hinweg. Weil ich aus meinen Erfahrungen weiß, daß Mißverständnisse und Vorurteile weniger durch Erklärungen, die leicht zu neuen Mißverständnissen führen, als durch das lebendige Gespräch beseitigt werden, schon weil der Gesprächspartner als Person seine Auffassung repräsentiert. Ich hoffe, daß Zeit und Gelegenheit sein wird für einen, die Gespräche grundierenden und erweiternden Anschauungsunterricht, ich meine Besuche an Produktionsstätten: z. B. von Weimar aus nach Sömmerda und in eine LPG.

Ich freue mich, daß von den von mir Eingeladenen Ingeborg

Bachmann bereits zugesagt hat. Ich nehme an, daß auch Hans Werner Richter, Walter Höllerer, Klaus Roehler und andere ihre mündlich gegebenen Zusagen wahrmachen werden. Daß Anlaß und Zeitpunkt ihnen wichtig sind, weiß ich von jedem, an den ich mich gewandt habe.

⟨KULTUR – DIE VERMENSCHLICHUNG DER VERHÄLTNISSE⟩
⟨Ein Interview der «Neuen Zeit»⟩

NZ: Das bevorstehende internationale Schriftstellertreffen in Berlin und Weimar weiß sich bekanntlich in einer Kontinuität mit dem Pariser Kongreß zur Verteidigung der Kultur und des Friedens vom Jahre 1935. Damals sagte Bertolt Brecht: «Die Kultur ist gerettet, wenn die Menschen gerettet sind.» In welchem Maße hat dieses Wort, das damals angesichts der faschistischen Gefahr ausgesprochen wurde, noch heute Gültigkeit?

Johannes Bobrowski: Ich meine, daß das Wort Brechts unverändert gilt. Kultur meint ja nicht einfach einen Besitzstand, sondern ist nur als Bewegung denkbar, als ein Prozeß fortschreitender Humanisierung, als die Vermenschlichung der Verhältnisse, wie Wilhelm von Humboldt gesagt hat. Insofern wird Kultur nicht geliefert vom Sektor Kulturschaffende, sondern ist das Produkt der ganzen Gesellschaft, die den Menschen gegen die Bedrohung seiner Existenz verteidigt. Ort und Zeitpunkt des Treffens in Weimar legen ein deutliches Wort in dieser Richtung nahe.

Sie sind, verehrter Unionsfreund Bobrowski, kürzlich von der Deutschen Akademie der Künste zu Berlin mit dem Heinrich-Mann-Preis ausgezeichnet worden. Der Dichter, an dessen Vermächtnis dieser Preis erinnert, hat sich ein Leben lang für das Bündnis von Geist und Macht ausgesprochen. Wie wird nach Ih-

rer Ansicht das internationale Schriftstellertreffen, dessen Teilnehmer ja zugleich den Willen ihrer Völker repräsentieren, dieses Bündnis vertiefen?

Die Frage ist außerordentlich wichtig. Gerade an ihr dürfte sich das Gespräch, auch mit den ausländischen Freunden, entzünden; nicht unbedingt im Sinne jener betrüblichen Meinung, daß Macht auf den Geist nur reglementierend und also korrumpierend wirken könne. Macht ist – wie Geist – keine absolute Größe. Hier wird zu fragen und zu sagen sein, in welchen Händen Macht begeistet und Geist mit Macht ausgestattet sein kann.

Ich habe z. B. oft betont, daß ich auf restaurative Erscheinungen, auf Faschismus, Chauvinismus usw. zu ihrer Bekämpfung Macht angewendet wünsche. Allerdings erwarten Zweckoptimisten, die der Literatur diese Macht einfach zuschreiben, allzu viel. In wie weit Literatur hier etwas leistet, wird nicht so sehr vom guten Willen, als von ihrer Qualität abhängen.

Welchen Gewinn versprechen Sie sich persönlich für Ihr schriftstellerisches Schaffen und für Ihr berufliches Wirken als Lektor des Union Verlages von dem Zusammentreffen mit Autoren aus Ost und West?

Ich bin nicht für Kontakte um jeden Preis, sondern für nützliche, weil überlegte Gespräche. Wenn nicht alles täuscht, ist das Bedürfnis nach dem Gespräch – auch über weltanschauliche Begrenzungen hinweg – in letzter Zeit zunehmend intensiv geworden. Es geht konform mit einem steigenden Bedürfnis nach zuverlässiger Information. Für beides muß vielfältige Gelegenheit gegeben werden. Aber natürlich habe ich auch persönliche und selbstverständlich verlegerische Interessen, die den Literaturaustausch, die Frage der Übersetzungen usw. betreffen.

⟨FORMEN, FABEL, ENGAGEMENT⟩
⟨Ein Interview von Irma Reblitz⟩

Irma Reblitz: Herr Bobrowski, Sie sind jetzt am Samstag zum vierten Mal und damit von allen vier deutschsprachigen Ländern ausgezeichnet worden: Nachdem Sie 1962 den Wiener Alma-Johanna-Koenig-Preis und den der Gruppe 47 erhielten, verlieh Ihnen in diesem Jahr die Deutsche Akademie der Künste hier in Ostberlin sowie die Schweizer Stiftung Charles Veillon ihren Preis für den Roman «Levins Mühle». 1962 ehrte man Sie zweifach als Poet, 1965 zweifach als Prosaist. Kann man daraus entnehmen, daß Sie sich grundsätzlich von der Dichtung stärker zur Kurzgeschichte und zum Roman gewandt haben? Und werden Sie eventuell auch noch zu einer anderen Form, zum Drama, weitergehen?

Johannes Bobrowski: Na ja, das weiß man ja vorher niemals so recht. Aber ich denk, daß eins das andere nicht ausschließt. Sicher, ich habe früher nur Gedichte geschrieben und dann Kurzgeschichten und so einen Roman, daneben aber doch weiter Gedichte verfaßt, wenn auch nicht so häufig, aber immerhin. Und mit dem Drama: Ich habe dem Peter Weiss neulich erzählt, daß ich irgendwann einen zweiten Roman schreiben wollte, und ihm ein bißchen vom Inhalt erzählt... Da hat er gesagt, das wären alles Szenen, und ich sollte da lieber ein Schauspiel daraus machen. Also, vielleicht schreibe ich dann ein Schauspiel, aber ich habe noch gar nicht angefangen damit.

Gerade dieser Peter Weiss hat ja das Drama als die unmittelbarste Form des Engagements für einen Schriftsteller entdeckt. Stimmen Sie damit überein, auch wenn Sie selbst noch kein Drama verfaßt haben?

Na ja, Peter Weiss kann das vielleicht sagen.

So etwas sagt man am sichersten aus der Erfahrung. Man kann Theorien darüber anstellen, man kann fleißig Brecht lesen. Aber – hm, ich weiß nicht ... ich müßte das, glaube ich, einmal probieren für mich, inwieweit es eine direktere Wirkung hätte als die Prosa.

Ich meine, daß man das mit Prosa zum Beispiel auch erreichen kann. Da überzeugen mich einfach so Lesungen, die ich ja in ziemlich zahlreicher Menge durchgeführt habe im letzten Jahr. Wie das mit Gedichten ist, da bin ich mir nicht so sicher.

Würden Sie das, was Sie bisher geschrieben haben, als engagiert bezeichnen?

Ja, darauf möchte ich bestehen. Und selbst wenn da Leute eine kurzsichtigere Auffassung vom Engagement haben – also, die akzeptiere ich nicht. Ich habe wegen ganz bestimmter Ansichten und Absichten geschrieben bisher, und das halte ich für Engagement.

Und welches war diese Absicht?

Nun, zunächst einmal diese Verbesserung in den Verhältnissen, – Beziehungen der Deutschen zu den östlichen Nachbarn. Das war das erste, und das ist vielleicht bis heute doch das Generalthema geblieben. Ich mein, daß das eine aktuelle Geschichte ist, auch wenn sie sich mit Historie, aber doch bis in die jüngste Vergangenheit, befaßt. Und gerade die Klärung von meinetwegen historisch abgeschlossenen Perioden, die aber für das Bewußtsein der Öffentlichkeit zum Beispiel ungeklärte Stellen haben, weitgehend, – das ist meines Erachtens doch eine engagierte Geschichte.

Wenn man von der Form ausgeht, dann fehlt in Ihrer Literatur im Gegensatz zu der allgemein als engagiert bezeichneten meiner Meinung nach das Polemische und auch der programmatische Zukunftsentwurf. Sie geben weder direkte Lehren noch eindeutige Fabeln. Die Vermittlung von Erkenntnis, die Sie dem Leser anbieten, geschieht untergründig, oft mehr durch Atmosphäre als konkrete Aussagen. Das läßt mich in gewisser Weise an Musik denken …

Na ja, nun arbeitet Musik natürlich auch mit Themen, aber vor allem arbeitet sie mit Tönen, nicht? Also, wieweit Musik Atmosphäre erzeugt, das ist eine sehr gefährliche Geschichte. Im 19. Jahrhundert ist das in der Musik so üblich. – Aber wenn Sie darauf hinauswollen, daß eine Beziehung zur Musik besteht, zu den Ordnungsprinzipien, auf denen sie ruht – das schon.

Ja, gewisse Gedichte und auch Kurzgeschichten scheinen fast musikalische Grundformen, etwa eine Fuge oder eine Sonate, nachzuzeichnen. Übertragen Sie eventuell ganz bewußt solche Formen in die Literatur?

Also, bewußt ist das sicher nicht. Aber ich habe ja früher eigentlich mal Musiker werden wollen. – Das mit den musikalischen Formen stimmt schon. Man könnte sagen, es gibt Formen, die etwa eine Suite wären oder so der Typ der alten Ouvertüre, die einen Introduktionssatz hat und dann – dadurch vorbereitet, aber nicht immer – verschiedene, gegeneinandergesetzte Partientypen. Und ich meine, auch zur Ouvertüre des 19. Jahrhunderts besteht vielleicht eine Beziehung, dadurch, daß ich – häufig jedenfalls – verhältnismäßig lange Introduktionen bei den Erzählungen verwende. Das schließt dann oft mit der Ouvertüre ab. Die Oper wird eigentlich nicht gespielt, aber die Themen sind schon da.

Haben Sie selbst Musik studiert?

Studiert nicht. Aber befaßt damit schon. Mit frühbarocker vor allem und Renaissance-Musik.

Sie spielen ja heute noch –

Ja, Clavichord, das ist schwieriger als Spinett und erfordert mehr Konzentration.

Um noch einmal auf das Engagement zurückzukommen: Glauben Sie, daß sich in der heutigen Literatur eine Entwicklung anbahnt, die von den direkten Thesen und von der Fabel wegführt; daß man sich ernsthaft fragt, ob man nicht mit indirekten Aussagen eine stärkere Einwirkung haben kann als mit offenen Lehren?

Ja, das ist eine sehr schwierige Frage.

Ich versuche für meine Person, ein bißchen vom Zwang zur Fabel wegzukommen, wie er von einem Jahrhundert etabliert worden ist, das ist wahr. Aber da kann ich mich auch auf einen Mann aus dem vorigen Jahrhundert berufen, auf Flaubert, der das schon theoretisch in den Briefen ausführt. Ich glaube schon, daß das ein Nutzen wäre, besonders für die Kurzgeschichte, also für eine, wie ich sie auffasse, offene Form.

Erscheint Ihnen das als ein reines Formproblem oder auch als eine Notwendigkeit vom Inhalt her?

Na ja, man darf alles, vor allem das, was man kann. Mir ist die offene Form angemessener, weil sie mir erlaubt, die Dinge so scharf nebeneinanderzustellen – ohne verschmierte Fugen und so etwas, wozu man durch eine geschlossene Form, durch einen genau vorzutragenden Handlungsablauf gezwungen wäre. Ich brauche diese Form – und habe dabei so eine ganz besondere Lieblingstechnik: Ich bring mit Vorliebe den Spaß herein in diese ernsthaften Geschichten und will damit so eine kleine Art Schocktherapie. Ich möchte den Hörer und den Leser zu einem Gelächter kriegen und möchte dann durch den Fakt, den ich dahintersetze, bewirken, daß ihm das Lachen im Hals steckenbleibt. Das ist es.

Ganz so theoretisch führt sich eine Geschichte natürlich nicht durch. Die hat dann auch noch andere Gesetze, die in ihrer Anlage begründet sind von Anfang an.

Zum Abschluß: Sie haben an der eben zu Ende gegangenen Weimarer Literaturtagung teilgenommen, ja sie mitgestaltet. Was hat sie Ihrer Meinung nach erbracht?

Na ja. Es sind sehr viele Leute hingekommen – nicht alle, die eingeladen waren, leider. Vor allem haben viele meiner westdeutschen Freunde leider gefehlt. Dafür waren ziemlich viel Lateinamerikaner da und Australier und Vorderer Orient, aber auch Burma und so. Das fand ich sehr gut. Es war ja keine ausgesprochene Literaturtagung, sondern sie war aus Anlaß des 20. Jahrestages ⟨der Befreiung⟩ und aus Anlaß des 30. Jahrestages des Pariser Kongresses einberufen worden. Eine Tagung also, die doch stark politische Grundlagen hatte, und sie ist auch so aufgefaßt worden. Ich glaube schon, daß sich zwischen dem, was zum Beispiel William Saroyan macht, oder Neruda, oder sonst jemand anders, in ganz bestimmten Dingen so etwas wie eine einhellige Auffassung herstellen läßt – selbst wenn die Situation so beschwert ist, wie im Augenblick durch San Domingo – durch die Entwicklung in der Dominikanischen Republik.

ANHANG

TEXTFOLGE DER ERZÄHLUNGEN IN BOBROWSKIS ANORDNUNG

«Boehlendorff und Mäusefest» =
«Boehlendorff und andere» (= I) und
«Mäusefest und andere Erzählungen» (= II)

I

Boehlendorff (1964)
Junger Herr am Fenster (1963)
D. B. H. (1963)
Epitaph für Pinnau (1961)
Von nachgelassenen Poesien (1961)
Die Seligkeit der Heiden (1963/64)
Es war eigentlich aus (1959)
Valéry oder Die Bohnen (1961)
Litauische Geschichte (1962)
Roter Stein (1963)
Brief aus Amerika (1961)
Lobellerwäldchen (1964)
Begebenheit (1960)
Idylle für alte Männer (1961)

II

Mäusefest (1962)
Lipmanns Leib (1962)
Rainfarn (1964)
Im Guckkasten: Galiani (1964)
In Fingals Haus (1962)
Dunkel und wenig Licht (1964)
De homine publico tractatus (1964)
Interieur (1964)
Ich will fortgehn (1962/63)
Das Käuzchen (1962/63)
In eine Hauptstadt verschlagen (1964)

Der Band *«Boehlendorff und andere»* hat auf S. 5 das Motto «Dans les vapeurs de la patrie, et dans les feux».

Das Inhaltsverzeichnis des Bandes *«Mäusefest und andere Erzählungen»* gliedert die Texte in eine Dreier-, eine Fünfer- und noch eine Dreiergruppe und enthält keine Entstehungsdaten; statt dessen steht am Schluß die Notiz: «Von den Erzählungen dieses Bandes entstanden

1962: Lipmanns Leib, In Fingals Haus, Mäusefest.
1963: Ich will fortgehn, Das Käuzchen.
1964: Im Guckkasten: Galiani, Rainfarn, Interieur, Dunkel und wenig Licht, De homine publico tractatus, In eine Hauptstadt verschlagen.»

Der vorgesehene zweite Band

Der Mahner (10. 1. 65)
Der Tänzer Malige (11. 3. 65)
Betrachtung eines Bildes (26. 1. 65)
Gedenkblatt (25. 6. 65)
Stiller Sommer; zugleich etwas über Wachteln (9. 2. 65)
Das Stück
Im Verfolg städtebaulicher Erwägungen (Mai 65)
Die ersten beiden Sätze für ein Deutschlandbuch
Fortgeführte Überlegungen (10. 2. 65)

EDITORISCHE NACHBEMERKUNG

Der vierte Band der Gesammelten Werke von Johannes Bobrowski enthält die gesamte Prosa außerhalb der beiden Romane und zwar, wie bei den Gedichten, ab 1950 vollständig. Sie verteilt sich auf drei Hauptgruppen: erstens die vom Autor selbst veröffentlichten oder für die Veröffentlichung vorgesehenen Erzählungen, zweitens die Prosaarbeiten aus dem Nachlaß, soweit sie zum dichterischen Werk gehören, drittens die gesamte übrige Prosa in ihrer sehr verschiedenartigen Zusammensetzung, einschließlich der Interviews.

Die von 1959 bis 1964 geschriebenen Erzählungen faßte Bobrowski im Oktober 1964 für den Union Verlag Berlin in dem Band *Boehlendorff und Mäusefest* zusammen; dem abgeschlossenen Manuskript wurde im November noch die Stockholm-Erzählung *In eine Hauptstadt verschlagen* angefügt. Die Textzusammenstellung nahm Bobrowski so vor, daß die beiden Erzählungsgruppen zugleich als selbständige Bände erscheinen konnten, die erste unter dem Titel *Boehlendorff und andere / Erzählungen* als Lizenzausgabe der Deutschen Verlags-Anstalt Stuttgart, die zweite unter dem Titel *Mäusefest und andere Erzählungen* als Lizenzausgabe des Verlags Klaus Wagenbach Berlin (West). Dieser Band erschien im Mai, der Stuttgarter Band im August, der Gesamtband des Union Verlags kurz nach Bobrowskis Tod im September 1965. Im Satzmanuskript hieß der letztere im Untertitel noch *Erzählungen und Geschichten*. Da die Aufteilung der Texte nach rein pragmatischen Gesichtspunkten erfolgte, wurde sie für die Gesamtausgabe nicht übernommen, sondern statt dessen eine chronologische Abfolge, auch für die noch anschließenden Erzählungen, hergestellt; das Inhaltsverzeichnis von

Boehlendorff und Mäusefest bzw. der beiden Teilausgaben wird im Anhang abgedruckt. Die Erzählung *Ich will fortgehn*, die unter Verwendung des Hörspielentwurfs *Über Isaak Babel*, der Erzählung *Ein Stück auf dem Klavier* und des kleinen *Friedhof*-Textes zu einer schwierigen Prosa gedieh, ist hier in der kaum bekannten *Stimmen*-Fassung wiedergegeben, die Bobrowski im April oder Mai 1964 für Arnim Juhres Anthologie «Spiele für Stimmen / Ein Werkbuch» (Wuppertal-Barmen 1965) besorgte und die das Verständnis des Textes und seiner Genese wesentlich erleichtert. Ein Abdruck der reinen Erzählfassung konnte unterbleiben, da sie mit dem Sprechtext der *Stimmen*-Fassung (bis auf ein *Damals* weniger) identisch ist.

Die Erzählung *Unordnung bei Klapat*, die 1963 in Arnim Juhres Weihnachtsanthologie «Die Nacht vergeht» (Gütersloh) erschien, nahm Bobrowski in den Sammelband von 1964 nicht mit auf. Sie wurde vom Union Verlag in den Band *Der Mahner* ebenso eingefügt wie die undatierte Erzählung *Ein Herz für den Hund*. Dieser Band, der 1967 im Union Verlag Berlin und 1968 als Lizenzausgabe im Verlag Klaus Wagenbach Berlin (West) erschien, umfaßte die datierten Erzählungen von 1965 einschließlich der betrachtenden Prosa *Fortgeführte Überlegungen* und zweier undatierter Texte, wie Bobrowski sie allesamt in einer Reinschriftmappe ohne Titel noch selbst für einen zweiten Erzählungsband zusammengestellt hatte. Die dort getroffene Reihenfolge wird hier ebenfalls im Anhang mitgeteilt.

Dem Abdruck der Erzählungen liegt für die Texte von *Boehlendorff und Mäusefest* das Satzmanuskript des Union Verlages, unter Berücksichtigung der wenigen von Bobrowski in der Umbruchkorrektur noch vorgenommenen Änderungen, zugrunde; damit werden die nicht vom Autor stammenden Angleichungen an die Rechtschreibung des Duden und einige aus satztechnischen Gründen vorgenommene Absatzänderungen von 1965 rückgängig gemacht. Die übrigen Erzählungen folgen den Reinschrifttyposkripten des Nachlasses. Die *Stimmen*-Fassung von *Ich will fortgehn* ist allein in der genannten Anthologie erhalten. Über Handschriften und Fassungen sowie Einzelheiten der Entstehung wird der Kommentarband zur Prosa Auskunft geben. Das gilt auch für Datierungen, die von denen des Autors abweichen. Auf den Wiederabdruck der von Bobrowski als Kinderbuch teilweise nacherzählten Historien des märkischen Eulenspiegels «Hans Clauert» (Altberliner Verlag Lucie Groszer 1956) ist verzichtet worden.

Die zum Werk gehörigen, sehr heterogenen Prosaarbeiten aus dem Nachlaß sind teils in Handschriften, teils in Typoskripten, die Entwürfe im engeren Sinn nur handschriftlich überliefert. Sie reichen von den *Totentanz*-Texten von 1947, die inmitten der Reinschriftmappe der in den Gefangenschaftsjahren entstandenen *Heimatlieder 1945–48* (vgl. Bd. II) stehen, bis zu der 1964 konzipierten Kriegsgeschichte *Bericht über Träume*, vor deren Ausarbeitung sich 1965 überraschend die Niederschrift des Romans *Litauische Claviere* schob. Die nicht datierbare Erzählung *Sonnenbad* ging teilweise in die spätere Erzählung *Rainfarn* ein; auf den Hörspielentwurf *Über Isaak Babel* und auf die nicht vollständig erhaltene Erzählung *Ein Stück auf dem Klavier* wurde als poetische Materialien für den Prosatext *Ich will fortgehn* schon hingewiesen. Als ursprünglich selbständige und von Bobrowski aufbewahrte Texte waren alle drei in die Abfolge der Prosaarbeiten des Nachlasses gleichberechtigt aufzunehmen. Ob der kleine Text *Friedhof*, der nur als Druck in Hartfrid Voss' Literaturkalender «Spektrum des Geistes 64» überliefert ist, ein ursprünglich selbständiger Text war, läßt sich nicht mehr feststellen; er wurde vorsichtshalber hier eingereiht. Der handschriftliche Beginn einer Fortsetzung der Skizze *Stiller Sommer; zugleich etwas über Wachteln* konnte nur unter den Entwürfen im engeren Sinn mitgeteilt werden, da er zwar unmittelbar unter dem Typoskript der Skizze steht, aber auf eine völlig neue Konzeption weist. Grundsätzlich wurde auch in dieser Abteilung kein Text für den Kommentarband zurückgestellt.

Für die gesamten übrigen Prosaarbeiten ließ sich keine völlig befriedigende Anordnung finden. Zu verschiedenartig sind die einzelnen Textsorten, zu dicht steht Gedrucktes und Ungedrucktes, mündlich und schriftlich Geäußertes nebeneinander. Eine der Anordnung der Werke entsprechende Gruppierung nach von Bobrowski veröffentlichten Texten und solchen des Nachlasses wurde schließlich zugunsten einer systematischen Gliederung nach wenigen, in sich noch immer vielgestaltigen, inhaltlich bestimmten Textgruppen aufgegeben. Das scheint verantwortbar zu sein innerhalb eines Textmaterials, das nicht mehr zum Werk im poetischen Sinn gehört und das durch komplizierte Gliederung und Untergliederung nicht noch schwerer überschaubar werden durfte. Unter die erste Gruppe der autobiographischen Texte wurde eine kleine Auswahl früher Prosaarbeiten und der titellose Bericht über die ersten Jahre der Gefangenschaft von 1950 aufgenommen, weil ihr autobiographischer Zeugniswert die Mitteilung weit mehr als ihre poetisch-erzählerische Komponente rechtfertigt.

Textgrundlage sind für diese Abteilung die jeweiligen Drucke, Typoskripte und Handschriften. Einzelheiten zur Überlieferung und Entstehung müssen auch hier dem Kommentarband vorbehalten bleiben; das gilt ebenso für die Verzeichnung aller postum erfolgten Drucke. Wo aus Titel oder Untertitel eines Textes nicht hervorgeht, daß er zu Lebzeiten Bobrowskis veröffentlicht wurde, wird dies im Inhaltsverzeichnis durch Zusatz des Herausgebers vermerkt.

Die Textvorlagen werden zeichengetreu abgedruckt; die wenigen eindeutigen Schreibversehen sind stillschweigend korrigiert; ebenso sind eine Reihe Abkürzungen aufgelöst worden. Alle Überschriften, die nicht vom Autor stammen, stehen in Spitzwinkelklammern; ebenso sind Hinzufügungen des Herausgebers im Text gekennzeichnet. Für die Interviews wurden generell die Überschriften aus dem Band «Johannes Bobrowski, Selbstzeugnisse und Beiträge über sein Werk» (1967) und die dort vereinheitlichte Form der Textwiedergabe übernommen.

E. H.

SCHLUSSBEMERKUNG ZUR AUSGABE

Die hier vorgelegte Ausgabe der Werke Johannes Bobrowskis ist das Teilergebnis lebens- und werkgeschichtlicher Sammel- und Forschungsarbeiten des Herausgebers aus fast zwei Jahrzehnten. In der Erinnerung bis heute fasziniert von der persönlichen Begegnung mit dem Dichter und zutiefst überzeugt vom singulären Rang seines in wenigen Jahren hervorgetretenen Werks, war der Herausgeber mit Kräften um eine Edition bemüht, die die volle Würdigung von Bobrowskis dichterischer Leistung und ein klares Bild vom langwierigen Prozeß ihrer Entstehung erlaubt. Dankbar gedenkt der Herausgeber der vielen Helfer, die ihn mit Auskünften und Mitteilungen verschiedenster Art unterstützt haben. Nicht wenige Namen werden in den beiden Kommentarbänden fallen, die den vier Werkbänden folgen sollen. Der ganz besondere namentliche Dank kann an dieser Stelle nur zwei Menschen gelten, ohne deren Hilfe die Ausgabe kaum zustande gekommen wäre. Frau Johanna Bobrowski, die Hüterin des Nachlasses in Berlin-Friedrichshagen, hat mit ihrem grenzenlosen Verständnis und Vertrauen und mit ihrer Großzügigkeit die Arbeit recht eigentlich erst ermöglicht. Gerhard Rostin, zu Lebzeiten Bobrowskis sein Kollege im Lektorat des Union Verlages und seit 1962 Betreuer fast aller Buchausgaben der Werke des Dichters, hat als kenntnisreicher und engagierter Lektor diese Arbeit, einschließlich der Einleitung im ersten Band, wie kein anderer auf vielfältige Weise helfend begleitet, sie in Gesprächen und Briefen kritisch mitbedacht und an Ermutigung und Mahnung es nie fehlen lassen.

Weimar, im Juli 1985 Eberhard Haufe

ZEITTAFEL

1917 April 9.: Johannes Bobrowski als Sohn des Eisenbahnassistenten Gustav B. und seiner Frau Johanna geb. Witzke in Tilsit (heute Sowjetsk) geboren.

1919/20 Die Familie in Graudenz, danach wieder in Tilsit.

1920 Geburt der Schwester Ursula.

1925 Umzug der Familie nach Rastenburg (heute Ketrzyn).

1927 Eintritt ins Rastenburger Gymnasium.

1928 Oktober: Übersiedlung der Familie nach Königsberg (heute Kaliningrad). Besuch des humanistischen Stadtgymnasiums Altstadt-Kneiphof.

1929 Vermutlich erster Sommerferienaufenthalt bei den Großeltern mütterlicherseits in Motzischken an der Jura und bei einer Tante in Willkischken (litauisches Memelgebiet).

1930 Eintritt in den «Bund Deutscher Bibelkreise» für Schüler an Höheren Schulen.

1932 Erste Lektüre Hamanns und Klopstocks.
Im Sommer eine Woche in Süddeutschland, vor allem in Würzburg und München.

1933 Pfingsten: Teilnahme am Reichszeltlager der Bibelkreise bei Bielefeld; davor und danach in Potsdam, Braunschweig, Bethel, Köln, Koblenz, Marburg, Goslar, Ilsenburg, auf dem Brocken, in Berlin und Danzig.

1934 Freundschaft mit dem Königsberger Dichter Alfred Brust (geb. 1891), der im September stirbt.
Spätestens seit November aktives Mitglied der Bekenntnisgemeinde Maraunenhof innerhalb der «Kirchlichen Arbeitsgemeinschaft Ostpreußens» (später «Bekennende Kirche»). Starker Einfluß des Theologen Hans-Joachim Iwand.

1936 Erfolglose Einsendung von Gedichten an den Hamburger Verleger Heinrich Ellermann.
Juli: Reise über Berlin, Potsdam, Hannover nach Essen, Köln, Koblenz, Trier, Heidelberg und Würzburg, zurück über Weimar, Leipzig, Dresden.

1937 März: Reifezeugnis; danach ein halbes Jahr beim ‹Reichsarbeitsdienst› im Moosbruch von Labiau.
November: Beginn des zweijährigen Militärdienstes als Funker in Königsberg.

1937/38 Übersiedlung der Familie nach Berlin-Friedrichshagen.

1939 September 1.: Überfall Hitlerdeutschlands auf Polen. Teilnahme als Gefreiter im Nachrichtenregiment 501 der 3. Armee. Kommt u. a. nach Mława, Rożan am Narew und Częstochowa.
Im Spätherbst Verlegung nach Bertrich an der Mosel.

1940 Mai 10.: Beginn des Frankreichfeldzugs. Kommt bis an die französische Kanalküste (Kap Gris-Nez, Coulogne, Guînes). Am Ende des Jahres oder

1941 Anfang Aufenthalt in Paris.

1941 April: Verlegung nach Bartenstein in Ostpreußen.
Juni 22.: Überfall Hitlerdeutschlands auf die Sowjetunion.
Juli-August: Mit dem Nachrichtenregiment 501 an den nordrussischen Ilmensee. Erste Oden auf die russische Landschaft.

1941/42 Im Wintersemester Studium der Kunstgeschichte in Berlin, danach wieder am Ilmensee.

1943 April: Heiratet in Willkischken Johanna Buddrus aus Motzischken.
Joachim Wolfgang v. Moltke, kultureller Betreuungsoffizier der 16. Armee, regt Druck von 24 Oden Bobrowskis in den «Grauen Heften» der Armee in Riga an, durch Fortgang des Krieges vereitelt.

1944 März: Durch Vermittlung von Ina Seidel erscheinen in der Münchener Zeitschrift «Das Innere Reich» ein Vierzeiler und sieben Oden Bobrowskis.

Frühjahr: Stationierung in Ogre an der Düna.
Juni 6.: Beginn der sowjetischen Sommeroffensive.
Spätherbst: Stationierung im nordkurländischen Kandava.

1945 Mai 8.: Kommt am Tag der Kapitulation Hitlerdeutschlands in Renda bei Kandava in sowjetische Gefangenschaft.
Juni: Im Lager Novoschachtinsk im Donezbecken. Arbeit als Kohlenhäuer unter Tage, später Verladearbeiten über Tage. Mitarbeit in der Kulturbrigade.

1946 Sommer: Auf einer Baustelle in der Steppe.

1947 Sommer: Drei Monate auf der Antifa-Gebietsschule Rostow.

1948 Ab Sommer in einem Lager bei Novotscherkassk, Hilfsarbeiten im Hoch- und Tiefbau.

1949 April: Delegierung für neun Monate auf die Antifa-Zentralschule Taliza bei Gorki an der Wolga. Mitglied des Lagerkomitees, Theaterregisseur.
Dezember 24.: Heimkehr zu Frau und Eltern nach Berlin-Friedrichshagen.

1950 Januar: Jugendreferent an der Berliner Volksbühne.
Februar: Lektor, bald Cheflektor im Altberliner Verlag Lucie Groszer (Kinderbuchverlag).
Bericht über die ersten beiden Jahre der Gefangenschaft, Rekonstruktion der Gedichte von 1945 bis 1948.
Ende 1950 oder

1951 Anfang: Erzählung *Im Gefangenenlager*.
März 26.: Geburt der Tochter Juliane.

1952 März: *Städte sah ich im stäubenden / Wind*, erstes Gedicht in der eigenen freirhythmischen Sprache. Rückkehr zur nordrussischen Landschafts- und Kriegsthematik.
Juli: *Pruzzische Elegie*.
November 28.: Geburt der Tochter Ulrike.

1953 Juni: Umzug aus der Bölschestraße 91 in die Ahornallee 26.

1954 April: Bietet Hans Bender für die Münchener Zeitschrift «Akzente» vergeblich Gedichte an.
November: Gedicht *Kindheit*.

1955 Mai: Beginn der Freundschaft mit Erich Arendt (bis 1964).
Juni: Schickt fünfzehn Gedichte an Peter Huchel, wovon dieser fünf im Septemberheft der Berliner Zeitschrift «Sinn und Form» abdruckt. Freundschaftliche Verbindung bis 1961.
Herbst: Erste Begegnungen mit Stephan Hermlin.
Dezember: Gedicht *Kathedrale 1941.*

1956 Mai: Gedicht *Die Sarmatische Ebene.*
September: Einladung zur Lyrikertagung des Deutschen Schriftstellerverbandes in Petzow am Schwielowsee.
Oktober: Erste Formulierung des Plans einer lyrischen Aufarbeitung der östlichen Welt (‹Sarmatischer Divan›) unter Einbeziehung des zweiten Weltkriegs, der deutschen Schuld und eigenen Mitschuld (Brief an Hans Ricke).

1957 April: Teilnahme an der Internationalen Tagung von Kinderbuchautoren auf der Insel Mainau im Bodensee.
Oktober 7.: Geburt des Sohnes Justus.
Dezember: Beginn der Freundschaft mit Peter Jokostra (damals in Karl-Marx-Stadt, ab Herbst 1958 in der BRD).

1958 Juni: Erstmals zum Sommerkurzurlaub bei Edith Klatt in Prerow an der Ostsee (das letzte Mal im Juli 1965). – Rütten & Loening/Berlin gibt einen von Bobrowski eingereichten Gedichtband zurück.

1959 Mai/Juni: Beginn der freundschaftlichen Verbindung mit Günter Bruno Fuchs und Robert Wolfgang Schnell, den Begründern der Kreuzberger «zinke»-Galerie in Berlin/West. – Anfrage an den S. Fischer Verlag Frankfurt a. M. wegen eines Gedichtbandes bleibt ohne Antwort.
Juni: V. O. Stomps bietet Druck eines Gedichtbandes auf der Eremiten-Presse in Stierstadt/Taunus an (kommt nicht zustande). – Erstmals Teilnahme an der Schriftstellertagung der Evangelischen Akademie Berlin-Brandenburg in Berlin-Weißensee, in der Autorenlesung erster öffentlicher Vortrag eigener Gedichte.
September: Wechsel in den Union Verlag (VOB) Berlin (Buchverlag der CDU) als Lektor für Belletristik.

November: Erste Begegnung mit Max Hölzer aus Frankfurt a. M., bald enge Freundschaft. – Erich Arendt bringt Grüße von Paul Celan aus Paris.

1960 Januar: Erster Besuch von Christoph Meckel aus Berlin/West, neben Fuchs und Hölzer bald der dritte bewährte Freund.

Liest innerhalb des «Schutzverbandes deutscher Autoren» in Berlin-Kreuzberg u. a. alle seine Judengedichte.

April: Die Deutsche Verlags-Anstalt Stuttgart nimmt auf Empfehlung von Dr. Joachim Moras von der Stuttgarter Zeitschrift «Merkur» Bobrowskis Gedichtband an (Vertragsabschluß im Juni, mit dem Union Verlag Berlin im September). – Vortrag über Lyrik der DDR vor evangelischen Jungbuchhändlern in Hirschluch bei Storkow.

Mai: Eintritt in die Christlich-Demokratische Union Deutschlands.

September: Gedicht *Holunderblüte.*

Oktober: Gedicht *Hamann.*

November: Auf Einladung Teilnahme an der Jahrestagung der «Gruppe 47» in Aschaffenburg, liest Gedichte.

Ende Dezember: Die Taufgeschichte *Begebenheit,* Beginn der sarmatischen Prosa.

1961 Januar: Teilnahme am Nationalen Kongreß für Frieden und Abrüstung in Weimar.

Februar: Gedichtband *Sarmatische Zeit* / Stuttgart.

April: Liest auf der Schriftstellertagung der Evangelischen Akademie Berlin-Brandenburg neben Gedichten die Erzählung *Begebenheit* (erste öffentliche Prosalesung).

Mai: Teilnahme an der Jahresversammlung der Hölderlin-Gesellschaft in Tübingen, in Stuttgart Ablieferung des zweiten Gedichtbandes.

Juli: Thematische Notiz *Zu schreiben habe ich begonnen am Ilmensee 1941 ...* für Hans Benders Anthologie «Widerspiel». – Abschluß der Erzählung *Von nachgelassenen Poesien.*

Oktober: Gedichtband *Sarmatische Zeit* / Berlin.

1962 Februar: Gedicht *An Klopstock.* – Erste Lesung im Berliner «Club der Kulturschaffenden Johannes R. Becher» (Gedichte).

März: Gedichtband *Schattenland Ströme* / Stuttgart.

März (?): Scherzhafte Gründung des neuen «Friedrichshagener Dichterkreises» (Bobrowski, Bieler, Fuchs, Schnell, Kusche, Wagenbach).

Juni: In Erfurt erstmals Teilnahme an einer Tagung der «Weimarer Akademie» für Gespräche zwischen Schriftstellern beider deutscher Staaten (auch 1963 und 1964).

Juli: In Wien Entgegennahme des im Mai zuerkannten Alma-Johanna-Koenig-Preises 1962 für das Liebesgedicht *Im Strom.*

September: Unter der Prosa dieser Wochen vermutlich auch *Mäusefest.*

Oktober 11.: Erste Erwähnung der Arbeit an *Levins Mühle.*

Oktober: Liest auf der Tagung der «Gruppe 47» in Berlin/West sieben Gedichte, erhält dafür den Jahrespreis der Gruppe.

November: Antrag auf Aufnahme in den Deutschen Schriftstellerverband (erfolgt im März 1963).

Dezember: Auf der Schriftstellertagung der Evangelischen Akademie Berlin-Brandenburg Kurzvortrag *Benannte Schuld – gebannte Schuld?* Liest das erste Kapitel von *Levins Mühle.*

Dezember: Lesungen in Frankfurt am Main und München, Besuch bei Ina Seidel am Starnberger See.

1963 Februar: Gedicht *Sprache.*

März: Teilnahme an der Beratung des Politbüros des Zentralkomitees der SED und des Präsidiums des Ministerrates der DDR mit Schriftstellern und Künstlern.

Mai: Gedichtband *Schattenland Ströme* / Berlin.

Juni: Auf der Tagung des Präsidiums des Hauptvorstandes der CDU mit Kulturschaffenden in Weimar Diskus-

sionsbeitrag (veröffentlicht 1967 unter dem Titel *Die Koexistenz und das Gespräch*).
Juli: Abschluß der Arbeit an *Levins Mühle.*
Oktober: Liest auf der Tagung der «Gruppe 47» in Saulgau bei Ulm die Prosatexte *Das Käuzchen* und *Ich will fortgehn.*

1964 Januar: Gedicht *Wiedererweckung.*
Februar: Plan einer Geschichte aus dem zweiten Weltkrieg mit nur zwei Personen (später *Bericht über Träume,* nur der Anfang ausgeführt).
April: Auf persönliche Einladung Teilnahme an der 2. Bitterfelder Konferenz (veranstaltet von der Ideologischen Kommision beim Politbüro des ZK der SED und vom Ministerium für Kultur).
Ende April-Juni: Arbeit an der Erzählung *Boehlendorff.*
Juni: Teilnahme am internationalen Autorenseminar der Eino-Leino-Gesellschaft junger finnischer Autoren, Kritiker und Künstler in Mukkula bei Lahti. Anschließend bei Manfred Peter Hein in Mäkkyla (Espoo) bei Helsinki.
August 14.: Geburt des Sohnes Carl-Adam.
September: Mitglied des Deutschen PEN-Zentrums Ost und West. – Liest in Stockholm während der «Woche der ‹Gruppe 47›» Gedichte und die Prosa *Im Guckkasten: Galiani,* besucht zweimal Nelly Sachs. – *Levins Mühle* erscheint im Union Verlag Berlin, in Lizenz bei S. Fischer Frankfurt a. M.
Oktober: Stark besuchte Prosalesung in der Deutschen Staatsbibliothek Unter den Linden.
November: Lesung und Diskussion im Studentendorf «Siegmundshof», Berlin/West, innerhalb einer Veranstaltungsreihe mit Autoren aus Ost und West. – Fixierung der Aufteilung des abgeschlossenen Geschichtenbandes an die Lizenznehmer, die Deutsche Verlags-Anstalt Stuttgart und den künftigen Verlag Klaus Wagenbach in Berlin/West.

1965 Februar: Teilnahme am Abschluß der «Siegmundshofer»

Lesungen, der als Lyrikform mit sieben Lyrikern aus der DDR und sechs aus Berlin/West stattfindet. – Prosatext *Fortgeführte Überlegungen* als Beitrag für Günter Wirths Sammelband «Antikommunismus und Proexistenz» im Union Verlag. – Liest auf der Schriftstellertagung der Evangelischen Akademie Berlin-Brandenburg Erzählungen und Gedichte, darunter die im Januar geschriebene Geschichte *Der Mahner*.
März: Verleihung des Heinrich-Mann-Preises 1965 der Deutschen Akademie der Künste zu Berlin für *Levins Mühle*.
Mai: Teilnahme am Internationalen Schriftstellertreffen in Berlin und Weimar, das Bobrowski vorbereiten half. – Verleihung des Internationalen Charles-Veillon-Preises für *Levins Mühle* in Zürich (in Abwesenheit des Autors). – Lesungen in Naumburg und Jena. – Prosateilband *Mäusefest und andere Erzählungen* im Verlag Klaus Wagenbach Berlin/West.
Juni 6. – Juli 28.: Arbeit am Roman *Litauische Claviere*.
Juni 15.: Gedicht *Das Wort Mensch*.
Juli 2.: Letzte Lesung (Prosa) vor christlichen Kulturschaffenden in Greifswald.
Juli 30.: Einlieferung in das Krankenhaus von Berlin-Köpenick mit Blinddarmdurchbruch.
August: Prosateilband *Boehlendorff und andere* in der Deutschen Verlags-Anstalt Stuttgart.
September 2.: Tod infolge Gehirnschlags.
September 7.: Begräbnis auf dem Friedhof von Friedrichshagen.
September: Erzählungsband *Boehlendorff und Mäusefest* im Union Verlag Berlin.

Veröffentlichung der hinterlassenen Werke durch den Union Verlag Berlin:

1966 *Litauische Claviere*, Roman; *Wetterzeichen*, Gedichte.

1967 *Der Mahner*, Erzählungen; *Johannes Bobrowski, Selbstzeugnisse und Beiträge über sein Werk.*
Postume Verleihung des F.-C.-Weiskopf-Preises der Deutschen Akademie der Künste zu Berlin.

1970 *Im Windgesträuch*, Gedichte aus dem Nachlaß.

1977 *Literarisches Klima / Ganz neue Xenien, doppelte Ausführung.*

INHALTSVERZEICHNIS MIT ENTSTEHUNGSDATEN

Überschriften in spitzen Klammern stammen von Zeitungsredaktionen oder früheren Herausgebern, bei ungedruckten Texten vom jetzigen Herausgeber; geradstehend gedruckte Entstehungsdaten von Johannes Bobrowski, kursiv gedruckte vom Herausgeber oder als Erstdruckdaten aus Zeitungen und Zeitschriften.

I
Die Erzählungen in der chronologischen Folge

II
Prosaarbeiten aus dem Nachlaß

III
Autobiographische Texte

Poetologische Texte

Vor- und Nachworte, Begleittexte

Rezensionen,
publizistische und verwandte Arbeiten

Vorträge und Reden

Interviews, Stellungnahmen, Antworten auf Umfragen

Anhang

Johannes Bobrowski

GESAMMELTE WERKE

in sechs Bänden

Herausgegeben von Eberhard Haufe

Erster Band

Die Gedichte

*

Zweiter Band

Gedichte aus dem Nachlaß

*

Dritter Band

Die Romane

*

Vierter Band

Die Erzählungen

Vermischte Prosa und Selbstzeugnisse

*

Fünfter Band

Eberhard Haufe:

Erläuterungen der Gedichte

und der Gedichte aus dem Nachlaß

*

Sechster Band

Holger Gehle:

Erläuterungen der Romane und Erzählungen,

der Vermischten Prosa und der Selbstzeugnisse